수석교사가 콕 짚어 주는

핵심 교직실무

정일화 · 김현식 · 이수용 · 서미라 · 송미나 · 나용인 · 한국유초중등수석교사회 공저

예비교사와 현직교사 모두의 필독서

학지사

펴내며

교사가 되려는 공부는 교육의 본질과 교육자가 향할 궁극의 목표와 맞닿아야 합니다. 그래서 교직실무는 일 처리를 잘하는 교사가 아닌, 교육 본연의 목적에서 벗어나지 않게 돕는 것이어야 한다고 생각합니다. 즉, 마땅히 해야 할 옳은 일을 바르게 하는 데 초점을 두어야 합니다.

물론 현실적 상황을 외면할 수는 없습니다. 어느 교육 영화의 대사처럼 백척간두에 서 있는 상황에 비유되는 교사의 길을 두드리며 안전하게 가기 위해서는, 요구되는 최소한의 윤리적 기준, 법령을 위배할 위험 요소, 적합한 역할 수행 등에 관한 지식이 필요합니다. 그렇지만 이 또한 교직에 부여된 참 역할을 간과하여 행정적 수단으로만 여기지 않도록 경계해야 합니다.

이러한 뜻에서 이 책은 단순히 '실무' 차원에 머물기보다는 교사가 해야 할 '옳은 가르침'의 실질적 교육활동을 안내하는 측면에서 반걸음이라도 더 나아가고자 하는 바람을 담았습니다. 수석교사로서 교사와 예비교사를 지원한 생생한 경험을 바탕으로 현장감이 느껴지는 사례를 소개하고, 미래의 문을 여는 교육자에게 필요한 관점을 자극하고자 하였습니다. 이 책을 길잡이로 해서 훌륭한 교사를 향한 걸음을 내디딜 수 있기를 소망합니다.

집필진을 대표하여

정일화

차례 

펴내며 _ 3

제1부 교직의 이해

제1장 교육의 변화 / 11

1. 미래의 사회 _ 11
2. 21세기의 핵심 역량 _ 13
3. 학교의 변화 _ 19

제2장 교사의 윤리 / 27

1. 교육과 윤리 _ 27
2. 교직관 _ 28
3. 교육의 윤리적 관점 _ 30
4. 교원단체와 윤리강령 _ 32
5. 의료계와 법조계의 윤리강령 _ 37

제3장 교사의 전문성 개발 / 47

1. 경력 단계별 개발 _ 47
2. 연수 _ 50
3. 학위 과정 _ 51

4. 장학과 자기 연찬 _ 52
5. 학습공동체와 교과연구회 _ 54
6. 현장 연구 _ 55
7. 학습연구년과 연수휴직 _ 57
8. 평생학습 프로그램 _ 58

제4장 교원의 복무 / 65
1. 지위 _ 65
2. 의무 _ 68
3. 법정의무교육 _ 71
4. 외부강의 등 _ 72
5. 겸직 _ 76
6. 출장 _ 81
7. 시간 외 근무 _ 82
8. 「교육공무원법」 제41조 연수 _ 85
9. 보안점검 _ 86

제5장 교원의 인사 / 93
1. 교육공무원의 임용과 자격 _ 93
2. 평정과 평가 _ 99
3. 전보 · 전직 및 직군 · 직렬 _ 111
4. 휴가와 휴직 _ 112
5. 상벌 _ 120
6. 보수 _ 122

제2부 학생과 교과의 이해

제6장 학급 운영 / 133

1. 가르침의 요소 _ 133
2. 학생의 성장과 발달 단계 _ 140
3. 학급관리 _ 147

제7장 교과 운영 / 157

1. 좋은 수업 _ 157
2. 수업과 학습 전략 _ 158
3. 동기유발과 질문 _ 160
4. 교수 · 학습과정안 _ 162
5. 수업 _ 164

제8장 학생생활지도와 학부모 상담 / 173

1. 학생생활지도 _ 173
2. 학부모 상담 _ 187

제9장 교육과정 / 197

1. 교육과정의 의미 _ 197
2. 교육과정의 유형 _ 199
3. '2022 개정 교육과정'의 이해 _ 203
4. 학교 교육과정 편성과 운영의 실제 _ 207
5. 학교 교육과정의 평가와 환류 _ 211

제10장 학생평가와 평가도구 / 217

1. 학생평가를 위한 준비 _ 217
2. 성취평가제 _ 219

3. 지필평가와 수행평가 _ 222
4. 교육과정-수업-평가-기록의 일체화 _ 226
5. 평가 계획 세우기 _ 227
6. 좋은 평가의 조건 _ 228
7. 평가의 실제 _ 231

제3부 학교 행정의 이해

제11장 학교 조직과 학사 운영 / 243
1. 학교 조직 _ 243
2. 학사 운영 _ 247

제12장 학교안전사고와 학교폭력의 예방과 대처 / 253
1. 학교안전사고 _ 253
2. 학교폭력 _ 260

제13장 업무관리와 학교회계 / 271
1. 나이스(NEIS) _ 272
2. 공문서 _ 273
3. 학교회계 _ 280

제14장 교육활동 침해 민원의 대응 / 291
1. 민원의 유형 _ 291
2. 민원 처리의 절차 및 유의점 _ 294
3. 피해 교원의 보호 조치 _ 297
4. 예방 _ 298

부록 _ 303
찾아보기 _ 321

제1부

교직의 이해

제1장 교육의 변화

제2장 교사의 윤리

제3장 교사의 전문성 개발

제4장 교원의 복무

제5장 교원의 인사

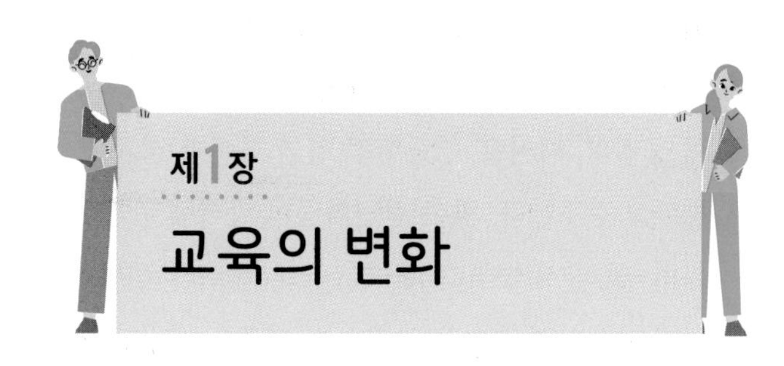

다분화를 넘어 미세분화로 향하는 세상에서, 정보량의 놀라운 급증과 과학기술의 고도화, 학령인구의 감소와 고령화에 따른 인구구조 변화, 이주 인구의 증대, 세계화와 경쟁의 심화, 기후변화의 위기감이 고조된다(정일화, 2020a). 이러한 파고는 사회의 변화와 동떨어질 수 없는 학교에도 밀려들어서 새롭고 다양한 요구를 쏟아 내고 있다. 실화를 바탕으로 한 영화 〈퍼스트 그레이더〉의 "교육은 우리의 삶을 열어 갈 열쇠다." 그리고 〈교실 안의 야크〉의 "선생님은 미래를 어루만진다."라는 대사처럼(정일화, 제작 중), 인류의 앞날의 희망인 아이들의 길을 열기 위해서는 아이들이 살아갈 미래의 세상에 민감해야 할 것이다.

1. 미래의 사회

제4차 산업혁명을 화두로 제기한 세계경제포럼(WEF) 창설자인 클라우스 슈밥(Klaus Schwab)은 다음의 내용을 밝혔다. 우리는 살고, 일하고, 서로 연관시키는 방식을 근본적으로 혁신할 과학기술의 혁명적 지점에 서 있다. 정도와 복잡성에서, 그 변형은 이전에 경험한 수준의 정도와 복잡성과는 크게 다르다. 현재 돌파구의 속도는 역사적인 선례가 없을 만큼 빠르다. 이전과 비교할 때, 선형 속도보다는 지수적으로 진화하고 있다. 제4차 산업혁명은 종전의 그 어떤 혁명과도 근본적으로 궤를 달리한다(조난심, 2017; Schwab, 2016; Schwab et al., 2016).

세계경제포럼은 디지털 혁명인 제3차 산업혁명을 기반으로 하는 제4차 산업혁명이 물리적, 디지털, 생물학적 영역 사이의 경계를 허무는 기술 융합이라는 특징을 갖는다고 강조한다. 향후 산업혁명의 탐색에 관한 〈표 1-1〉에서, 제4차 산업혁명의 사이버-물리 시스템(Cyber-Physical Systems: CPS)은 우리가 살아가는 물리 세계와 사이버 세계와의 융합을 추구하는 새로운 패러다임이다(손상혁, 2016).

〈표 1-1〉 **향후 산업혁명의 탐색**

혁명	연도	정보
1	1784	증기, 물, 기계 생산 장비
2	1870	분업, 전기, 대량 생산
3	1969	전기, IT, 생산 자동화
4	?	사이버-물리 시스템

자료: Schwab (2016. 1. 14.).

CPS를 향한 디지털 대전환의 세상에서, 2016년 세계경제포럼의 미래직업보고서(The Future of Jobs)는 20년 안에 현재 직업의 반 이상이 사라져 지금 초등학교에 들어가는 아이들의 65%는 새로운 직업을 갖게 된다고 전망한 바 있다. '유엔미래보고서'에 따르면, 2050 메가트렌드로, ① 물리학적 국경이 소멸되는 세계화, ② 도시 이주, 고령화, 1인 가구 등의 인구통계학적 변화, ③ 과학기술 발전의 가속화를 들었다(박영숙, 2016). 제4차 산업혁명으로 인해 인공지능, 빅데이터, 코딩, 3D · 4D 프린팅, 드론과 로보틱스, 무인항공 및 자율주행, 신물질과 신소재의 개발, 생명공학, 주문형 생산, 사물인터넷(IoT) 등이 활성화된 디지털 생태계의 거대한 조류 속에 살아갈 신인류는 정보를 단순히 이용하는 소비자에 머물지 않고 정보를 관리하고, 융합하고, 창조하면서, 지금과는 전혀 다른 새로운 세상에서 살아가게 될 것이다(정일화, 2016; Schwab, 2016).

〈표 1-2〉 **디지털 대전환 4대 메가트렌드**

플랫폼의 전방위적 확산	자동화-노동 형태 다변화	초개인화-맞춤화	가상화-융합화
• 생산 · 소비 활동의 상호 작용 플랫폼화 • 플랫폼 도시(교통, 물류)와 디지털 트윈* • 정부 및 교육, 노동, 의료 등 사회의 플랫폼화 • 소수 기업의 독점적 영향력 확대	• 자동화 및 디지털 전환 가속 • 전문직을 포함한 고숙련 노동의 자동화 가속 • 자동화된 의사결정 시스템 도입 • 위험한 노동 등을 대체할 로봇 산업 성장	• 데이터 기반의 맞춤형 서비스 및 비즈니스 모델 보편화 • 교육 및 고용 등에서 알고리즘 기반의 초개인화 서비스 • 디지털 역량의 자본화 • 반사회적 현상	• 기술 간-산업 간 융합한 신산업 • 가상현실과 증강현실을 결합한 확장현실 • 컴퓨팅 혁신과 블록체인 • 디지털 콘텐츠 제공의 범용서비스

* 디지털 트윈은 실시간 데이터의 업데이트 등을 통한 동시적 사용 지원을 의미.
자료: 이호영 외(2021), p. 54 발췌.

디지털 독립체 간의 상호 작용을 통해서 자체 성장 지속이 가능한 시스템인 디지털 생태계가 제4차 산업혁명의 기반인 사회에서(김소영, 2021; Li, Badr, & Biennier, 2012), 태풍의 눈처럼 다가오는 변화의 바람은 교육 체제에도 파급될 것이다. 따라서 이러한 미래의 영향이 교육을 어떻게 변화시킬 것인지, 교육의 방향은 어떠해야 하는지, 학교와 교사는 어떤 역할을 해야 하고 무엇을 어떻게 가르쳐야 하는지 등을 깊이 살펴야 할 것이다.

Q
공공데이터포털(www.data.go.kr)에서 교육 관련 데이터를 검색해 보자.

2. 21세기의 핵심 역량

다음은 다중적 입장에서 미래의 핵심 역량에 대해 고심한 사례이다.

"현시대를 살아가는 한 사람으로서, 과거에 대학 강단에서 학생들을 지도했던, 그리고 요즘에는 가끔 교단에 서는 선생으로서, 두 아이를 키우는 부모로서, 미래 사회에 살아남기 위한 핵심 역량은 무엇일지에 대해 고민해 보았다. '내가 미래에 끌려가는 것이 아닌, 미래의 변화를 앞에서 끌고 오는 방법은 무엇일까?' 깊이 생각하던 끝에, 다음의 일곱 가지 핵심 키워드, ① 창의성, ② 도전정신, ③ 전문성, ④ 협동성, ⑤ 건강한 정신력, ⑥ 이성적인 판단 능력, ⑦ 미래기술 조작 능력을 추출했다(문지영, 2023: 88)."

OECD는 1997년부터 2003년까지 이루어진 DeSeCo(Definition and Selection of Key Competences) 프로젝트를 통해서 미래 사회를 살아가기 위해 갖추어야 할 핵심 역량으로 ① 도구의 상호작용적 활용력, ② 이질적 집단과의 사회적 상호작용 역량, ③ 자율적 능력을 제시했다(정일화, 2020b; OECD, 2005). 이후에 OECD는 '이해도 · 행동 정도 · 조직하기 및 탐구와 이해 · 표현과 조직 · 계획과 실행 · 관찰과 성찰'의 요소로 평가 프레임이 구성된 ④ 협력적 문제해결력을 독립적 역량으로 더했다(최상덕 외, 2013: 21).

〈표 1-3〉 **DeSeCo 핵심 역량 범주**

구분	핵심 역량 범주		
	도구의 상호작용적 활용력	이질적 집단과의 상호작용 역량	자율적 능력
필요 이유	• 기술 변화와의 보조 • 자신의 목적에 맞는 도구 적용 • 세상과의 적극적 대화	• 다원화 사회의 다양성에 대응 • 공감의 중요성 • 사회적 자본의 중요성	• 복잡한 세상에서 자아 정체성의 인식과 목표 설정 • 권리의 행사 및 책임감 • 자신의 환경과 기능의 이해
필요 역량	• 언어, 상징, 텍스트의 상호작용적 사용 • 지식과 정보의 상호작용적 사용 • 기술의 상호작용적 사용	• 원만한 대인 관계 • 협동, 팀워크 • 갈등 관리 및 해결	• 원대하게 행동하기 • 생애 계획과 개인 프로젝트의 수립과 수행 • 권리, 이익, 한계 및 필요의 옹호와 주장

자료: OECD (2005), pp. 12-14.

교육 혁신을 목표로 2002년에 미국에서 발족한 특별위원회인 'Partnership for 21st Century Skills'는 ① 생활 및 직업 관련 능력, ② 학습 및 혁신 능력, ③ 정보 · 미디어 사용 능력을 21세기에 요구되는 역량으로 분류하였다. 구체적으로, ① 생활 및 직업 관련 능력은 유연성 및 적응력, 진취성 및 자기주도력, 생산성 및 책무성, 사회성과 타문화와의 상호작용 능력을, ② 학습 및 혁신 능력은 비판적 사고, 의사소통, 협업 능력, 창의력을, ③ 정보 · 미디어 사용 능력은 정보 · 미디어 · 정보통신기술의 활용 능력을 포함한다(최상덕 외, 2013: 19). 〈표 1-4〉는 세계 여러 국가가 공동으로 수행한 '21세기 역량 평가와 교육(Assessment and Teaching of 21st-Century Skills: ATC21S) 프로젝트'에서 도출한 열 가지 핵심 역량이다.

〈표 1-4〉 **ATC21S 21세기 핵심 역량**

범주	사고방식	직무 방식	직무 수단	사회생활방식
역량	• 창의력 · 혁신능력 • 비판적 사고력 · 문제해결력 · 의사결정력 • 자기주도학습능력	• 의사소통능력 • 협업능력	• 정보 문해 • ICT 문해	• 지역 · 글로컬 시민의식 • 인생 및 진로 개척 능력 • 개인 · 사회적 책임의식

자료: 최상덕 외(2013), p. 20; Griffin, McGaw, & Care (2011).

세계경제포럼은 급속히 진화하는 기술 혁명의 세상에서 성공하려면, 학생들은 언어, 수학, 과학과 같은 영역의 실력뿐만 아니라 비판적 사고, 문제해결, 끈기, 협업, 호기심과 같은 역량도 갖추어야 한다고 강조한다(World Economic Forum, 2015: 1). 이 보고서에서는 수많은 연구 문헌을 분석하여 열여섯 가지 21세기의 핵심 역량을 [그림 1-1]과 같이 도출했다.

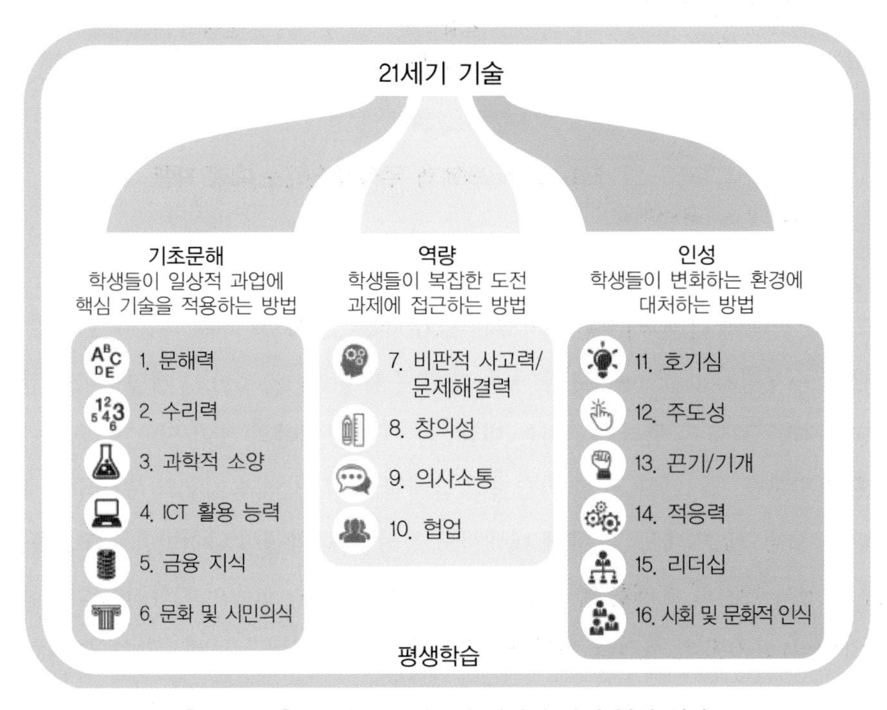

[그림 1-1] **21세기 학생들의 열여섯 가지 핵심 역량**

자료: World Economic Forum (2015), p. 3.

OECD는 DeCeCo(Definition and Selection of Key Competences) 프로젝트에 이어 'Education 2030: The Future of Education and Skills(OECD, 2023)'를 발표했다. DeSeCo에서는 핵심 역량 세 가지를, 우리가 바라는 미래에서 교육의 역할을 강조하는 Education 2030에서는 '학습 나침반 2030(Learning Compass 2030)'이라는 지향점과 함께 학생이 삶의 다양한 측면에서 행위 주체가 되는 데 필요한 역량을 제시한다. DeSeCo의 핵심 역량 세 가지가 Education 2030의 변혁적 역량으로 바뀐 것은, 기존의 핵심 역량을 변화하는 사회에 적응하고, 주체적으로 사회를 변화시키는 역량으로 심화시킨 것이다. 즉, DeSeCo는 개념에 방점을 두고, Education 2030은 실행에 초점을 맞춘 것이다(김은영, 2018; 이상은, 2022).

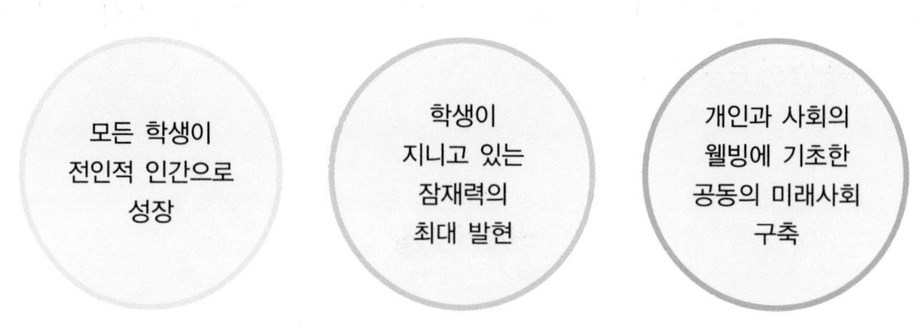

[그림 1-2] **Education 2030의 '우리가 원하는 미래' 지향**

자료: 김은영(2018); Howells (2018).

교육의 미래에 대한 비전을 제시하는 'Education 2030'의 '학습 나침반 2030'은 '학생 행위 주체성(student agency)'과 '공동 행위 주체성(co-agency)'의 개념을 소개한다. '학습 나침반 2030'은 우리가 원하는 미래, 즉 개인과 집단의 복리 및 안녕(wellbeing)을 향한 방향을 제시한다. 또한 학습자의 잠재력 발휘, 지역과 지구의 복리 증진에 기여하는 '지식' '기술' '태도' '가치'에 대해서도 정의한다. 학생이 나침반을 들고 있는 모습은 학생이 미지의 세계를 탐구하는 행동의 주체가 되는 교육의 지향점을 의미한다.

'Education 2030'의 취지를 정확하게 전달하기 위한 개념 노트에서는 ① Education 2030의 배경, ② 학습 나침반 2030, ③ 학생 행위 주체성, ④ 2030의 핵심 기초, ⑤ 변혁적 역량, ⑥ 지식, ⑦ 기능, ⑧ 태도 및 가치, ⑨ 예측-실천-반성 사이클의 아홉 가지 소주제를 다룬다(OECD, 2023). 이 가운데 주요 개념 설명에 해당하는 부분은 '학생 행위 주체성' '변혁적 역량' '지식' '기능' '태도 및 가치'의 다섯 가지 주제이다.

2022 개정 교육과정에서 '학생 주도성'의 개념으로 사용된 '학생 행위 주체성'의 의미를 살피면 다음과 같다.

OECD가 교육의 기본 목표로 제시한 주체적 인간 형성을 구현하기 위한 '학생 행위 주체성'은 '학생 주도성' '학생 주체성' '학생 행위자성'으로도 번역된다. 'Education 2030'은 학생들이 '행위 주체성'을 '자기 뜻대로만 하는 것'으로 이해한다면, 이는 오해라고 지적한다. 즉, '행동을 취하거나 어떤 행동을 취할지 선택할 수 있는 능력'의 사전적 의미인 '행위 주체성(agency)'은 자기중심적인 행동을 지칭하지 않는다.

'Education 2030'에 따르면, 학생의 주체성을 촉진하는 교육 시스템에서의 효과적인 학습 환경은 학생뿐만 아니라 교사, 학부모, 지역사회의 '공동 행위 주체성'에 기반하고, 이들이 자율적이고 적극적으로 참여하여 함께 구성하고 가르치며 배우는 과정에서 서로는 공동의 협력자가 된다(이상은, 2022; 최수진 외, 2017, 2019; 허주 외, 2020; OECD, 2019a, 2019b, 2023).

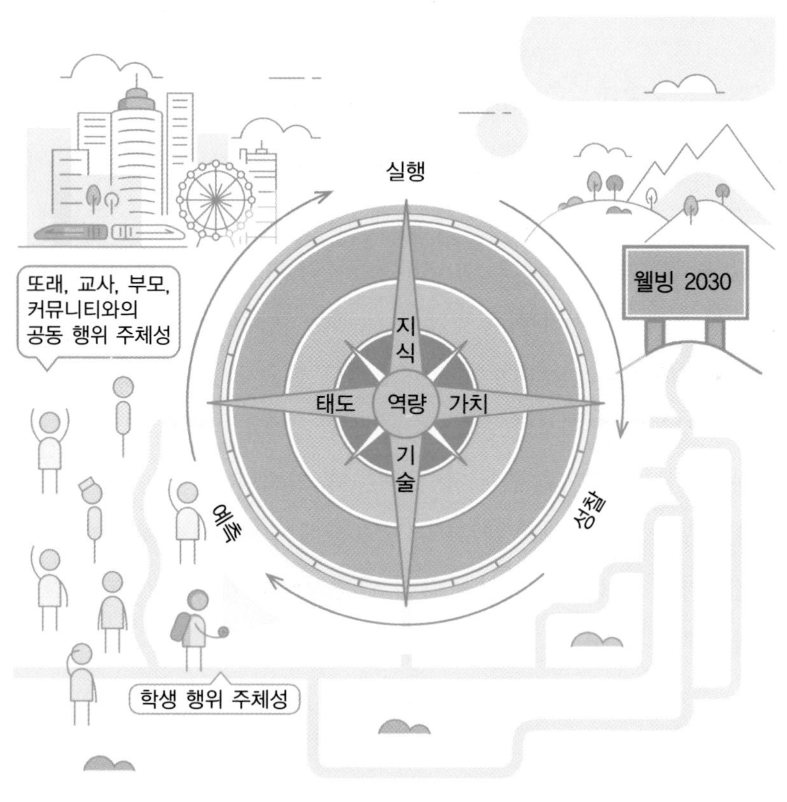

[그림 1-3] **OECD의 학습 나침반 2030**

자료: OECD (2023), p. 24.

'2022 개정 교육과정'은 자기관리, 지식정보처리, 창의적 사고, 심미적 감성, 협력적 소통, 공동체 역량을 핵심으로 제시한다. 또한 우리의 삶 속에 깊이 자리잡게 될 인공지능을 주도적으로 활용하기 위해서는 '개념적 지식'을 중심으로 창의성, 비판적 사고, 컴퓨팅 사고, 융합 역량의 필요성이 제안된다(이주호, 정제영, 정영식, 2021). 이처럼 요구되는 역량이 다양하게 언급되지만, 결국은 다음과 같이 인간의 삶을 지탱하는 본질적 능력이 최우선으로 강조된다(Schwab, 2016).

- 맥락(Contextual): 지성(mind). 지식을 이해하고 상황에 맞게 적용하는 능력
- 감성(Emotional): 감성(heart). 생각과 감정을 조율해 관계를 맺는 능력
- 영감(Inspired): 영성(soul). 공동선을 위해 변화를 이끌고 개인과 공유된 목적의 인지, 신뢰, 덕목을 실천하는 능력
- 체력(Physical): 신체(body). 개인과 시스템의 변화에 필요한 에너지를 발휘할 수 있도록 자신과 주변인의 건강을 가꾸고 안녕을 유지하는 능력

이러한 능력에 대한 중시는 인공지능이 인간 통제의 임계점을 넘었다는 우려의 목소리가 갈수록 높아지고, 4차 산업혁명은 인류를 로봇화할 수 있는 잠재력을 가지고 있어서 인류가 전통적으로 의미를 찾는 대상인 일 · 사회 · 가족 · 존재에 대한 가치를 훼손할 수 있으며(Schwab, 2018: 18), 제아무리 역량이 뛰어나도 인간성을 상실한다면 인류의 존재 자체가 위협을 받게 되기 때문이다. 따라서 미래에는 인류의 생명과 존엄을 유지하고 자연생태계의 모든 생명과 공존하기 위한 공감과 같은 인간 본연의 능력 함양이 그 무엇보다 중요하다(천세영, 정일화, 김수아, 2015; Rifkin, 2009). 그리고 관용, 인내력, 끈기, 불굴의 정신, 적응력, 자제력, 회복력 등 시대를 막론하고 인간에게 필요한 내적 역량의 대부분은 공동체에서 어떻게 행동하며 살아가야 하는지와 밀접하다는 점에서, 21세기의 핵심 역량은 '어떻게 우리가 함께 잘 살아갈까?'에 대한 답이라고 볼 수 있다.

3. 학교의 변화

제4차 산업혁명의 거대한 흐름 속에 인구구조의 변화, 인공지능, 양자 컴퓨팅, 사물인터넷, 로봇공학, 나노 생명공학 등 과학과 기술의 혁명적 발달이 급속히 진행되고 있다. 이러한 변화에 둔감한 국가나 기업은 생존에 위협을 겪게 될 것이고, 학교도 예외일 수 없다. OECD(2020)는 2040년 학교 체제의 시나리오로 교육 외주화, 학습 허브로서의 학교, 삶의 일부로서의 학습 등을 제시한다(이윤미, 이상은, 박상완, 2022). 프랑스의 문학가 폴 부르제(Paul Bourge)가 "생각하는 대로 살지 않으면, 사는 대로 생각하게 된다."라고 한 말처럼, 미래를 살아갈 준비를 하는 학생을 가르치는 교사는 누구보다 먼저 변화하는 세상을 향한 사고의 혁신이 필요하다.

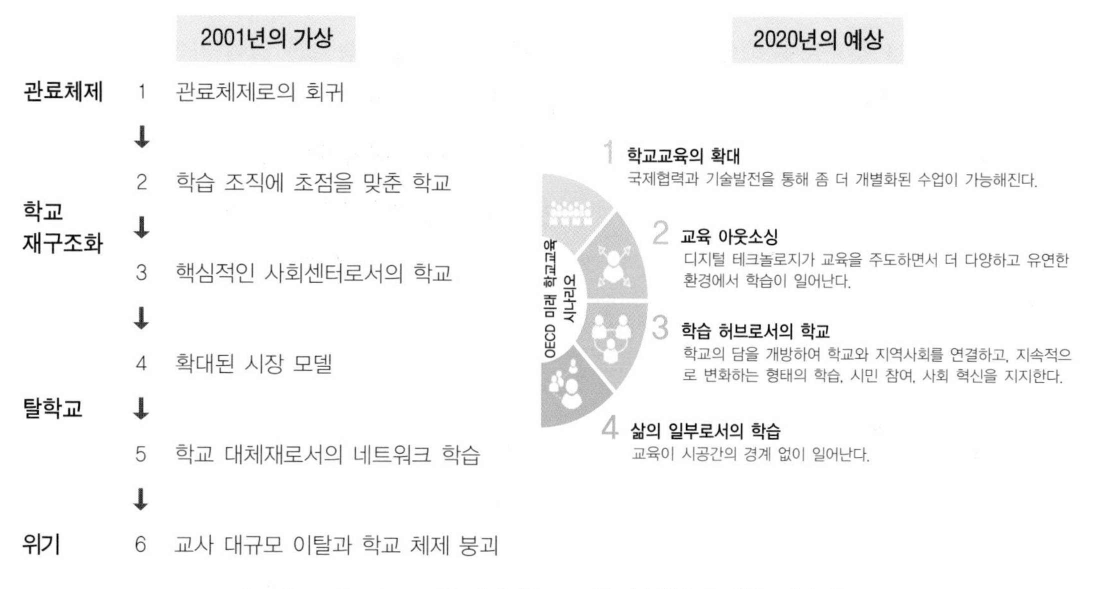

[그림 1-4] **OECD의 미래 학교 교육의 변화에 대한 시나리오**

자료: 김이경 외(2008), p. 23; 박은경(2020), p. 29; OECD (2001), p. 79; OECD (2020), p. 7 수정.

학교와 마을이 협력하여 배움터를 확장하는 '학습 허브로서의 학교'와 '삶의 일부로서의 학습'을 위한 새로운 교육생태계인 '마을교육공동체'의 조성처럼, 학교는 정형화된 교육의 틀을 시·공간적 개방 체제로 전환해야 하고, 학교 외부의 다양한 인적·물적 자원을 효율적으로 활용함으로써 교육의 효과를 높여야 한다(이돈희,

2002). 또한 학교는 새로운 세상을 살아갈 학생이 미래에 무엇을 필요로 할지를 살펴서 새롭게 변화하려는 태도와 노력이 필요하다(정일화, 2020a).

앞의 내용을 바탕으로 우리의 교육과 학교의 변화를 예측하면 다음과 같다. 첫째, 디지털 리터러시, 진로 · 직업, 생명 · 생태 · 환경 · 평화공존, 평생학습, 다양성 · 다문화, 세계시민 교육, 유아교육, 특수교육, 문화 · 예술 · 체육 · 교양 등의 영역에서 역할이 확대된다. 둘째, 아동돌봄센터, 진로 · 직업센터, 문화센터, 평생학습센터로 변화된다. 셋째, 창의적인 사고방식, 비판적 분석 능력, 사회적 상호작용, 디지털 리터러시를 키우는 교육과정으로 전환한다. 넷째, 다 같이 하면서 개별은 다르게 하는 개별 맞춤형의 교수 · 학습 및 평가방식에 초점을 둔다.

미래를 살아갈 학생을 가르치려면, 먼저 교사는 올바른 방향과 마땅한 내용을 철학적으로 사유하고 갈구하며 내재해야 한다. 학생들이 미래 사회에서 '무엇'을 할 수 있어야 하는 것인지, 즉 '무엇'을 가르쳐야 하는지에 대해 깊이 생각하고 필요한 역량을 갖추도록 해야 한다. 교육의 본질은 외부와의 통로를 열어 가는 것이다. 지금 여기에 있는 것과 다른 무언가와 연결되는 것, 그것이 교육의 가장 중요한 기능이다(內田樹, 2012: 82). 학생의 현재의 삶을 소중하게 여기면서 미래의 삶을 준비하는 학교는, 사회의 변화에 눈과 귀를 열어 교육의 방향을 잡고 손발을 움직여서 구체적인 방법을 찾아 학생의 현재와 미래의 삶에 늘 부응할 수 있어야 한다.

생각 나누기

1. 다음의 『(가제)영화로 읽는 교사론(정일화, 제작 중)』에 나오는 글을 읽고, 미래 사회를 살아갈 학생들의 삶에 긍정적인 영향을 미칠 교사의 모습과 역할에 대해 생각해 보자.

> 헬렌 켈러는, 설리번 선생님은 제자의 삶을 행복하고 유익하게 할 행동으로 모범을 보였고, 자신이 손꼽는 좋은 모든 것은 선생님에게서 나왔다고 전한다(Keller, 2009). 배움에 대한 열망을 담은 실화를 바탕으로 한 영화 〈퍼스트 그레이더〉에는 "아이는 내일의 희망이다. 교육은 우리의 삶을 열어 갈 열쇠이다." 그리고 히말라야의 외딴 마을이 배경인 영화 〈교실 안의 야크〉에는 "선생님은 미래를 어루만진다."라는 대사가 나온다. 실화가 바탕인 단편영화 〈선생(Senior Teacher)〉에는 "교사를 한다는 것은 벼랑 끝에 서 있는 것과 같다."라는 대사가 나온다. 북경사범대학교의 교훈은 '학문으로는 사람의 스승이 되고, 행위로는 세상의 본보기가 되자.'이다.

2. 다음의 글을 읽고, 미래를 살아갈 학생을 가르칠 교사의 자세에 대해 생각해 보자.

> 교사의 가르침이 학생에게 진정성 있게 가닿기 위해서는 교사가 자신의 세계에 갇혀 있지 않고 외부 세계로 열려 있으며, 미지의 세계에 노출되는 과정을 통해 기존의 자신으로부터 다른 존재로 변화해 감을 보여 주는 것, 그것이 곧 인공지능 교사와는 차별화되는 가르침의 조건이라고 볼 수 있을 것입니다. 현재 내가 아는 것, 전공 교과 지식이든, 학생에 관한 이론이든, 더 나아가 나 자신에 관한 것이든 이미 잘 안다는 전제하에 그 대상을 고정시키지 말고, 모른다는 자세로 비우는 것이 모순적으로 들리겠지만, 인공지능 시대 인간 교사의 가르침의 가치를 높이는 일일 수 있다는 점입니다. 이 점이 인공지능 교사가 할 수 없는 '윤리적 가르침'의 시작이라고 볼 수 있습니다(이상은, 2023: 8).

3. 박수정 외(2020)의 논문 「교사 역량 측정도구 개발 연구: 4C 역량을 중심으로」의 '교사 4C 측정도구'를 이용해서 미래 사회가 요구하는 '창의성, 비판적 사고, 의사소통, 협업' 역량을 측정하고 보완할 점에 대해 생각해 보자.

4. 다음의 질문에 대해 답하고, 서로의 생각을 나누어 보자.

1. 나는 왜 교직을 희망하는가(또는 선택하였는가)?

2. 학창 시절에 생각나는 교사는 어떤 모습인가?
• 긍정적인 면:
• 부정적인 면:

3. 자신의 교직관을 써 보고, 자신의 교육철학에 비추어 볼 때 어떤 교사가 되고 싶은가?
• 교직관:
• 교직관의 이유:

나의 교육철학	이런 교사가 되고 싶다.

4. 교사로서 갖추어야 할 우선적인 덕목을 세 가지 든다면?
• • •
그 밖에

5. 교육실습을 앞둔 (또는 교직의 첫걸음을 앞두었을 때) 심정을 나타낼 세 단어는?
• • •
그 밖에

6. 교육실습(또는 교직)에서 얻고 싶은 것은?
•
•
•
•

7. 교육실습 중이나 후, (또는 교직의 현재) 심정을 나타내는 세 단어는?

• ______________ • ______________ • ______________

그 밖에 ______________________________

8. (가르친다면, 또는 가르치고 있다면) 오늘 나는 어떤 면에서 가르칠 준비가 되었고, 부족한 점은 무엇인가?

• 준비된 점: ______________________________

• 부족한 점: ______________________________

9. 교단에서의 어려움을 극복할 각오는?

____

____

10. 교단에서, 꽉 막힌 절망감을 느끼게 된다면 그때 어떻게 헤쳐 나가겠는가?

____

____

5. '대국민 교육현안 인식조사'의 다음 결과에 비추어 미래의 교사상에 대해 생각해 보자.

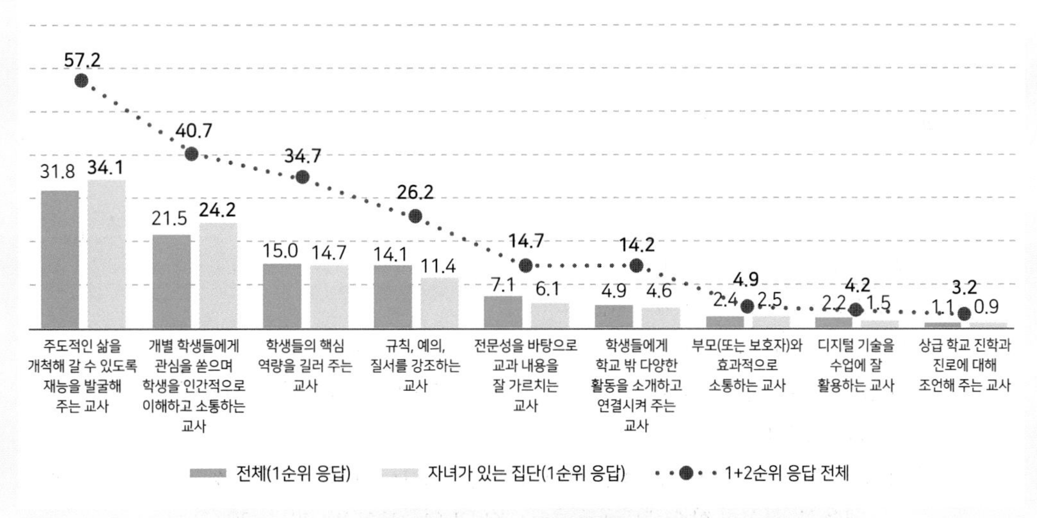

〈미래 우리나라 교육이 지향해야 할 교사상〉

* 국가교육발전 연구센터(KEDI)의 설문에 응답 시, 1순위와 2순위를 복수 선택하게 함.
자료: 국가교육위원회(2024. 4. 12.).

참고문헌

국가교육위원회(2024. 4. 12.). 대국민 교육현안 인식조사 주요 결과. 국가교육위원회 제28차 회의 자료.

김소영(2021). 디지털 패러다임과 문화콘텐츠 연구에 관한 제언-디지털 매체의 인터페이스, 기술이미지, 탈경계적 개체를 중심으로-. 글로벌문화콘텐츠, 49, 1-17.

김이경, 한유경, 박상완, 정일화(2008), 교장 자격제도 개선방안 연구. 교육부, 정책연구과제 2008-위탁-12.

문지영(2023). 미래사회에 살아남기 위한 7가지 핵심 역량. 대한토목학회지, 71(10), 86-92.

박수정, 박상완, 이현정, 박정우, 김경은(2020). 교사 역량 측정도구 개발 연구: 4C 역량을 중심으로. 한국교원교육연구, 37(2), 167-192.

박영숙(2016). 세계미래보고서 2050. 교보문고.

박은경(2020). OECD 미래 학교교육 시나리오와 시사점. 세계교육정책 인포메이션 7호, ISSUE PAPER CP 2020-20. 교육정책네트워크, 한국교육개발원.

손상혁(2016). 융합의 또 다른 이름, 사이버 물리 시스템. 지식의 지평, 21, 1-17.

이돈희(2002). 교육개혁의 배경과 정책의 기조: 교육개혁의 평가와 향후 과제. 교육개혁포럼, 3-11.

이상은(2022). 학생 주체성 담론의 이론적 지평 및 쟁점 탐색. 교육과정연구, 40(1), 79-103.

이상은(2023). 가르치는 일의 오래된 미래: 인공지능 교사로 대체될 수 없는 인간 교사의 가르침이란?. 교육정책포럼, 358(2023. 4. 19.), 4-9.

이윤미, 이상은, 박상완(2022). 미래 사회변화에 따른 교사역할에 대한 초·중등학교 교사의 인식. 교육학연구, 60(6), 399-428.

이주호, 정제영, 정영식(2021). AI 교육 혁명. 시원북스.

이호영, 이경남, 김사혁, 이영민, 김상배, 오형나(2021). 디지털 대전환 메가트렌드 연구: 2030 디지털 메가트렌드 미래전략. 정보통신정책연구원, 정책연구, 2021(17).

정일화(2016). 알파스쿨. 양서원.

정일화(2020a). 새내기 교사론. 한국학술정보.

정일화(2020b). 교육정책과 미래 핵심 역량. 대전교육정책연구소 소식지, 2.

정일화(제작 중). (가제)영화로 읽는 교사론.

조난심(2017. 5). 제4차 산업혁명과 교육. 교육비평, 39, 330-347.

천세영, 정일화, 김수아(2015). 공감기반 인성교육의 필요성과 방향 탐색. 교육연구논총, 36(3), 221-244.

최상덕, 서영인, 황은희, 최영섭, 장상현, 김영철(2013). 미래 인재 양성을 위한 핵심 역량, 교육 및 혁신적 학습생태계 구축(I). KEDI 연구보고 RR 2013-20.

최수진, 김은영, 김혜진, 박균열, 박상완, 이상은(2019). OECD 교육 2030 참여 연구: 미래

지향적 역량교육의 실행 전략 탐색. KEDI 연구보고서 RR 2019-06.
최수진, 이재덕, 김은영, 김혜진, 백남진, 김정민(2017). OECD 교육 2030 참여 연구: 역량 개념틀 타당성 분석 및 역량 개발을 위한 교육체제 탐색. KEDI 연구보고서 RR 2017-18.
허주, 정미경, 권순형, 민윤경, 최수진, 김은영, 김갑성, 최원석(2020). OECD 교육 2030 참여 연구: 미래지향적 역량교육 실행을 위한 교사의 역할과 역량. 한국교육개발원, 연구보고 RR 2020-03.

内田樹(2012). 교사를 춤추게 하라 (街場の教育論). (박동섭 역). 민들레.

Griffin, P., McGaw, B., & Care, E. (Eds.). (2011). *Assessment and Teaching of 21st Century Skills*. Springer Science & Business Media.
Keller, H. (2009). 헬렌 켈러 자서전 (*The Story Of My Life*). (김명신 역). 문예출판사. (원저는 1996년에 출판).
Li, W., Badr, Y., & Biennier, F. (2012, October). *Digital ecosystems: challenges and prospects*. In *Proceedings of the International Conference on Management of Emergent Digital EcoSystems*, pp. 117-122.
OECD. (2019a). *OECD future of Education and skills 2030: Concept note OECD learning compass 2030*.
OECD. (2019b). *OECD future of Education and skills 2030-Concept note: Knowledge for 2030*.
OECD. (2001). *What Schools for the Future?* https://read.oecd-ilibrary.org/education/what-schools-for-the-future_9789264195004-en
OECD. (2005). *The Definition and Selection of Key Competencies: Executive Summary*. Paris: OECD.
OECD. (2020). *Back to the Future of Education*. Paris: OECD. https://read.oecd-ilibrary.org/education/back-to-the-future-s-of-education_178ef527-en
OECD. (2023). *OECD learning compass 2030: A series of concept notes*. https://issuu.com/oecd.publishing/docs/e2030-learning_compass_2030-concept_notes?fr=xKAE9_zU1NQ
Rifkin, J. (2009). *The Empathic Civilization: The Race to Global Consciousness in a World in Crisis*. Penguin.
Schwab, K. (2016). 클라우스 슈밥의 제4차 산업혁명 (*The fourth industrial revolution*). (송경진 역). 메가스터디북스.
Schwab, K. (2016. 1. 14.). *The Fourth Industrial Revolution: What It Means, How to Respond*. World Economic Forum. www.weforum.org/agenda/2016/01/the-fourth-industrial-revolution-what-it-means-and-how-to-respond

Schwab, K. (2018). 클라우스 슈밥의 제4차 산업혁명 더 넥스트 (*Shaping the fourth industrial revolution*). (김민주, 이엽 공역). 새로운 현재. (원저는 2017년에 출판).

Schwab, K., et al. (2016). 4차 산업혁명의 충격 (*The Fourth Industrial Revolution*). (김진희, 손용주, 최시영 공역). 흐름출판.

World Economic Forum. (2015). *New Vision for Education: Unlocking the Potential of Technology*. Vancouver, BC: British Columbia Teachers' Federation.

국가교육위원회. www.ne.go.kr

세종마을교육공동체. https://sjeduvill.kr

www.oecd.org/education/2030-project/teaching-and-learning/learning/learning-compass-2030

www.oecd.org/education/2030-project/teaching-and-learning/learning/learning-compass-2030/OECD_Learning_Compass_2030_concept_note.pdf

www.oecd.org/pisa/definition-selection-key-competencies-summary.pdf

www.viddsee.com/video/undefined/iml80?locale=zh

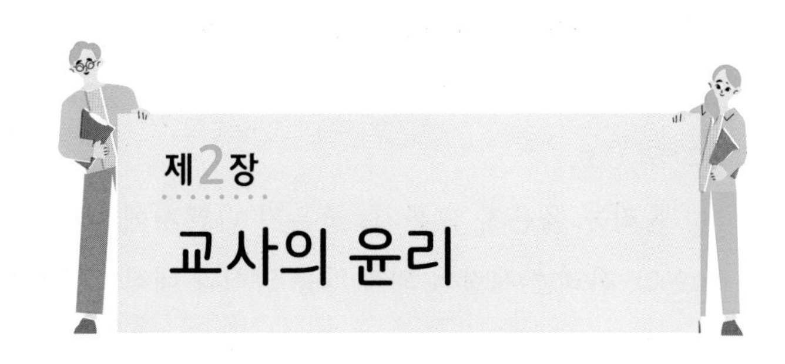

제2장 교사의 윤리

교단에 선 교육자가 따라야 할 규범이 교사의 윤리이다. 어려운 문제가 넘치는 교육 현장에서 희망과 낙관을 유지하기 위해서는 높은 윤리의식이 필요하고, 이의 근간은 '인간의 가치, 정직, 정의, 자유'이다(Tirri, 2010). 가르치는 직분의 본질을 깨닫고 해야 할 옳은 일을 바르게 하면서 교육의 망망대해를 안전하고 명예롭게 항해하려면, 길을 잃지 않게 인도하는 나침반인 '교사의 윤리'를 새기고 '윤리의식'을 다져야 한다.

1. 교육과 윤리

예전에는 '가르치다'를 '갈치다'로 발음한 때가 있었다. 물건을 다듬고 만드는 칼의 옛말인 '갈'에서 나온 '갈다'는 '말하다'와 '이르다'의 뜻을 지닌다. 이는 듣는 이의 마음의 밭을 말로써 갈고자 함이고, 말을 제대로 전달해 이르게 함이라 할 수 있다. 여기에 '기르다'의 뜻인 '치다'가 붙은 '가르치다'는 아이가 잘 자라도록 심성과 정신을 보듬는 양육(養育)의 의미를 담고 있다(박갑천, 1995).

맹자가 말한 '교육'은 본받도록 가르치고 기른다는 것을 의미한다. 결국, 학생들의 마음의 밭을 갈고닦아 정신과 지식이 고양되도록 가르치기 위해서는 언행의 본이 되도록 모범을 보이는 일이 그 무엇보다 선행되어야 한다. 따라서 학생들 앞에서 가르치는 교육자는 요구되는 윤리적 기대와 기준이 무엇일지에 대한 성찰이 그 누구보다도 더 필요하고, 높은 수준의 윤리적 삶을 살려는 의지의 존재이어야 한다(신득렬, 2002: 113).

윤리는 옳은지 그른지, 좋은지 나쁜지에 대한 판단과 행동을 다룬다(Dewey, 1902). 윤리는 사람의 외적 행동 양식과 내적인 품성의 기준이 된다. 종종 비슷하게 여겨지는 도덕(morals)과 윤리(ethics)는 다른 차원이다. 도덕은 옳고 그름의 분별이 바탕이고, 윤리는 다른 집단과 특히 구분되는 어느 집단의 합의된 관례 및 용법을 의미한다(Shapiro & Stefkovich, 2011). 따라서 어떤 일을 할 때, 공동체의 규범에 부합하는 윤리적 행동은 무엇일지를 숙고하면 원만하게 받아들일 수 있을 것이다.

Q

교사에게 요구되는 보편적 윤리 기준은 무엇인지 생각해 보자.

2. 교직관

직무 수행의 윤리적 인식은 교직관에 따라서 달라진다(김기홍, 이지연, 정윤경, 1999; 배영기, 1991; 신득렬, 2002). 교직의 본질과 특징은 교육의 개념이나 학교의 특수성과 연결된 구조를 갖기 때문에, '교직은 무엇인가'라는 질문은 '교육이 무엇인가'라는 질문만큼이나 중요하다(이재덕, 신철균, 신정철, 2020). 일반적으로 교직관은 성직관, 전문직관, 노동직관으로 구분되고, 공직관(황기우, 2005)과 탈전문직관(손향숙, 2003; 한준상, 1997)이 더해지기도 한다. 여기에 이 책은 처음으로 초전문직관과 모든 교직관을 포괄하는 종합관을 덧붙인다.

- 성직관: 하늘의 부름을 받은 성직이나 천직으로 교직을 바라본다. 도덕적인 모범을 보이고, 학생들의 삶과 성장에 대해 깊은 관심과 사랑으로 보살펴서 감화하게 하고, 법규로 주어진 직무 이상으로 자기희생의 정신을 새기면서 헌신한다.

- 전문직관: 엄격한 표준의 교육과정에 따른 장기 교육과 자기 연마를 통해 자격을 취득하여 입직한 뒤에, 직능단체의 자율적 윤리강령에 따른 직무의 수행, 지속적인 연찬, 사회봉사의 책임을 다한다.

- 탈전문직관: 전문직관이 교과 지식을 전달하는 기능인으로 제한하는 측면을 비판하는 관점에서, 비전문직이나 무전문직의 관점이 아닌 사회적 자아실현과 연결된 교직만의 전문직 개념의 재정립을 요구하는 관점이다.

- 초전문직관: 다른 전문직은 교육과정에서 익힌 바를 현장에 나와 적용하고 경험이 쌓일수록 능숙해지나, 교직은 배운 바를 뛰어넘어 아주 예측하기 어려운 상호작용과 새롭고 독특한 현상을 끊임없이 일상적으로 마주하는 복잡계이다. 또한 다양한 다중적 역할을 해야 한다. 이처럼 전문직의 특성을 초월하는 교육의 비범한 전문적 특수성을 고려한 관점이다.

- 노동직관: 생활인의 측면에서 직무를 수행한다는 관점이다. 고용과 근로 조건 및 근무 환경을 중시한다. 세상 모든 일의 바탕이 '인간의 노동'이라는 점을 고려한다면, 굳이 앞세울 필요 없는 당연한 관점이다.

- 공직관: 「국가공무원 복무규정」에 따라서 교원을 포함한 공무원은 임용 때 다음과 같이 선서한다. "나는 대한민국 공무원으로서 헌법과 법령을 준수하고, 국가를 수호하며, 국민에 대한 봉사자로서의 임무를 성실히 수행할 것을 엄숙히 선서합니다." 이처럼, 공적 책무성을 강조하고 국민에 대한 봉사자로 규정하는 관점이다.

- 종합관: 성직관은 도덕적 위상과 소명의식을 고양한다. 전문직관은 자부심을 부여하여 부단한 자기 연찬을 촉진한다. 공직관은 책무감을 높여 준다. 일의 실제적인 측면인 노동직관은 노동의 가치와 성실의 소중함을 인식하게 한다. 각각의 긍정적인 면을 살리고 조화를 이루는 종합적 관점이 필요하다는 관점이다.

Q

나의 교직관은 어떠한 다중적 측면이 있는지를 생각해 보자.

3. 교육의 윤리적 관점

교사는 도덕적 안내자이다(Carroll, 1979; 신득렬, 2002: 104 재인용). 교사가 윤리적 가치의 표양으로서 정신, 태도, 행동 등에서 모범을 보이는 일은 모든 가르침의 바탕이 된다. 홍은숙(2011)은 교직의 내적 가치와 목적에 부합하는 교사윤리의 필요성을 다음과 같이 제시한다.

- 교육은 본질적으로 인간다운 인간을 기르는 도덕적인 일이다.
- 교사는 도덕적이고 긍정적인 영향력을 발휘해야 한다.
- 교사의 인격이나 행동이 곧 교육내용 및 교육방법이 될 수 있다.
- 좋은 교육을 하기 위해서는 도덕적, 윤리적 문제를 방지하고 해결해야 한다.
- 인류의 미래를 위한 바람직한 가치를 형성하기 위해서는 건전하고 포괄적인 사회윤리 또는 시민윤리를 지니고 실천해야 한다.

교육자는 윤리적 문제를 해결할 때 딜레마에 직면하게 된다. 다각의 윤리적 관점에서 입체적으로 바라보면, 단편적으로 문제를 해결할 때 남게 되는 부족함을 훨씬 줄일 수 있을 것이다. 개별성과 다양성이 존중받는 사회에서, 다음과 같은 다원적 윤리 패러다임이 필요하다(Shapiro & Stefkovich, 2011).

- 정의 윤리: 법과 권리에 초점을 맞춘다. 이 관점은 선과 악, 사법 정의라고 일컫는 법률적인 면을 강조한다. 공동체 내에서 개인이 어떻게 행동해야 하는지와 공명정대함에 관심을 둔다. 정의 윤리는 법과 규칙, 정책과 관련해 형평성과 공정성, 그리고 개인의 권리와 더 큰 공동선의 측면을 살피도록 요구하며 다음과 같은 질문을 던진다. "만일 예외가 허용된다면, 어떤 상황에서 법이 절대적으로 지켜져야 하는가? 어떤 특별한 사례에 적용될 관련 법, 권리, 정책이 있는가? 만일 있다면, 강제해야 하는가? 만일 없다면, 무엇을 해야 하는가? 무엇이 보완적으로 제공되어야 하는가?"

- 비판 윤리: 당연하게 수용되는 어떤 법적 기준이 간과할 수 있는 측면을 살피는 관점이다. 어떤 법적 기준이 있다면, 이는 누가 만들어 승인한 것이고, 누구에 의해 옳고 그름이 판단되는가에 대해 비판적 관점을 갖는다. 사회계층의 불평등성에 주목하는 비판학자들은 기득권의 정의, 권리, 법의 수용보다는 이들에 내재한 '모순'을 다룬다. 이들은 사회가 인정한 도덕의 오류 가능성을 깨닫고, 당연하다고 수용할 때 간과될 수 있는 민주주의의 중요한 사회적 개념을 주체적으로 재정립하기를 바란다. 비판 윤리는 다음과 같은 질문이 던지는 난제에 대처하도록 요구한다. "누가 법을 만드는가? 누가 법, 규칙, 정책으로 인해 이익을 받는가? 누가 권력을 가지고 있는가? 침묵하는 목소리는 누구인가?"

- 전문직 윤리: 전문직의 역할 수행에 대한 기대를 깨닫는 일이다. 전문직은 교육과 관련된 교과 내용, 교수 방법, 평가 등에 대한 깊이 있는 이해와 적용을 할 수 있어야 한다. 이러한 일은 정의 윤리와 혼동이 된다. 그러나 형평성과 같은 법적인 원칙을 강조하는 정의 윤리와는 다르다. 전문직 윤리는 교육자로서 학생의 환경 등 문제 상황을 고려하고 학생을 위한 최선의 유익을 도출하는 전문성을 발휘한다는 차이가 있다. 전문직 윤리는 다음의 질문에 관심을 둔다. "전문직은 내가 무엇을 하도록 기대하는가? 공동체는 내가 무엇을 하도록 기대하는가? 학생을 위한 최선의 유익을 바탕으로 나는 무엇을 해야 하는가?"

- 돌봄 윤리: 교육자가 학생을 비롯한 타인의 내재한 관심사와 이해관계를 살펴 어떻게 도울 수 있는지, 그리고 교육자의 판단과 결정이 어떠한 영향을 미치고 결과를 불러올지에 대해 돌아보게 한다. 성실과 신뢰 같은 가치를 살피게 하는 이를 통해 윤리적 딜레마를 조망하면, 교육자가 학생의 필요와 욕구를 대할 때 어떻게 조력할 수 있는지, 타인에 대한 염려나 관심을 보여 주는 해답을 어떻게 생각해 낼 수 있는지와 관련한 질문들을 의사결정의 과정에서 찾게 한다. 이 윤리는 자기 결정과 행위의 결과를 고심하도록 요구한다. 이 윤리는 다음의 질문에 대해 숙고하길 바란다. "나의 결정으로 누가 이익을 보는가? 누가 나의 행위로 상처를 받는가? 내가 오늘 내린 결정의 장기적 효과는 무엇인가? 만일 내가 지금 어떤 사람의 도움을 받는다면, 미래에 이 사람 또는 사회에 무엇을 갚아야 하는가?"

양자택일적 사고보다는 양자포괄적인 해결책의 모색이 필요하다(Hargreaves & Shirley, 2015). 윤리적 관점 또한 서로 대립하는 게 아니고 상호 결합함으로써 문제해결의 방법이 더 풍부하고 완벽하도록 보완해 준다(Shapiro & Stefkovich, 2011; Starratt, 1994). 다원적인 관점은 딜레마를 헤쳐 가는 데 도움이 될 것이다. 특히, '돌봄'에 대한 학교의 역할이 강조되는 시대에서, 그리고 교육자가 교육의 전문성을 발휘한다는 측면에서 '학생을 위한 최선의 유익'이라는 관점으로 문제에 접근하고 해결하려는 노력이 필요하다(정일화, 2020).

Q

'전문직 윤리'를 고려한다면 교칙의 제정 과정과 적용에서 어떤 점이 달라질지 생각해 보자.

4. 교원단체와 윤리강령

「교육기본법」은 교원단체를 조직할 수 있게 규정하고, 「교원의 노동조합 설립 및 운영에 관한 법률(이하 교원노조법)」은 교원의 노동조합 설립에 관한 사항 등을 규정한다. 전문직 교원단체를 표방하든 「교원노조법」에 따른 교원단체이든, 윤리 헌장 또는 강령을 갖춘다.

1) 교원단체

「교원 지위 향상 및 교육활동 보호를 위한 특별법(이하 교원지위법)」에 따른 교섭 · 협의는 교원의 처우 개선, 근무조건 및 복지후생과 전문성 신장에 관한 사항을 그 대상으로 한다. 다만, 교육과정과 교육기관 및 교육행정기관의 관리 · 운영에 관한 사항은 교섭 · 협의의 대상이 될 수 없다고 규정한다. 「교원지위법」은 교섭과 협의 사항의 범위를 다음과 같이 밝힌다.

- 봉급 및 수당체계의 개선에 관한 사항
- 근무시간 · 휴게 · 휴무 및 휴가 등에 관한 사항
- 여교원의 보호에 관한 사항
- 안전 · 보건에 관한 사항

- 교권 신장에 관한 사항
- 복지 · 후생에 관한 사항
- 연구활동 육성 및 지원에 관한 사항
- 전문성 신장과 연수 등에 관한 사항
- 기타 근무조건에 관한 사항

교원단체는 교원의 사회 · 경제적 위상, 교육정책에 대한 영향력, 신분의 보호, 전문성 제고 등을 위해 필요하다. 교원단체에 가입은 의무는 아니나, "권리 위에 잠자는 자는 보호받지 못한다."라는 법언처럼, 교원의 권익을 위해 앞장서는 교원단체의 활동에 무임승차의 방관자가 아닌 동참하는 자세가 필요하다. 교원단체에 가입할 때, 주변의 권유를 따라 무심코 하기보다는 단체의 성격, 활동, 자신과의 적합 정도 등을 고려해야 할 것이다. 첫발을 어디로 내딛느냐에 따라서 가는 방향이 달라질 수 있다.

Q

신규교사로 임용되고 얼마 지나지 않아 교원단체 가입을 권유받으면 어떻게 할지를 생각해 보자.

〈표 2-1〉 **교원의 지위 · 윤리 및 교원단체 관련 법령**

「교육기본법」	**제6조(교육의 중립성)** ① 교육은 교육 본래의 목적에 따라 그 기능을 다하도록 운영되어야 하며, 정치적 · 파당적 또는 개인적 편견을 전파하기 위한 방편으로 이용되어서는 아니 된다. ② 국가와 지방자치단체가 설립한 학교에서는 특정한 종교를 위한 종교교육을 하여서는 아니 된다. **제14조(교원)** ① 학교교육에서 교원의 전문성은 존중되며, 교원의 경제적 · 사회적 지위는 우대되고 그 신분은 보장된다. ② 교원은 교육자로서 갖추어야 할 품성과 자질을 향상시키기 위하여 노력하여야 한다. ③ 교원은 교육자로서 지녀야 할 윤리의식을 확립하고, 이를 바탕으로 학생에게 학습윤리를 지도하고 지식을 습득하게 하며, 학생 개개인의 적성을 계발할 수 있도록 노력하여야 한다. ④ 교원은 특정한 정당이나 정파를 지지하거나 반대하기 위하여 학생을 지도하거나 선동하여서는 아니 된다. **제15조(교원단체)** ① 교원은 상호 협동하여 교육의 진흥과 문화의 창달에 노력하며, 교원의 경제적 · 사회적 지위를 향상시키기 위하여 각 지방자치단체와 중앙에 교원단체를 조직할 수 있다. ② 제1항에 따른 교원단체의 조직에 필요한 사항은 대통령령으로 정한다.
「교원지위법」	**제11조(교원의 지위 향상을 위한 교섭 · 협의)** ① 교원단체는 교원의 전문성 신장과 지위 향상을 위하여 교육감이나 교육부장관과 교섭 · 협의한다. **제12조(교섭 · 협의 사항)** 교섭 · 협의는 교원의 처우 개선, 근무조건 및 복지후생과 전문성 신장에 관한 사항을 그 대상으로 한다. 다만, 교육과정과 교육기관 및 교육행정기관의 관리 · 운영에 관한 사항은 교섭 · 협의의 대상이 될 수 없다.
「교원노조법」	**제3조(정치활동의 금지)** 교원의 노동조합은 어떠한 정치활동도 하여서는 아니 된다. **제6조(교섭 및 체결 권한 등)** ① 노동조합의 대표자는 그 노동조합 또는 조합원의 임금, 근무 조건, 후생복지 등 경제적 · 사회적 지위 향상에 관하여 다음 각 호의 구분에 따른 자와 교섭하고 단체협약을 체결할 권한을 가진다. **제8조(쟁의행위의 금지)** 노동조합과 그 조합원은 파업, 태업 또는 그 밖에 업무의 정상적인 운영을 방해하는 어떠한 쟁의행위도 하여서는 아니 된다.

2) 윤리강령

유네스코는 〈교원의 지위에 관한 권고(Recommendation concerning the Status of Teachers)〉를 통해, 윤리강령이나 행동강령은 교직의 권위를 보장하고 합의된 원칙에 따라서 교직을 수행하는 데 크게 공헌하고, 이러한 강령은 교원단체에 의하여 제정되어야 한다고 밝힌다. 우리나라는 한국교원단체총연합회의 전신인 대한교육연합회에서 교육자가 가정 · 사회 · 교직에서 지켜야 할 윤리 및 교양에 관한 강령을 1958년에 처음으로 제정하였고, 1982년 스승의 날에 '사도헌장'과 '사도강령'을 선포한 바 있다. 2005년, 한국교원단체총연합회는 〈표 2-2〉의 '교직윤리헌장'을 공포하였다. 1999년에 제정된 「교원노조법」 이후에 설립된 교원노조들도 강령 및 실천강령을 갖추고 있다.

Q
우리나라 교직의 전문직 단체와 노조의 연역, 강령 및 주요 활동을 알아보자.

〈표 2-2〉 **교직윤리헌장**

우리는 교육이 인간의 가치와 존엄성을 높이며, 개인의 성장과 자아실현은 물론 국가와 민족의 미래에 중대한 영향을 준다는 사실을 명심하고, 국민으로부터 부여받은 교육자의 책무를 다하기 위해 최선을 다한다. 우리는 균형 있는 지덕체 교육을 통하여 미래사회를 열어 갈 창조정신과 세계를 향한 진취적 기상을 길러 줌으로써, 학생을 학부모의 자랑스런 자녀요, 더불어 사는 민주 사회의 주인으로 성장하게 한다. 우리는 교육자의 품성과 언행이 학생의 인격형성을 좌우할 뿐만 아니라 사회전반의 윤리적 지표가 된다는 사실을 깊이 인식하고, 윤리성과 전문성을 높이기 위해 노력한다. 이에 우리 모두의 의지를 모아 교직의 윤리를 밝히고, 사랑과 정직과 성실에 바탕을 둔 교육자의 길을 걷는다.

우리의 다짐

- 나는 학생을 사랑하고 학생의 인권과 인격을 존중하며, 합리적인 절차와 방법에 따라 지도한다.
- 나는 학생의 개성과 가치관을 존중하며, 나의 사상 · 종교 · 신념을 강요하지 않는다.
- 나는 학생을 학업성적 · 성별 · 가정환경의 차이에 따라 차별하지 않으며, 부적응아와 약자를 세심하게 배려한다.
- 나는 수업이 교사의 최우선 본분임을 명심하고, 질 높은 수업을 위해 부단히 연구하고 노력한다.
- 나는 학생의 성적평가를 투명하고 엄정하게 처리하며, 각종 기록물을 정확하게 작성 · 관리한다.
- 나는 교육전문가로서 확고한 교육관과 교직에 대한 긍지를 갖고, 자기개발을 위해 노력한다.
- 나는 교직 수행과정에서 습득한 학생과 동료, 그리고 직무에 관한 정보를 악용하지 않는다.
- 나는 학생이나 학부모로부터 사적이익을 취하지 않으며, 사교육기관이나 외부업체와 부당하게 타협하지 않는다.
- 나는 잘못된 제도와 관행을 개선하는 데 앞장서며, 교육적 가치를 우선하는 건전한 교직문화 형성에 적극 참여한다.
- 나는 학부모와 지역사회를 교육의 동반자로 삼아 바람직한 교육공동체 형성을 위해 함께 노력한다.

자료: 한국교원단체총연합회의 누리집(www.kfta.or.kr) 기관소개를 참고.

(1) 미국의 교원윤리강령

1929년에 미국교육협회(National Education Association: NEA)가 처음 제정하였다. 여기에서는 미국교육협회가 1975년에 개정한 〈표 2-3〉과, 톰린슨, 리틀, 톰린슨, 보우어(Tomlinson, Little, Tomlinson, & Bower, 2000)가 제안한 〈표 2-4〉의 교원윤리강령을 소개한다.

〈표 2-3〉 **미국교육협회의 교원윤리강령**

우리는 교육계가 모든 학생의 요구에 부응하는 전부로 구성되며 '교육자'라는 용어에는 교육 지원 전문가가 포함된다고 믿는다. 교육자는 모든 인간의 가치와 존엄성을 믿으며 진리 추구, 발전에 대한 헌신, 민주적 원칙의 고양이 가장 중요하다는 것을 인식한다. 이러한 목표의 핵심은 가르침과 배움의 자유를 보호하고 모든 이에게 평등한 교육의 기회를 보장하는 것이다. 교육자는 최고의 윤리 기준을 준수해야 한다. 교육자는 교육의 과정에 내재된 막중한 책임을 인식한다. 동료, 학생, 학부모, 지역사회 구성원으로부터 존경과 신뢰를 받고자 하는 열망은 가능한 한 가장 높은 수준의 윤리적 행동을 달성하고 유지하려는 동기를 제공한다. 따라서 본 윤리강령은 모든 교육자의 열망을 나타내며 행동을 판단할 수 있는 기준이다.

원칙 I
학생에 대한 헌신

교육자는 각 학생이 가치 있고 효과적인 사회 구성원으로서 자신의 잠재력을 실현하도록 돕기 위해 노력한다. 따라서 교육자는 탐구 정신, 지식과 이해의 습득, 가치 있는 목표의 사려 깊은 형성을 자극하기 위해 노력한다.

이를 위해, 교육자는 다음과 같은 학생에 대한 의무를 이행해야 한다.
1. 학습을 추구하는 학생의 독립적인 행동을 부당하게 제한해서는 안 된다.
2. 학생의 다양한 관점에 대한 접근을 부당하게 거부해서는 안 된다.
3. 학생의 진도와 관련된 주제를 의도적으로 억압하거나 왜곡해서는 안 된다.
4. 학습 또는 건강 및 안전에 유해한 상황으로부터 학생을 보호하기 위해 합리적인 노력을 기울여야 한다.
5. 의도적으로 학생을 수치심이나 비방에 노출시켜서는 안 된다.
6. 인종, 피부색, 신념, 성별, 출신 국가, 결혼 여부, 정치적 또는 종교적 신념, 가족, 사회적 또는 문화적 배경 또는 성적 지향에 근거하여, (a) 어떤 학생을 부당하게 프로그램 참여에서 배제하거나, (b) 어떤 학생에게 혜택을 거부하거나, (c) 어떤 학생에게 특정 혜택을 부여해서는 안 된다.
7. 학생과의 직업적 관계를 사적인 이익을 위해 이용해서는 안 된다.
8. 직무 수행의 과정에서 얻은 학생에 대한 정보를 공개할 강력한 필요성과 목적에 부합하거나 법률에 의하지 않는 한 공개해서는 안 된다.

원칙 II
직업에 대한 헌신

교육 전문직은 최고의 직업적 봉사 이상을 요구받는다. 교육자는 교육이 국가와 국민에게 지대한 직접적인 영향

〈계속〉

을 미친다는 신념으로 전문적 기준을 높이고, 전문적 판단력의 발휘를 장려하는 분위기를 조성하며, 자질을 갖춘 사람을 교육계로 유입하는 조건을 달성하고, 자격이 없는 사람이 교직에 종사하는 것을 방지하기 위해 모든 노력을 기울여야 한다. 이를 위해 교육자는 다음과 같은 학생에 대한 의무를 이행해야 한다.

1. 전문직 지원 시 고의나 허위로 진술하거나 역량 및 자격과 관련된 중요한 사실을 감추지 말아야 한다.
2. 자신의 전문 자격을 허위로 표시해서는 안 된다.
3. 인격, 학력 등과 관련하여 자격이 없는 사람의 교직 진입을 도와서는 안 된다.
4. 전문직 후보자의 자격에 대해 고의나 허위로 진술해서는 안 된다.
5. 직무를 수행할 때, 비교육자에게 허가되지 않은 교육활동을 허용해서는 안 된다.
6. 공개할 강력한 필요성과 목적에 부합하거나 법률에 의한 경우를 제외하고는 직무 수행 과정에서 취득한 동료에 대한 정보를 공개해서는 안 된다.
7. 동료에 대해 고의나 허위 또는 악의적인 진술을 해서는 안 된다.
8. 전문적인 결정이나 행동에 영향을 미치거나 영향을 미치는 것처럼 보일 수 있는 사례금, 선물 또는 호의를 받아서는 안 된다.

자료: 미국교육협회(www.nea.org/resource-library/code-ethics-educators).

〈표 2-4〉 **톰린슨과 리틀, 톰린슨, 보우어(2000)의 교원윤리강령**

1. 진리 탐구를 위해 이성을 사용하는 영역에서 교사는
   (1) 지식의 본질을 존중해야 한다.
   (2) 전문적 지식, 기능 그리고 경험을 존중해야 한다.
   (3) 마음과 행동의 독립성을 보여야 한다.

2. 학습자 이익과 관련된 영역에서 교사는
   (4) 학습자의 이익을 분간하고 존중해야 한다.
   (5) 사회적 상호의존성을 인정해야 한다.
   (6) 학습자의 가족과 사회적 상황을 존중해야 한다.
   (7) 장기간에 걸칠지도 모르는 영향에 대한 책임을 받아들여야 한다.

3. 겸손과 관련된 영역에서 교사는
   (8) 자기 자신의 오류성을 인정하여야 한다.
   (9) 전문직 동료들을 존중하고 협동적으로 일해야 한다.
   (10) 학습자들과 그들의 협력자들의 공헌을 인정할 수 있게 해야 한다.
   (11) 교육정책에 대한 공개적인 논의를 통해 전문직의 가치, 전문성, 그리고 이익을 증진해야 한다.

자료: 신득렬(2002), p. 113.

Q
우리나라 교원노조의 강령 또는 실천강령과 미국의 교원윤리강령을 비교해 보자.

미국은 〈표 2-5〉와 같은 '교사권리장전(Teacher Bill of Rights)'도 갖추고 있다. 이 권리장전의 전문은 다음과 같다. '교사의 권위를 존중하는 것은 교실의 학습 환경을 조성하고 효과적인 수업을 진

행하는 데 필수적이다. 이를 위한 권한을 유지하고 보호하기 위해서는 교사, 관리자, 학부모, 학생이 교사에게 부여된 다음과 같은 다양한 권리에 대해 충분히 숙지하는 것이 중요하다.'

〈표 2-5〉 **루이지애나주의 교사 권리장전**

1. 정당한 교육활동에 대한 무분별한 소송을 겪지 않고, 직무 수행 중 취한 조치와 관련한 면책과 법적 방어권을 교육청으로부터 보장받을 권리
2. 규정에 따라 학생을 적절히 징계할 권리
3. 다른 학생의 교육을 방해하거나 도전적인 행동을 보이는 학생을 교실에서 내보내고 교장 또는 교장의 지정인에게 맡길 권리
4. 규정에 따라 취하는 징계 조치의 전문적인 판단과 재량권에 대해 존중받을 권리
5. 학습에 도움이 되고 안전하며 질서 있는 환경에서 가르칠 권리
6. 법령에 규정된 대로 예의와 존중으로 대우받을 권리
7. 규정에 따른 학생 징계 결정에 대해 학부모와 소통하고 참여를 요청할 권리
8. 법 또는 규정에서 요구하는 경우, 최소한의 행정적 서류만 작성할 권리
9. 유능하고 자신감 있는 전문가가 되기 위한 멘토의 지원 등을 받을 권리
10. 수업일이나 주중에 다른 교사와 협력할 수 있는 시간을 가질 권리

자료: 루이자애나 교육부(louisianabelieves.com/docs/default-source/advisory-council/advisory-council-on-student-behavior-and-discipline-teacher-bill-of-rights-la-rs-17_416_18.pdf?sfvrsn=3).

사우스 캐롤라이나주의 '교사권리장전'은 학교와 당국이 권리장전에 명시된 교사의 권리 행사를 방해하는 정책 수립 등에 대한 법적 조치를 취할 권리도 담고 있다(사우스 캐롤라이나 입법부).

5. 의료계와 법조계의 윤리강령

세계의사협회는 1948년 제네바 선언 이후 시대에 맞게 윤리강령을 개정해 오고 있다. 미국의 사법부는, 사법적 권위는 궁극적으로 사법 과정에 대한 국민의 신뢰에서 비롯되고, 국민이 가지는 법관에 대한 이미지가 국민의 사법 신뢰를 형성하는 주요 요인이라는 측면에서 법관의 언행 같은 외관을 중시하는 법관윤리규범을 제시한다(사법정책연구원, 2019). 다른 전문직과의 비교를 통해서 교원윤리강령에 대한 이해를 돕고자 의료계와 법조계의 윤리강령을 소개한다.

1) 의사윤리강령

박석건 외(2020)는 '의사윤리는 의사가 지켜야 할 윤리적 의무와 추구해야 할 이상을 가리킨다. 의사가 갖추어야 할 전문적 능력과 소양은 임상능력만을 가리키는 것이 아니다. 의사라는 전문직에게 직업적 가치관은 임상능력과 함께 필수적으로 갖추어야 할 부분이며, 이 직업적 가치관을 구성하는 가장 중요한 부분이 바로 의사의 윤리성이다. 의사윤리는 구체적으로 의사 업무의 한계와 그 지향점을 규정하는 규범을 가리키며, 이를 문서화한 것이 의사윤리강령과 지침이다.'라고 밝힌다. 〈표 2-6〉은 의사의 윤리의식을 제고하고, 준수할 윤리 내용과 비윤리적 행위에 대한 판단기준을 마련하기 위해 2017년에 대한의사협회에서 개정한 것이다.

〈표 2-6〉 **의사윤리강령**

1. 의사는 인간의 존엄과 가치를 존중하며, 의료를 적정하고 공정하게 시행하여 인류의 건강을 보호증진함에 헌신한다.
2. 의사는 의학적으로 인정된 지식과 기술을 기반으로 전문가적 양심에 따라 진료를 하며, 품위와 명예를 유지한다.
3. 의사는 새로운 의학지식 · 기술의 습득과 전문직업성 함양에 노력하며, 공중보건의 개선과 발전에 이바지한다.
4. 의사는 환자와 서로 신뢰하고 존중하는 관계를 유지하며, 환자의 최선의 이익과 사생활을 보호하고, 환자의 인격과 자기결정권을 존중한다.
5. 의사는 환자의 알 권리를 존중하며, 직무상 알게 된 환자의 비밀과 개인정보를 보호한다.
6. 의사는 환자에 대한 최선의 진료를 위해 모든 동료의료인을 존경과 신의로써 대하며, 환자의 안전과 의료의 질 향상을 위해 함께 노력한다.
7. 의사는 국민 건강 증진과 삶의 질 향상을 위해 기여하며, 의료자원을 적절히 사용하고, 바람직한 의료환경과 건강한 사회를 확립하기 위해 법과 제도를 개선하도록 노력한다.
8. 의사는 의료정보의 객관성과 신뢰성 확보를 위해 노력하며, 개인적 이익과 이해상충을 적절히 관리함으로써 환자와 사회의 신뢰를 유지한다.
9. 의사는 사람의 생명과 존엄성을 보호하고 존중하며, 죽음을 앞둔 환자의 고통을 줄이고, 환자가 인간답게 자연스런 죽음을 맞을 수 있도록 최선을 다한다.
10. 의사는 사람 대상 연구에서 연구참여자의 권리, 안전, 복지를 보호하며, 연구의 과학성과 윤리성을 유지하여 의학 발전과 인류의 건강 증진에 기여한다.

우리 의사는 위의 의사윤리강령을 자유의사에 따라 성실히 이행할 것을 엄숙히 선언한다.

자료: 한국의사100년기념재단(www.kordr100.or.kr).

2) 한국간호사 윤리선언

대한간호협회는 한국간호사 윤리선언, 윤리강령, 윤리지침의 체계를 갖추어 제시한다. 이 윤리선언의 전문은 이렇게 밝힌다. '우리 간호사는 인간 생명을 존중하고 인권을 지킴으로써 국가와 인류 사회에 공헌하는 숭고한 사명을 부여받았다. 이에 우리는 국민의 건강 증진과 안녕 추구를 간호 전문직의 본분으로 삼고 이를 실천할 것을 다음과 같이 다짐한다.'

〈표 2-7〉 **한국간호사 윤리선언**

- 우리는 어떤 상황에서도 간호 전문직으로서의 명예를 지키고 품위를 유지하며, 국민건강 지킴이의 역할에 최선을 다한다.
- 우리는 인간 생명에 영향을 줄 수 있는 첨단 의과학 기술을 포함한 생명 과학 기술을 적용하는 것에 대해 윤리적 판단을 견지하며, 부당하고 비윤리적인 의료 행위에는 참여하지 않는다.
- 우리는 간호의 질 향상을 위해 노력하고, 모든 보건 의료 종사자의 고유한 역할을 존중하며 국민 건강을 위해 상호 협력한다.
- 우리는 이 다짐을 성실히 지킴으로써 간호 전문직으로서의 사회적 소명을 완수하기 위해 최선을 다할 것을 엄숙히 선언한다.

자료: 대한간호협회의 협회소개를 참고.

대한간호협회의 '한국간호사 윤리강령'을 찾아보자.

3) 법조인 윤리강령

「대법원규칙」은 법관의 윤리강령을 규정하고, 대한변호사협회는 윤리강령과 윤리규칙으로 이루어진 변호사윤리장전을 두고 있는데, 윤리규칙은 일반적 윤리, 직무에 관한 윤리, 의뢰인에 관한 윤리 등으로 구분된다.

〈표 2-8〉 **법관의 윤리강령**

국민의 기본적 인권과 정당한 권리행사를 보장함으로써 자유 · 평등 · 정의를 실현하고, 국민으로부터 부여받은 사법권을 법과 양심에 따라 엄정하게 행사하여 민주적 기본질서와 법치주의를 확립하여야 한다. 법관은 이 같은 사명을 다하기 위하여 사법권의 독립과 법관의 명예를 굳게 지켜야 하며 국민으로부터 신뢰와 존경을 받아야 한다. 그러므로 법관은 공정하고 청렴하게 직무를 수행하며, 법관에게 요구되는 높은 수준의 직업윤리를 갖추어야 한다. 이에 우리 법관은 뜻을 모아 법관이 지녀야 할 윤리기준과 행위전범을 마련하여 법관으로서의 자세와 마음가짐을 새롭게 하고자 한다. 모름지기 모든 법관은 이 강령을 스스로의 책임과 규율 아래 잘 지켜 법관의 사명과 책무를 다하여야 할 것이다.

〈계속〉

제1조(사법권 독립의 수호) 법관은 모든 외부의 영향으로부터 사법권의 독립을 지켜 나간다.

제2조(품위 유지) 법관은 명예를 존중하고 품위를 유지한다.

제3조(공정성 및 청렴성) ①법관은 공평무사하고 청렴하여야 하며, 공정성과 청렴성을 의심받을 행동을 하지 아니한다. ②법관은 혈연 · 지연 · 학연 · 성별 · 종교 · 경제적 능력 또는 사회적 지위등을 이유로 편견을 가지거나 차별을 하지 아니한다.

제4조(직무의 성실한 수행) ①법관은 맡은 바 직무를 성실하게 수행하며, 직무수행 능력을 향상시키기 위하여 꾸준히 노력한다. ②법관은 신속하고 능률적으로 재판을 진행하며, 신중하고 충실하게 심리하여 재판의 적정성이 보장되도록 한다. ③법관은 당사자와 대리인등 소송 관계인을 친절하고 정중하게 대한다. ④법관은 재판업무상 필요한 경우를 제외하고는 당사자와 대리인등 소송 관계인을 법정 이외의 장소에서 면담하거나 접촉하지 아니한다. ⑤법관은 교육이나 학술 또는 정확한 보도를 위한 경우를 제외하고는 구체적 사건에 관하여 공개적으로 논평하거나 의견을 표명하지 아니한다.

제5조(법관의 직무외 활동) ①법관은 품위 유지와 직무 수행에 지장이 없는 경우에 한하여, 학술 활동에 참여하거나 종교 · 문화단체에 가입하는 등 직무외 활동을 할 수 있다. ②법관은 타인의 법적 분쟁에 관여하지 아니하며, 다른 법관의 재판에 영향을 미치는 행동을 하지 아니한다. ③법관은 재판에 영향을 미치거나 공정성을 의심받을 염려가 있는 경우에는 법률적 조언을 하거나 변호사등 법조인에 대한 정보를 제공하지 아니한다.

제6조(경제적 행위의 제한) 법관은 재판의 공정성에 관한 의심을 초래하거나 직무수행에 지장을 줄 염려가 있는 경우에는, 금전대차등 경제적 거래행위를 하지 아니하며 증여 기타 경제적 이익을 받지 아니한다.

제7조(정치적 중립) ①법관은 직무를 수행함에 있어 정치적 중립을 지킨다. ②법관은 정치활동을 목적으로 하는 단체의 임원이나 구성원이 되지 아니하며, 선거운동 등 정치적 중립성을 해치는 활동을 하지 아니한다.

자료: 「대법원규칙」 제2021호.

〈표 2-9〉 **변호사윤리장전**

윤리강령

1. 변호사는 기본적 인권의 옹호와 사회정의의 실현을 사명으로 한다.
2. 변호사는 성실 · 공정하게 직무를 수행하며 명예와 품위를 보전한다.
3. 변호사는 법의 생활화 운동에 헌신함으로써 국가와 사회에 봉사한다.
4. 변호사는 용기와 예지와 창의를 바탕으로 법률문화향상에 공헌한다.
5. 변호사는 민주적 기본질서의 확립에 힘쓰며 부정과 불의를 배격한다.
6. 변호사는 우애와 신의를 존중하며, 상호부조 · 협동정신을 발휘한다.
7. 변호사는 국제 법조 간의 친선을 도모함으로써 세계 평화에 기여한다.

일반적 윤리

제1조[사명] ①변호사는 인간의 자유와 권리를 보호하고 향상시키며, 법을 통한 정의의 실현을 위하여 노력한다. ②변호사는 공공의 이익을 위하여 봉사하며, 법령과 제도의 민주적 개선에 노력한다.

제2조[기본 윤리] ①변호사는 공정하고 성실하게 독립하여 직무를 수행한다. ②변호사는 그 직무를 행함에 있어서 진실을 왜곡하거나 허위진술을 하지 아니한다. ③변호사는 서로 존중하고 예의를 갖춘다.

자료: 대한변호사협회 자료실 법규집에서 변호사윤리장전의 일부 발췌.

생각 나누기

1. 다음은 교육의 윤리적 문제를 돌아보게 하는 '교육자에게 보내는 편지'이다. 교직의 공직관에 비추어 시사하는 바를 생각해 보자.

> 저는 어느 강제수용소에서 살아남은 사람입니다. 저는 그 누구도 목격해서는 안 되는 것을 목격했습니다. 많이 배운 기술자들에 의해 건립된 가스실, 교육받은 의사들에 의해 독살된 어린이들, 훈련받은 간호사들에 의해 살해된 유아들, 고등학교와 대학 졸업생들에 의해 사살되고 불태워진 부녀자들과 아이들, 그래서 저는 교육에 대해 의심합니다. 저의 요구는 여러분의 학생들이 인간이 되고자 도와달라는 것입니다. 여러분의 노력이 배운 괴물들, 숙련된 정신병질환자, 교육받은 아이히만(Eichmann)과 같은 사람들을 배출하는 데 결코 사용되어서는 안 됩니다. 읽기, 쓰기, 셈하기는 우리의 아이들이 더욱 인간적이 되도록 하는 데 기여할 때만 중요합니다(Pring, 1992; 신득렬, 2002: 111 재인용).

2. 다음은 「헌법」 제37조이다. 다른 직종의 공무원 또는 노동조합과 다르게 교사는 연가의 사용에, 교원노조는 '학생(아동)의 학습권' 보장을 이유로 단체행동에 제약을 받는다. 헌법에 비추어, 제약의 타당성 또는 부당성에 대해 생각해 보자.

> ① 국민의 자유와 권리는 헌법에 열거되지 아니한 이유로 경시되지 아니한다. ② 국민의 모든 자유와 권리는 국가안전보장 · 질서유지 또는 공공복리를 위하여 필요한 경우에 한하여 법률로써 제한할 수 있으며, 제한하는 경우에도 자유와 권리의 본질적인 내용을 침해할 수 없다.

3. 교원은 교사, 수석교사, 교장, 교감, 교수, 부교수, 조교수, 조교의 통칭이다. 유네스코의 <Recommendation concerning the Status of Teachers>는 <교사의 지위에 관한 권고>가 아닌 <교원의 지위에 관한 권고>로 소개되었다. 어느 번역이 타당할지 생각해 보자.

4. 다음의 사례를 읽고, 교육의 네 가지 윤리적 관점에서 생각해 보자.

- A고등학교는 정기고사 때 휴대전화 등 전자기기를 소지하면, 무조건 부정행위로 간주하여 그날에 이미 치른 시험 과목을 포함하여 0점으로 처리한다. 그런데 3교시 시험이 끝나 갈 무렵에 교탁 앞쪽에 내놓은 가방에서 진동음이 울린다.
- B고등학교의 지각 처리 기준 시각은 '08:00'이다. 이른 새벽부터 내린 폭설로 인한 출근 대란으로 방송까지 들썩인 어느 날, 한 학생이 일과 시작을 알리는 종소리의 여운이 거의 가실 때 헐레벌떡 교실 문을 연다.

5. 다음에서 맞서는 두 교사의 소신을 교직관과 연결해서 살피고, '책임완수' 또는 '책임회피'의 측면에서 생각해 보자.

- A교사: 명문화된 규정을 따라 원리원칙대로 처리해야 한다.
- B교사: 규정은 모든 것을 규율할 수 없는 한계가 있으니 적용할 때는 상황의 고려와 규정 해석의 여지를 살펴야 한다.

6. 다음의 두 유형 가운데, 내 자녀를 맡긴다면 어느 교사를 선택하겠는가? 그 이유는 무엇인가?

- 교과에 관한 지식은 뛰어나지만, 아이를 함부로 대하는 교사
- 교과에 관한 지식은 부족하지만, 훌륭한 품성을 지닌 교사

7. 모린(Morin, 2006)은 학습에서 발생하는 필연적인 예측불가능성을 인정해야 한다고 주장한다. 다음은 교육심리학자가 가르치는 어려움에 대해 토로한 글이다(Shulman, 2004). 이와 관련한 교직관을 생각해 보자.

30년 동안 가르치는 일을 해 온 나는, 이 일이야말로 아마도 인류가 발명해 낸 것 가운데 가장 복잡하고, 가장 도전적이며 까다롭고, 미묘하고도 오묘하고, 소름이 돋는 활동이라는 결론을 내렸습니다. 교실과 비슷한 상황을 의사가 경험할 수 있는 유일한 경우는 천재지변이 일어난 직후 병원 응급실의 모습이라고 할 수 있습니다(정일화, 제작 중).

8. 다음의 사례를 읽고, 학교 안팎에서 지켜야 할 교원의 윤리적 행동에 대해 생각해 보자.

미국에서는 교사가 퇴근 뒤나 휴가 중에 SNS에 올린 부적절하거나 불미스러운 음주 사진이나 욕설을 학부모나 학교가 문제 삼아 해당 교사를 해고에 이르게 한 사례가 있다(정일화, 2020: 120).

9. 다음은 신규임용 및 해당 과정의 졸업 때 하는 선서이다. '교사 선서'의 예시로 든 '정일화 선서'를 참고해서, 구체적 실천 지침인 '나의 윤리강령'을 작성해 보자.

구분	내용
정일화 선서*	• 나는 자애로운 교사가 되겠습니다. • 나는 정의로운 교사가 되겠습니다. • 나는 바른 언행의 모범인 교사가 되겠습니다. • 나는 인류애가 가득한 길로 인도하는 교사가 되겠습니다. • 나는 사명감을 가지고 가르치는 책임을 다하겠습니다.
국가 공무원 선서	• 나는 대한민국 공무원으로서 헌법과 법령을 준수하고, 국가를 수호하며, 국민에 대한 봉사자로서의 임무를 성실히 수행할 것을 엄숙히 선서합니다.
히포크라테스 선서	• 나는 인류에 봉사하는 데 내 일생을 바칠 것을 엄숙히 맹세한다. • 나는 마땅히 나의 스승에게 존경과 감사를 드린다. • 나는 양심과 위엄을 가지고 의료직을 수행한다. • 나는 환자의 건강을 최우선하여 고려할 것이다. • 나는 알게 된 환자의 비밀을 환자가 사망한 이후에라도 누설하지 않는다. • 나는 나의 능력이 허락하는 모든 방법을 동원하여 의료직의 명예와 위엄 있는 전통을 지킨다. 동료는 나의 형제며, 자매이다. • 나는 환자를 위해 내 의무를 다하는 데 있어 나이, 질병, 장애, 교리, 인종, 성별, 국적, 정당, 종족, 성적 지향, 사회적 지위 등에 따른 차별을 하지 않는다. • 나는 위협을 받더라도 인간의 생명을 그 시작에서부터 최대한 존중하며, 인류를 위한 법칙에 반하여 나의 의학지식을 사용하지 않는다. • 나는 이 모든 약속을 나의 명예를 걸고 자유의지로서 엄숙히 서약한다.

〈계속〉

나이팅 게일 선서	• 나는 일생을 의롭게 살며 전문 간호직에 최선을 다할 것을 하느님과 여러분 앞에 선서합니다. • 나는 인간의 생명에 해로운 일은 어떤 상황에서도 하지 않겠습니다. • 나는 간호의 수준을 높이기 위하여 전력을 다하겠으며, 간호하면서 알게 된 개인이나 가족의 사정은 비밀로 하겠습니다. • 나는 성심으로 보건의료인과 협조하겠으며 나의 간호를 받는 사람들의 안녕을 위하여 헌신하겠습니다.
법관 선서	본인은 법관으로서, 헌법과 법률에 의하여 양심에 따라 공정하게 심판하고, 법관 윤리 강령을 준수하며, 국민에게 봉사하는 마음가짐으로 직무를 성실히 수행할 것을 엄숙히 선서합니다.
검사 선서	나는 이 순간 국가와 국민의 부름을 받고 영광스러운 대한민국 검사의 직에 나섭니다. 공익의 대표자로서 정의와 인권을 바로 세우고 범죄로부터 내 이웃과 공동체를 지키라는 막중한 사명을 부여받은 것입니다. 나는 불의의 어둠을 걷어내는 용기 있는 검사, 힘없고 소외된 사람들을 돌보는 검사, 스스로에게 더 엄격한 바른 검사로서, 처음부터 끝까지 혼신의 힘을 다해 국민을 섬기고 국가에 봉사할 것을 나의 명예를 걸고 굳게 다짐합니다.

자료: 정일화(제작 중).

참고문헌

김기홍, 이지연, 정윤경(1999). 한국인의 직업윤리에 관한 연구. 한국직업능력개발원. 기본연구 99-19.

박갑천(1995). 재미있는 어원 이야기. 을유문화사.

박석건, 유상호, 권복규, 김도경, 김옥주, 김장한, 문재영, 박형욱, 이명진, 이일학, 정유석, 조백현, 최숙희(2020). 의사윤리강령 및 지침 해설과 활용방안 연구. 대한의사협회 의료정책연구원.

배영기(1991). 현대산업사회 직업윤리에 관한 연구. 윤리연구, 30, 51-64.

사법정책연구원(2019). 미국 법관윤리규범에 관한 연구 외관을 중심으로. 2019.2.19.

손봉호, 김혜성, 조영제(2001). 교직윤리관 정립을 위한 기초 연구. 시민교육연구, 33, 191-222.

손향숙(2003). 신규 임용 교사의 교직관 조사. 학생생활연구, 11, 43-59.

신득렬(2002). 교직을 위한 윤리 연구. 교육철학, 20, 101-116.

이재덕, 신철균, 신정철(2020). 교사들의 교직관 탐색: 교직관의 다중성과 직장관의 보편화. 교육문화연구, 26(3), 191-213.

정일화(2020). 새내기 교사론. 한국학술정보.

정일화(제작 중). (가제)영화로 읽는 교사론.

한준상(1997). 교육행정개혁의 과제와 전망 - 교원 양성의 문제점과 개선과제. 한국행정연구, 6(1), 88-106.

홍은숙(2011). 교직관에 따른 전문직 교원윤리의 성격 재음미. 교육철학연구, 33(3), 187-212.

황기우(2005). 현대 교직관의 분석적 연구. 총신대논총, 25, 414-435.

Carroll, J. (1979). Authority and the Teacher. *Journal of Philosophy of Education*, *13*(1), 133-140.

Dewey, J. (1902). *The School and Society*. Chicago, IL: University of Chicago Press.

Hargreaves, A. P., & Shirley, D. L. (Eds.). (2015). 학교교육 제4의 길①, 학교교육 변화의 역사와 미래방향 (*The fourth way: The inspiring future for educational change*). (이찬승, 김은영 공역). p. 69. 21세기교육연구소.

Morin, E. (2006). 미래의 교육에 반드시 필요한 7가지 원칙 (Les Sept savoirs necessaires a l'education du futur). (고영림 역). 당대. (원저는 1999년에 출판).

Pring, R. (1992). Academic respectability and professional relevance. *The study of education*, 122-148.

Shapiro, J. (2016). Ethical leadership and decision making in education: Applying theoretical perspectives to complex dilemmas.

Shapiro, J., & Stefkovich, J. (2011). 교육윤리 리더십: 선택의 딜레마 (*Ethical Leadership and Decision Making in Education: Applying Theoretical Perspectives to Complex Dilemmas*). (주삼환, 정일화 공역). 학지사.

Shulman, L. S. (2004). *The wisdom of practice: Essays on teaching, learning, and learning to teach*. Jossey-Bass.

Starratt, R. J. (1994). *Building an Ethical School: A practical response to the moral crisis in school*. London: Falmer Press.

Tirri, K. (2010). Teacher values underlying professional ethics. *International research handbook on values education and student wellbeing*, 153-161.

Tomlinson, J., Little, V., Tomlinson, S., & Bower, E. (2000). Educated for the 21st century?. *Children & society*, *14*(4), 243-253.

대한간호협회. www.koreanurse.or.kr

대한변호사협회. www.koreanbar.or.kr

대한의사협회. www.kma.org

로앤비. www.lawnb.com

미국교육협회. www.nea.org

법제처 국가법령정보센터. www.law.go.kr

사우스 캐롤라이나 입법부. www.scstatehouse.gov/sess125_2023-2024/bills/202.htm

유네스코한국위원회. www.unesco.or.kr

한국교원단체총연합회. www.kfta.or.kr

한국의사100년기념재단. www.kordr100.or.kr

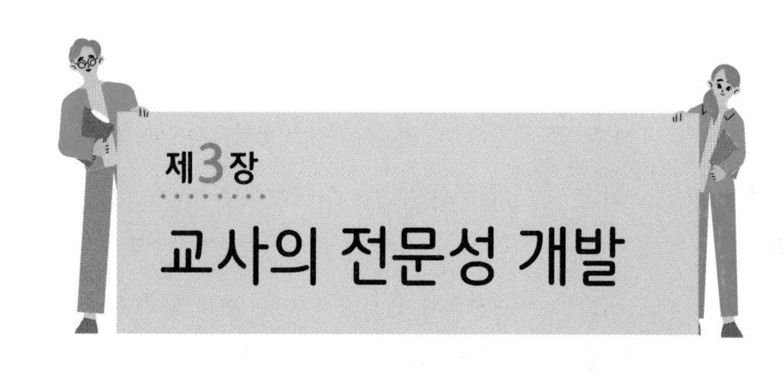

제3장 교사의 전문성 개발

가르치기 위해서는 끊임없이 배워야 한다. 루스벨트 대통령은 "배움을 멈출 때 다른 사람도 그에게 더 이상 배울 게 없다(Strock, 2001)."라고 말했다. 수많은 학생을 만날 긴 여정의 첫발을 뗀 젊은 교사는 나날이 새로워져야 한다(정일화, 2020). 교사의 전문성 개발은 학생의 학습 향상과 성장에 초점을 두고, 필요한 역량을 갖추기 위한 개인의 노력뿐 아니라 동료와 전문적 능력개발 활동에 관한 계획, 토론, 실천, 성찰, 공유할 때 성취가 높아지고 의미가 더해진다(Darling-Hammond & McLaughlin, 1995; Speck & Knipe, 2011).

1. 경력 단계별 개발

전문성의 핵심은 자율성이다. 교사의 전문성 개발은 경력 주기에 적절하게 이루어져야 한다. 이를 위해서는, 교사 스스로 현재 단계에서의 수준을 돌아보고 향후 발전에 대한 동기 욕구를 자극하는 것이 필요하며, 학계와 당국의 관심과 지원책이 따라야 한다.

〈표 3-1〉 **경력 단계별 발달 욕구**

경력	단계	내용
1~2년	생존	교실과 학교에서의 일상적 운용에 대한 학습 욕구
3~5년	확립	업무 자신감과 다방면에서의 교수 역할 발달 및 확립
5~8년	노력	전문적 성장 추구 및 높은 직무만족 성취
다양	소진	침체 및 위기의 시기로 갱신 및 회복의 요구
다양	정체	자기만족, 변화 욕구 정체
다양	정리	은퇴가 근접하면서 자연스러운 지위 획득

자료: Burden (1982); Burke, Christensen, & Fessler (1984); Christensen, Burke, Fessler, & Hagstrom (1983); Darling-Hammond & McLaughlin (1995); Feiman & Floden (1980); Newman, Dornburg, Dubois, & Kranz (1980); Zepeda & Ponticell (1996); Speck & Knipe (2011), p. 89 수정.

인간의 성장은 단순하지 않다. 교사의 경력 단계별 발달 욕구도 연차에 따라 반드시 단계적으로 이루어지는 것은 아니고, 방향성은 있지만 때로 드물게는 엇갈리는 변화 과정을 보이기도 한다. 순방향으로 발을 딛는가, 아니면 뒷걸음을 하는가는 자발적 내적 동기, 동료와의 동행과 협력, 외부적 자극의 정도에 따라 달라질 것이다.

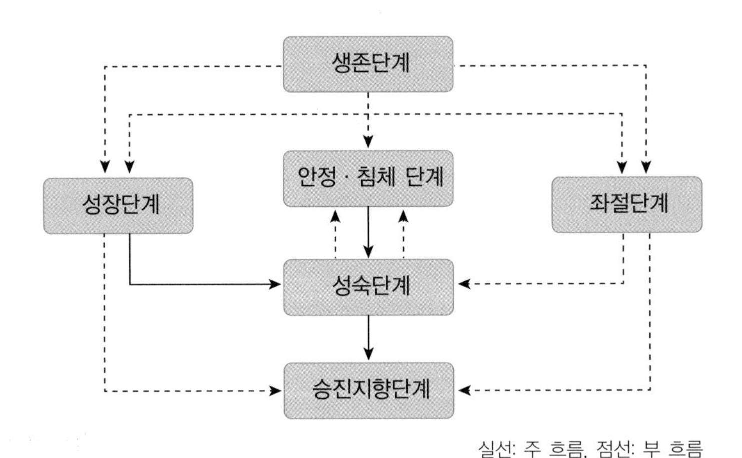

[그림 3-1] **교사의 발달 단계 모형**

자료: 백승관(2003), p. 45; 서미라(2019), p. 54.

조이스(Joyce) 등은 교사가 지각(知覺)한 전문적 성장 상태와 능력개발체제의 참여 정도를 연구하여, ① 공식체제: 학위 과정, 워크숍, 장학 등, ② 비공식적 상호교환체제: 속한 환경에서 타인과의 상호작용 등, ③ 개인적 유형: 독서, 예술, 스포츠, 여행, 여가 등과 같은 활동 영역을 밝혔다. 그리고 이를 매슬로의 욕구 이론에 비추어 ① 성장 탐닉가, ② 능동적 소비자, ③ 수동적 소비자, ④ 참호 수호자, ⑤ 성장 회피자로 범주화하였다(Joyce, Hersh, & McKibbin, 1983: 161-168; 주삼환, 2009: 290-291 재인용).

성장상태		영역		
		공식체제	비공식적 상호교환	개인적 유형
성장상태	성장 탐닉가			
	능동적 소비자			
	수동적 소비자			
	참호 수호자			
	성장 회피자			

[그림 3-2] **전문적 성장 상태와 참여 영역의 매트릭스**

자료: Joyce, Hersh, & McKibbin (1983); 주삼환(2009), p. 291 재인용.

- 성장 탐닉가: 개인적 성장과 발전에 아주 열성적이다. 이는 ① 전체적 탐닉가, ② 공식적 탐닉가, ③ 비공식적 탐닉가, ④ 개인적 탐닉가로 구분된다. 전체적 탐닉가는 공식 · 비공식 모든 측면에서 적극적이다. 공식적 탐닉가는 공식적인 학습 기회 등에 적극적으로 참여한다. 비공식적 탐닉가는 직무를 수행하면서 공식적 자격 인정에는 별 관심이 없다. 자신과 밀접한 비공식 사회적 상황을 중심으로 분주하게 생활하며 전문적 동료에게서 수업자료와 아이디어를 얻는다. 개인적 탐닉가는 자신의 직무 외의 세계에는 별로 관심을 가지지 않고 자기 연찬과 독자적 활동에 관심을 두고 풍부한 문화적 생활을 영위한다.
- 능동적 소비자: 탐닉가보다는 덜 솔선적이지만 아주 활동적이다.
- 수동적 소비자: 기회가 주어져도 거의 새로운 활동을 추구하거나 솔선수범하지 않는다. 공식체제가 적극적으로 이끌면 활동에 참여한다.
- 참호 수호자: 어떤 것도 쉽게 시도하지 않고 자기방식을 고수한다. 보상이 없는 과정에는 거의 참여하지 않는다. 자신을 모범 교사로 생각한다.
- 성장 회피자: 능력개발에 참여하게 하려면 외부의 상당한 노력이 필요하다. 공식적 체제를 회피하고 비공식적인 상호작용 체제에도 거의 참여하지 않는다.

2. 연수

전문성을 높이기 위해서는, 입직 전 학부에서 배우는 이론적 지식과 더불어서 현장과의 거리감을 줄일 수 있는 실천적 프로그램에 참여할 필요가 있다. 입직 후에는 필요한 연수에 참여해서 배운 바를 어떻게 실행으로 옮기는지에 따라 전문성 형성과 향상에 큰 차이를 보인다. 연수의 형태는 대면 · 비대면 · 대면과 비대면의 병행 등 다양하다. 중앙교육연수원과 교육청 직속의 교육연수원에서 개설한 연수는 무료이다. 그 밖에 인정받은 특수분야 직무연수 기관의 연수는 대부분 유료이다. 교육청마다 차이는 있으나 연간 일정액의 연수비가 지원되고, 지원비 일부는 도서 구입비로도 사용할 수 있다. 연수의 종류는 다음과 같다.

- 자격연수: 1급 정교사 자격연수, 교감 자격연수, 교장 자격연수, 수석교사 자격연수, 복수 및 부전공 과목에 대한 자격을 취득하기 위한 연수, 전문상담교사 자격연수 등이 있다.
- 직무연수: 신규임용예정교사 직무연수부터 퇴직예정교사 직무연수까지 다양하다. 중앙교육연수원, 교육청의 직속기관인 교육연수원, 대학의 교육연수원 및 평생교육기관, 교원단체나 교육 유관 법인이 특수분야 직무연수로 인정받아 운영하는 프로그램 등이 이에 해당한다. 학교 안팎의 학습공동체와 교과연구회가 교육청 및 교육연수원으로부터 직무연수로 승인받아 직접 운영하기도 한다. 직무연수는 15시간당 1학점으로 인정받는다.
- 법정연수: 법령에 따라서 모든 교원이 주기적으로 이수해야 하는 연수이다.
- 자율연수: 인사기록에 기재되는 직무연수로 인정되지는 않으나, 필요한 역량 강화를 위해 개설한다. 예를 들면, 학교가 자체적으로 외부 강사를 초빙해서 하는 연수가 이에 해당한다.
- 국외 연수: 전문성 향상을 위해 외국어과 또는 특정한 주제의 공모에 선정된 교원, 특별한 공적으로 선발된 교원이 대상이다.
- 교원능력개발평가에 따른 맞춤형 연수: 평가 결과가 우수한 교사 가운데 선발하여 1년 동안 유급으로 이루어지는 학습연구년 특별연수, 저조한 수준에 따른 단기

능력향상연수, 장기기본 능력향상연수, 장기심화 능력향상연수로 구분된다.

법령

「교원 등의 연수에 관한 규정」 제8조의3(연수실적의 기록 · 관리) ① 교원의 임용권자는 소속 교원의 연수 이수실적을 학점화하여 기록 · 관리하여야 한다. **「교원 등의 연수에 관한 규정 시행규칙」** 제8조(연수 이수실적의 기록 · 관리) ① 교원의 임용권자는 영 제8조의3제1항에 따라 연수 이수실적을 학점화할 때에는 연수 이수시간을 기준으로 15시간당 1학점으로 하여야 한다.

3. 학위 과정

2005년과 2023년을 비교하면, 석사학위를 취득한 교원의 비율은 유치원의 경우 9.4%에서 16.7%, 초등학교 17.4%에서 30.9%, 중학교 27.5%에서 34.3%, 고등학교 32.4%에서 36.4%로 늘었다. 박사학위자의 비율은 유치원 0.4%에서 1.0%, 초등학교 0.3%에서 0.9%, 중학교 0.5%에서 1.0%, 고등학교 1.3%에서 1.7%로 증가한 것처럼(교육부, 한국교육개발원, 2023: 115), 해를 거듭할수록 교원의 상위 학위 과정의 진학이 느는 추세이다.

학위 과정을 통해, 학회에서 새로운 연구 동향을 접하고 논문을 발표할 기회를 가질 수 있다. 배우고 심화한 지식을 단독 또는 공동으로 책으로 출간하여 학문적 성취감도 느낄 수 있다. 교육대학원에서 새로운 전공을 마치고 임용 교과를 변경하면, 학부 때 전공한 교과 이외의 다른 전공으로도 임용될 수 있다. 상위의 학위를 갖추면, 대학수학능력시험 및 검정고시 출제 및 검토 위원, 교과서 집필과 검토 위원, 예비교사 양성기관의 강사 또는 겸임교수 등의 기회가 늘어난다. 유념할 점은, 학위취득만이 목적이 아니고 현장에서 실제적 적용이 가능한 유의미한 자료를 산출하고, 가르치기 위해 배우고 연구한다는 자세를 잊지 않아야 한다.

Q

임용된 뒤에 상위 학위 과정의 진로에 대해 생각하고, 계절제 · 야간제 · 주간 대학원을 다니게 될 경우의 복무처리에 대해 알아보자.

4. 장학과 자기 연찬

장학의 목적은 학업성취 향상이라는 궁극적인 목표를 달성하기 위하여, 교수 기능(pedagogical skills)을 향상하는 것이다(Marzano, Frontier, & Livingston, 2015). 영국은 장학을 'inspection', 미국은 'supervision'으로 부른다. 두 용어는 현상을 살피거나 예견할 수 있는 통찰력을 지닌 전문가가 교육활동을 지원한다는 뜻이다. 우리나라는 학교의 관리 상태 등을 살핀다는 의미로 한때 '시학(視學)'이라고 한 적이 있으나, 배움의 활동을 권하고 지원한다는 의미에서 '장학(奬學)'으로 바꾸었다(천세영 외, 2020: 20). 최근에는 컨설팅과 코칭이라는 개념이 학교에 들어오면서 장학은 수평적 활동으로 새로워지고, 수석교사 및 분야별 전문성을 갖춘 지원단의 역할이 확대되고 있다. 특히, 자율장학과 선택장학이 활성화되면서 성찰하고 성장하는 배움의 장으로 변화하고 있다. 학교 현장에서 통용되는 장학의 용어는 다음과 같다.

- 자율장학: 학교와 교사 스스로 전문성 향상을 위해, 다양한 방법을 자율적으로 기획하여 실천한다.
- 요청장학: 교육청 등에 특정 주제로 전문가를 초빙하여 이루어진다.
- 책임장학: 교육청이 교육정책 등의 정착을 위해 학교를 선택하여 운영한다.
- 특별장학: 교육청이 교육활동 전반 혹은 특정 영역에서 지원이 필요하다고 판단하는 학교를 대상으로 한다.
- 담임장학: 교육청의 교육전문직원이 학교를 권역으로 묶어서 시행하는 장학이다.
- 자기장학: 스스로 수업을 녹화하고 재생하며 분석하고 성찰한다.
- 동료장학: 서로의 사정을 잘 아는 동료 간 협동적으로 이루어진다.
- 임상장학: 교사-장학담당자의 1:1 친밀한 관계로 당면한 수업 문제를 해결한다.
- 발달장학: 교사의 발달 정도에 맞는 방법을 적용한다.
- 선택장학: 필요한 분야를 선택해서 이루어진다.
- 약식장학: 수업 장면 또는 교육활동에 대해 간략하게 살핀다.

장학활동은 수업, 학생평가, 교육과정 운영과 편성, 연구 사업, 신규 및 저경력 교사의 적응 지원, 생활지도와 상담 방법, 교육활동 침해 대응과 관련한 영역 등 다양하다. 제반 장학활동이 공통으로 지향하는 태도는 다음과 같다.

- 학교와 교사의 요구와 특성을 반영한다.
- 학교와 교사의 자율성과 자발성을 존중한다.
- 상호 수평적 관계 형성을 기반으로 한다.
- 상호 협력적 참여를 중시한다.
- 지원, 조력, 조언한다.
- 의뢰자의 요구를 중심으로 맞춤형 지원을 한다.
- 실질적인 방법을 모색한다.

임용 초기에 경험하는 교육활동, 자기 성찰, 장학을 받은 경험은 교사의 성장에 큰 영향을 미친다. 〈표 3-2〉처럼, 교사의 수업 전문성은 학생의 학업성취에 큰 영향을 미치고, 체계적인 수업관찰과 수업코칭은 수업 전문성을 향상하게 한다(Marzano, Frontier, & Livingston, 2015: 128-129). 교직 초반의 수업코칭을 받은 경험은 전문성의 초석을 다지는 데 절대적이라고 할 만큼 중요하다. 이처럼 전문성 신장에 필요한 영역을 찾아서 연찬(研鑽)을 지속하려는 노력이 필요하다.

〈표 3-2〉 **교사의 전문성과 학생의 학업성취**

교사의 전문성 백분위 등급	백분위 등급이 50인 학생의 예상되는 백분위 등급 향상	학생의 예상되는 백분위 등급
50	0	50
70	8	58
90	18	68
98	27	77

자료: Marzano & Waters (2009); Marzano, Frontier, & Livingston (2015), p. 13.

Q

자율장학을 보완하는 방안에 대해 생각해 보자.

5. 학습공동체와 교과연구회

학습공동체는 동료 교사들이 교육 및 문화에 관한 지속적인 학습 과정을 통해 함께 성장하고 집단 지성을 발휘하는 모임이다. 교사의 성장과 전문성 신장은 개인의 노력에 더해서 동료와 같이하면 효과가 더욱 커질 것이다. 학교 내부 교사들의 모임은 '학교 안 교사 학습공동체', 다른 학교 교사들과 함께하면 '학교 밖 교사 학습공동체'로 부르고, 이 모두를 '학습공동체'로 통칭한다. 학습공동체와 기존의 교과연구회와의 차별성을 굳이 찾자면, 자율과 자발성의 정도로 볼 수 있다. 학습공동체의 활동은 다음과 같은 점을 지향한다. 학습공동체 성격과 재정적 지원 및 운영은 〈표 3-3〉의 안내 공문에서 엿볼 수 있다.

- 시행착오를 경험하며 함께 배운다.
- 교육의 비전, 목적, 가치를 공유한다.
- 상호 신뢰를 형성한다.
- 솔선해서 변화를 적극적으로 이끈다.
- 가르침에 앞서 배움을 중요하게 여긴다.
- 수평적 문화를 조성하고 민주적으로 협의한다.
- 개인의 관점을 존중하고 집단 지성을 중시한다.

〈표 3-3〉 **학습공동체 운영 안내 예시**

제목: [안내/제출] 2024년 학습공동체 운영 안내
1. 관련: ○○○○○과-△△△△(2024. ×. ×.) 2. 2024년 학습공동체 운영을 안내하오니 기한 내 신청 및 자료 제출을 바랍니다. 3. 운영 주요 사항 가. 학교 안 학습공동체 - 친목 활동, 동호회 활동 수준의 운영 지양 - 학교기본운영비 1% 초과 예산 편성 - 학교 안 학습공동체 현황 제출 [붙임2, 2024. ×. ×. 자료집계] 나. 학교 밖 학습공동체 - 교사 학습공동체 신청서 [붙임3], [붙임4] 제출 [2024. ×. ×. 공문제출] - 교사 학습공동체 선정 결과 및 예산 지원 안내 [2024. ×. ×.] - 운영 보고서 탑재(2025. ×. ×.)

학교 안팎의 학습공동체 활동의 장점은 나만의 한정된 교실 안에서 나와 더 넓은 교육의 세계를 보게 하는 것이다. 교육청 주관 또는 지원으로 학교별이나 여러 학교의 교사로 구성되는 학습공동체와 교과연구회가 있고, 교과 통합 또는 동일 교과의 교사들이 전국 단위 모임을 하면서 지역별로 수업 공개와 성찰을 하는 학습공동체와 교과연구회가 있다. 신규임용 때부터 학습공동체를 만들거나 참여해서 활동을 이어 가면, 교직 생애 동안 전문성을 신장하는 데 도움이 된다.

Q

전국적인 교과 교사 모임을 알아보고, 학습공동체 참여에 대해 생각해 보자.

6. 현장 연구

현장 연구는 교육활동의 과정에서 당면하는 문제의 해결을 위해 수행하는 것이다. 교수 · 교육과정, 평가, 생활지도, 인성교육 등에 대한 방법 개선이나 관련 지식과 자료를 일반화하려는 목적으로 실제 상황에 적용해서 검증한다. 현장 연구의 보고서는 연구의 필요성, 연구 주제의 선정, 선행 연구와 이론적 배경 고찰, 연구의 설계, 비교 등 실험 적용, 결과 및 시사점의 도출, 제언의 형식을 갖춘다. 현장 연구의 결과물은 교육청별 주관 기관의 누리집 등에 탑재된다.

현장 연구는 지역 및 전국 단위로 실천사례를 공모하고, 수상은 1 · 2 · 3등급으로 구분된다. 지역과 전국대회가 연동되는 경우, 지역에서 1등급을 받으면 전국대회에

[그림 3-3] **현장 연구 보고서 탑재 누리집 예시**

자료: 서울특별시교육청연구정보원, 한국교원단체총연합회 홈페이지.

참가할 자격이 주어지고, 1등급이 아니더라도 예외적인 경우도 있다. 참여는 개인 또는 공동으로 가능하다. 입상한 실적은 승진 및 전직의 진로에 영향을 미치기도 한다. 연구에서 유의할 점은, 학생을 실험 대상으로 수단시하거나 승진과 이해관계를 앞세워서 목적을 훼손해서는 안 되고, 다른 보고서를 표절해서도 안 된다. 현장 연구에서 '수업 연구' 등 교수 · 학습 방법의 적용과 관련된 주제는 갈수록 중요시되는 경향이다. 현장 연구는 다음과 같은 특징을 띤다.

- 주체는 현장 실천가인 교사이다.
- 교육 문제에 대한 정확한 이해가 요구된다.
- 실제적 개선을 위해 연구의 목표와 과제가 설정된다. 예를 들면, 특정한 집단이 특정한 상황에서 어떻게 교육활동이 잘 이루어지는지에 대한 방법을 찾는다.
- 평소에 실제로 수행하는 실천 활동의 계획, 실행, 결과에 대한 반성적 결과이다.
- 연구자로서의 전문성과 실행자로서의 전문성을 동시에 높인다.
- 교실 상황 및 학생에게 적용하기 때문에 연구의 윤리성을 준수해야 한다.
- 실제 교육 상황에 직접 적용할 수 있는 방법과 개선안을 찾는 것이므로 비교적 오랜 시간이 걸린다.

〈표 3-4〉 **연구대회**

규모	대회명	개최 조직
전국*	수업혁신사례연구대회	교육부
	진로교육실천사례연구발표대회	교육부
	자유학기제 실천사례 연구대회	교육부
	인성교육실천사례연구발표대회	교육부 · 한국교육개발원
	학교통일교육 연구대회	교육부 · 국립통일교육원
	전국과학전람회 관련 학생작품지도논문연구대회	과학기술정보통신부 · 국립중앙과학관
	전국학생과학발명품경진대회 관련 학생작품지도논문연구대회	과학기술정보통신부 · 국립중앙과학관
	전국교원발명연구대회	특허청
	교육정보화연구대회	한국교육학술정보원
	전국교육자료전	한국교원단체총연합회
	전국현장교육연구대회	한국교원단체총연합회
	전국초등교육연구대회	한국교원단체총연합회
	전국특수교육연구대회	한국특수교육총연합회

〈계속〉

	과학교육연구대회	한국과학교육단체총연합회
	전국학교체육연구대회	대한체육회
	전국농업교사현장연구대회	한국농업교육협회
	교육방송연구대회	한국교육방송공사
지역**	(예시) 특성화교육실천사례연구대회, 생활지도실천사례연구대회, 음악·미술지도실천사례연구대회, 체육지도사례연구보고대회, 교육정보화연구대회, 교재개발연구위원연구대회, 기능선수지도사례연구보고대회, 교원미술작품공모전 등	

* 교육부의 「연구대회 관리에 관한 훈령」 [별표1] 전국규모연구대회의 순서를 수정함.
** 지역대회의 명칭은 교육청마다 다양함.

법령

「교육공무원 인사기록 및 인사사무 처리규칙」 제8조(인사기록카드의 관리 및 변경) ②항과 ④항 규정 및 '[별표1] 대학원에서의 학위취득 등에 대한 학점인정의 기준'에 따라서, 연수이수뿐 아니라 '대학원에서의 학위취득, 자격취득, 연구실적'도 연수이수 시간에 따른 학점으로 인정받는다.

Q
저작물은 연수이수의 몇 학점에 해당하는지 알아보자.

7. 학습연구년과 연수휴직

1) 학습연구년

교원능력개발평가 결과가 우수하고, 교육경력이 최소 10년 이상이며, 정년 잔여기간이 5년 이상인 교사를 대상으로, 제출한 학습계획서 등 교육청이 정한 기준에 따라 선발이 이루어진다. 학습연구를 수행하는 1년 동안, 평소에 거의 상응하는 보수 및 특별연수비를 받는다. 1년 동안 수행한 결과를 연구보고서로 제출해야 한다.

Q
학습연구년 때 수행할 활동을 생각해 보자.

2) 연수휴직

학교생활과 상위 학위취득을 위한 시간을 병행하기 어려울 때 신청한다. 교육부장관 또는 교육감이 지정하는 국내 · 국외 연구기관 및 교육기관 등에서 연수하게 될 때 가능하다. 3년 이내의 시간이 주어지며 보수는 지급되지 않는다. 이 기간의 경력은 50% 인정된다. 단, 학위를 취득하면 호봉의 재획정이 가능하다.

4) 자율연수휴직

재직한 기간이 10년 이상인 경우, 자기개발을 위해 재직 기간 중 1회 1년까지 신청할 수 있다. 이 기간의 보수는 지급되지 않고, 호봉이나 경력도 인정되지 않는다. 이 기간에는 대학 출강, 자격증 취득, 집필, 여행 및 온라인 활동 등을 할 수 있다.

5) 파견 및 고용 휴직

교육부, 교육청, 교육연수원으로의 파견, 교육 유관 기관인 한국교육개발원, 한국교육과정평가원, 한국교육학술정보원으로 파견 등과 관련된다. 교육부 주관으로 해외의 한국국제학교에 파견하는 교사로 선발되거나 해당 국제학교에서 직접 공고한 선발 전형에 합격할 때, 파견 또는 휴직 처리를 하고 견문을 넓힐 수 있다. 교육부 파견이 아닌 해당 국제학교에서 임기제로 채용하는 경우는, 공고문에 보수와 수당, 생활비 지원, 동반 자녀의 입학, 이주비 항공료 등에 관한 조건이 제시된다.

8. 평생학습 프로그램

세상은 평생학습 사회로 나아가고 있다. 이러한 변화 속에서, 퇴근 이후나 방학 기간을 이용해서 지방자치단체나 대학의 평생교육원 프로그램에 참여하는 교사의 비율이 늘어나고 있다. 평생학습 기회를 통해 악기, 실내 암벽등반, 요리, 사진 촬영, UCC 제작, 드론 조종, 3D 프린팅 등 취미를 특기로 발전시켜 자격을 취득한 뒤, 학생들이 희망하는 동아리 활동 및 방과후 학교 프로그램을 지도하고, 은퇴 후에는 이를 활용해서 지역에서 봉사하거나, 한국국제협력단(KOICA) 단원으로 해외에서 교육봉사를 하기도 한다(정일화, 2020: 147).

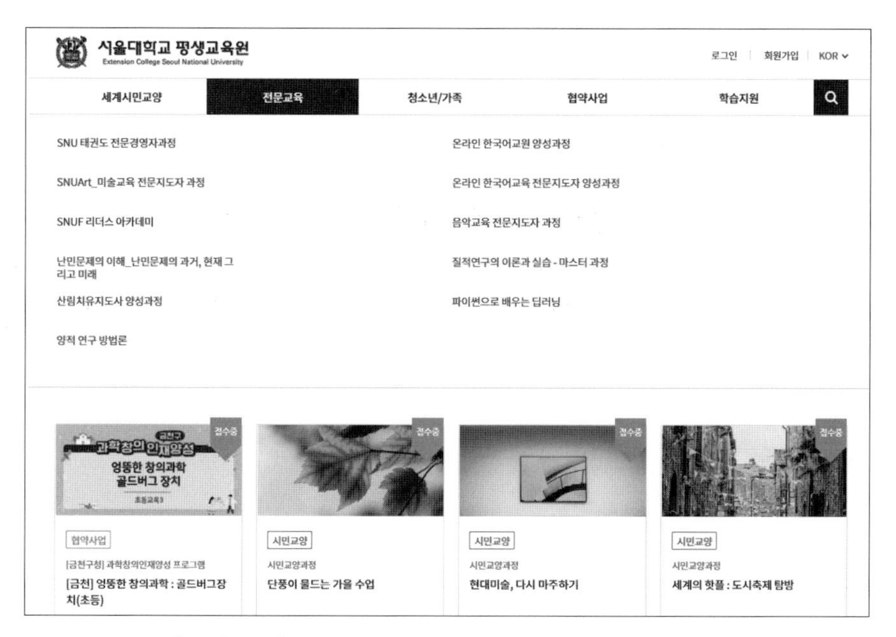

[그림 3-4] 대학교 평생교육원의 프로그램 운영의 예

자료: 서울대학교 평생교육원 누리집.

생각 나누기

1. 모이어(Moir, 1990)는 교직 첫해의 파란만장함을 '기대−생존−환멸−회복−반성'의 단계로 설명한다(Kronowitz, 2009). 풀러(Fuller, 1969)는 교사의 생애 발달 단계를 '생존(Survival)−과업(Task)−영향력(Impact)'으로 구분한다. 이런 측면을 생각하며, 교직의 첫 1년을 보낼 마음가짐을 생각하고, 초임 교사 때부터 퇴직까지 5년 또는 10년 단위로 교직에서의 성장 계획을 세워 보자.

2. 다음의 글을 읽고, 교수 · 학습과 관련한 전문성 개발에 대하여 생각해 보자.

- 교수 · 학습 활동에 대한 학생들의 반응은 교사의 수업 전문성 개발을 자극하는 가장 중요한 변인이다.
- 동료와 함께 수업에 대한 생각을 나누고 구상하고 자료를 공유하거나 공동으로 개발하고 상호 수업을 공개하고 참관하면, 긍정적 변화와 성장을 보일 수 있다.
- 코치는 관찰자가 아닌 교사이며, 관찰자는 교사로부터 배운다(Joyce & Showers, 2002).

자료: 정일화(2020); Darling-Hammond & McLaughlin (1995); Marzano, Frontier, & Livingston (2015).

3. 다음의 표에 비추어서, 필요한 역량과 자신이 보유한 역량을 비교해 보고 보완에 대해 생각해 보자.

〈저경력 교사의 교직 수행에 필요한 핵심 역량〉

구분		내용	
		필요 역량	보유 역량
직무 역량	교수 · 학습	• 학년별, 학교급별의 학제 간 접근 • 학생중심 수업의 설계 · 실시	• 관심 · 열정 • IT 활용 능력
	학생생활 지도	• 학생 문화의 정보 수집 · 분석 · 관계 설정과 감정 조절	• 신세대에 대한 이해 • 친밀한 소통 • SNS 등 새로운 매체 활용
	행정 업무	• 업무 처리 • 선배 교사와의 소통 • 학부모 이해 및 소통	• SNS 등 새로운 매체 활용
교직과 사회의 변화 대응 역량		• 민주적 의사 표현 • 근거 자료 분석과 제시를 통한 변화 주도 • 인문학적 · 철학적 지식과 태도	• 학생 문화 이해 • 긍정적 마인드

자료: 이혜정, 권순정(2017), p. 70 요약 · 보완.

4. 다음은 교육여론조사 결과의 일부이다(권순형 외, 2022: xxvii). 이를 읽고 학교급에 따른 교사의 필요 역량의 차이에 대해 생각해 보자.

> 한국교육개발원의 교육여론조사에 따르면, 초 · 중 · 고등학교 교사에게 우선적으로 필요한 능력으로 초 · 중 · 고 전반은 학습 지도 역량(35.7%), 생활지도 역량(31.6%) 등의 순으로 높게 나타났다. 초등학교 교사는 생활지도 역량(47.1%), 학생 및 학부모와의 소통 역량(16.9%), 중학교 교사는 학습 지도 역량(32.7%), 생활지도 역량(23.8%), 고등학교 교사는 진로 · 진학지도 역량(49.1%), 학습 지도 역량(19.8%) 등의 순이다.

5. 다음의 글을 읽고, 자신의 진로와 관련한 전문성 개발을 생각해 보자.

> 교사의 경험과 교육자료를 온라인 플랫폼에 올리고 공익을 위한 나눔을 하는 활동 사례가 증가한다. 홈페이지 또는 블로그 운영 등 다양한 형태의 온라인 활동을 통해 전문성을 공유한다. 교육 관련 잡지에 기고하고, 학술대회에 참가해서 최신 연구 동향을 접하고, 학회지에 논문을 게재하고, 교과서 집필과 검토, 교육기관 등의 자문위원, 시험 출제 및 검토 위원으로 활동한다. 수업 전문성의 지속적인 향상을 위한 모임에 참여한다.

6. 교육통계서비스(kess.kedi.re.kr)의 『교육통계 분석자료집-유 · 초 · 중등교육통계편-』에 담긴 '지역별 학교급별 최종학력별 교원 수' 및 '지역별 학교급별 최종학력별 교원 비율'을 알아보자.

참고문헌

교육부, 한국교육개발원(2023). 2023 교육통계 분석자료집-유·초·중등교육통계편-. 수탁통계자료 CSM 2023-06.

권순형, 도재우, 민윤경, 양희준, 이강주, 이쌍철, 이정우, 이희현(2022). 한국교육개발원교육여론조사(KEDI POLL 2022). 한국교육개발원, 연구보고 RR 2022-15.

백승관(2003). 교사의 발달과정에 관한 탐색모형. 교육행정학연구, 21(1), 29-51.

서미라(2019). 도덕 교사의 실천적 지식에 대한 자전적 탐구. 박사학위 논문. 공주대학교 대학원.

이혜정, 권순정(2017). 교사의 경력과 역할에 따른 핵심역량 분석. 한국교육행정학회 학술연구발표회논문집, 53-70.

정일화(2020). 새내기 교사론. 한국학술정보.

주삼환(2009). 장학의 이론과 실제: I. 이론편. 한국학술정보.

천세영, 이옥화, 정일화, 김득준, 장순선, 방인자, 이재홍, 권현범, 김종수, 이경민, 김지은, 전미애(2020). 수업분석과 수업코칭. 학지사.

Burden, P. (1982). *Developmental Supervision: Reducing Teacher Stress at Different Career Stages*. Paper presented at the Association of Teacher Educators National Conference, Phoenix, AZ.

Burke, P., Christensen, J., & Fessler, R. (1984). *Teacher career stages: Imptications for staff development* (Whole No. 214). Bloomington, IN: Phi Delta Kappan Educational Foundation.

Christensen, J., Burke, P., Fessler, R., & Hagstrom, D. (1983). *Stages of teachers' careers: Implications for staff development*. Washington, DC: National Institute of Education. (ERIC Document Reproduction Service No. ED 227 054)

Darling-Hammond, L., & McLaughlin, M. W. (1995). Policies that support professional development in an era of reform. *Phi delta kappan*, *76*(8), 597-604.

Feiman, S., & Floden, R. (1980). *What's all this talk about teacher development?* East Lansing, MI: Institute for Research on Teaching. (ERIC Document Reproduction Service No. ED 189 088)

Fuller, F. F. (1969). Concern of teachers: A developmental conceptualization. *American Educational Research Journal*, *6*(2), 207-226.

Joyce, B. R., Hersh, R., & McKibbin, M. (1983). *The structure of school improvement*. N. Y.: Longman Inc.

Joyce, B., & Showers, B. (2002). *Student achievement through professional development. Designing training and peer coaching: Our need for learning.* Alexandria, VA: ASCD.

Kronowitz, E. (2009). 성공하는 교사의 첫걸음 (*The Teacher's Guide to Success: Teaching Effectively in Today's Classrooms*). (고재천, 권동택, 김은주, 박상완, 박영만, 이정선, 정혜영 공역). 시그마프레스. (원저는 2008년에 출판).

Marzano, R., & Waters, T. (2009). *District leadership that works: Striking the right balance.* Solution Tree Press.

Marzano, R., Frontier, T., & Livingston, D. (2015). 수업장학: 수업예술과 수업과학을 위한 지원 (*Effective supervision: Supporting the art and science of teaching*). (주삼환, 황인수 공역). 학지사. (원저는 2011년에 출판).

Moir, E. (1990). Phases of first-year teaching. *California New Teacher Center Newsletter.* Sacramento: California Department of Education.

Newman, K., Dornburg, B., Dubois, D., & Kranz, E. (1980). Stress in teachers' mid-career transitions. A Role for teacher education. *ED, 196868, 23.*

Speck, M., & Knipe, C. (Eds.). (2011). 교원의 전문적 능력개발 (*Why can't we get it right?: Designing high-quality professional development for standards-based schools*). (주삼환, 유수정, 오형문, 이기명, 진재열 공역). 시그마프레스. (원저는 2005년에 출판).

Strock, J. (2001). *Theodore Roosevelt on Leadership: Executive Lessons fromthe Bully Pulpit.* Roseville.

Zepeda, S., & Ponticell, J. (1996). Classroom climate and first-year teachers. *Kappa Delta Pi Record, 32*(3), 91-93.

교육통계서비스. kess.kedi.re.kr

법제처 국가법령정보센터. www.law.go.kr

서울대학교 평생교육원. snui.snu.ac.kr

서울특별시교육청교육연구정보원. www.serii.re.kr

한국교원단체총연합회. www.kfta.or.kr

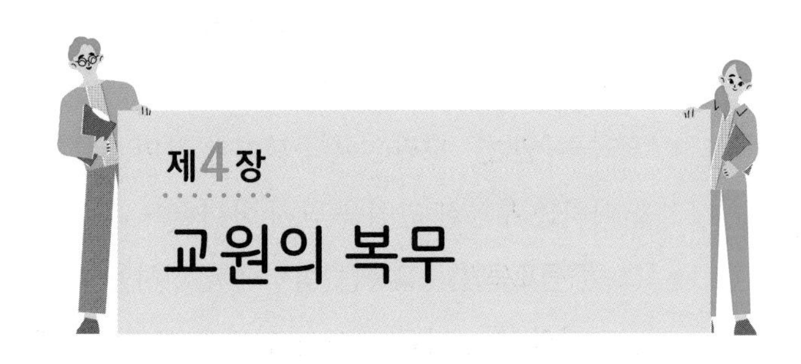

제4장 교원의 복무

열심히 가르친다는 일념으로 교직 생활을 할 때, 규정을 잘 몰라서 불이익을 받고 낙담하는 경우가 발생할 수 있다. 궁금한 것은 주변이나 담당자에게 물어서 해결할 수 있으나, 사전에 기본적인 규정을 알면 난처한 일을 예방할 수 있다.

1. 지위

1966년 정부 간 특별회의에서 채택한 유네스코(UNESCO)의 '교원의 지위에 관한 권고(Recommendation concerning the Status of Teachers)'에서, "교원의 '지위'라는 말은 교원의 직무의 중요성 및 그 직무수행능력에 대한 인식의 정도에 따라서 그들에게 주어지는 사회적 대우 또는 존경과 다른 직업집단과 비교하여 본 교원의 근무조건, 보수 및 그 밖의 물질적 혜택 등 두 가지를 다 의미한다."라고 정의한다. 교직은 다른 국가공무원과 대비해서 승진 비율이 낮은 수평적 조직 문화이다. 이런 특성으로, 〈표 4-1〉처럼 그 특수함을 경력에 따른 상당 계급으로 인정받는다. 우리나라 법령에서 규정한 교사의 지위와 신분의 우대 및 보장은 다음과 같다.

- 「헌법」 교육의 자주성·전문성·정치적 중립성 및 대학의 자율성은 법률이 정하는 바에 의하여 보장된다.

- 「교육기본법」 학교교육에서 교원의 전문성은 존중되며, 교원의 경제적 · 사회적 지위는 우대되고 그 신분은 보장된다.
- 「교육공무원법」 교권은 존중되어야 하며, 교원은 그 전문적 지위나 신분에 영향을 미치는 부당한 간섭을 받지 아니한다.
- 「초 · 중등교육법」 교사는 법령에서 정하는 바에 따라 학생을 교육한다. 보호자는 교직원 또는 다른 학생의 인권을 침해하는 행위를 하여서는 아니 된다. 보호자는 교원의 학생생활지도를 존중하고 지원하여야 한다. 보호자는 교육활동의 범위에서 교원과 학교의 전문적인 판단을 존중하고 교육활동이 원활히 이루어질 수 있도록 적극 협력하여야 한다.
- 「유아교육법」 교사는 법령에서 정하는 바에 따라 해당 유치원의 유아를 교육한다. 보호자는 교직원 또는 다른 유아의 인권을 침해하는 행위를 하여서는 아니 된다. 보호자는 교원의 유아생활지도를 존중하고 지원하여야 한다. 보호자는 교육활동과 돌봄활동의 범위에서 교원과 유치원의 전문적인 판단을 존중하고 교육활동과 돌봄활동이 원활히 이루어질 수 있도록 적극 협력하여야 한다.
- 「교원지위법」 국가, 지방자치단체, 그 밖의 공공단체는 교원이 사회적으로 존경받고 높은 긍지와 사명감을 가지고 교육활동을 할 수 있는 여건을 조성하도록 노력하여야 한다. 국가, 지방자치단체, 그 밖의 공공단체는 교원이 학생에 대한 교육과 지도를 할 때 그 권위를 존중받을 수 있도록 특별히 배려하여야 한다. 국가, 지방자치단체, 그 밖의 공공단체는 그가 주관하는 행사 등에서 교원을 우대하여야 한다.

〈표 4-1〉 **공무원 경력의 상당 계급 기준표**

일반직	4급	5급	6급	7급	8급	9급
경찰	총경	경정	경감/경위	경사	경장	순경
소방	소방정	소방령	소방경/소방위	소방장	소방교	소방사
군인	소령	대위	중위	소위/준위/원사	상사 · 중사	하사
국가정보원 직원 경호공무원 군무원	4급	5급	6급	7급	8급	9급
교육공무원 / 대학교원 (전문대학 포함)	부교수	조교수	전임강사			
교육공무원 / 초 · 중등 교원 및 기타 교육 공무원 / 초 · 중등교원 봉급표 적용대상자	24호봉 이상	16~23호봉	12~15호봉	11호봉 이하		
교육공무원 / 초 · 중등 교원 및 기타 교육 공무원 / 대학교원 봉급표 적용대상자	대학: 17~23호봉 전문대학: 19~25호봉	대학: 11~16호봉 전문대학: 13~18호봉	대학: 7~10호봉 전문대학: 9~12호봉	대학: 6호봉 이하 전문대학: 8호봉 이하		
판사 · 검사	4-2호봉					
임기제 공무원 / 전문임기제	"가급"으로 재직한 기간	"나급"으로 재직한 기간	"다급"으로 재직한 기간	"라급"으로 재직한 기간	"마급"으로서 "마급" 연봉상한액의 6할을 초과한 기본연봉을 받고 재직한 기간	"마급"으로서 "마급" 연봉상한액의 6할 이하의 기본연봉을 받고 재직한 기간
임기제 공무원 / 한시임기제		"5호"로 재직한 기간	"6호"로 재직한 기간	"7호"로 재직한 기간	"8호"로 재직한 기간	"9호"로 재직한 기간
별정직공무원	4급상당	5급상당	6급상당	7급상당	8급상당	9급상당
전문경력관 전문군무경력관	"가"군 27호봉 이상	"가"군 26호봉 이하	"나"군 28호봉 이상	"나"군 27호봉 이하	"다"군 28호봉 이상	"다"군 27호봉 이하

자료: 「공무원임용규칙」 제5조, 제19조 및 제111조 관련한 [별표1].

Q

〈공무원 경력의 상당 계급 기준표〉는 「공무원수당 등에 관한 규정」 제7조의2(성과상여금 등) 및 제15조(시간외근무수당)「공무원 여비 규정」「공무원보수 등의 업무지침」「학교회계 예산 편성 및 집행지침」의 위원회 참석 수당, 교육 강사 수당, 원고료 등의 책정 준거가 될 수 있는지 생각해 보자.

법령

「헌법」 제31조, 「교육기본법」 제14조(교원), 「교육공무원법」 제43조(교권의 존중과 신분보장), 「교원지위법」 제2조(교원에 대한 예우), 「초 · 중등교육법」 제18조의5(보호자의 의무 등) · 제20조(교직원의 임무), 「유아교육법」 제21조(교직원의 임무) · 제21조의4(보호자의 의무 등)

2. 의무

「국가공무원법」과 「국가공무원 복무규정」에 따라서, 교사를 포함한 국가공무원은 해야 할 '적극적 의무'와 금지에 해당하는 '소극적 의무'를 지닌다. 적극적 의무에 속하는 '선서'를 제외한 나머지를 '7대 의무 및 4대 금지'라고 부르기도 한다.

〈적극적 의무〉 **선서, 성실, 복종, 친절 · 공정, 종교중립, 비밀 엄수, 청렴, 품위 유지**

- 취임할 때에 소속 기관장 앞에서 대통령령 등으로 정하는 바에 따라 선서하여야 한다.
- 법령을 준수하며 성실히 직무를 수행하여야 한다.
- 직무를 수행할 때 소속 상관의 직무상 명령에 복종하여야 한다.
- 국민 전체의 봉사자로서 친절하고 공정하게 직무를 수행하여야 한다.
- 종교에 따른 차별 없이 직무를 수행하여야 한다.
- 재직 중은 물론 퇴직 후에도 직무상 알게 된 비밀을 엄수하여야 한다.
- 직무와 관련하여 직접적이든 간접적이든 사례 · 증여 또는 향응을 주거나 받을 수 없다. 직무상의 관계가 있든 없든 그 소속 상관에게 증여하거나 소속 공무원으로부터 증여를 받아서는 아니 된다.
- 직무의 내외를 불문하고 그 품위가 손상되는 행위를 하여서는 아니 된다.

〈소극적 의무〉 **직장 이탈 금지, 영리 업무 및 겸직 금지, 정치 운동의 금지, 집단 행위의 금지**

- 소속 상관의 허가 또는 정당한 사유가 없으면 직장을 이탈하지 못한다.
- 공무 외에 영리를 목적으로 하는 업무에 종사하지 못하며 소속 기관장의 허가 없이 다른 직무를 겸할 수 없다.
- 정당이나 그 밖의 정치단체의 결성에 관여하거나 이에 가입할 수 없고, 선거에서 특정 정당 또는 특정인을 지지 또는 반대하기 위한 행위를 하여서는 아니 된다.
- 노동운동이나 그 밖에 공무 외의 일을 위한 집단 행위를 하여서는 아니 된다.

법령

「국가공무원법」 제7장(복무) 제55조(선서)~제66조(집단 행위의 금지), 「국가공무원 복무규정」 제2조(선서) · 제2조의2(책임 완수) · 제4조(친절 · 공정한 업무 처리) · 제4조의2(비밀 엄수) · 제25조(영리 업무의 금지) · 제26조(겸직 허가), 「공무원 행동강령」, 「국가공무원 복무 · 징계 관련 예규」

교사에게는 '7대 의무 및 4대 금지'에 더하여 전문직으로서의 더 높은 윤리적 의무를 다음과 같이 요구한다.

- 「교육공무원법」 제38조 ① 교육공무원은 그 직책을 수행하기 위하여 끊임없이 연구와 수양에 힘써야 한다.
- 「교육기본법」 제14조 ② 교원은 교육자로서 갖추어야 할 품성과 자질을 향상시키기 위하여 노력하여야 한다.

법령에 따라, 학생을 가르칠 때 등 특정 정당 또는 정치인을 지지 또는 반대하는 정치활동이 금지된다. 헌법재판소는 교육의 정치적 중립성을 ① 정치적 균형성, ② 정치적 영향의 최소화, ③ 교육의 전문직 측면에서 접근하게 한다(정일화, 2015). 독일은 '보이텔스바흐 합의(Beutelsbacher Konsens)'를 통해 학교에서 정치적 중립을 구현하기 위해 다음과 같은 세 가지 원칙을 정했다. ① 교사나 당국의 '일방적 주입 · 교화금지' ② 사회의 갑론을박 쟁점을 재현하는 '논쟁성 재현' ③ 학생이 자신의 정치적 이해관계를 이해하고 판단과 행위 능력을 기르는 '학생 중심'의 교육이다.

법령은, 모든 공무원은 종교에 따른 차별 없이 직무를 수행하여야 한다는 종교 중립의 의무를 규정한다. 이에 따라 '공직자종교차별신고센터'를 운영하여 종교 차별 행위를 예방하고자 한다. 따라서 종교를 주입하거나 편향되게 가르쳐서는 안 된다. 학교에서 종교적 신념을 말로 전파하는 게 아니라 묵묵히 모범으로 실천하는 모습을 보인다면, 성직관의 교사상을 실현하는 것이다(정일화, 2020).

「공무원 행동강령」은 국가공무원이 준수하여야 할 행동기준을 규정한다. 인사혁신처의 「국가공무원 복무 · 징계 관련 예규」는 규정을 잘못 이해해 실수하지 않도록 돕고자 구체적인 사례를 들어서 안내한다. 〈표 4-2〉는 교사의 교육활동에서 유의해야 할 의무와 관련한 법령이다.

〈표 4-2〉 **교육활동에서 유의할 의무 관련 법령**

법령	내용
「성폭력방지 및 피해자보호 등에 관한 법률」 제9조(신고의무)	① 19세 미만의 미성년자(19세에 도달하는 해의 1월 1일을 맞이한 미성년자는 제외한다)를 보호하거나 교육 또는 치료하는 시설의 장 및 관련 종사자는 자기의 보호 · 지원을 받는 자가 「성폭력범죄의 처벌 등에 관한 특례법(이하 성폭력처벌법)」 제3조부터 제9조까지, 「형법」 제301조 및 제301조의2의피해자인 사실을 알게 된 때에는 즉시 수사기관에 신고하여야 한다. ② 국가기관, 지방자치단체 또는 대통령령으로 정하는 공공단체의 장과 해당 기관 · 단체 내 피해자 보호 관련 업무 종사자는 기관 또는 단체 내에서 다음 각 호의 어느 하나에 해당하는 성폭력 사건이 발생한 사실을 직무상 알게 된 때에는 피해자의 명시적인 반대의견이 없으면 즉시 수사기관에 신고하여야 한다.
「성폭력방지 및 피해자보호 등에 관한 법률 시행령」 제2조(성폭력 예방교육 등의 실시)	제2항의 1호 해당 기관 · 단체에 소속된 사람 및 학생 등을 대상으로 매년 1회 이상, 1시간 이상의 성교육 및 성폭력 예방교육(이하 "성폭력 예방교육"이라 한다) 실시. 이 경우 기관 · 단체에 신규임용된 사람에 대해서는 임용된 날부터 2개월 이내에 교육을 실시하여야 한다.
「아동학대범죄의 처벌 등에 관한 특례법」 제10조(아동학대범죄 신고의무와 절차)	② 다음 각 호의 어느 하나에 해당하는 사람이 직무를 수행하면서 아동학대범죄를 알게 된 경우나 그 의심이 있는 경우에는 시 · 도, 시 · 군 · 구 또는 수사기관에 즉시 신고하여야 한다. 13. 「유아교육법」 제2조제2호에 따른 유치원의 장과 그 종사자; 20. 「초 · 중등교육법」 제2조에 따른 학교의 장과 그 종사자
「학교폭력예방 및 대책에 관한 법률」 제20조(학교폭력의 신고의무)	① 학교폭력 현장을 보거나 그 사실을 알게 된 자는 학교 등 관계 기관에 이를 즉시 신고하여야 한다. ④ 누구라도 학교폭력의 예비 · 음모 등을 알게 된 자는 이를 학교의 장 또는 심의위원회에 고발할 수 있다. 다만, 교원이 이를 알게 되었을 경우에는 학교의 장에게 보고하고 해당 학부모에게 알려야 한다.

3. 법정의무교육

법적 근거에 따라서 교사가 이수할 법정의무교육은 〈표 4-3〉과 같다. 유치원 교사는 선행교육 및 선행학습 예방교육, 학교폭력예방교육, 학습부진아 등의 학습능력 향상을 위한 연수에서 제외되고, 성희롱 · 성폭력 · 성매매 · 가정폭력 예방교육 가운데 성폭력 예방교육만 받으면 된다. 특수학교 교사는 선행교육 및 선행학습 예방교육, 사립학교 교사는 「공직자의 이해충돌 방지법」 교육 대상에서 제외된다. 법정의무교육 이외에 학교 자체에서 하도록 권장받는 교육으로는 양성평등교육, 자살예방교육, 마약 등 약물중독예방교육 등이 있다.

〈표 4-3〉 **교원 대상 법정의무교육**

연수 내용	시간
학교안전교육	3년마다 15시간 이상
심폐소생술 등 응급처지에 관한 교육	3시간 이상(실습 2시간)
긴급지원대상자의 신고의무 관련 교육(산학 겸임교사 · 강사 포함)	연 1시간 이상
학교폭력예방교육	학기별 1회 이상
교육활동 침해행위 예방교육	연 1회 이상
장애인식개선 교육	연 1회 이상
장애인학대 및 장애인 대상 성범죄 예방 및 신고의무 교육	연 1시간 이상
아동학대 예방 및 신고의무자 교육	연 1시간 이상
성희롱 · 성폭력 · 성매매 · 가정폭력 예방교육	연 각 1시간 이상(총 4시간 이상)
인성교육	연 1시간 이상
통일교육	연 1회 이상(1시간 이상)
다문화 교육	3년마다 15시간 이상(연 시수 누계 포함)
학습부진아 등의 학습능력 향상을 위한 연수	규정 없음
선행교육 및 선행학습 예방교육	규정 없음
이해충돌방지법 교육(사립학교 제외)	연 1회 이상
부패방지교육	연 1회 이상(2시간 이상)
부정청탁 금지 및 금품 등 수수의 금지에 관한 교육	연 1회 이상
정보공개 제도 운영에 관한 교육	연 1회 이상
적극 행정 관련 교육	연 1회 이상
교육활동 침해행위 예방교육	연 1회 이상

자료: 중앙교육연수원(www.neti.go.kr)의 자료를 보완.

법정의무교육은 직무연수로 간주되고, 그 내역은 교육행정정보시스템(NEIS)을 통해 기록 · 관리된다. 매년 3월 1일부터 다음 해 2월 말까지의 학년도별로 연수받은 시간이 누계된다. [그림 4-1]과 같이, 이수번호, 연수과정명, 연수기관, 연수시간, 연수성적, 직무 관련성 여부, 평정학점, 학년도별 연수시간 누계, 교육형태, 법정의무교육여부가 기록된다. 평정학점은 15시간이 1학점에 해당하고, 교육형태는 집합 · 원격 · 혼합 과정으로 구분된다. 간단한 교육은 학교에서 이루어지고, 이 밖에는 시 · 도교육연수원 또는 중앙교육연수원 및 특수분야 직무연수기관으로 지정받아 운영되는 곳에서 받으면 된다. 유료로 받는 연수인 경우, 이수증과 영수증을 학교에 제출하면 규정에 따른 연수비를 지원받는다.

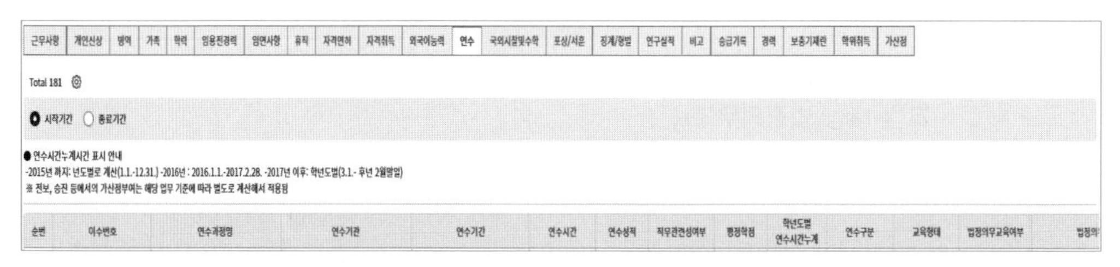

[그림 4-1] NEIS 인사기록 기본사항의 '연수' 탭의 화면

[그림 4-2] 시 · 도교육청 연수원의 연수 신청 화면의 예

4. 외부강의 등

'외부강의 등(이하 외부강의)'은 겸직 허가와 더불어서 감사 때 확인하고, 미비로 인

해 신분상의 불이익을 겪는 일이 빈번한 사안이다. 불이익이란 포상, 성과급, 전보 등에 반영되는 것이고, 퇴직할 때 받는 표창에도 영향을 줄 수 있다. 〈표 4-5〉는 교육청이 각 학교에게 제출을 요구하는 외부강의 신고 이행실태 점검표이고, 이는 교육청이 실시하는 학교의 정기 감사 때에 확인하기도 한다.

〈표 4-4〉 **「공무원 행동강령」 제15조(외부강의 등의 사례금 수수 제한) 제1항**

공무원은 자신의 직무와 관련되거나 그 지위 · 직책 등에서 유래되는 사실상의 영향력을 통하여 요청받은 교육 · 홍보 · 토론회 · 세미나 · 공청회 또는 그 밖의 회의 등에서 한 강의 · 강연 · 기고 등(이하 "외부강의 등"이라 한다)의 대가로서 중앙행정기관의 장 등이 정하는 금액을 초과하는 사례금을 받아서는 아니 된다.

〈표 4-5〉 **외부강의 신고 이행실태 점검표 예시**

NEIS 신고일자	소속	직급	성명	요청 기관명	요청공문 유무	요청기관 공문번호	강의명칭 (주제)	강의 장소	온라인 여부	시작 일자
시작 시각	종료 일자	종료 시각	강의 횟수	강의 시간	외부강의 금액(원)	초과 사례금 여부	월 3회 초과 여부	근무 상황	자체 여비 지급여부	비고 (시정 내용 등)

「공무원 행동강령」에 따르면, '외부강의'는 공무원 자신의 직무와 관련되거나 그 지위 · 직책 등에서 파생되는 사실상의 영향력을 통하여 요청받은 교육 · 홍보 · 토론회 · 세미나 · 공청회, 또는 그 밖의 회의 등에서 한 강의 · 강연 · 기고 등을 의미한다. 다음의 경우는 '외부강의'에 해당하지 않는다(국민권익위위회, 2023: 93).

- 국가 및 지방자치단체와 그 소속 기관의 요청에 의한 것
- 소속 학교장 · 기관장의 사전 겸직 허가를 받은 학교 출강
- 사회자와의 개별 방송 인터뷰
- 서면으로 심사 또는 자문 등
- 시험출제위원으로 위촉된 출제 업무
- 각종 법령에 의한 위원회의 위원으로 위촉된 회의 참가
- 각종 연주회, 전시회 등에서의 연주, 공연, 전시 등

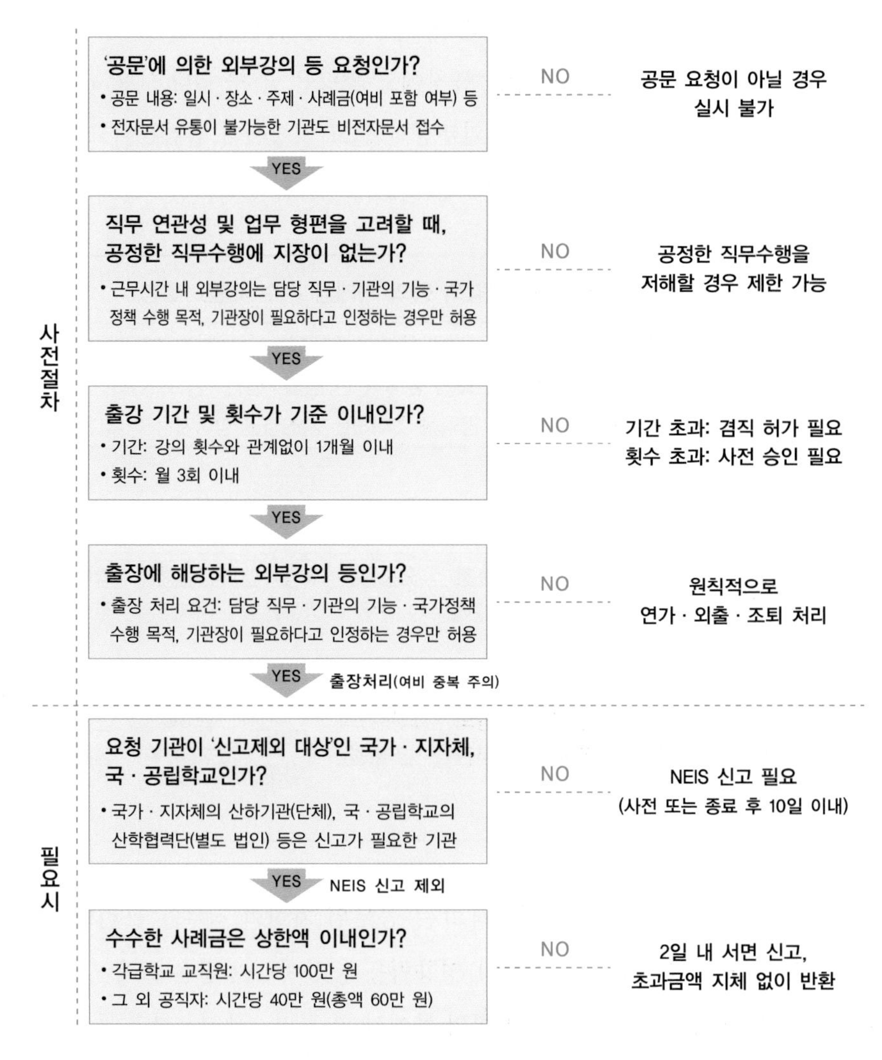

[그림 4-3] **외부강의 실시 절차**

자료: 대전광역시교육청(2023).

외부강의의 신고는 사전에 하는 것이 원칙이다. 요청공문을 근거로 '교육행정정보시스템(NEIS)'에서 신고할 때, [그림 4-4]의 오른쪽 아래에 보이는 '첨부파일'을 클릭해서 관련 공문을 첨부한다. 사례금을 받는 외부강의의 신고를 사전에 하지 못하면 마친 날부터 10일 이내에 한다. 복무는 해당 기관의 기능과 국가 정책 수행의 목적상 필요한 경우 및 해당 기관장이 필요성을 인정하면, 규정에 따라 여비부지급 출장 등으로 처리한다. 그 밖의 경우는 (반일)연가 · 지각 · 외출 · 조퇴로 처리한다. 대부분 학교에서 관련 결재 경로는 위임 · 전결 규정에 따라 행동강령 책임관인 교감이 최종

결재권자인 경우가 일반적이다. [그림 4-4]의 굵은 테두리로 표시한 '요청비고'에는 〈표 4-6〉의 예시처럼, 결재 때 참고할 내용을 구체적으로 기록한다.

외부강의신고 상세

※ 여비(교통비, 식비, 일비, 숙박비)
※ 2015.09월부로 원고료는 강사료에 포함되는 것으로 변경
※ 외부강의 기간이 한달 이상일 경우, 복무규정에 따라 겸직허가를 받아야 합니다.

*소속			
직급		*성명	

신고내역

*일시	~				
*장소					
*강의시간	0	일괄신고	월(연) 평균횟수	0.00	
*강사료 (원고료포함)	0		1회 평균시간	0	
총액 (강사료+실비)	0	실비(여비)	0	원고료	0
요청비고					

요청자

*기관명		*부서	
*담당자		*연락처	
공문번호		요청서류	첨부파일

저장 닫기

[그림 4-4] **교육행정정보시스템의 외부강의 신고 등록 화면**

〈표 4-6〉 **'요청비고' 작성의 예시**

1. 근거: 학교법인 ㅁㅁ학원-△△△△(○○○○. ○○. ○○.) 교사 신규채용 전형의 면접 위원
2. 외부강의 등 유형: 심사
3. 주제: 수업실연 심사 및 면접
4. 정확한 외부강의 사례금 총액은 추후 보완신고 예정.

사전에 사례금 총액 등을 알 수 없는 경우에는 해당 사항을 제외한 나머지를 우선 신고한 후, 해당 사항을 안 날부터 5일 이내에 보완한다. 최초신고서 제목이 '○○강

의'이면, 보완신고서의 제목은 '○○강의(보완신고)'로 한다. 사례금을 받지 않는 경우는 신고할 의무가 없으나, 본인이 원하면 사전 신고도 가능하다. 대가 및 일회성 또는 반복성의 횟수와 무관하게, 반드시 요청한 기관의 공문을 근거로 신고한다. 겸직 허가를 받는 경우를 제외하고 대가성 외부강의는 월 3회로 제한된다. 이를 초과하는 경우, 미리 소속 기관의 장의 승인을 받는다.

Q

한국교육개발원, 한국교육과정평가원, 사립대학교, 사립유·초·중·고등학교, EBS에서 특강, 심사, 컨설팅, 발표 등을 요청하면 어떤 신고 절차가 필요할지 생각해 보자.

법령

「부정청탁 및 금품 등 수수의 금지에 관한 법률(이하 청탁금지법)」 제10조(외부강의 등의 사례금 수수 제한), 「청탁금지법 시행령」 제26조(외부강의 등의 신고), 「공무원 행동강령」 제15조(외부강의 등의 사례금 수수 제한), 「국가공무원 복무 · 징계 관련 예규」 제10장(외부강의), 「공무원 행동강령」 제15조(외부강의 등의 사례금 수수 제한), 〈공무원 행동강령 업무편람〉.

5. 겸직

겸직 허가의 실태 조사는 1월과 7월을 기준으로 연 두 차례를 할 만큼 민감하게 다룬다. 「국가공무원 복무규정」을 근거로 하는 겸직 허가의 '영리업무'는 계속적으로 재산상의 이득을 취하는 행위를 뜻한다. 〈표 4-7〉은 교육청이 학교에게 제출을 요구하는 실태 조사표 예시이다.

〈표 4-7〉 **겸직 허가 실태 조사표 예시**

성명	직급	종래 겸직 허가 내용				겸직 실태 조사 내용				실태 조사 후 조치내역
		겸직 기관	겸직 기간	직위 · 직무	대가 (수익)	실제 겸직 수행 여부	허가 내용 일치 여부	겸직 요건 위반 여부	기타 의무 위반 여부	

겸직이 가능한 분야는 공익법인과 비영리법인의 이사, 감사, 대학의 시간강사, 기타로 구분할 수 있다. 「국가공무원 복무 · 징계 관련 예규」에 따르면, 계속성이 없는 일시적인 행위로 계속적인 수입이 발생하는 경우는 업무가 아니므로 금지 또는 허가의 대상이 아니다. 여기에서 밝힌 계속성의 기준은 다음과 같다. 이에 해당하지 않고 일회성의 성격일 경우, 외부강의 신고 사항에 해당하는지를 살피면 된다.

- 매일 · 매주 · 매월 등 주기적으로 행해지는 것
- 계절적으로 행해지는 것
- 명확한 주기는 없으나 계속적으로 행해지는 것
- 현재하고 있는 일을 계속적으로 행할 의지와 가능성이 있는 것

국 · 공립대학 강사나 겸임교수 등으로 위촉되어 출강할 때와 한 달을 초과하여 출강할 때는 월간 강의 횟수와 무관하게 겸직 허가를 받아야 한다. 방송강의, 사이버강의, 강의를 위한 촬영의 경우도 같다. 복무는 외부강의와 같은 기준으로 처리한다. 사립대학 등의 강사나 겸임교수 등으로 위촉되거나 한 달을 초과하여 출강할 때는 횟수에 무관하게 겸직 허가를 받고 복무 처리의 절차를 밟아야 한다. 겸직 허가를 받으면 외부강의 신고는 생략된다. 겸직 허가는 2년 이내 갱신한다. 인터넷 방송의 경우는 허가 기간은 최대 1년이다. 연장의 경우 허가 종료일 1개월 이전까지 신청해야 한다. 다음은 「국가공무원 복무 · 징계 관련 예규」에서 예시로 들은 겸직 허가를 받는 경우와 관리가 강화되는 인터넷 개인방송의 활동 지침을 요약한 것이다. 직무와 관련 없는 취미, 자기계발 등 사생활 영역의 개인방송 활동은 원칙적으로 규제 대상에서 배제되고, 직무와 관련된 개인방송 활동은 소속 부서장에게 사전 보고를 하고 홍보부서와 협의를 거쳐 가능하다.

- 공동주택의 입주자 대표, 관리 · 감사 등 업무를 계속적으로 수행하는 경우
- 임대사업자로 등록하고 주택 · 상가를 임대하는 행위가 지속성이 없는 경우에는 허가 대상이 아니나, 다만, 주택 · 상가 등을 다수 소유하여 관리하거나 수시로 매매 · 임대하는 등 지속성이 있는 업무로 판단되는 경우
- 일회적인 저술 · 번역 등의 행위는 해당하지 않으나, 주기적 업데이트 및 월 몇

회 · 연 몇 회 등 기간을 정한 행위의 지속성이 인정되는 경우

- 직접 서적을 출판 · 판매하는 행위나 주기적으로 학습지 · 문제지 등을 저술하여 원고료를 받는 경우
- 개인방송 또는 블로그를 계속적으로 제작 · 관리하여 수익을 얻는 경우
- 애플리케이션 · 이모티콘을 계속적으로 제작 · 관리하여 수익을 얻는 경우
- (수익창출 요건이 있는 경우: 유튜브의 경우 구독자 1,000명, 연간 누적재생시간 4,000시간 이상이 수익이 창출될 수 있는 기본 요건) 인터넷 플랫폼에서 정하는 수익창출 요건을 충족하고, 이후에도 계속 개인방송 활동을 하고자 하는 경우
- (수익창출 요건이 없는 경우) 인터넷 플랫폼을 통해 수익이 최초 발생하고, 이후에도 계속 개인방송 활동을 하고자 하는 경우

겸직 허가 신청은 겸직 예정일 10일 전까지 겸직기관의 요청서 등 공문에 의거해서 하는 것이 원칙이나, 임대업 같은 요청기관이 없는 경우는 해당하지 않는다. 겸직 신청의 내부결재는 [그림 4-5]와 같이 '업무관리 → 문서관리 → 표준서식'의 순서로 클릭하면 [그림 4-5]의 가운데 창이 열린다. 여기에서, 제목 입력, 과제카드 및 대국민공개여부를 선택한다. 이때, 개인정보를 고려해서 부분공개 또는 비공개로 하려면, 공개제한의 근거로 제시된 관계 법령을 클릭해 참고한 다음에, 1호부터 8호 가운데 해당하는 하나를 선택한다. 내부 교직원의 열람 제한도 설정할 수 있다. 최종적으로 결재 경로를 클릭하여 경로를 '검토자-교감' '결재자-교장'으로 한다. 그런 다음에 상단의 본문 탭을 클릭하면, [그림 4-5]의 오른쪽 창으로 바뀐다.

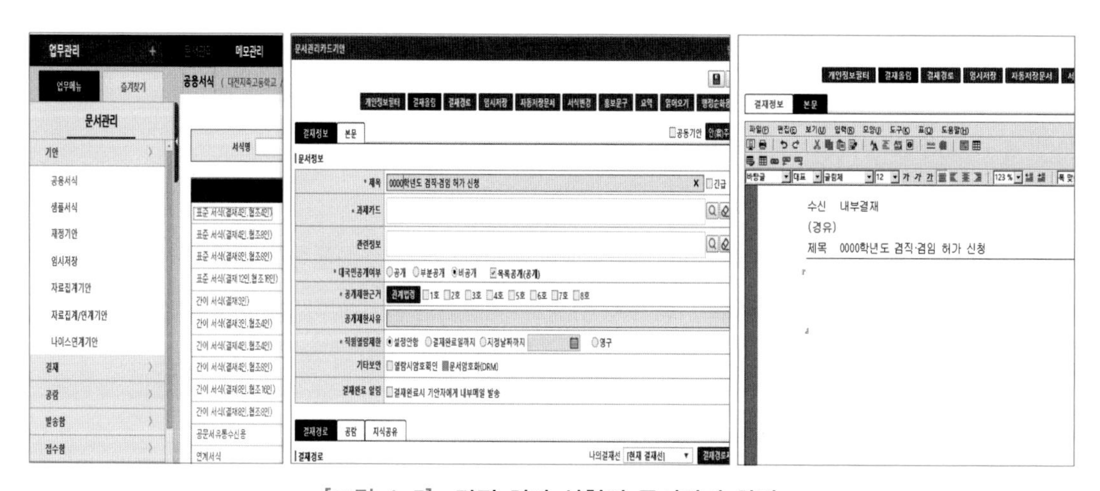

[그림 4-5] **겸직 허가 신청의 문서관리 화면**

겸직 허가 신청의 내부결재 기안문과 신청서의 예는 〈표 4-8〉과 같다. 신청서의 서식은 기관별로 변경이 가능하다.

〈표 4-8〉 **겸직 허가 신청의 기안문과 신청서의 예시**

1. 관련: 「공무원 행동강령」 제15조 제1항 및 ○○대학교-○○○○(○○○○. ○○. ○○).
2. ○○○○학년도 강사 초빙 관련 겸직 허가에 대해 아래와 같이 신청합니다.
   가. 겸직기간:
   나. 겸직사항: ○○대 ○○학과 ○○강의
   다. 세부내용
      1) 학점(시수): 2학점(2시수)
      2) 수업 시간:

붙임 1. 겸직 허가 신청서 1부.
  2. 교육공무원 겸직심사 주요 체크리스트 1부. 끝.

겸직(겸임) 허가 신청서

인적사항	소 속		직 위	
	직 급		성 명	
겸직 겸임 신청 내용	기관명	○○대학교		
	직위	강사		
	겸직 · 겸임장소	○○대학교 ○○학과		
	겸직 · 겸임기간	○○○○. ○○. ○○. ~ ○○○○. ○○. ○○.		
	겸직 · 겸임업무의 내용	교육대학원 강의		
	겸직 · 겸임 시 받는 보수	국가공무원 여비 및 강의료 지급 기준에 따른 강의료		
	담당직무와 겸직 · 겸임신청 업무와의 관련성	현장 경험을 바탕으로 현직 및 예비 교원 양성 관련 강의 활동		

○○○○. ○○. ○○.

신청자 (서명)

○○○○학교장 귀하

1. 관련: 「공무원 행동강령」 제15조 제1항 및 ○○시교육청 소속 지방공무원 통합 복무지침(○○○○. ○○. ○○).
2. ○○○○학년도 겸직을 붙임과 같이 신청합니다.
   가. 대상자:
   나. 겸직 기간:

붙임 1. 겸직 허가 신청서 1부.
  2. 교육공무원 겸직심사 주요 체크리스트 1부. 끝.

겸직 허가 신청서

인적사항	소 속		직 위	
	직 급		성 명	
담당 직무	직무내용과 성격	○○과 담당 교사		
	근무장소 (소재지)	재직 기관의 주소 및 기관명		
겸직 겸임 신청 내용	기관명	부동산 개인임대업	겸직장소	○○시 ○○구
	직위	개인임대 사업자	겸직기간	임대 기간
	겸직업무의 내용과 성격	개인 임대사업으로 세입자와의 계약 및 관리회사 거래		
	겸직 수익	임대 이익으로 특정할 수 없음		
담당직무와 겸직신청 업무와의 관련성		업무와의 관련성 없음		
직무 전념에 미칠 영향 정도		계약 때만 활동이 국한되는 바, 영향을 미치지 않음		

○○○○. ○○. ○○.

신청자 (서명)

○○○○학교장 귀하

〈표 4-9〉는 겸직 심사 때 확인할 사항으로, 대상 여부, 관련 법령 위반 여부, 겸직 허가 요건을 확인하는 문항으로 구성되어 있다. 인터넷 개인방송 및 과도한 수익 등 면밀한 심사가 필요한 사항은 '겸직심사위원회'를 구성해서 요건을 살필 정도로 엄격하다. 겸직 허가는 공직자의 본분에서 벗어난 부분 등을 제한하려는 취지이니, 직무에 성실하다면 요식 절차에 해당한다. 허가 절차를 번거롭게 여기거나 부담을 전혀 갖지 말고 반드시 받아야 한다. 겸직 허가 신청 때, 애매하고 의견이 갈리는 궁금한 사항은 「국가공무원 복무 · 징계 관련 예규」를 참고하거나, 교육청의 감사실 또는 인사혁신처의 '복무과'로 내부메일 및 팩스를 이용해서 문의하면 된다.

〈표 4-9〉 **교육공무원 겸직 심사 주요 체크리스트**

순	확인 내용	Y	N
①	겸직을 신청한 사항이 업무로 볼 수 있는 영역인가?		
②	겸직 허가를 신청한 업무가 계속성이 있는가?		
③	겸직 허가를 신청한 업무가 해당 공무원이 담당하는 공무 범위 밖의 사항인가?		
④	겸직 허가를 신청한 업무를 규율하는 다른 법령에서 공무원 겸직을 제한하는가?		
⑤	근무시간과 겸직업무 종사 시간의 합이 주 52시간, 1일 12시간을 초과하는가?		
⑥	자정 이후에도 근무하는 심야업종인가?		
⑦	겸직 수익이 높은 수준인가?		
⑧	기타 직무 능률 저하의 소지가 있는가?		
⑨	공무와 이해충돌 가능성이 있는 겸직 업무에 종사하려고 하는가?		
⑩	직무수행 중 알게 된 비밀 또는 소속 기관의 미공개 정보를 이용하는가?		
⑪	겸직하려는 업무가 국가 및 공공의 이익에 반하거나 충돌될 우려가 있는가?		
⑫	겸직하려는 업무가 사회 통념과 어긋나서 정부의 신뢰를 저해할 우려가 있는가?		
⑬	공교육 체계의 공정성과 신뢰를 훼손시키는 영역인가?		
⑭	「청탁금지법」 및 공무원복무규정을 훼손하는 영역인가?		

* 「국가공무원 복무 · 징계 관련 예규(2023. 10. 25.)」의 문항(①~⑫)을 요약하고, ⑬과 ⑭를 덧붙임.

** 「국가공무원 복무 · 징계 관련 예규(2023. 10. 25.)」는 〈인터넷 개인방송 활동 겸직심사 체크리스트〉를 별도로 제시함.

Q

국립대학교의 교수가 연구책임자인 교육부 정책연구의 공동연구자 또는 연구보조원으로 참여하고자 할 때, 겸직 허가를 받아야 하는지를 생각해 보자.

법령

「국가공무원법」 제60조(비밀엄수의 의무) · 제63조(품위유지의 의무) · 제64조(영리 업무 및 겸직 금지) · 제65조(정치운동의 금지), 「국가공무원 복무규정」 제25조(영리 업무의 금지) · 제26조(겸직 허가), 「국가공무원 복무 · 징계 관련 예규」 제9장(영리업무 금지 및 겸직허가)

6. 출장

출장은 정규 근무지 이외의 장소에서 해당 공무를 수행하는 것이다. 「국가공무원 복무규정」에 따르면, 출장 용무를 마치고 복귀하면 소속 기관의 장에게 보고서 또는 구두로 결과 보고를 해야 한다. 출장은 근무지내출장, 근무지외출장, 공무국외출장으로 구분된다. 근무지내출장은 동일시와 군 및 섬(제주특별자치도 제외) 안에서의 출장 또는 왕복 거리가 12km 미만인 출장, 그리고 왕복 거리가 12km를 넘더라도 동일한 시·군 및 섬 안에서의 출장은 근무지내출장에 해당한다. 단, 섬 밖으로의 출장은 같은 시·군이라도 근무지외출장으로 본다. 육로와 교량으로 연결된 같은 시·군의 섬은 근무지내출장에 해당한다. 출장비 지급 기준은 4시간 미만과 4시간 이상으로 구분된다. 근무지외출장은 동일시와 군 및 섬(제주특별자치도 제외) 밖으로의 출장이며 왕복 거리가 12km 이상인 출장이다. 소요되는 운임, 숙박비, 식비, 일비가 지급된다. 근무지외출장 후에 작성하는 '여비 정산 신청서'에는 출장지의 여정과 관련한 고속도로 통행료, 승차권, 숙박비, 주유, 편의점 등의 영수증 또는 수료증같이 출장 사실을 증빙할 수 있는 최소 한 가지 또는 청구액에 필요한 영수증을 덧붙여야 한다. 「국가공무원 복무·징계 예규」「공무원보수 등의 업무지침」에 따르면, 임신 중인 공무원의 장거리 또는 장기간 출장은 제한되고, 본인이 희망하면 허가할 수 있다.

Q

교원단체가 주최하는 체육행사에 교원이 선수로 참여할 경우, 출장 조치가 가능할지 생각해 보자.

Q

거주하는 주소지 외의 지역으로 신규임용된 경우에 지급하는 '이전비'에 대한 규정과 지침을 알아보자.

법령

「국가공무원 복무규정」 제6조(출장공무원), 「공무원 여비 규정」「국가공무원 복무·징계 예규」 제6장(출장), 「공무원보수 등의 업무지침」 제7장(공무원수당 등의 업무 처리기준)·제9장(공무원여비업무 처리기준)

7. 시간 외 근무

학교의 장은 공무 수행을 위해 필요하다고 인정할 때 근무시간 외의 근무를 명하거나 토요일 또는 공휴일 근무를 명할 수 있다. 거짓이나 그 밖의 부정한 방법으로 초과근무수당 수령이 밝혀지면, 성과상여금의 등급 결정에 영향을 미치고 징계도 받게 된다. 초과근무수당의 부당한 수령은 금품 비위에 해당하고, 징계부가금 · 징계시효 · 징계감경제한의 규정을 적용받는다. 잘못된 초과근무의 행태로는 취미 생활 등으로 시간을 보낸 후 허위나 대리로 입력하는 사례가 있다.

〈표 4-10〉 **초과근무수당 및 출장여비 징계 기준**

비위의 유형	부당수령 금액	비위의 정도 및 과실 여부	
		비위의 정도가 약하고 과실인 경우	비위의 정도가 심하거나, 고의가 있는 경우
공무원수당 등에 관한 규정 제15조부터 제17조까지의 규정에 따른 수당 또는 공무원 여비 규정에 따른 여비를 거짓이나 부정한 방법으로 지급받은 경우	100만 원 미만	정직-견책	파면-정직
	100만 원 이상	강등-감봉	파면-강등

자료: 「공무원 징계령 시행규칙」[별표1의2].

Q

휴일의 오전 8시부터 4시까지 학생을 인솔하는 출장의 경우, 복무 신청은 어떻게 해야 할지를 생각해 보자.

Q

어느 학교의 규정된 근무시간은 오전 8시부터 오후 4시까지이다. 다음 날 아침 5시 30분에 떠나는 수학여행단의 승차 질서유지를 돕기 위해 5시까지 학교에 도착해야 한다. 초과근무신청은 어떻게 할지를 생각해 보자.

법령

「공무원보수 등의 업무지침」 제7장(공무원수당 등의 업무 처리기준). 국내출장의 경우 시간외근무수당 · 야간근무수당 및 휴일근무수당은 원칙적으로 지급할 수 없으나, 출장의 목적상 필연적으로 시간 외 근무의 발생이 예상되는 공무원으로서 근무명령에 따라 출장 중 또는 출장 후 「국가공무원 복무규정」상의 근무시간외에 근무를 한 공무원에게는 초과근무의 명령 및 승인 등 절차를 거치고, 실제로 초과근무한 시간에 대하여 명백히 인정할 수 있는 객관적인 증빙자료가 있는 경우에 한정하여 초과근무수당을 지급할 수 있다.

시간외근무수당의 **정액분**의 산식은 '초과근무단가×10시간×N일/15일'이다. 1일 근무시간인 8시간을 모두 근무한 일수가 15일 미만인 경우에는 15일에 미달하는 1일마다 15분의 1에 해당하는 금액을 감액한다. 육아시간을 2시간 또는 모성보호시간 2시간을 사용하더라도 나머지 시간을 모두 근무하면 정액분이 지급된다. 방학 중 출근(출장)하는 경우에는 정액지급분 근무일수에 포함된다.

시간외근무수당의 **초과분**은 1일 4시간, 1개월에 57시간으로 제한된다. 월별로 1일 시간 외 근무 시간의 분 단위까지 더한 후 1시간 미만은 버린다. 평일의 경우에 하루 5시간을 하면 1시간을 제외한 4시간이 인정되고, 휴일은 제외되는 시간 없이 4시간이 그대로 인정된다. 지각, 조퇴, 외출, 반일연가 등을 사용한 경우에도 초과를 신청하면 시간 외 근무로 인정하나, 1일(8시간) 연가 사용자와 육아시간 사용자는 신청할 수 없다. 초과근무시간의 누계는 발병 등으로 인한 공상 및 순직의 인정기준이 되기도 한다.

법령

「공무원보수 등의 업무지침」 제7장(공무원수당 등의 업무 처리기준). ① 방학은 월간 출근(또는 출장) 근무일수에서 제외되나, 학교장의 근무명령에 따라 특별히 출근하여「국가공무원 복무규정」에서 정한 근무시간 이상 근무하는 경우에는 정규 근무일로 간주하여 월간 출근(또는 출장) 근무일수에 포함하여 정액지급분을 지급한다. ② 방학기간 중 출장명령에 따라「국가공무원 복무규정」에서 정한 근무시간을 초과하여 출장업무를 수행한 경우에는 출장 시의 시간외근무수당 지급방법에 따른다.

「공무원 재해보상법」에 따르면, 공무수행 과정에서 물리적 · 화학적 · 생물학적 요인에 의하여 발생한 질병 및 공무수행과정에서 신체적 · 정신적 부담을 주는 업무가 원인이 되어 발생한 질병은 공무상 부상에 속한다. 이에 대한 심사 때, 3개월간 지속적으로 초과근무를 포함해서 주 52시간의 근무를 한 교사가 뇌혈관 등의 진단을 받는다면 통상 인정받는다. 하지만 신청하지 않고 연장 근무를 하는 경우가 드물지 않아서, 사안이 발생하면 증빙을 못하게 된다. 다음의 사례처럼 어렵게 인정받기도 하지만, 요구되는 절차를 확실하게 한다는 차원에서 반드시 사전에 신청하는 것이 바람직하다.

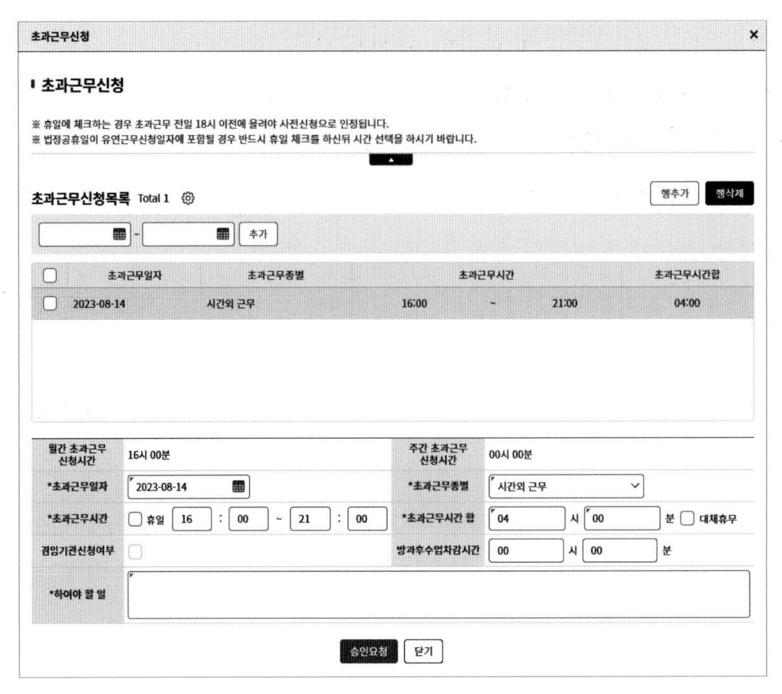

[그림 4-6] **교육정보시스템의 초과근무신청 화면**

사례

근무지 주차장에서 정신을 잃고 쓰러져 숨진 한 병원 관계자의 유족이 2년 만에 '업무상 재해'로 인한 사망을 인정받았다. 광주지법 제1행정단독은 A씨의 유족이 A씨가 근무했던 B병원을 상대로 제기한 유족급여 및 장의비 부지급 처분 취소 소송에서 원고 승소 판결을 내렸다. "A씨는 근무하는 동안 진료 업무를 제외한 병원 업무 전반을 사실상 주도적으로 맡아 처리했던 것으로 보인다. A씨는 소란을 피우는 환자 응대를 비롯해 성격이 매우 다른 다양한 업무를 동시에 처리해야 하는 경우가 잦았고 강도 높은 스트레스에 노출될 수밖에 없었다는 점을 추단할 수 있다. A씨의 업무 내용, 형태, 특성 등을 고려할 때 추가근무를 하고도 업무 현황이 정확히 파악되지 않았을 가능성이 매우 높다. 사망자의 실제 업무시간은 뇌혈관 질병과의 관련성이 증가하는 것으로 평가하는 52시간을 초과했을 가능성도 완전히 배제하기 어렵다."라고 판시했다(최성국, 2023. 10. 3.).

법령

「국가공무원 복무규정」 제11조(시간 외 근무 및 공휴일 등 근무), 「공무원수당 등에 관한 규정」 제15조(시간외근무수당), 「공무원보수 등의 업무지침」 제7장(공무원수당 등의 업무처리 기준), 「공무원 재해보상법」 제4조(공무상 재해의 인정기준), 「공무원 재해보상법 시행령」 제5조의2(공무상 재해의 인정 특례) 및 [별표2] 공무상 재해의 구체적인 인정기준, 「공무원 재해보상법 시행규칙」

8. 「교육공무원법」 제41조 연수

「교육공무원법」 제41조 연수는 주로 방학기간 및 재량휴업일에 사용한다. 신청 때 사유는 '교재 개발 및 연구'로 한다. 휴업일 중 공무 외 국외여행은 「국가공무원 복무규정」에 따라 본인의 휴가기간의 범위 내에서 실시하나, 공무 외 국외여행이 자율연수의 목적인 경우, 「교육공무원법」 제41조 규정에 의한 '연수기관이나 근무 장소 외의 시설 또는 장소에서의 연수'를 활용할 수 있다. 사전에 학교장의 연수계획 사전 승인과 교육행정정보시스템에 의한 승인을 받는다(서울특별시교육청, 2023: 65). 이는 교사의 다양한 문화체험 등의 활동이 학생 교육에 직·간접적으로 영향을 미치는 교직의 특성 때문이다. 방학이나 연휴기간의 공무 외 국외여행을 할 때 절차를 밟아야 하는 까다로움은 있지만, 만일의 천재지변이나 사고 등을 고려한다면 연가보다는 '제41조'로 복무 처리를 하는 것이 바람직하다.

Q

교원의 「교육공무원법」 제41조 연수 중, 학생생활지도를 위해서 09:00~20:00까지 관내 출장으로 학생생활지도를 한다면 어떻게 복무 처리를 할지를 생각해 보자(서울특별시 교육청, 2023: 69).

법령

「국가공무원 복무규정」 제15조(연가 일수), 「교육공무원법」 제41조(연수기관 및 근무장소 외에서의 연수)

9. 보안점검

시설, 문서, 인사 및 개인정보 관련한 보안 유지와 비밀보호를 해야 한다. 이를 위해 평시 또는 퇴근 때 책상 서랍 등의 잠금 관리를 잘해야 한다. 또한 교실, 교무실, 특별실의 전원과 소등을 확인해야 한다. 공문서, 개인정보가 담긴 문서나 USB(Universal Serial Bus) 등 저장 장치, 중요 회의자료 및 업무 관련 서류를 책상 위에 방치하거나 열린 서랍에 넣어 두면 안 된다. 잠금장치의 열쇠나 번호가 분실 또는 누출되지 않아야 한다. 해당 실에서 마지막에 퇴근할 때는 이러한 사항을 확인하고 보안점검부를 작성해야 한다.

법령

「보안업무규정」「보안업무규정 시행규칙」「교육부 보안업무규정 시행세칙」 제3장(문서보안) 제75조(보안교육), 시 · 도교육청의 「보안업무 시행규정」

생각 나누기

1. 다음의 보도된 사례에서 만약 학생의 보호자가 진정과 고소를 한다면, 법원의 판결이 나오기 전에 교육 당국이 해당 교사에게 직위해제의 처분을 내리는 것이 타당한지를 관련 법령에 비추어 생각해 보자.

> 싸우는 아이를 말리느라 손목이라도 잡으면 아동학대라고 신고하는 일은 일상이 됐다. 한 교사는 회장 선거에 출마한 학생이 상대 후보를 비방해 훈계했다가 학부모에게 아동학대로 고소를 당했다. "훈계로 인해 아이가 심리적으로 힘들어한다."라는 게 이유였다.
>
> –국민일보, 2023. 7. 21.–
>
> **관련 법령**
>
> 「아동복지법」 제17조(금지행위), 「아동학대범죄의 처벌 등에 관한 특례법(이하 아동학대처벌법)」 제2조(정의), 「형법」 제20조(정당행위), 「유아교육법」 제21조의3(원장 등 교원의 유아생활지도), 「초 · 중등교육법」 제20조의2(학교의 장 및 교원의 학생생활지도), 「교원지위법」 제15조(교육활동 침해행위에 대한 조치), 「교원지위법 시행령」 제2조의3(교육활동 침해행위 관련 보고사항) · 제7조(교원에 대한 민원 등의 조사)

2. 다음은 유네스코가 채택한 '교원의 지위에 관한 권고(Recommendation concerning the Status of Teachers)'의 내용이다. 「교육기본법」은 교원은 법률로 정하는 바에 따라 다른 공직에 취임할 수 있다고 규정한다. 이에 따라 대학의 교원은 현직을 유지하고 공직선거 출마가 가능하지만, 유 · 초 · 중등 교원은 퇴직한 후 출마해야 한다. 이는 차이인가 차별인가? 그 이유는 무엇인가?

> Ⅷ. 교원의 권리와 책임
>
> 80. 교원은 시민이 일반적으로 가지는 공민으로서의 모든 권리를 자유롭게 행사할 수 있어야 하며 또한 공직에 취임할 수 있는 권리를 가져야 한다.
>
> 81. 공직에 취임함으로써 교직임무를 포기하여야 하는 경우, 교원은 연공가산과 연금의 혜택을 위하여 교직에 그 적을 보유하고 공직의 임기종료 시에는 전직 또는 그와 동등한 직위에 복귀할 수 있어야 한다.
>
> **관련 법령**
>
> 「교육기본법」 제14조(교원), 「고등교육법」 제14조(교직원의 구분), 「공직선거법」 제53조(공무원 등의 입후보), 「정당법」 제22조(발기인 및 당원의 자격)

3. 수업 시간에는 정치적으로 편향된 주장이나 발언을 해서는 안 되지만, 근무시간 외에 페이스북이나 트위터 같은 SNS에 의견을 펴는 것을 정치적 중립 의무 위반으로 봐야 하는지, 아닌지가 쟁점인 다음의 사례를 읽고, 교사의 정치적 중립 의무와 헌법이 보장한 기본권에 대해 생각해 보자.

- 교원노동조합 간부로서 휴직을 하고 조합 일에 전념하는 교사는 페이스북에 대통령 비판 글을 올렸다가 교육청으로부터 전화로 구두주의를 받았다. 어떤 시민이 국민신문고에 이 글의 편향성에 대해 고발한 데 따른 결과 처리이다.
- 노동조합의 직책을 가지고 있지 않은 교사는 이와 비슷한 일과 관련해서 교육청으로부터 출석 통보를 받고 응하지 않자, 담당자가 학교로 찾아와 공무원 품위유지의무 위반과 정치적 중립 위반 등에 관한 사실문답서를 작성했다. 이를 기초해서 징계의 착수 여부가 정해지기 때문에, 이는 징계 절차의 일부라고 간주된다.

–CBS 시사자키 제작진, 2014. 5. 8. 요약–

"공무원의 집단적 의사표현행위가 특정 정당이나 정치세력에 대한 지지 또는 반대의사를 직접적으로 표현하는 등 정치적 편향성 또는 당파성을 명백히 드러내는 행위 등과 같이 공무원의 정치적 중립성을 침해할 만한 직접적인 위험을 초래할 정도에 이르렀다고 볼 수 있는 경우에 「국가공무원법」 제66조 제1항에서 금지하는 '공무 외의 일을 위한 집단행위'에 해당한다."

–대법원 판례, 2012년 전원합의체; 조현호, 2022. 4. 29.–

관련 법령

「헌법」 제7조 · 제21조, 「국가공무원법」 제63조(품위 유지의 의무), 「교육기본법」 제6조(교육의 중립성)

4. 『새내기 교사론(정일화, 2020: 52-54)』에서 발췌한 다음의 글을 읽고, 교육의 정치적 중립과 관련한 교사의 역할에 대해 생각해 보자.

아리스토텔레스의 '인간은 본래 정치적 동물'이란 인간관은 토마스 아퀴나스에 의해 '인간은 사회적 동물'이라는 명제로 발전했습니다. 정치성은 인간의 본성이고 사회체제에 속하는 교육은 정치에 얽매이지 않고 마음대로 할 수 없다는 측면에서, 교육은 정치적 활동의 일부라고 볼 수 있을 것입니다. 따라서 정치적 중립성은 학교가 정치 영역을 백지상태로 두거나 정치와 떨어진 섬이 아닙니다. 롤스가 말한 '합리적 다원주의'의 존중과 연결 지어, 어느 한쪽으로 치우침 없이 고르게 하는 교육으로 이해하는 게 타당할 것입니다. 학교는 학생이 비판적 시민으로 성장하는 터전으로서 다양한 집단에 의해 보호되어야 할 공간입니다. 교육은 근본적으로 정치 · 윤리의 실천이며 사회와 역사의 구성물이어서 배움의 무대가 교실로만 제한될 수 없습니다. 아리스토텔레스는 좋은 시민을 양성하고 좋은 자질을 배양하는 것이 정치의 목적이라고 했습니다. 학생 때는 민주시민의 소양을 배우고 익혀 자질을 키우는 시기인 만큼, 교실은 교육의 정치적 중립을 이유로 민주주의 정치에 문을 닫을 수 없습니다. 아렌트는 악이란 시스템을 무비판적으로 받아들이는 것이라고 했습니다. 정치적 중립을 지켜야 한다는 말 뒤에서 정의와 역사에 한쪽 눈을 감은 채 기계적 중립의 태도로 위선의 겹을 쌓고 있는 것은 아닌지 돌아봐야 할 것입니다. 민주적 선거를 통해서도 독일의 나치 같은 독재정권이 출현한 현대사의 불행을 확인할 수 있습니다. 자유롭고 다양하고 비판적인 시민교육은 헌법적 측면에서 독재적 지배체제를 부정하는 민주주의 원리의 실현과 공동체주의의 확장과 밀접한 관련이 있습니다. 민주주의를 배우는 가장 좋은 방법은 민주주의를 실천해 보는 것입니다. 교사는 교육의 정치적 중립을 지키면서, 장차 사회의 주역인 학생들이 성숙한 민주주의 사회에서 살아갈 수 있도록 노력해야 합니다.

5. 다음의 사례를 읽고, 겸직 허가 신청의 유의점에 대해 생각해 보자.

과학 유튜버가 정직 2개월 징계가 확정된 뒤, △△재단에서 퇴사했다. 감사원의 '출연출자기관 경영관리 실태' 보고서에 따르면 이 직원은 유튜브 출연이나 기고, 저술 등을 통해 정부기관 겸직 규정을 어겼다. 감사원은 직원의 행위가 「국가공무원 복무규정」 제25조가 금지하는 '스스로 영리를 추구함이 뚜렷한 업무'이자 '계속 재산상 이득을 목적으로 하는 업무'에 해당한다고 지적했다. 특히 직원이 출연한 많은 영상물이 자정 이후에 촬영했는데, 이는 직무능률을 떨어트리는 영리 행위로 겸직이 불가능하다고 봤다. 이 밖에 다른 유튜브 채널 출연과 겸직 허가 없이 이뤄진 다수의 강연, 라디오, 방송, 저술, 칼럼 기고 등으로 사업 및 기타 소득을 올렸다. 출연료 없이 출연한 인터넷방송도 특정 시간대 주기적으로 촬영한 만큼 겸직 허가가 필요한데 그러지 않았다는 게 감사원의 지적이다. 감사원은 감사 결과를 토대로 '정직' 처분할 것을 재단에 통보했다.

–신영은, 2023. 10. 27. 요약–

6. 다음의 법규를 읽고, 방학 중에 이루어지는 특수분야 직무연수는 복무 처리를 어떻게 해야 할지를 생각해 보자.

「교원 등의 연수에 관한 규정」 제5조(지정연수) 교육감은 연수원이 실시할 수 없는 특수한 분야(제4조에 따라 위탁연수를 실시하는 경우를 포함한다)에 관한 연수를 위하여 필요하다고 인정할 때에는 특정기관을 지정하여 해당 연수를 실시하게 할 수 있다. 제8조(연수비의 지급 등) 연수자에게는 예산의 범위에서 연수에 필요한 실비(實費)의 전부 또는 일부를 지급할 수 있다.

「교육공무원법」 제41조(연수기관 및 근무장소 외에서의 연수) 교원은 수업에 지장을 주지 아니하는 범위에서 소속 기관의 장의 승인을 받아 연수기관이나 근무장소 외의 시설 또는 장소에서 연수를 받을 수 있다.

「교육공무원법 제41조에 따른 근무지 외 연수 업무처리요령」(교육과학기술부 교원정책과, 2012. 8.) 시도교육연수기관 등 교과부장관의 인가를 받거나, 특수분야연수기관 등 교육감의 지정을 받은 연수기관은 해당하지 않는다. 연수기관의 직무연수는 교육공무원법 제41조의 근무지 외 연수에 해당하지 않는다.

7. 다음의 감사 사례를 읽고, 교원의 복무에서 유의할 점에 관해 생각해 보자.

- 담당 직무의 수행과 관련이 있는 외부강의의 경우, 출장 처리를 하고 그 외는 연가 등으로 복무 처리를 해야 하나, 방학 기간 중 직무와 관련 있는 외부강의에 출강하면서 '출장'이 아닌 「교육공무원법」 제41조로 부적정하게 복무 처리를 하여 "주의" 처분이 내려졌다.
- 근무시간에는 출장 등의 사유로 학교를 벗어나면 허가를 받아야 하나, 협의회 등의 사유로 허가 없이 학교를 이탈하였다. 이에 관련자에게 "주의" 처분이 내려졌다. 「국가공무원법」 제58조 "공무원은 소속 상관의 허가 또는 정당한 사유가 없으면 직장을 이탈하지 못한다."라는 규정에 따라, 교내 교직원 간의 간담회나 협의회 같은 공적 모임을 학교 인근에서 갖고자 하는 경우에, 사전에 '여비부지급 출장' 등으로 복무 처리를 한다.

자료: 대전광역시교육청(2022a), p. 53; 대전광역시교육청(2022b), p. 25 요약.

8. 다음의 판결을 참고해서, 「교육공무원법」 제41조에 따른 연수를 할 때 유의할 점을 생각해 보자.

사안 요지

해외 지질탐사 자율연수에 참여한 과학교사가 마지막 탐사장소에서 수영하던 중 물에 빠져 사망하였다. 인사혁신처장이 해당 연수는 참여 강제성이 없는 자율연수로 참가자 개인이 비용을 부담하였고 연수 내용 및 결과에 기관장이 관여하지 않아 공무수행으로 보기 어려워 사망과 공무 사이에 인과관계를 인정하기 어렵다는 사유로 '순직유족급여 부지급 결정'을 하였다.

판결 요지

교육청에 등록된 교육연구회가 연수를 주최하였고, 연수의 목적과 내용이 과학교사인 갑의 교육 이론 · 방법 연구 및 직무수행에 필요한 능력 배양을 위한 것으로 볼 수 있으며, 갑이 학교장의 승인을 얻어 위 연수에 참여한 점, 교원의 국외자율연수는 법령과 교육청의 지침에 따라 소속 학교장의 책임하에 실시되는 점, 연수의 참가자는 모두 교사였고 연수 후 팀장이 연수결과 보고서를 작성하여 제출한 점을 종합하면, 위 연수는 참여 강제성이 없는 자율연수로 연수비용을 참가자들 개인이 부담하였더라도 소속기관의 지배나 관리를 받는 공무로 보는 것이 타당하고, …… 갑의 사망사고는 연수일정 중 연수장소에서 발생한 점, 펀풀은 방문자들의 입수가 자유로운 연못으로 둘레에 수영의 편의를 위한 보행 가능한 목조 구조물이 설치되어 있고 연수 당시 안내자 2명이 동행한 점, 연수 참가자들은 수영이 가능한 사람들이 대표로 폭포 아랫부분까지 수영하여 가서 관찰하기로 하여 갑을 포함한 3명의 교사가 입수하였고, 나머지 참가자들은 주변에서 대기한 점을 종합하면, 갑이 펀풀에 들어간 행위가 연수목적에 반하거나 연수 내용과 관련이 없다고 보기 어려워 갑이 공무인 위 연수를 수행하는 과정에서 사망하였다는 이유로, 이와 다른 전제에 선 위 결정이 위법하다고 한 사례이다.

자료: 대한민국 법원 종합법률정보(glaw.scourt.go.kr). 서울행정법원 2020. 12. 10. 선고 2020구합54401 판결: 확정[순직위험직무순직유족급여부지급처분취소].

참고문헌

교원소청심사위원회(2022). 교원소청심사위원회 결정문집 31.

국민일보(2023. 7. 21.). 교권 넘어 인권 유린당하는 교사들⋯ 참담한 공교육 현실. https://n.news.naver.com/article/005/0001625159?sid=110

국민권익위원회(2023). 공무원 행동강령 업무편람. 발간등록번호 11-1140100-000189-14.

대전광역시교육청(2022a). 2022년 상반기 자체감사 사례집.

대전광역시교육청(2022b). 2022년 하반기 자체감사 사례집.

신영은(2023. 10. 27.). '구독자 95만' 과학 유튜버 ○○, 공무원 겸직금지 어겨 정직 징계받고 퇴사. 매일경제.

인사혁신처(2023. 10. 25.). 국가공무원 복수 · 징계 관련 예규. 인사혁신처 예규 제166호.

조현호(2022. 4. 29.). 검찰, 언플 · 정치중립위반에 "우린 표현의 자유 안넘어". 미디어오늘. https://www.mediatoday.co.kr/news/articleView.html?idxno=303759

서울특별시교육청(2023). 교육공무원 인사실무 매뉴얼-2023년 초등 인사 업무담당자용-. 서울교육 2023-46.

정일화(2015). 교육의 정치적 중립성의 헌법재판소 판례에 기반한 지방교육자치제 방향 탐색. 교육행정학연구, 33(3), 269-292.

정일화(2020). 새내기 교사론. 한국학술정보.

최성국(2023. 10. 3.). 직장 주차장서 정신 잃고 숨진 근로자⋯2년 만에 업무상 재해 인정. 뉴스1. https://www.news1.kr/articles/5185746

CBS 시사자키 제작진(2014. 5. 8.). "휴직한 교사의 페이스북 글도 정치중립 위반?". 노컷뉴스. https://www.nocutnews.co.kr/news/4019970

교육부. www.moe.go.kr

대전광역시교육청 교육행정정보시스템. dje.neis.go.kr

대한민국 법원 종합법률정보. glaw.scourt.go.kr

로앤비. www.lawnb.com

법제처 국가법령정보센터. www.law.go.kr

인사혁신처. www.mpm.go.kr

유네스코한국위원회. www.unesco.or.kr

중앙교육연수원. www.neti.go.kr

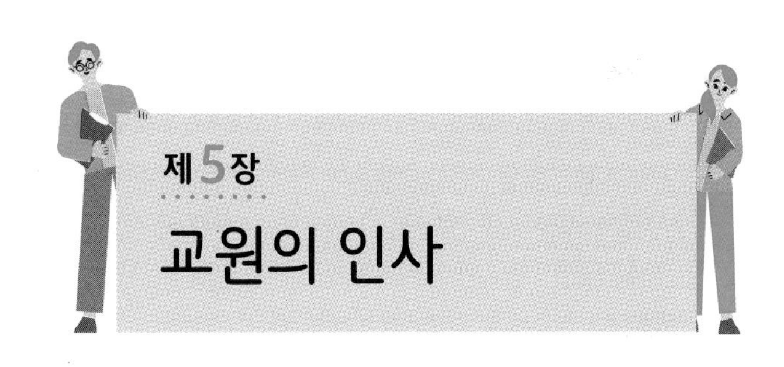

인사는 양성과 선발, 임용, 연수, 평가, 전보와 전직, 승진과 해임 등과 관계되는 행정의 전반적인 일을 의미한다. 또한 인사는 우수한 자원의 양성과 선발, 임용 후에 실적과 직무 역량과 연공을 고려한 적재적소의 공정한 배치, 지속적인 전문성 개발과 평가, 그리고 사기는 올리고 의무와 책임의 해태(懈怠)는 제거하기 위한 포상과 징계 및 보수 등을 다룬다.

1. 교육공무원의 임용과 자격

1) 자격의 종류와 기준

교육공무원의 자격은 교사, 수석교사, 교장 · 교감 및 원장 · 원감, 교수, 부교수, 조교수 및 조교, 그리고 교육전문직원으로 구분된다. 교육전문직원은 장학사 및 장학관의 장학직과 연구사 및 연구관의 연구직으로 구분된다. 이와 관련한 자격의 종류와 상세 기준은, 유 · 초 · 중등 교원에 대해서는 「초 · 중등교육법」과 「유아교육법」, 대학 교원은 「고등교육법」, 교육전문직원은 「교육공무원법」에서 제시한다.

Q
교육공무원, 교원, 교직원의 명칭에는 어떤 범위의 차이가 있는지 알아보자.

법령

「교육공무원법」 제6조(교사의 자격) · 제6조의2(수석교사의 자격) · 제7조(교장 · 교감 등의 자격) · 제8조(교수 등의 자격) · 제9조(교육전문직원의 자격)의 [별표1], 「초 · 중등교육법」 제21조(교원의 자격)의 [별표1] 및 [별표2], 「유아교육법」 제22조(교원의 자격)의 [별표1] 및 [별표2], 「고등교육법」 제16조(교원 · 조교의 자격기준 등), 「대학교원 자격기준 등에 관한 규정」 제2조(교원 및 조교의 자격)

2) 신규임용

교사의 신규채용은 필기시험, 실기시험 및 면접 등의 방법에 의한 공개전형으로 선발한다. 선발 때 가산점의 종류는 법령으로 규정한다. 신규임용 때는 범죄경력 조사 등의 신원조회를 거치고, 생활근거지 또는 근무 희망지를 가급적 고려해서 근무학교를 배정한다. 「국가공무원법」은 임용의 결격사유를 규정한다. 재직 또는 퇴직 후에 다시 채용되어 임용되는 경우라도 금품수수 행위, 시험문제 유출 및 성적조작 등 학생성적 관련 비위 행위, 학생에 대한 신체적 폭력 행위로써 재직 중에 파면, 해임, 금고 이상의 형의 선고 받은 사실이 있으면 제한이 따른다.

Q

임용 이후 재직 중에 임용과목의 변경이 가능한 방법을 알아보자.

법령

「국가공무원법」 제33조(결격사유), 「교육공무원법」 제10조의3(채용의 제한) · 제10조의4(결격사유) · 제11조(교사의 신규채용 등)의 [별표2 가산점의 종류] · 제11조의2(부정행위자에 대한 조치), 「공무원임용령」 제14조(채용후보자의 자격상실), 「교육공무원임용령」 제11조(공개전형의 방법등) · 제11조의4(부정행위자에 대한 조치), 「형법」 제355조(횡령, 배임) · 제356조(업무상의 횡령과 배임), 「성폭력처벌법」 제2조(정의), 「정보통신망 이용촉진 및 정보보호 등에 관한 법률」 제74조의 제1항(벌칙) 제2호 · 제3호, 「스토킹범죄의 처벌 등에 관한 법률」 제2조(정의) 제2호, 「아동 · 청소년의 성보호에 관한 법률」 제2조(정의) 제2호, 「공직선거법」 제266조(선거범죄로 인한 공무담임 등의 제한), 「정치자금법」 제49조(선거비용관련 위반행위에 관한 벌칙), 「병역법」 제76조(병역의무 불이행자에 대한 제재)

3) 보직교사

학교에서 '부장'으로 호칭이 된다. 「초 · 중등교육법」은 학교에는 원활한 학교 운영을 위하여 교사 중 교무(校務)를 분담하는 보직교사를 두게 하고, 이를 따라서 교육청별로 보직교사 임용 업무 처리 기준을 정하고, 학교는 자체 규정을 마련하여 시행한다. 대부분의 학교는 1급 정교사 자격증 소지자 가운데서 임용을 원칙으로 하지만, 1급 정교사가 없거나 1급 정교사 중 희망자가 부족하면 2급(정)교사 자격증 소지자도 임용이 가능하다. 보직교사의 경력은 전보나 승진 때 가산점으로 쓰인다.

Q
시 · 도교육청의 누리집에서, 「인사관리원칙」 또는 「인사관리기준」을 찾아보자.

4) 교감 및 교장

「교육공무원 승진규정」에 따른 교감(원감) 및 교장(원장)은, 이 책의 제5장 2절 '평정과 평가'에서 다룬 평정점을 합산하여 교사에서 교감, 교감에서 교장으로 승진한다. 승진대상자명부의 작성은 ① 경력평정(70점), ② 근무성적평정(100점), ③ 연수성적평정(30점), ④ 가산점평정(13점)의 점수를 합산하여 높은 순서대로 등재된다.

5) 공모 교장

법령에 따라 해당되는 각급학교의 장은 학부모 · 교원을 대상으로 실시한 설문 조사 결과 등을 바탕으로 학교운영위원회 또는 유치원운영위원회의 심의를 거친 공모 절차를 통과한 교장 또는 원장에 대한 임용을 임용제청권자에게 요청할 수 있다.

〈표 5-1〉 **초 · 중등학교 교장 공모 유형별 지원 자격**

유형	대상 학교	지원 자격 기준	
초빙형	일반학교	교장자격증 소지자(교육공무원)	
내부형	자율학교 자율형공립고	교장 자격 요구	교장자격증 소지자(교육공무원)
		교장 자격 미요구	교장자격증 소지자(교육공무원) 또는 초 · 중등학교 교육경력 15년 이상인 교육공무원 또는 사립학교 교원

〈계속〉

개방형 (*전국 단위)	자율학교로 지정된 특성화중 · 고/특목고/ 예 · 체능계고	교장자격증 소지자(교육공무원) 또는 해당학교 교육과정에 관련된 기관 또는 단체에서 3년 이상 종사한 경력이 있는 자(교장자격 미소지자)

자료: 교육부(2022), p. 1.

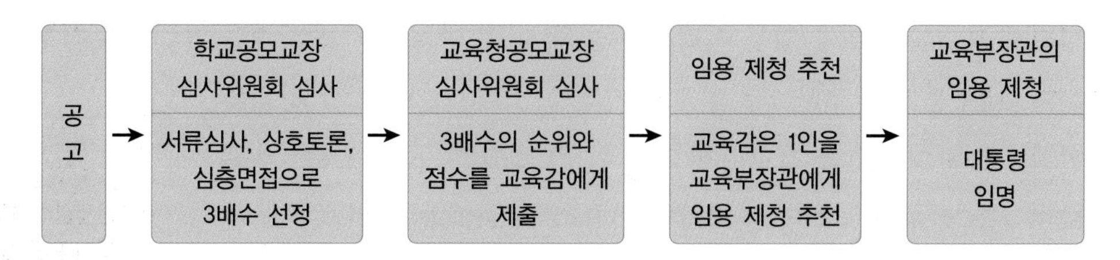

[그림 5-1] **공모제 교장 선발 절차**

법령

「교육공무원법」 제29조의3(공모에 따른 교장 임용 등), 「초 · 중등교육법」 제61조(학교 및 교육과정 운영의 특례), 「초 · 중등교육법 시행령」 제12조의5(공모 교장 등의 임용 · 평가 등) · 제12조의6(공모 교장의 자격기준 등) · 제105조(학교 및 교육과정 운영의 특례) · 제105조의2(공모 교장의 자격 등)

6) 수석교사

일원적 · 수직적인 교원승진체제에서 벗어나 전문적으로 교수 · 연구 활동을 담당하는 별도의 직위이다(헌법재판소, 2015. 6. 25.; 정일화, 2015). 따라서 수석교사는 「교육공무원 승진규정」을 적용받지 않는다. 「초 · 중등교육법」 제21조(교원의 자격)에 따르면, 수석교사는 15년 이상의 교육경력 및 교육전문직 경력을 가지고 교수 · 연구에 우수한 자질과 능력을 갖춘 사람 중에서 대통령령으로 정하는 바에 따라 교육부장관이 정하는 연수 이수 결과를 바탕으로 검정 · 수여하는 자격증을 받은 사람이다. 수석교사 자격연수 대상자는 공개전형 절차를 거쳐 선발한다.

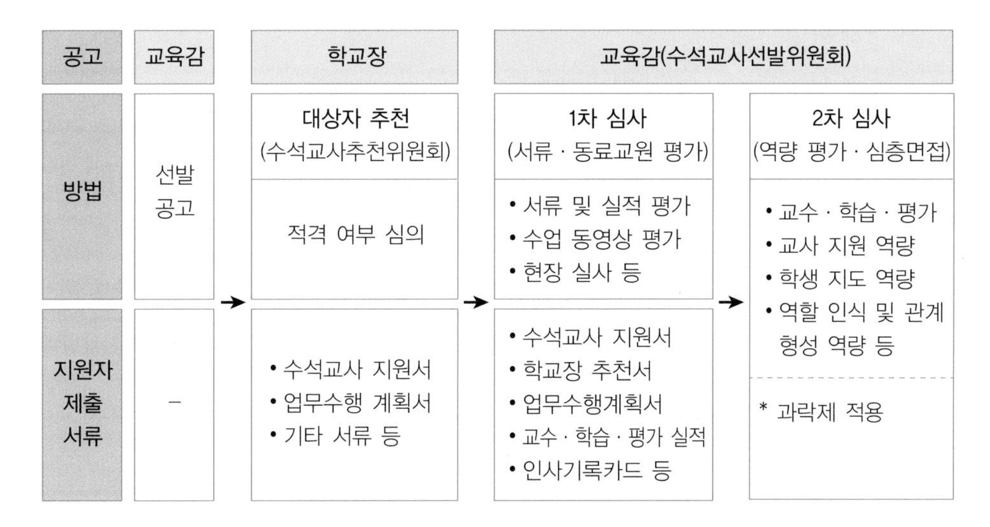

[그림 5-2] **수석교사 선발 절차**

〈표 5-2〉 **수석교사 선발의 심사영역 및 내용 예시**

영역			내용
1차	수업전문성	수업	• 수업 동영상 및 자료 평가 • 교내외 수업 공개 실적
		컨설팅	• 교수 · 학습 · 평가 컨설팅 및 강의 실적
		자료 개발	• 교수 · 학습 · 평가 자료 개발 실적
	연구실적	학위	• 박사학위 및 석사학위
		연구대회	• 전국대회 및 시 · 도 대회 입상 실적
	관계 형성		• 교원 및 학생과 관계에서의 태도 및 품성
	교육 이력		• 담임교사 경력 및 보직교사 경력
	역할 수행		• 수석교사 역할수행계획서
2차	수업 및 평가 역량	수업 및 평가 설계	• 교수 · 학습과정안 작성과 평가 계획 • 교수 · 학습과정안 작성 차시에 대한 형성평가문항 작성
		수업 수행	• 교수 · 학습과정안의 수업 시연 및 설명
		수업 및 평가 컨설팅	• 제시된 수업 동영상에 대한 수업 컨설팅 계획 작성 • 도입-전개-정리 단계의 평가 요소에 대한 컨설팅 방안 제시
	교사 지원 역량	관계 형성 리더십 등	• 교직원과의 소통 및 업무 지원 수행 • 인간관계 갈등 조정 • 신규임용교사 · 저경력교사 등에 대한 지원 활동
	학생 지도 역량		• 학습, 생활, 진로 · 진학 등에 관한 상황 사례에 대한 상담 및 방안

자료: 경기도교육청(2022)과 대전광역시교육청(2023c)의 수석교사 자격연수 대상자 선발 계획에서 발췌.

7) 교육전문직원

장학사와 연구사 및 장학관과 연구관이 이에 해당한다. 장학사와 연구사의 대표적인 자격 기준은 대학·사범대학·교육대학 졸업자로서 5년 이상의 교육경력이다. 이에 따라, 교육부는 장학사와 연구사를 선발할 때 5년 이상의 경력 교사에게 지원 자격을 부여한다. 이에 비해 시·도교육청은 그 이상의 교육경력을 요구하는 차이를 보인다. 장학사와 연구사의 선발은 공개전형의 절차를 거친다.

> **Q**
> 「교육공무원법」 제9조(교육전문직원의 자격)의 [별표1] 교육전문직원의 자격 기준을 알아보자.

〈표 5-3〉 **교육부 교육전문직원 전형 방법**

<table>
<tr><th colspan="2">구분 / 전형별</th><th>배점</th><th>최종 배점</th><th>비고</th></tr>
<tr><td>1차 전형</td><td>서류심사</td><td>-</td><td>-</td><td>• 적부심사</td></tr>
<tr><td rowspan="4">2차 전형</td><td>기획안</td><td>40</td><td rowspan="4">40</td><td rowspan="4">• 중앙부처 공무원으로서 업무에 필요한 기획 역량 평가
• 교육정책 홍보의 중요성을 고려하여 본인의 기획안에 대한 보도자료 작성</td></tr>
<tr><td>(기획안에 대한) 보도자료</td><td>20</td></tr>
<tr><td>(교육 현안 또는 전공 관련) 논술평가</td><td>40</td></tr>
<tr><td>소계</td><td>100</td></tr>
<tr><td rowspan="2">3차 전형</td><td>(개인별) 심층면접</td><td>100</td><td rowspan="2">60</td><td rowspan="2">• 제출한 자기소개서·직무수행계획서, 업무 추진 실적 등을 참고하여 개인별 심층면접 실시
• 3차 전형 후에 현장 실사 검증하여 최종합격자 결정</td></tr>
<tr><td>소계</td><td>100</td></tr>
</table>

자료: 교육부(2023)에서 발췌.

〈표 5-4〉 **세종특별자치시교육청 교육전문직원 전형 방법**

<table>
<tr><th colspan="3" rowspan="2">구분
전형별</th><th rowspan="2">항목</th><th rowspan="2">문항</th><th colspan="2">배점</th><th rowspan="2">비고</th></tr>
<tr><th>교(원)감 계열</th><th>교사 계열</th></tr>
<tr><td>1차 전형</td><td colspan="2">응시원서
자기소개서</td><td>-</td><td>-</td><td>-</td><td>-</td><td>• 적부심사</td></tr>
<tr><td rowspan="4">2차 전형</td><td colspan="2">정책논술</td><td>1</td><td>1</td><td>-</td><td>40</td><td rowspan="4">• 교(원)감계열은 2차 전형 면제
• 공개검증 및 현장평가 실시</td></tr>
<tr><td rowspan="2">정책 기획</td><td>지필</td><td>1</td><td>1</td><td>-</td><td>30</td></tr>
<tr><td>발표</td><td>1</td><td>-</td><td>-</td><td>30</td></tr>
<tr><td colspan="2">소계</td><td>3</td><td>2</td><td colspan="2">100</td></tr>
<tr><td rowspan="3">3차 전형</td><td colspan="2">토의 · 토론</td><td>1</td><td>1</td><td colspan="2">50</td><td>• 대상 인원에 따라 학교급 · 계열 · 전형 간 분리 또는 통합하여 실시할 수 있음</td></tr>
<tr><td colspan="2">심층면접</td><td>1</td><td>3</td><td colspan="2">50</td><td>• 자기소개서를 기초자료로 활용</td></tr>
<tr><td colspan="2">소계</td><td>2</td><td>4</td><td colspan="2">100</td><td>• 가산점: 보직교사 경력</td></tr>
</table>

자료: 세종특별자치시교육청(2023)에서 발췌.

2. 평정과 평가

교원을 대상으로 학교에서 이루어지는 평가는 교원능력개발평가, 근무성적평정, 자기 실적평가, 다면평가, 업적평가가 있다. 이러한 평가는 연수, 포상, 승진, 재임용, 성과상여금 등에 영향을 미친다.

1) 교원능력개발평가

교원의 학습 및 생활지도에 관한 전문성과 관련한 교육 또는 연수에 요구되는 능력을 진단하고, 이를 근거로 능력개발을 맞춤형으로 지원하여 교육의 질을 높이려는 것이 그 취지이다. 이 평가는 법령에 따라 진행되기 때문에 평가 및 결과에 따른 연수 등을 고의로 거부 · 방해 · 지연하면 징계 등에 처할 수 있다. 교원능력개발평가의 결과에 따라 재교육의 의무가 부과되기도 하고 학습연구년제 같은 특별연수자로 우대되기도 한다. 학습연구년제는 「교육공무원법」에 따른 1년 동안의 특별연수이다. 학습연구년 대상자는 교육 또는 연수기관에 파견된다. '급여 · 호봉 · 교육경력'

100% 인정과 연수비를 지원받는다. 지원 자격은 교육경력 최소 10년, 정년 잔여기간 5년 이상인 교사로서 교원능력개발평가에서 학생과 학부모만족도 결과가 우수해야 한다.

〈표 5-5〉 **교원능력개발평가 결과 활용 맞춤형연수 유형 및 연수 부과 기준(교사)**

구분	연수명	연수 기준	연수 시간
우수	학습연구년 특별연수	교육청별 선발 기준 제시	1년
일반	평가지표별 직무연수	자율	15시간 이상
지원 필요	단기 능력향상연수	• 중 · 고등: 동료평가 2.5 미만 또는 학생 만족도 조사 2.5 미만[참여 인원이 20인 이상일 경우, 양극단값 5%씩(총 10%) 제외하고 결과 활용] • 유치원 · 초등: 학부모 만족도 조사 2.5 미만	60시간 이상
	장기기본 능력향상연수	능력향상연수 연속 2회 지명자	150시간 이상
	장기심화 능력향상연수	능력향상연수 연속 3회 지명자	6개월 이상

자료: 「교원능력개발평가 실시에 관한 훈령」 제15조 3항의 [별표3]과 [별표4]에서 발췌.

Q

「교원능력개발평가 실시에 관한 훈령」 제8조(평가영역 · 요소 · 지표)의 [별표1] 초 · 중등학교(특수학교 포함) 교원능력개발평가 영역 · 요소 · 지표 및 [별표1의2] 유치원 교원능력개발평가 영역 요소 지표를 알아보자.

법령

「교육공무원법」 제37조(연수의 기회균등) · 제40조(특별연수), 「교원 등의 연수에 관한 규정」 제13조(특별연수자의 선발) · 제18조(교원능력개발평가) · 제19조(평가의 원칙) · 제21조(평가 결과의 통보 및 활용) · 제22조(교원능력개발평가 관리위원회), 「교원 등의 연수에 관한 규정 시행규칙」 제12조(특별연수비의 지급) · 제14조(특별연수 결과 보고), 「교원능력개발평가 실시에 관한 훈령」

2) 근무성적평정과 다면평가

「교육공무원 승진규정」에 따라, 교사에 대하여는 매 학년도 종료일을 기준으로 하여 근무실적 · 근무수행능력 및 근무수행태도에 관하여 근무성적평정과 다면평가를 실시한 각각의 결과를 합산하여 100점 만점으로 산출한다. 근무성적의 평정자인 교감과 확인자인 교장은 정해진 분포 비율에 맞도록 평정해야 한다. 즉, 수(95점 이상) 30%, 우(90점 이상 95점 미만) 40%, 미(85점 이상 90점 미만) 20%, 양(85점 미만) 10%로 배분한다.

교감과 교장은 해당 교사가 객관적 근거에 의해 제출한 〈표 5-6〉의 교사 자기실적평가서와 〈표 5-7〉의 평정사항의 평정내용을 참작하여 평가한다. 근무성적의 평정점은 평정자가 100점 만점으로 평정한 점수를 20%로, 확인자가 100점 만점으로 평정한 점수를 40%로 환산한 후 그 환산된 점수를 합산하여 60점 만점으로 산출한다.

학교별로 다면평가관리위원회를 구성하여 실시한 다면평가점은 다면평가자가 수업교재 연구의 충실성 등 정성평가의 방법에 따라 100점 만점으로 평가한 점수를 32%로, 주당 수업 시간 등 정량평가의 방법에 따라 100점 만점으로 평가한 점수를 8%로 각각 환산한 후, 그 환산된 점수를 합산하여 40점 만점으로 산출한다. 근무성적평정과 다면평가의 결과는 성과상여금의 지급 기준과도 연동이 된다.

〈표 5-6〉 **교사 자기실적평가서**

1. 평가 지침 근무성적평정의 신뢰성과 타당성이 보장되도록 객관적 근거에 따라 종합적으로 평가하여야 한다.	
2. 평가 기간: 년 월 일부터 년 월 일까지	
3. 평가자 인적사항 • 소속: • 직위: • 성명:	
4. 평가자 기초 자료	
• 담당 학년 및 학급: • 담당 과목: • 담임 여부: • 담당 업무: • 보직교사 여부:	• 주당 수업 시간 수: • 연간 수업공개 실적: • 연간 학생 상담 실적: • 연간 학부모 상담 실적: • 그 밖의 실적사항:
5. 자기실적 평가 가. 학습지도 • 학습지도 추진 목표(학년 초에 계획되었던 학습지도 목표) • 학습지도 추진 실적(학년 초에 목표한 내용과 대비하여 추진 실적을 구체적으로 작성) 나. 생활지도 • 생활지도 추진 목표 • 생활지도 추진 실적 다. 전문성개발 • 전문성개발 추진 목표	

〈계속〉

- 전문성개발 추진 실적

라. 담당 업무

- 담당 업무 추진 목표
- 담당 업무 추진 실적
- 창의적 업무개선 사항

※ 자기 평가 종합 상황

자 기 평 가	목표달성도	설정한 목표에 대한 달성 정도	만족	보통	미흡
	창의성	학습지도, 생활지도, 전문성개발, 담당 업무 등의 창의적인 수행 정도	만족	보통	미흡
	적시성	학습지도, 생활지도, 전문성개발, 담당 업무 등을 기한 내에 효과적으로 처리한 정도	만족	보통	미흡
	노력도	목표 달성을 위한 노력, 공헌도	만족	보통	미흡

년 월 일

작성자(본인) 성명: 서명(인)

자료: 「교육공무원 승진규정」[별지 제3호의2서식].

〈표 5-7〉 **교사 근무성적평정표** (앞쪽)

① 평정기간	② 확인자	③ 평정자
. . .부터 . . .까지	직위 성명 (인)	직위 성명 (인)

평정 대상자 소속	평정 대상자 성명	평정사항 / 평정요소	근무수행 태도: ④ 교육공무원으로서의 태도 (10점)	근무실적 및 근무수행능력: ⑤ 학습지도 (40점)	⑥ 생활지도 (30점)	⑦ 전문성개발 (5점)	⑧ 담당업무 (15점)	⑨ 평정점	⑩ 환산점	⑪ 총점
		평정자								
		확인자								
		평정자								
		확인자								

〈계속〉

(뒤쪽)

평정사항	평정요소	평정내용
근무수행태도	교육공무원으로서의 태도(10점)	1) 교육자로서 품성을 갖추고 직무에 충실한가?
		2) 공직자로서 사명감과 직무에 관한 책임감을 갖고 솔선수범하는가?
근무실적 및 근무수행능력	학습지도(40점)	1) 수업교재 연구를 충실히 하는가?
		2) 학생 수준에 적합한 수업계획을 수립하는가?
		3) 학생들이 수업에 적극적으로 참여할 수 있도록 분위기를 조성하는가?
		4) 학생의 능력과 수준에 적합한 질문을 제시하는가?
		5) 학생들을 학습활동이나 과제 수행에 적절히 참여시키는가?
		6) 학생 특성과 요구에 적합한 수업자료 및 매체를 활용하는가?
		7) 학생의 이해도와 참여도를 수시로 점검하는가?
		8) 평가 결과를 수업개선을 위한 자료로 적극 활용하는가?
	생활지도(30점)	1) 학생 개개인의 특성을 파악하기 위하여 노력하는가?
		2) 상담을 통해 학생이 당면한 문제를 원만히 해결할 수 있도록 지원하는가?
		3) 학생의 적성과 특기를 고려하여 진로 · 진학 정보를 제공하는가?
		4) 학생들이 학급에서 친구들과 잘 어울려 생활하도록 지도하는가?
		5) 안전사고 및 학교폭력을 예방하기 위한 교육을 실시하는가?
		6) 학생들이 올바른 기본생활습관(언어 · 행동 · 예절 · 질서 등)을 기르도록 지도하는가?
		7) 학생들이 건전한 가치관과 도덕성을 갖추도록 지도하는가?
	전문성개발(5점)	1) 전문성을 높이기 위한 연구활동에 적극적인가?
		2) 전문성을 높이기 위한 연수활동에 적극적인가?
	담당 업무(15점)	1) 담당 업무를 정확하고 합리적으로 처리하는가?
		2) 담당 업무를 창의적으로 개선하고 조정하는가?

자료: 「교육공무원 승진규정」[별지 제4호서식]을 축소.

법령

「교육공무원 승진규정」 제28조의2(근무성적평정 및 다면평가의 실시 등) · 제28조의3(평정표 등) · 제28조의4(평정자 등) · 제28조의5(평정 등의 예외) · 제28조의6(근무성적평정 및 다면평가 합산점의 분포비율) · 제28조의7(평정 등의 채점)

Q

「교육공무원 승진규정」 [별지 제3호의2서식] · [별지 제4호서식] · [별지 제4호의2서식] · [별지 제4호의3서식]을 찾아서, 자기실적평가서의 가상적 작성과 근무성적평정에 대비한 계획을 구상하고, 다면평가표의 정성 · 정량 평가에 관한 지표 및 교사 근무성적 평정과 다면평가 합산표의 내용과 구성을 확인해 보자.

3) 승진 평정

「교육공무원 승진규정」은 교육공무원의 경력, 근무성적 및 연수성적 등의 평정과 승진후보자명부의 작성에 관한 사항을 규정한다. 예를 들면, 교사에서 교감으로의 승진대상자명부의 작성은 ① 경력평정(70점), ② 근무성적평정(100점), ③ 연수성적평정(30점), ④ 가산점평정(13점)의 점수를 합산하여 높은 순서대로 등재된다. 시·도교육청은 각종 평정을 위한 실무 지침인 '평정업무 처리 요령' 또는 '평정편람'을 매년 학교에 안내한다. 근무성적평정은 매 학년도 종료일을 기준으로 한다.

- 경력평정: 「교육공무원 승진규정」의 [별표1] 경력의 등급 및 종별을 보면, '가, 나, 다' 경력의 의미를 알 수 있다.
- 근무성적평정: 교사에 대해서는 「교육공무원 승진규정」 제28조2(근무성적평정 및 다면평가의 실시 등)와 관련한 교사 자기실적평가서를 참작하여 당해의 근무실적·근무수행능력·근무수행태도를 평정자와 확인자가 평가한다. 교감·장학사 및 교육연구사의 근무성적평정은 「교육공무원 승진규정」 제17조(평정표) 관련한 별지 서식3의 근무성적평정표에 따라 이루어진다.
- 연수성적평정: 교육성적평정과 연구실적평정으로 구분된다. 교육성적은 직무연수성적과 자격연수성적으로 나누어 평정한 후 이를 합산한 성적으로 평정한다. 이 경우, 직무연수는 당해 직위에서 「교원 등의 연수에 관한 규정」에 의한 연수기관 또는 교육부장관이 지정한 연수기관에서 평정일로부터 10년 이내에 이수한 60시간 이상의 직무연수를 대상으로 성적을 환산해서 평정한다. 교감자격연수대상자 지명을 위한 순위 명부 작성의 경우, 직무연수성적의 환산 산식은 '6점×(직무연수환산성적/직무연수성적만점)+(6점×직무연수 2회)'이다. 60시간 이상의 직무연수를 세 번 이수하고, 이 가운데 하나가 96점 이상이면 다음의 직무연수환산성적표와 같이 만점으로 환산된다. 〈표 5-8〉의 경우, 기타 가산점의 직무연수실적 가산점은 매년 60시간(4학점)까지 인정되고, 학점당 0.02점씩 가산하되, 1.0점을 초과할 수 없음을 의미한다. 실적은 교육행정정보시스템 또는 인사기록카드에 직무연수실적으로 등재된 학점에 한하고, 하나의 직무연수로 성적과 실적으로 중복 평정이 불가하다.

- 가산점: 「교육공무원 승진규정」 제41조(가산점)은 공통가산점과 선택가산점을 규정한다.

법령

「교육공무원법」 제13조(승진), 「교육공무원임용령」 제14조(승진임용방법), 「교육공무원 승진규정」「교육공무원 인사관리규정」「교원 등의 연수에 관한 규정」「교원 등의 연수에 관한 규정 시행규칙」「교원연수 이수실적의 기록 및 관리 요령」, 시·도교육청의 '평정업무 처리 요령' 또는 '평정편람'

Q

「교육공무원 승진규정」 제32조(교육성적평정)에 따르면, 교육성적평정은 당해 직위 또는 교원의 직위에서 받은 자격연수성적이다. 그런데 2020년 5월 1일 이후 시작된 1급 정교사 자격연수성적은 교육성적으로 반영되지 않는다. 앞으로는 어떤 교육성적이 반영될지 생각해 보자.

〈표 5-8〉 **2023학년도 교육공무원 각종 평정을 위한 중등평정편람 요약**

	구분	기간	등급	평정만점	근무기간 1월(1일)에 대한 평정점	
경력평정점(70)	기본경력	최근 15년간	가 경력	64.00	0.3555 (0.0118)	1. 평정의 기초: 인사기록카드 2. 평정자 및 확인자(교사의 경우) • 평정자: 교감 • 확인자: 교장 3. 평정의 시기: 매 학년도 종료일(2월 말) 기준 4. 평정점의 계산 • 소수점 이하 넷째 자리에서 반올림하여 셋째 자리까지 계산(경력평정표: 넷째, 선정자료: 셋째 자리)
			나 경력	60.00	0.3333 (0.0111)	
			다 경력	56.00	0.3111 (0.0103)	
	초과경력	기본경력 전 5년간	가 경력	6.00	0.1000 (0.0033)	
			나 경력	5.00	0.0833 (0.0027)	
			다 경력	4.00	0.0666 (0.0022)	

근무성적평정점(100)		평어	점수 구간	비율
	평정분포비율	수	95점 이상	30%
		우	90점 이상 ~ 95점 미만	40%
		미	85점 이상 ~ 90점 미만	20%
		양	85점 미만	10%

	평정대상자	평정자	확인자	다면평가자	평정의 공식
평정점 환산율	교사	20%	40%	40%	*2023학년도 중등평정편람 '근무성적의 산정' 참고 *교사: 합산점=근무성적평정점+다면평가점
	교감	50%	50%	-	
	장학사 · 연구사	50%	50%	-	
평정확인 위원회	- 교감 · 장학사 · 교육연구사 평정 - 확인자가 소속된 기관에 설치				
평정조정 위원회	- 중학교 교사 → 교육지원청 - 고등학교 교사 · 교감 · 장학사 · 교육연구사 → 시교육청				

연수성적평정점(30)		구분	자격연수 성적만점	직무연수 성적만점	교육성적 (계)	
	교육성적	교장 · 장학관 · 교육연구관승진후보자	9점	6점	15점	• 교감자격연수 대상자 선정 시 자격연수 성적 9점-(연수성적만점-연수성적)×0.025 • 그 외 자격연수 성적 9점-(연수성적만점-연수성적)×0.05
		교감승진후보자	9점	18점	27점	

	가산 제한점		등급 \ 규모	전국 규모	시 · 도 규모	
연구실적	3.0 (교감 · 장학사 · 교육연구사 대상 연구실적 제외, 2020. 3. 1. 시행)	교육에 관한 연구실적	1등급	1.50점	1.00점	※ 연구대회 입상실적이 2인 공동작인 경우 70%, 3인 공동작인 경우 50%, 4인 이상 공동작인 경우 30%로 평정
			2등급	1.25점	0.75점	
			3등급	1.00점	0.50점	
		학위 논문	박사	- 직무와 관련있는 논문: 3.0점 - 기타 학위 논문: 1.5점		
			석사	- 직무와 관련있는 논문: 1.5점 - 기타 학위 논문: 1.0점		2005학년도 1학기 대학원 입학자까지는 2개의 석사학위 모두 인정

* 교육공무원승진규정(제30495호, 2020. 3. 1. 시행)에 의거 교감 · 장학사 · 교육연구사 대상 연구실적을 제외하며 경과조치 적용

〈계속〉

	구분		가산 제한점	1월(1일)에 대한 평정점	
기타 가산점	① 한센병환자학교(학급) 근무경력		1.25	0.021 (0.0007)	
	② 특수학급 담당경력		1.25	0.0105 (0.00035)	
	③ 특수학교 근무경력			0.021 (0.0007)	
	④ 연구 유공 경력 (연구학교 근무경력)		1.00	교육부	0.018 (0.0006)
				시 · 도	0.010 (0.00033)
	⑤	대전학생해양수련원 파견교사 근무경력		0.018 (0.0006)	
		대전교육연수원, 대전교육과학연구원, 대전교육정보원 파견교사 근무경력		0.010 (0.00033)	
		대전특수교육원 및 교육지원청특수교육지원센터 순회교육교사 근무경력			
	⑥ 보직(주임)교사 근무경력		1.75	0.021 (0.0007)	
	⑦ 장학사 · 교육연구사 근무경력		1.25	0.021 (0.0007)	
	⑧ 재외국민교육기관 파견근무 경력		0.50	0.015 (0.0005)	
	⑨ 기술사, 기사, 산업기사, 문서실무사 1급, 워드프로세서 1급, 컴퓨활용능력 1급, 워드프로세서		0.75		
	⑩ 기능사, 워드프로세서 2 · 3급, 컴퓨터활용능력 2 · 3급, 문서실무사 2 · 3 · 4급		0.50		
	⑪ 직무연수 실적		1.00		
	⑫ 학교폭력예방 및 기여		1.00		

구분	가산 제한점	1월(1일)에 대한 평정점	
⑬ 도서 · 벽지근무 가산점	2.00	가 지역	0.042 (0.0014)
		나 지역	0.034 (0.00113)
		다 지역	0.025 (0.00083)
		라 지역	0.017 (0.00056)
⑭ 담임 경력	0.29		

※ 기타 가산점 ①에서 ⑬까지 경력기간 계산 (승진규정 제41조)
- 월수 단위로 계산하되, 1개월 미만은 일 단위로 계산

※ 특수학교 · 학급근무경력은 2004. 2. 29.까지 인정

※ 대전학생해양수련원 파견교사 근무경력 가산점 월 0.018점. 대전교육연수원, 대전교육과학연구원, 대전교육정보원 파견교사, 대전특수교육원 및 교육지원청 특수교육지원센터순회교육 근무경력 가산점 월 0.010점(단, 연구 유공경력 점수에 포함)

※ 직무연수실적은 학점당 0.02, 60시간 4학점까지 인정

※ 1998. 1. 1. 이후에 대전광역시로 전입된 자의 ⑬ 도서 · 벽지근무 가산제한점은 0.612점
- 2000. 3. 1. 이후 전입자는 불인정

※ ⑭는 2018년 이후 담임 경력부터 인정
※ ④교육부(월 0.018), ⑤(월 0.018), ⑧(월 0.015)은 2023. 3. 31.자 승진후보자 선정부터 적용

자료: 대전광역시교육청(2023b), p. 35.

〈표 5-9〉 **2023학년도 교육공무원 각종 평정을 위한 유 · 초등 평정 편람 요약**

경력평정점(70)

구분	기간	등급	평점 만점	1월에 대한 평정점	1일에 대한 평정점
기본 경력	최근 15년간	가	64.00	0.3555	0.0118
		나	60.00	0.3333	0.0111
		다	56.00	0.3111	0.0103
초과 경력	기본경력 전 5년간	가	6.00	0.1000	0.0033
		나	5.00	0.0833	0.0027
		다	4.00	0.0666	0.0022

1. 평정의 기초: 인사기록 카드
2. 평정자: 교감
   확인자: 교장
3. 평정의 시기: 매 학년도 종료일(2월 말) 기준
4. 평정점의 계산
   소수점 이하 넷째 자리에서 반올림하여 **셋째 자리까지** 계산

근무성적평정점(100)

평점분포비율

평어	점수 구간	비율
수	95점 이상	30%
우	90점 이상~95점 미만	40%
미	85점 이상~90점 미만	20% (30%)
양	85점 미만	10% (0%)

평정점 환산율

대상자	다면평가자	평정자	확인자
교사	40%	20%	40%
교감		50%	50%
장학사		50%	50%

평정확인 위원회	• 장학사, 교육연구사 평정 -시교육청
조정위원회 설치	• 교감, 교사-교육지원청 • 장학사, 연구사-시교육청

근무성적산정: ※ 소수점 이하 넷째 자리에서 반올림하여 **셋째 자리까지** 계산

연수성적평정점(30)

교육성적

대상 \ 구분	교육성적환산점	직무연수	자격연수
교(원)장, 장학관, 교육연구관승진후보자	15	6	9
교(원)감승진후보자	27	18	9

연구실적

가산 제한점	구분	규모 \ 등급	전국 규모	시 · 도 규모
3.0 (*교(원)감, 장학(연구)사 대상 연구실적 제외, 2020. 3. 1. 시행)	연구대회 입상	1등급	1.50점	1.00점
		2등급	1.25점	0.75점
		3등급	1.00점	0.50점
	학위	박사	• 직무와 관련 있는 학위	3.0점
			• 기타 학위	1.5점
		석사	• 직무와 관련 있는 학위	1.5점
			• 기타 학위	1.0점

*교육공무원승진규정 제30495호(2020. 2. 28. 개정)에 의거 교(원)감, 장학(연구)사 대상 연구실적은 제외하나, 경과조치 적용

가산점

구분	가산 제한점	1월(1일) 평정점	1일 평정점
① 연구학교 근무경력	1.0	교육부	0.018(0.00060)
		시 · 도	0.010(0.00033)
② 재외국민교육기관 파견	0.5	0.015(0.00050)	
③ 직무연수: 학점당 0.02(최대 1.0)	1.0		
④ 학교폭력예방 및 기여 실적	1.0	연 0.1	
⑥ 한센병환자학교(학급)근무경력	1.25	0.021(0.00070)	
⑦ 특수학교 근무경력	1.25	0.021(0.00070)	
⑧ 특수학급 담당경력		0.0105(0.00035)	
⑨ 보직교사 근무경력	1.75	0.021(0.00070)	
⑩ 장학사 · 연구사근무경력	0.756	0.021(0.00070)	
⑪ 정보화관련 국가기술자격취득점: 1급 0.75, 2,3급 0.5 (최대 0.75)			
⑫ 농촌학교 근무경력: 월 0.01 (최대 0.36)			
수업연구대회: 1등급 0.1, 2등급 0.075, 3등급 0.05 (최대 0.5) (2002. 1. 1. ~ 2004. 2. 29.까지만 인정) ※2002. 1. 1. 이전 및 2004. 3. 1. 이후는 연구대회 실적에 포함			

⑤ 도서 · 벽지근무 가산점

	가 지역	나 지역	다 지역	라 지역	가산 제한점
1월	0.042	0.034	0.025	0.017	2.0
1일	0.00140	0.00113	0.00083	0.00057	

※ 연구대회 입상 실적이 2인 공동작인 경우 70%, 3인 공동작인 경우 50%, 4인 이상 공동작인 경우 30%로 평정
※ 직무연수는 연 60시간 4학점씩 적용
※ 특수학교, 특수학급을 직접 담당한 경력은 1997. 12. 31.까지는 1.25점, 1998. 1. 1. 이후 0.625점을 초과할 수 없음
※ 특수학교(학급)을 직접 담당한 경력은 2004. 2. 29.까지 인정하고 이후 취득한 가산점은 불인정

자료: 대전광역시교육청(2023a), p. 55.

4) 교장 평가

중임(重任) 등을 위한 평가는 교육청의 내규에 따라 매년 이루어진다. 1차 임기가 만료되는 교장·원장에 대하여는 교육감이 인사위원회에 중임 여부의 심의를 요청하고, 인사위원회는 교장직무를 수행할 수 있는 신체·정신상 건강 상태, 교장으로서의 학교관리능력상 결함의 유무, 기타 교장으로 직무수행이 곤란한 사유의 유무, 교원의 4대 주요 비위(금품·향응수수, 상습폭행, 성폭행, 성적조작)의 관련 여부를 판정한다. 공모 교장의 평가 주기는 4년 임기의 2년 차에 중간평가, 4년 차에 최종평가를 실시한다. 〈표 5-10〉은 승진제로 임용된 교장·원장 중임 및 교장·원장의 임기 한도를 채우고 원로교사로 임용될 때의 심의 기준이다. 공모 교장은 교육청의 공모교장평가관리위원회에서 평가한다. 학교운영계획, 학교평가 및 장학 결과, 학업성취도, 만족도 조사, 학교 운영 관련 실적 등을 기초 자료로 하여 직무수행능력 및 성과, 청렴도, 징계 여부 등을 검증하고 평가한다.

〈표 5-10〉 **교장·원장 중임 및 원로교사 임용 심의자료**

<table>
<tr><td colspan="2">□ 작성자 소속
직위 (인)</td><td>□ 확인자 소속
직위</td></tr>
<tr><th>심의 영역 및 심의 요소</th><th>기록 일자</th><th>심의 사항 기록</th></tr>
<tr><td>⑩ 신체·정신상의 건강상태
• 일반 결함 • 신체 각 장기 계통의 결함</td><td></td><td>정상</td></tr>
<tr><td rowspan="3">⑪ 경영능력상의 결함
• 학교(유치원) 교육계획
• 교육과정 운영 및 학생지도
• 학교(유치원) 경영능력
- 학교운영위원회 운영 - 사무관리
- 인사관리 - 자율장학
- 재정관리 - 교단지원
- 시설관리 - 기타</td><td></td><td>없음</td></tr>
<tr><td></td><td></td></tr>
<tr><td></td><td></td></tr>
<tr><td>⑫ 교장·원장의 직무수행이 곤란한 사유
• 임기 중 징계사항 • 청렴도, 품성, 물의 야기
• 기타 중임 부적격 사유</td><td></td><td>없음</td></tr>
</table>

〈계속〉

⑬ 기타 수업을 담당할 수 없는 사유		해당 없음
⑭ 특기사항 • 수상[개인, 기관(학교 또는 유치원)] • 우수사례		

⑮ 보충 기록 "없음"

※ 해당 사항이 없는 경우 '해당 없음', 해당 사항이 있는 경우 '상세하게 기재'.

자료: 대전광역시교육청(2022d), pp. 12-13 양식의 일부를 발췌하여 수정함. 이 양식에서 지운 ①~⑨는 소속, 학력, 교육경력 등 인적 사항임.

법령

「교육공무원법」 제29조의3(공모에 따른 교장 임용 등), 「초 · 중등교육법 시행령」 제12조의5(공모 교장 등의 임용 · 평가 등) · 제12조의6(공모 교장의 자격기준 등) · 제105조(학교 및 교육과정 운영의 특례) · 제105조의2(공모 교장의 자격 등), 「교장 · 원장임기제실시업무처리지침」

5) 수석교사 업적평가

「교육공무원임용령」에 따라, 수석교사는 매년 근무성적평가 대신에 업적평가를 받는다. 수석교사는 교사의 수업 및 생활지도 컨설팅, 교육과정 컨설팅, 신규 및 저경력 교사의 교수 · 학습 지원, 교수 · 학습 · 생활지도 자료를 개발하고 연구하는 등의 역할을 하고, 이에 대한 업무수행태도, 업무실적, 업무수행능력 및 동료 교사 만족도를 평가받는다. 100점 만점에, 평가자인 학교장의 환산점은 50%, 교육감이나 교육장 또는 위임전결에 따른 결재권자인 확인자의 환산점은 40%, 연수 실적이 10%를 차지한다. 90시간 이상의 직무연수를 받으면 연수 실적은 만점이 된다. 매년 받는 업적평가의 결과는 누적되어 임기 4년 차 말에 연임을 위한 재심사의 자료가 된다.

법령

「초 · 중등교육법」 제19조(교직원의 구분) · 제20조(교직원의 임무) · 제21조(교원의 자격), 「초 · 중등교육법 시행령」 제36조의5(학급담당교원) · 제106조의2(권한의 위임 및 업무의 위탁), 「교육공무원법」 제6조의2(수석교사의 자격) · 제29조의4(수석교사의 임용 등), 「교육공무원임용령」 제9조의7(수석교사의 임용제한 등) · 제9조의8(수석교사의 우대) · 제14조(승진임용방법), 「교육공무원 승진규정」 제2조(적용대상), 「교원 등의 연수에 관한 규정」 제6조(연수의 종류와 과정) · 제7조(연수기간) · 제20조(평가항목), 「교원 등의 연수에 관한 규정 시행규칙」 제4조의2(수석교사 자격연수 대상자의 선발), 「교원자격검정령」 제18조(무시험검정의 대상) · 제19조(무시험검정의 방법 및 합격기준), 「교육공무원 인사관리규정」 제31조(심의 사항 등), 「수석교사 연구활동비 지급에 관한 규정」「수석교사의 재심사에 관한 규칙」「교(원)장 · 교(원)감 · 수석교사 · 정교사 자격연수 표준교육과정」

〈표 5-11〉 **수석교사 업적평가표**

구분	평가 요소	평가 내용	평가 점수	
			평가자	확인자
업무수행태도	교육자로서의 품성	• 수석교사로서의 사명과 직무에 관한 책임과 긍지를 지니고 있는가? • 교직자로서의 청렴한 생활태도와 예의를 갖추었는가? • 학생 및 동료교원에 대한 이해를 바탕으로 교육에 헌신하는가? • 교직원 · 학부모 · 학생으로부터 신뢰와 존경을 받고 있는가?	10	10
	공직자로서의 자세	• 교육에 대한 올바른 신념을 가지고 있는가? • 근면하고 직무에 충실하며 솔선수범하는가? • 교직원 간에 협조적이며 학생에 대해 포용력이 있는가? • 학교 장학 관련 직무를 적극적으로 수행하는가?	10	10
업무실적 및 업무수행능력	수업활동	• 수업 연구 및 준비에 최선을 다하는가? ※ 공개수업 실적 등 정량적 요소 포함 • 수업방법의 개선 노력과 학습지도에 열의가 있는가? • 교육과정을 창의적으로 구성하며 교재를 효율적으로 활용하는가? • 평가 계획이 적절하고, 평가의 결과를 효율적으로 활용하는가?	20	20
	교사지원활동	• 교사의 수업기법 향상 등을 위한 연수 지원에 최선을 다하는가? ※ 교내 교사 대상 연수 지원 실적 등 정량 요소 포함 • 교사의 전문성 개발을 위한 수업 컨설팅 등 교수 · 학습 지원 활동에 열의가 있는가? ※ 교원의 교수 지원 실적 등 정량적 요소 포함 • 교내 동료장학 분위기 조성 등 교수 · 학습 방법 공유를 위한 활동을 주도적으로 수행하는가? ※ 학습동아리 참여 실적 등 정량적 요소 포함	20	20
	연구 및 개발활동	• 교수 · 학습 자료를 개발하는 데 최선을 다하는가? ※ 교수 · 학습 개발 실적 등 정량적 요소 포함 • 개발된 자료를 교사들과 공유하기 위해 노력하는가? • 전문성 신장을 위한 연구활동에 최선을 다하는가? ※ 교수학습 관련 논문 · 저작물 발간 실적 등 정량적 요소 포함	20	20
동료 교사 만족도		• 교내 수업장학과 관련된 수석교사의 지도력에 대한 만족도 • 수석교사의 수업 컨설팅 등 교수 지원 활동에 대한 만족도 • 수석교사가 제공하는 교수학습 관련 자료 등에 대한 만족도	20	20

자료: 「수석교사의 재심사에 관한 규칙」의 [별시 서식]에서 발췌.

3. 전보 · 전직 및 직군 · 직렬

1) 전보와 전직

전보(轉補)는 직위 및 자격은 변동 없이 근무기관 또는 부서가 달라지는 임용을 의미한다. 전직(轉職)은 교육공무원의 종류와 자격, 즉 직렬을 달리하여 임용하는 것을 말한다. 교원과 교육전문직원 간의 이동, 장학직과 연구직 간의 이동, 학교급을 달리하는 교원의 이동은 전직에 해당한다.

직군	교육전문직원				교원		
직렬	장학직	전직 ↔	연구직	전직 ↔	행정 · 관리직	전직 ↔	교수 · 연구직
직급	장학관		교육연구관		교장 · 원장		수석교사
					교감 · 원감		
	장학사		교육연구사		교사		

[그림 5-3] **유 · 초 · 중등 교육공무원의 전직 · 직군 · 직렬의 예**

법령

「국가공무원법」 제5조(정의)

1. "직위(職位)"란 1명의 공무원에게 부여할 수 있는 직무와 책임을 말한다.
2. "직급(職級)"이란 직무의 종류 · 곤란성과 책임도가 상당히 유사한 직위의 군을 말한다.

Q

교수직과 행정 · 관리직으로의 진로에 대해 생각해 보자.

2) 직군과 직렬

'직군'은 직무의 성질이 유사한 직렬의 군을 말한다. '직렬'은 직무의 종류가 유사하고 그 책임과 곤란성의 정도가 서로 다른 직급의 군을 말한다. 예를 들면, 「초 · 중등교육법」이 규정한 대로 교장은 교무를 총괄하고, 민원처리를 책임지며, 소속 교직원을 지도 · 감독하고, 학생을 교육한다. 교감은 교장을 보좌하여 교무를 관리하고

Q
「국가공무원법」 제5조(정의)의 내용을 알아보자.

학생을 교육한다. 수석교사는 교사의 교수 · 연구 활동을 지원하며, 학생을 교육한다. 교사는 법령에서 정하는 바에 따라 학생을 교육한다. 앞의 직위는 '학생을 교육한다'는 면에서 동일 직군에 속한다. 장학직과 연구직은 직군은 같으나 직렬은 다르다.

4. 휴가와 휴직

1) 휴가

「교원휴가에 관한 예규」는 다음과 같이 휴가를 정의한다. '연가'는 정신적 · 신체적 휴식을 취함으로써 근무능률을 유지하고 개인 생활의 편의를 위해, '병가'는 질병 또는 부상으로 직무를 수행할 수 없는 경우 또는 감염병에 걸려 다른 교직원, 학생 등의 건강에 영향을 미칠 우려가 있을 때, '공가'는 교원이 일반 국민의 자격으로 국가기관의 업무수행에 협조하거나 법령상 의무의 이행이 필요한 경우에, 그리고 '특별휴가'는 사회통념 및 경조사 등 관례상 특별한 사유가 있는 경우 부여받는다.

(1) 연가

적용 기간은 매년 1월 1일부터 12월 31일이다. 특별한 사유가 없는 한 수업일을 제외하여 실시하는 것이 원칙이나, 다음의 경우는 수업일이라도 할 수 있다. 휴업일 중의 연가 신청은 교육행정정보시스템에 사유를 기재하지 않아도 되지만, 지각 · 조퇴 · 외출을 신청할 때에는 사유를 기재한 후 승인을 받아야 한다. 오전과 오후로 구분해서 반일연가를 사용할 수 있다.

- 본인 및 배우자 직계존속의 생일
- 배우자, 본인 및 배우자 직계존속의 기일
- 배우자, 본인 및 배우자 직계존비속 또는 형제 · 자매의 질병, 부상 등으로 일시적인 간호 또는 위로가 필요하다고 인정되는 경우
- 병가를 모두 사용한 후에도 계속 요양할 필요가 있는 경우

- 한국방송통신대학교 출석 수업 및 일반대학원 시험에 참석하는 경우
- 본인 및 배우자 부모의 형제 · 자매 장례식
- 본인 및 배우자 형제 · 자매의 배우자 장례식
- 본인 자녀의 입영일
- 기타 상당한 이유가 있다고 소속 학교의 장이 인정하는 경우

「국가공무원 복무규정」은 재직기간별 연가 일수를 규정한다. 「교원휴가에 관한 예규」에 따르면, 다음 해 연가의 일부를 미리 인출해서 사용하게 할 수 있다. 단, 연도 중 휴직 · 퇴직 예정인 교원은 제외된다. 연도 중 결근 · 휴직 · 정직 · 강등 및 직위해제된 사실이 없는 교원으로 병가 일수가 1일 미만이거나 연가를 사용한 일수가 3일 미만이면 다음 해의 연가 일수에 각각 1일(총 2일 이내)을 가산한다.

〈표 5-12〉 **재직기간별 연가 일수 및 인출 가능 연가 일수**

재직기간	연가	인출 연가	재직기간	연가	인출 연가
1개월 이상~6월 미만	11일	3일	3년 이상~4년 미만	16일	8일
6개월 이상~1년 미만	11일	4일	4년 이상~5년 미만	17일	10일
1년 이상~2년 미만	15일	6일	5년 이상~6년 미만	20일	10일
2년 이상~3년 미만	15일	7일	6년 이상	21일	10일

「국가공무원 복무규정」 제15조(연가 일수), 「교원휴가에 관한 예규」 제5조(연가)

[그림 5-4] **교육정보시스템 기본 메뉴의 복무 메뉴 및 근무상황신청 화면**

(2) 병가

연 60일의 범위에서 병가를 신청할 수 있다. 이 경우 질병이나 부상으로 인한 지각 · 조퇴 · 외출은 누계 8시간을 병가 1일로 계산한다. 연가 일수에서 뺀 병가는 병가 일수에 산입하지 아니한다. 공무상 질병 또는 부상으로 직무를 수행할 수 없거나 요양이 필요한 경우에는 연 180일의 범위에서 신청할 수 있다. 수업으로 인해 교사는 연가 일수를 다 사용하지 못하고 해를 넘기는 게 일반적이다. 이 때문에 병조퇴나 병외출 때 연가를 사용하는 경우가 실제에서는 흔하지만, 질병 관련 복무는 병가, 병외출, 병조퇴, 병지각으로 신청하는 것이 원칙이다. 주의할 점은, 연간 누계 7일째 되는 시점부터는 병외출, 병조퇴, 병지각의 경우에도 진단서를 제출해야 한다. 동일한 사유의 병가는 최초 제출한 진단서로 인정될 수 있다.

법령

「국가공무원 복무규정」 제18조(병가), 「교원휴가에 관한 예규」 제6조(병가), 「국가공무원 복무 · 징계 관련 예규」 제8장(휴가)

(3) 공가

「병역법」 등에 따른 병역판정검사 · 소집 등에 응하거나 동원 또는 훈련에 참가할 때, 공무와 관련하여 국가기관에 소환되었을 때, 법률에 따라 투표에 참가할 때, 승진시험 · 전직시험에 응시할 때, 원격지로 전보 발령을 받고 부임할 때, 「국민건강보험법」에 따른 건강검진, 「결핵예방법」에 따른 검진 등을 받을 때, 「혈액관리법」에 따라 헌혈에 참가할 때, 「교원 등의 연수에 관한 규정」에 따른 외국어능력 시험에 응시할 때, 천재지변, 교통 차단 또는 그 밖의 사유로 출근이 불가능할 때 등이 해당된다. 공가 사용 때 유의할 점은, 신청 사유와 실제가 일치하게 이행해야 한다는 것이다. 신청 후에 사정 변동이 생기면 바로잡아야 한다. 복무 감사 때 해당일에 실시 여부를 확인하는 경우가 잦다. 건강검진의 경우, 발급받은 검진확인서와 수납영수증을 맞춤형복지의 건강검진비 청구를 겸해서 행정실에 제출하면 증빙자료가 된다.

법령

「국가공무원 복무규정」 제19조(공가), 「교원휴가에 관한 예규」 제7조(공가), 「국가공무원 복무 · 징계 관련 예규」 제8장(휴가)

(4) 특별휴가

경조사별 특별휴가 외에, 학교장은 교육활동 침해의 피해를 받은 교원에게 5일의 범위에서 특별휴가를 부여할 수 있다. 교육감은 순회교사에 대해서 연 5일의 범위에서 학습휴가를 부여할 수 있다. 「국가공무원 복무 · 징계 관련 예규」에서 안내한, 특별휴가 가운데 경조사 휴가와 모성보호시간 및 육아시간의 사용 때 유의할 점은 다음과 같다.

- 경조사 휴가: 그 사유가 발생한 날을 포함하여 전후에 연속하여 실시하는 것이 원칙이다. 토요일 · 공휴일로 인하여 분리되는 경우를 제외하고는 분할하여 사용할 수 없다. 단, 본인 결혼 휴가의 경우에는 그 사유가 발생한 날(결혼식일 또는 혼인신고일)부터 30일 이내의 범위에서 사용이 가능하나, 마지막 날이 30일 범위 내에 있어야 한다. 배우자 출산 휴가의 경우에는 그 사유가 발생한 날부터 90일 이내의 범위에서 1회에 한정하여 나누어 사용이 가능하지만, 휴가 마지막

날이 90일 범위 내에 있어야 한다.

- 모성보호시간 및 육아시간: 해당 시간 사용 시 1일 최소근무시간은 4시간 이상이 되어야 한다. 조퇴, 병조퇴, 외출, 가족돌봄휴가 등과 함께 사용하여 최소근무시간을 충족하지 못하면, '연가'로 처리한다. 예를 들면, 모성보호시간 2시간과 연가 3시간을 사용하면, 이는 연가 5시간의 사용으로 처리한다. 모성보호시간 2시간과 병가 4시간을 사용하면, 이는 연가 2시간과 병가 4시간 사용으로 처리한다.

법령

「국가공무원 복무규정」 제20조(특별휴가) 및 [별표2] 경조사별 휴가 일수표, 「교원휴가에 관한 예규」 제8조(특별휴가), 「국가공무원 복무 · 징계 관련 예규」 제8장(휴가)

2) 휴직

기관장의 명을 받는 직권휴직과 본인이 원하면 받는 청원휴직으로 구분된다. 휴직 중인 자는 '휴직자 실태 보고서'를 첨부하여 매 반기별(6월 30일, 12월 31일)로 소속 기관장에게 보고하여야 한다. 다만, 보고 시점이 휴직 시작 후 1개월 이내인 경우는 보고를 생략한다. 휴직 중인 자가 규정된 휴직 기간의 범위 내에서 휴직 기간을 연장하고자 할 때는 만료 전 15일까지 신청해야 한다. 휴직 기간 중 그 사유가 소멸하면 30일 이내에 임명권자에게 이를 신고해야 한다. 휴직 기간이 만료된 공무원은 30일 이내에 복귀 신고를 함으로써 복직이 된다. 다음은 질병휴직을 사용할 때 참고할 사항이다.

- 일반 질병휴직: 일반 병가(60일) → 법정 연가 → 일반 질병휴직(1년) 순의 진행
- 공무로 인한 질병휴직: 공무상 병가(180일) → 일반 병가(60일) → 법정 연가 → 공무상 질병휴직(3년 또는 5년까지) 순의 진행

〈표 5-13〉 **직권휴직**

종류	질병휴직	병역휴직	생사불명	법정의무수행	노조전임자
근거	제1호	제2호	제3호	제4호	제11호
요건	신체 · 정신상의 장애로 장기요양을 요할 때(불임 · 난임으로 인하여 장기간의 치료가 필요한 경우를 포함)	병역의 복무를 위하여 징 · 소집된 때	천재 · 지변 · 전시 · 사변, 기타의 사유로 생사 · 소재가 불명한 때	기타 법률상 의무수행을 위해 직무를 이탈하게 된 때	교원노동조합 전임자로 종사하게 된 때
기간	1년 이내(「공무원연금법」에 따른 공무상 질병 또는 부상으로 인한 경우는 3년 이내)	복무기간	3월 이내	복무기간	전임기간
재직경력인정	• 경력평정: 미산입(단, 공무상 질병인 경우 산입) • 승급제한(단, 공무상 질병인 경우는 포함)	• 경력평정: 산입 • 승급인정	• 경력평정: 산업 • 승급인정	• 경력평정: 산입 • 승급인정	• 경력평정: 산입 • 승급인정
결원보충	6월 이상 휴직 시 결원보충	6월 이상 휴직 시 결원보충	결원보충 불가	6월 이상 휴직 시 결원보충	6월 이상 휴직 시 결원보충
봉급	• 봉급 7할 지급(결핵은 8할) • 공무상 질병은 전액 지급	부지급	부지급	부지급	부지급
수당	• 공통수당: 보수와 같은 율 지급 • 기타수당 · 휴직사유별 차등 지급	부지급	부지급	부지급	부지급
기타	• 의사진단서 첨부				

* 표의 근거는 「교육공무원법」 제44조(휴직) 제1항임. 세부 사항은 「공무원보수규정」 제28조(휴직기간 중의 봉급감액), 「공무원수당 등에 관한 규정」 제11조의3(육아휴직수당), 「공무원보수 등의 업무지침」 제7장(공무원수당 등의 업무 처리기준)의 규정임.

자료: 대전광역시교육청(2022d), p. 31.

〈표 5-14〉 **청원휴직**

휴직 종류	유학	고용	육아	입양	불임 · 난임	연수	가족돌봄	동반	자율연수
근거	제5호	제6호	제7호	제7호의2	제7호의3	제8호	제9호	제10호	제12호
요건	학위취득을 목적으로 해외유학을 하거나 외국에서 1년 이상 연구 · 연수하게 된 때	국제기구, 외국기관, 국내외의 대학 · 연구기관, 다른 국가기관, 재외교육기관 또는 대통령령으로 정하는 민간단체에 임시로 고용될 때	만 8세 이하(취학 중인 경우 초등학교 2학년 이하)의 자녀를 양육하기 위하여 필요하거나, 여성 교육공무원이 임신 또는 출산하게 된 경우	만 19세 미만의 아동을 입양하는 경우(육아휴직 대상이 되는 아동 제외)	불임 및 난임으로 인하여 장기간의 치료가 필요한 경우	교육부장관 또는 교육감이 지정하는 국내의 연구기관 · 교육기관 등에서 연수하게 된 때	사고나 질병 등으로 장기간 요양이 필요한 조부모, 부모(배우자의 부모 포함), 배우자, 자녀 또는 손자녀를 간호하기 위하여 필요한 경우	배우자가 국외 근무를 하거나 제5호에 해당된 때	「공무원연금법」 제25조에 따른 재직기간 10년 이상인 교원이 자기개발을 위하여 학습 · 연구 등을 하게 된 경우
기간	3년 이내 (학위취득의 경우 3년 연장 가능)	고용기간	자녀 1명에 대하여 3년 이내	6개월 이내 (입양자녀 1인당)	1년 이내 (부득이한 경우 1년 연장)	3년 이내	1년 이내 (재직기간 중 총 3년)	3년 이내 (3년 연장 가능)	1년 이내 (재직기간 중 1회 에 한함)
재직 경력 인정	• 경력평정: 50% 산입 • 승급인정	• 경력평정: 산입(비상근 50% 산입) • 승급인정(비상근 50% 산입)	• 경력평정: 산입 • 승급인정: 최초 1년 산입, 셋째 이후 자녀 휴직 전 기간 인정 (3년)	• 경력평정: 산입 • 승급인정	• 경력평정: 미산입 • 승급제한	• 경력평정: 50% 산입 • 승급제한 (단, 학위취득 시 호봉 재획정)	• 경력평정: 제외 • 승급제한	• 경력평정: 제외 • 승급제한	• 경력평정: 제외 • 승급제한

〈계속〉

결원보충	6월 이상 휴직 시 결원보충 가능	6월 이상 휴직 시 결원보충 가능	6월 이상 (출산휴가와 연계한 경우 3월 이상) 휴직 시 결원 보충 가능하고 출산일부터 후임자 보충 가능	6월 이상 휴직 시 결원보충 가능	6월 이상 휴직 시 결원보충 가능	6월 이상 휴직 시 결원보충 가능	6월 이상 휴직 시 결원보충 가능	6월 이상 휴직 시 결원보충 가능	6월 이상 휴직 시 결원보충 가능
보수	봉급 50% 지급 (3년 이내)	부지급	부지급	부지급	봉급 70% 지급 (1년 초과 시 50%)	부지급	부지급	부지급	부지급
수당	• 공통수당: 50% 지급(3년 이내) • 기타수당: 미지급	부지급	• 0~3개월: 봉급액 80% 지급 (상한: 150만 원, 하한: 70만 원) • 4~12개월: 봉급액 50% 지급 (상한: 120만 원, 하한: 70만 원)	부지급	• 공통수당: 보수와 같은 율 지급 • 기타수당: 휴직 사유별 차등 지급	부지급	부지급	부지급	부지급
기타	교육실경력 3년 이상인 자 가능		* 출산휴가 별도신청 가능 * 한부모가족, 0~3개월(상한 250만 원)		정부지정 불임·난임의료기관이 발급한 진단서 첨부	교육실경력 3년 이상인 자 가능			

* 표의 근거는 「교육공무원법」 제44조(휴직) 제1항임. 세부 사항은 「공무원보수규정」 제28조(휴직기간 중의 봉급감액), 「공무원수당 등에 관한 규정」 제11조의3(육아휴직수당), 「공무원보수 등의 업무지침」 제7장(공무원수당 등의 업무 처리기준)의 규정임.

자료: 대전광역시교육청(2022d), p. 32.

Q

배우자 동반휴직이나 육아 휴직 중에 틈을 내서 학위 과정을 다닐 수 있을지 알아보자.

법령

「국가공무원법」 제71조(휴직) · 제72조(휴직 기간) · 제73조(휴직의 효력), 「공무원임용령」 제7장(휴직 및 시간선택제 근무) 제51조(휴직의 절차 등) · 제53조(휴직의 제한) · 제54조(휴직공무원 등의 준수사항) · 제57조의2(육아휴직) · 제57조의3(시간선택제 근무의 전환 등) · 제57조의5(휴직자 복무관리 등) · 제57조의7(질병휴직) · 제57조의8(가족돌봄휴직), 「국가공무원 복무규정」 제14조(휴가의 종류)~제24조의3(시간선택제공무원 등의 휴가에 관한 특례), 「교육공무원법」 제44조(휴직) · 제45조(휴직기간 등), 「교육공무원 인사관리규정」 제24조(휴직의 결정) · 제25조(휴직기간 연장) · 제26조(휴직자 실태파악), 「공무원보수규정」 제28조(휴직기간 중의 봉급 감액), 「공무원수당 등에 관한 규정」 제11조의3(육아휴직수당), 「공무원보수 등의 업무지침」 제7장(공무원수당 등의 업무 처리기준), 「공무원 재해 보상법」 제4조(공무상 재해의 인정기준), 「공무원 재해 보상법 시행령」 제5조의2(공무상 재해의 인정 특례) 및 [별표2] 공무상 재해의 구체적인 인정기준, 「공무원 재해 보상법 시행규칙」 「교원 휴가에 관한 예규」 「국가공무원 복무 · 징계 관련 예규」, 교육공무원 인사실무

5. 상벌

교원에게 수여되는 대표적인 표창으로는 근정훈장(勤政勳章)이 있다. 33~35년 경력의 퇴직 교원은 옥조훈장, 37~38년은 녹조훈장, 38~39년은 홍조훈장, 40년 이상은 황조훈장을 받는다.

1) 표창

공적에 대한 포상(褒賞)과 성적에 대한 시상(施賞)으로 나눈다. 포상은 직무를 성실히 수행하거나 행정업무의 수행에 적극 협조하여 국가 또는 사회의 발전에 기여한 경우 등에 이루어진다. 시상은 정부 각 기관이 실시하는 각종 교육에서 우수한 성적을 거둔 경우나 정부 각 기관 및 지방자치단체가 주최하는 각종 경기 및 경연에서 우수한 성적을 거둔 경우 등에 시행된다. 예를 들면, 표창장은 선행상 · 효행상 · 모범상에 대한 증서이고, 상장은 최우수상 · 우수상 · 장려상에 대한 증서이다.

법령

「교원의 지위 향상 및 교육활동 보호를 위한 특별법 시행령」「상훈법」「정부 표창 규정」「정부포상 업무지침」

2) 징계

중징계와 경징계로 구분된다. 중징계는 파면, 해임, 강등, 정직이다. 파면과 해임은 강제퇴직이 적용된다. 경징계는 감봉과 견책이다. 견책은 잘못에 대한 훈계를 의미한다. 파면 · 해임 · 강등 또는 정직에 해당하는 징계 의결이 요구되면, 신분은 유지하나 직무를 부여받지 못하고 결과를 기다리는 '직위해제'에 처하게 된다.

징계를 가할 정도에 이르지 아니한 경미한 사항에 대해서는 '주의' 또는 '경고'를 내린다. 주의보다 중한 수준 또는 주의를 받고 1년 이내에 주의에 해당하는 잘못을 하면 경고를 받는다. 「국가공무원 복무 · 징계 관련 예규」에 따르면, 주의 처분 후 1년 이내에 포상과 해외연수 선발 등에 불이익이 반영되고, 경고는 처분 후 1년 이내에 근무성적평정 · 성과상여금 등급, 포상 및 해외연수 선발 등에 불이익을 받는다. 징계 처분이나 주의 또는 경고 처분을 받은 교원은 비정기전보에 처해질 수 있다.

해당되는 사유 또는 적극행정 등에 대한 징계면제에 따라, 불문(不問) 또는 불문경고에 처할 수 있다. 징계위원회의 불문경고 통고를 받은 소속기관의 장은 당해 공무원에게 경고 처분을 한 날로부터 1년이 경과한 때, 기록된 바를 말소한다. 징계 의결이 요구된 교사가 훈장 또는 포장을 받은 공적, 장 · 차관 또는 교육감 이상의 표창을 받은 공적, 모범공무원으로 선발된 공적이 있으면 징계를 감경받을 수 있다. 하지만 다음의 어느 하나에 해당하면 안 된다.

- 부정하게 금전, 물품, 부동산, 향응 등 재산상 이익을 취득하거나 제공한 경우
- 학생 성적 및 학교생활기록부와 관련한 비위로 징계 대상이 된 경우
- 성 관련 비위로 징계 대상이 된 경우
- 음주운전 또는 음주측정에 불응한 경우
- 학생에게 신체적 · 정신적 · 정서적 폭력 행위를 하여 징계 대상이 된 경우

- 인사와 관련된 비위
- 학교폭력을 고의로 은폐하거나 대응하지 아니한 경우
- 소속 기관의 성 관련 비위를 고의로 은폐하거나 대응하지 않아 징계 대상이 된 경우
- 성 관련 비위의 피해자에게 신상정보의 유출, 권리구제의 방해, 폭행 · 폭언, 피해자의 의사에 반하는 불리한 처우 등 2차 피해를 입혀 징계 대상이 된 경우
- 「공직선거법」상 처벌 대상이 되는 행위로 징계 대상이 된 경우

교원이 정년 또는 명예퇴직 때, 재직 중의 행위 또는 재직기간에 합산되는 경력기간 중의 행위로 인해 벌금 이상의 형사 처분을 받은 경우에는 대상에서 제외된다. 다만, 재직 중 1회에 한해 100만 원 미만의 벌금형을 받았으나 공적심사위원회에서 심사한 결과, 경미한 잘못으로 인한 것이고 퇴직 포상을 받을 만한 특별한 공적이 있다고 인정되면 포상 추천에 포함한다. 하지만 징계 감경이 제한되는 교원의 4대 주요 비위(금품 · 향응수수, 상습폭행, 성폭행, 성적조작)와 도박, 불륜, 사기, 강 · 절도, 상해 등 사회적 지탄 행위로 인한 사유는 제외된다.

법령

「국가공무원법」 제10장 징계, 「공무원 징계령」 「공무원 징계령 시행규칙」 제2조(징계의 기준) 및 [별표1] 징계 기준 · 제3조의2(적극행정 등에 대한 징계면제), 「교육공무원 징계양정 등에 관한 규칙」 제4조(징계의 감경), 「교육공무원 인사관리규정」 제21조(비정기전보), 「교육공무원 인사기록 및 인사사무 처리 규칙」 제8조의2(징계 등 처분 기록의 말소), 「교육공무원징계 등 기록말소제 시행지침」 제8조의2(징계 등 처분 기록의 말소), 「국가공무원 복무 · 징계 관련 예규」 제12장(징계)

6. 보수

'보수'는 봉급과 그 밖의 각종 수당을 합산한 금액을 말한다. '봉급'은 직무의 곤란성과 책임의 정도에 따라 직책별로 지급되는 기본급여 또는 직무의 곤란성과 책임의 정도 및 재직기간 등에 따라 계급별, 호봉별로 지급되는 기본급여를 말한다. '수당'은 직무여건 및 생활여건 등에 따라 지급되는 부가급여를 말한다. 교육행정정보시스템

에서 출력이 가능한 급여명세서에는 봉급과 시간외근무수당 등의 세부내역에 대한 계산 근거가 제시된다.

1) 호봉

'획정 호봉 = ① 기산 호봉 + ② (학령-16) + ③ 가산 연수(年數) + ④ 환산경력 연수'의 산식으로 정해진다. 기산(起算) 호봉은 셈의 시작이 되는 호봉이다. 학령은 최종 학교를 졸업할 때까지의 법정 수학 기간이다. 예를 들면, 4년제 대학 졸업자의 학령은 16년(초등학교 6년+중학교 3년+고등학교 3년+대학교 4년)이다. 이 가운데 사범계 대학을 졸업하면 학령에 1년이 더해진다. 특수교사 자격을 소지한 특수학교(학급)의 교사와 일반학교의 특수학급을 담당하는 교사가 사범계 졸업자이면 2년, 비사범계 졸업자이면 1년이 가산된다.

Q

「공무원보수규정」의 [별표1] 유치원 · 초등학교 · 중학교 · 고등학교 교원의 봉급액을 알아보자.

2) 수당

가족수당은 부부가 공무원일 경우는 1인에게만 지급된다. 부양가족은 4명 이내로 수를 제한하나, 자녀의 경우에는 이 수를 초과하더라도 지급한다. 육아휴직수당 등 수당에 관한 규정은 최저 임금과 OECD 선두 국가들의 급여 소득대체율과의 비교 등에 따라서 증액이 변동적이다. 〈표 5-15〉에서 언급되지 않은 것으로는 다른 공무원의 모범으로 선발되면 받는 모범공무원수당이 있다.

〈표 5-15〉 **국가공무원 수당체계**

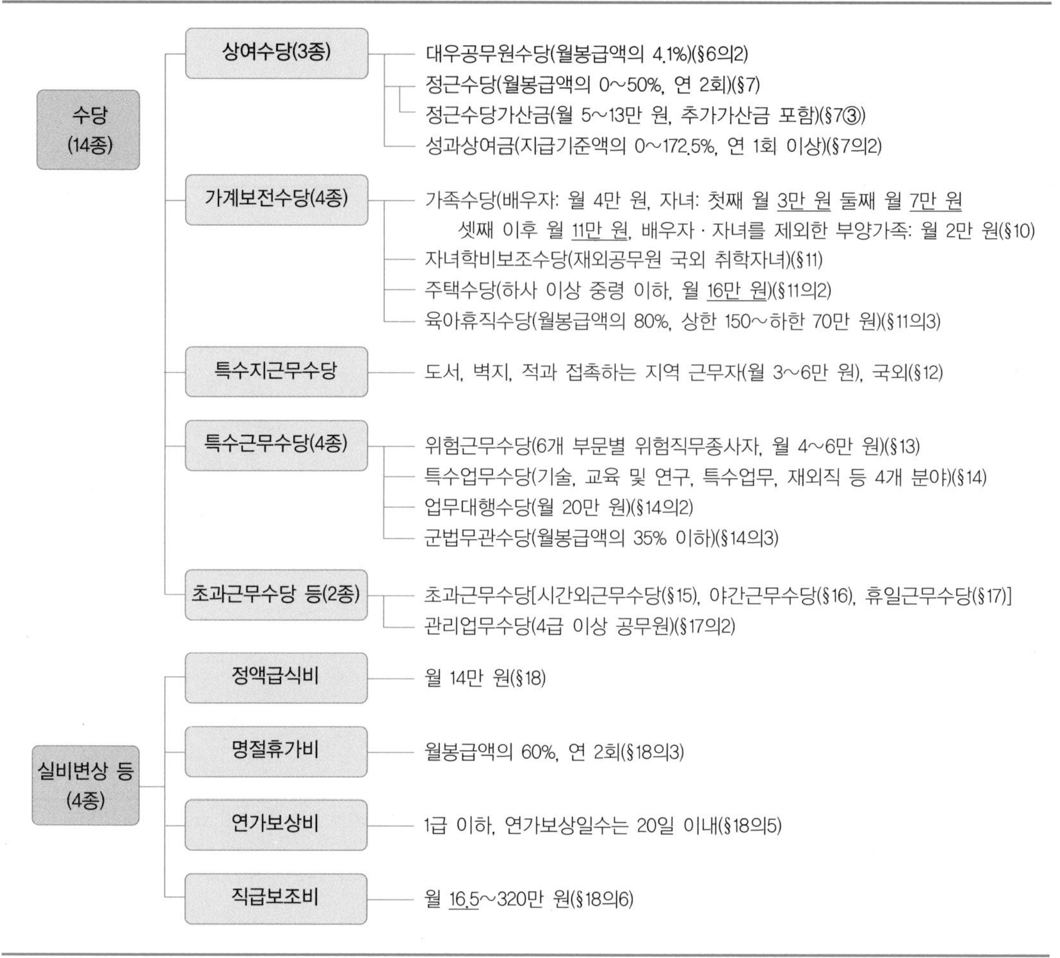

* 〈표〉에서는 §는 「공무원수당 등에 관한 규정」을 의미하는 기호임.
자료: 인사혁신처(2023), p. 345.

Q

모범공무원 선발과 관련 수당의 지급에 대해 알아보자.

법령

「공무원보수규정」 제31조(수당의 지급) 및 [별표22] 교육공무원 등의 경력환산율표, 「공무원수당 등에 관한 규정」 「공무원보수 등의 업무 지침」 「모범공무원규정」

〈표 5-16〉 초등학교 교사의 급여 총 지급 현황 예시

급여구분	항목명	2023년 3월	4월	5월	6월	7월	8월	9월	10월	11월	12월	2024년 1월	2월	계
월급여	본봉	2,210,700	2,210,700	2,210,700	2,210,700	2,210,700	2,210,700	2,210,700	2,210,700	2,210,700	2,210,700	2,285,900	2,285,900	26,678,800
월급여	정근수당					110,530						114,290		224,820
월급여	정근수당가산금											30,000	30,000	60,000
월급여	정근수당추가가산금													
성과상여금1	성과상여금(B등급)	3,474,070												3,474,070
월급여	정액급식비	140,000	140,000	140,000	140,000	140,000	140,000	140,000	140,000	140,000	140,000	140,000	140,000	1,680,000
월급여	명절휴가비							1,326,420					1,371,540	2,697,960
명절휴가비	명절휴가비													
연가보상비	연가보상비				117,100						117,100			234,200
월급여	교직수당	250,000	250,000	250,000	250,000	250,000	250,000	250,000	250,000	250,000	250,000	250,000	250,000	3,000,000
월급여	담임수당	130,000	130,000	130,000	130,000	130,000	130,000	130,000	130,000	130,000	130,000	200,000	200,000	1,700,000
월급여	가족수당													
월급여	시간외근무수당 (정액분)	39,030	117,100	117,100	117,100		101,480	70,260	117,100	117,100	117,100			913,370
연가보상비	시간외근무수당 (정액분)				117,100						117,100			234,200
월급여	시간외근무수당 (초과분)													
월급여	교원연구비 (초등 5년 미만)	75,000	75,000	75,000	75,000	75,000	75,000	75,000	75,000	75,000	75,000	75,000	75,000	900,000
세전 및 공제전 수당합계		6,318,800	2,922,800	2,922,800	3,157,000	2,916,230	2,907,180	4,202,380	2,922,800	2,922,800	3,157,000	3,095,190	4,352,440	41,797,420

* 2022년 3월 초임 교사 임용. 2023학년도 성과상여금 B등급.

** 세전(정액급식비, 교원연구비는 비과세 2024.02.05.) 및 공제 전 급여 합계에서 ① 소득세, ② 지방소득세, ③ 건강보험, ④ 노인장기요양보험, ⑤ 일반기여금(연금 본인 납부액) 등이 공제됨.

*** 참고로, 2022년 근로소득자 연간 총급여(연간 근로소득에서 비과세 소득을 제외한 값)의 1인당 평균은 4,214만 원임(장연제, 2024. 2. 9.).

〈표 5-17〉 **중학교 교사의 급여 총 지급 현황 예시**

급여구분	항목명	2023년 3월	4월	5월	6월	7월	8월	9월	10월	11월	12월	2024년 1월	2월	계
월급여	본봉	2,210,700	2,210,700	2,210,700	2,210,700	2,210,700	2,210,700	2,210,700	2,210,700	2,210,700	2,210,700	2,285,900	2,285,900	26,678,800
월급여	정근수당					147,380						228,590		375,970
월급여	정근수당가산금											30,000	30,000	60,000
월급여	정근수당추가가산금													
성과상여금1	성과상여금													
월급여	정액급식비	140,000	140,000	140,000	140,000	140,000	140,000	140,000	140,000	140,000	140,000	140,000	140,000	1,680,000
월급여	명절휴가비							1,326,420					1,371,540	2,697,960
명절휴가비	명절휴가비													
연가보상비	연가보상비													
월급여	교직수당	250,000	250,000	250,000	250,000	250,000	250,000	250,000	250,000	250,000	250,000	250,000	250,000	3,000,000
월급여	담임수당	130,000	130,000	130,000	130,000	130,000	130,000	130,000	130,000	130,000	130,000	200,000	200,000	1,700,000
월급여	가족수당													
월급여	시간외근무수당 (정액분)		117,100	117,100	117,100	117,100	101,480	117100	117,100	117,100	117,100		40,010	1,078,290
연가보상비	시간외근무수당 (정액분)										117,100			117,100
월급여	시간외근무수당 (초과분)		210,780			187,360	187,360	23,420	93,680	23,420	46,840	234,200	72,010	1,079,070
월급여	교원연구비 (중등 5년 미만)	75,000	75,000	75,000	75,000	75,000	75,000	75,000	75,000	75,000	75,000	75,000	75,000	900,000
세전 및 공제전 수당합계		2,805,700	3,133,580	2,922,800	2,922,800	3,257,540	3,094,540	4,272,640	3,016,480	2,946,220	3,086,740	3,443,690	4,464,460	39,367,190

* 2023년 3월 초임 교사 임용. 2023학년도 성과상여금은 익년도 상반기에 지급됨.

** 세전(정액급식비, 교원연구비는 비과세 2024.02.05.) 및 공제 전 급여 합계에서 ① 소득세, ② 지방소득세, ③ 건강보험, ④ 노인장기요양보험, ⑤ 일반기여금(연금 본인 납부액) 등이 공제됨.

*** 참고로, 2022년 근로소득자 연간 총급여(연간 근로소득에서 비과세 소득을 제외한 값)의 1인당 평균은 4,214만 원임(장연제, 2024. 2. 9.).

생각 나누기

1. 「초 · 중등교육법 시행령」 제105조의2(공모 교장의 자격 등)는 '공모 교장으로 임용된 사람 중 교장 자격증 미소지자에 대해서 임용 후 1년 이내에 자격연수를 실시해야 한다.'라고 규정한다. 미국과 영국은 교장양성 과정을 통해 사전에 자격을 취득한 후 교장직에 지원한다(김이경, 정일화, 김미정, 김수아, 2009). 이처럼, 미국과 영국은 기본 교육경력을 갖춘 자를 대상으로 해당 직위와 관련한 전문적 양성제도를 통해 교장 등 교육행정가 자격을 부여한다. 이러한 사례와 다음의 유네스코의 '교원의 지위에 관한 권고(Recommendation concerning the Status of Teachers)'에 비추어, 우리나라의 교감 · 교장 승진제도 및 장학관 · 연구관 임용과 관련한 개선점에 대해 생각해 보자.

> 43. 장학관, 교육행정가, 교육감 기타 특수한 책임을 수반하는 부서 등 교육에 있어서의 중요 직책은 가능한 한 많은 경험을 쌓은 교원에게 주어져야 한다.
> 44. 승진은 교원단체와의 합의하에 규정된 엄밀한 전문직적 기준에 비추어 새로운 직위에 대한 그 교원의 자격을 객관적으로 평가한 결과에 근거를 두어야 한다.

2. 다음 사례의 고소 및 요구가 타당한지를 다음의 법령에 비추어 생각해 보자.

> • A초등학교의 한 교사는 체험학습 중 돈이 없다는 학생에게 밥을 사 줬다가 학부모에게 항의를 받았다. "아이를 거지 취급했다"라는 게 이유였다. 학부모는 교사에게 사과와 함께 정신적 피해 보상까지 요구했다. D초등학교에서는 학생이 자해해 얼굴에 멍이 들었는데 학부모는 교사가 아동학대를 했다며 신고했다. 교사가 무혐의 처분을 받자 학부모는 "교사가 학생을 화나게 해서 자해를 한 것"이라며 다시 신고했다.
>
> –김나연, 2023. 8. 3.–
>
> • 싸우는 아이를 말리느라 손목이라도 잡으면 아동학대라고 신고하는 일은 일상이 됐다. 한 교사는 회장 선거에 출마한 학생이 상대 후보를 비방해 훈계했다가 학부모에게 아동학대로 고소를 당했다. "훈계로 인해 아이가 심리적으로 힘들어한다"는 게 이유였다.
>
> –국민일보, 2023. 7. 21.–
>
> ---
>
> • 「형법」 제20조(정당행위) 법령에 의한 행위 또는 업무로 인한 행위, 기타 사회상규에 위배되지 아니하는 행위는 벌하지 아니한다.
> • 「초 · 중등교육법」 제20조(교직원의 임무) 교사는 법령에서 정하는 바에 따라 학생을 교육한다.
> • 「유아교육법」 제21조(교직원의 임무) 교사는 법령에서 정하는 바에 따라 해당 유치원의 유아를 교육한다.

3. 다음의 감사 사례를 읽고, 유의할 점을 생각해 보자.

- 유급 가족돌봄휴가를 사용한 경우, 어린이집 등의 휴업 · 휴원 · 휴교 또는 온라인 수업을 증빙할 수 있는 서류, 학부모 알림장, 가정통신문 등 관련한 증빙서류를 제출 확인한 후에 승인하여야 하나, 사유에 해당되지 않는 '자녀 등원' 등을 사유로 유급 가족돌봄휴가를 부적정하게 사용하였다. 관련자에게 "주의" "시정" 처분이 내려졌다. 「국가공무원 복무규정」 제7조의7에 따른 어린이집과 「유아교육법」에 따른 유치원 및 초중등법의 학교(이하 "어린이집 등"이라 한다)의 공식 행사에 참여하는 경우, 어린이집 등 교사와의 상담에 참여하는 경우, 미성년 자녀의 병원 진료에 동행하는 경우 등 연간(자녀 2인 이상 3일)의 범위에서 유급 가족돌봄휴가를 사용할 수 있다.
- 가족수당의 지급 관련 부양가족의 요건은 주민등록표상 세대를 같이하는 사람이나, 배우자와 주민등록표상 세대를 달리하고 별거하는 예외 사유에도 해당되지 않는데도 가족수당을 부적정하게 수령하였다. 관련자에게 "주의" "회수" 처분이 내려졌다. 「공무원 수당 등에 관한 규정」 제10조 및 「공무원보수 등 업무지침」에 따르면, 가족수당을 지급받을 수 있는 부양가족의 요건은 부양의무가 있는 공무원과 주민등록표상 세대를 같이하는 사람이다. 다만, 취학 및 요양 또는 주거의 형편이나 공무원의 근무 형편에 따라 별거하는 배우자, 자녀, 배우자와 주소 및 생계를 같이하는 직계존속은 부양가족에 포함한다. 부부가 공무원이면 어느 한쪽에게만 지급된다.

자료: 대전광역시교육청(2022a), p. 54; 대전광역시교육청(2022b), p. 65.

4. 다음의 '미래 교육환경 변화에 따른 새로운 교사자격제도 모형'을 보고, 지속적인 전문성 개발과 진로에 대해 생각해 보자.

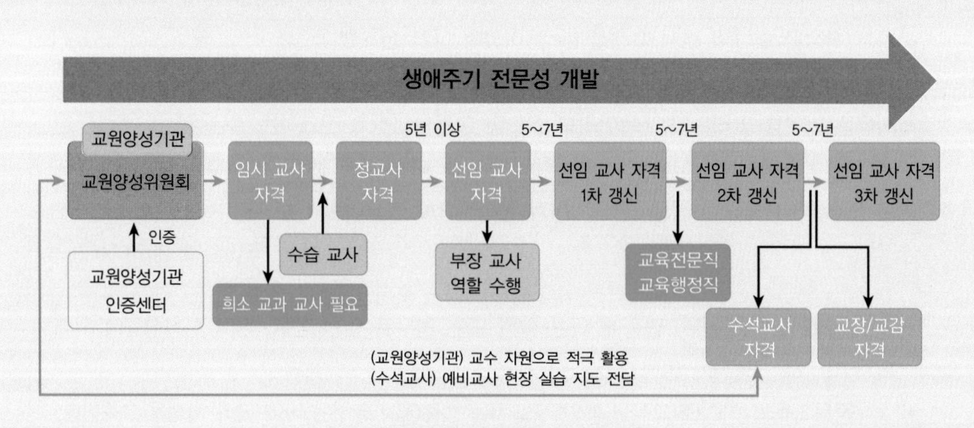

〈국가 수준 자격 기준〉

자료: 이동엽, 김혜진, 이주연, 박효원, 김랑(2023), p. 154.

참고문헌

경기도교육청(2022). 2023년 수석교사 자격연수 대상자 선발 계획.

교원소청심사위원회(2022). 교원소청심사위원회 결정문집 31.

교육부(2022). 2023학년도 교장공모제 추진 계획.

교육부(2023). 2023년 교육부 교육전문직원 선발 계획.

국민일보(2023. 7. 21.). 교권 넘어 인권 유린당하는 교사들… 참담한 공교육 현실. https://n.news.naver.com/article/005/0001625159?sid=110

김나연(2023. 8. 3.). 학생이 혼자 걷다가 넘어져도 모기 물려도 "선생님 탓" 신고. 경향신문. https://m.khan.co.kr/national/education/article/202308032132005#c2b

김이경, 정일화, 김미정, 김수아(2009). 미국과 영국의 교장 직전교육 사례 비교 분석. 교육행정학연구, 27(1), 327-348.

대전광역시교육청(2022a). 2022년 상반기 자체감사 사례집.

대전광역시교육청(2022b). 2022년 하반기 자체감사 사례집.

대전광역시교육청(2022c). e-교육행정업무매뉴얼.

대전광역시교육청(2023a). 2023학년도 교육공무원 각종 평정을 위한 유・초등 평정 편람.

대전광역시교육청(2023b). 2023학년도 교육공무원 각종 평정을 위한 중등평정편람.

대전광역시교육청(2023c). 2024학년도 중등 수석교사 자격연수 대상자 선발 계획.

세종특별자치시교육청(2023). 2024학년도 교육전문직원 공개전형 계획.

이동엽, 김혜진, 이주연, 박효원, 김랑(2023). 수업 혁신 지원을 위한 교원인사제도 개선 방안 연구. 한국교육개발원. 연구보고서 OR2023-03.

인사혁신처(2023). 공무원보수 등의 업무지침. 인사혁신처예규 제152호.

장연제(2024. 2. 9.). 월급쟁이 평균 연봉 4214만원… 상위 1%는 10억 원 육박. JTBC.

정일화(2015). 헌법재판소의 수석교사제 결정례의 평석을 통한 수석교사제 규율의 문제점과 개선방안. 교육법학연구, 27(3), 271-294.

헌법재판소(2015. 6. 25.). 교육공무원법 제29조의3 제4항 등 위헌 확인. 2012헌마494.

경기도교육청. www.goe.go.kr

교육부. www.moe.go.kr

대전광역시교육청 교육행정정보시스템. dje.neis.go.kr

대전광역시교육청. www.dje.go.kr

대한민국 법원 종합법률정보. glaw.scourt.go.kr

대한민국 상훈. www.sanghun.go.kr

로앤비. www.lawnb.com

법제처 국가법령정보센터. www.law.go.kr

세종특별자치시교육청. www.sje.go.kr
유네스코한국위원회. www.unesco.or.kr
인사혁신처. www.mpm.go.kr
중앙교육연수원. www.neti.go.kr

제2부

학생과 교과의 이해

제6장 학급 운영

제7장 교과 운영

제8장 학생생활지도와 학부모 상담

제9장 교육과정

제10장 학생평가와 평가도구

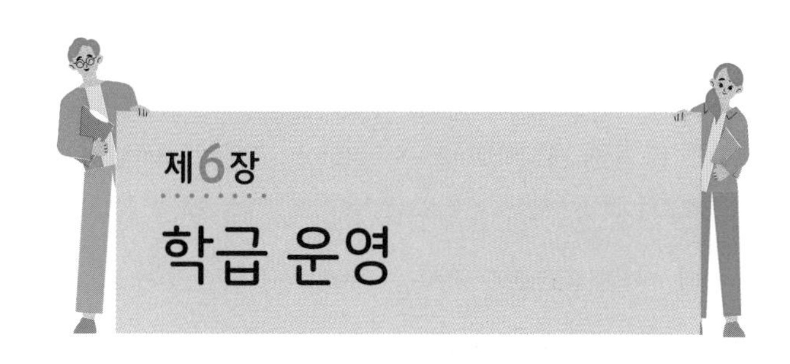

제6장 학급 운영

"예비교사 과정을 마치고 막상 교단에 서니 대학에서 배운 것은 아무런 쓸모가 없어 보인다."라는 어느 초보 교사의 고백처럼, 이론과 실상은 다르고 어제와 오늘이 다르다. 어떤 교사는 "치밀하고 체계적으로 학급 운영의 기반을 닦아야 일 년 동안 흔들림 없이 학생들을 지도할 수 있다. 3월은 목숨 걸고 준비한다."라고 말한다(김명교, 2020. 3. 9.). 이 장에서는 학급담임과 교과담임으로서 교실을 성공적으로 꾸리기 위해 요구되는 본질적이고 기본적인 사항에 대해 살핀다.

1. 가르침의 요소

교사는 다양한 소리를 내는 교실 오케스트라의 지휘자이다. 교사는 학생들의 목소리와 관계를 조율해 아름다운 화음을 이루어 내는 역량이 필요하다. 학생은 교사의 말 한마디, 행동 하나하나에 주의를 기울이고 시선을 모은다. 교사의 눈길, 손길, 관심, 태도, 언행이란 씨앗은 학생의 마음에 뿌려져 싹을 틔우고 꽃을 피운다(정일화, 2020).

1) 덕목

배너와 캐넌(Banner & Cannon, 2017)은 교사에게 ① 학습, ② 권위, ③ 윤리, ④ 질서, ⑤ 상상, ⑥ 연민, ⑦ 인내, ⑧ 끈기, ⑨ 인격, ⑩ 즐거움 같은 자질이 필요하다고 말한다. 이에 따르면, 교사는 배움의 모범으로서 한 가지라도 더 잘 가르치는 방법을 찾고자 연구하고, 권위가 자연스레 발산되고, 소임을 수행하는 생활이 도덕적으로 비치고, 질서정연하고 편한 분위기를 유지하고, 틀에 매이지 않고 새로운 가능성을 수용하고, 학생을 어여쁘게 여기고, 어려움을 견디며 뜻한 바를 끈질기게 이루고, 존중과 신뢰의 관계를 중시하고, 교실을 밝게 이끌어야 한다(주삼환, 신붕섭, 이석열, 정일화, 김용남, 2023: 440). 다음은 휘태커(Whitaker, 2020)가 제시한 훌륭한 교사의 특성을 풀이해서 옮긴 것이다.

- 교실의 성패는 교사가 이끈다고 생각한다.
- 존중과 경청의 태도로 좋은 관계와 개방적인 분위기를 유지한다.
- '무엇을 하는가'에서 나아가 '어떻게 할 것인가'를 고심한다.
- 기대의 힘을 믿고 학생뿐 아니라 자신에 대해서도 높은 기대치를 가진다.
- 학년 초에 설정한 명확한 목적과 계획을 염두에 두고 사려 깊게 실천한다.
- 일관성과 자신감을 보이며 열정적이다.
- 가벼운 말이 아닌 가치 있는 말을 한다.
- 긍정의 눈으로 학생을 바라본다.
- 사소한 소란과 실수를 모른 척하고 넘기는 아량을 보인다.
- 처벌보다 예방에 중점을 둔다.
- 자신의 실수를 인정하고 바로잡는다.
- 상황에 적합한 교육 방법을 선택하는 유연성을 발휘한다.
- 예기치 않거나 새로운 모험에 대한 호기심을 보인다.
- 매일매일 최선을 다한다.
- 잘하는 학생과 미진한 학생 모두를 고려하고 북돋아 주는 결정을 한다.
- 학생의 입장을 먼저 생각하고 학생을 위한 최선의 유익을 추구한다.
- 결정을 내리기 전에 학생들 간의 유불리를 헤아린다.

- 시험을 단지 성적이 아닌 학생의 총체적 성장의 넓은 관점에서 이해한다.
- 진심 어린 보살핌을 통해 학생들의 마음을 움직인다.

교육 영화의 고전으로, 〈언제나 마음은 태양〉에 등장하는 새커리 선생님은 임시방편으로 잠시 머물고 떠나려다가 교직에 헌신하게 된다. 그녀는 이 영화에서 다음과 같은 특성을 보인다. ① 어려워도 포기하지 않는다. ② 학생의 관심을 끌어낼 방법을 찾고자 고민한다. ③ 한 가지라도 더 가르치려고 애쓴다. ④ 복장, 언어, 행동에서 예절을 갖추고 교사의 권위를 자연스럽게 드러낸다. ⑤ 본분을 다하고자 최선을 다한다. ⑥ 목표와 규칙을 명확하게 공유해서 교실의 질서와 분위기를 바르게 잡는다. ⑦ 학생의 성취에 대한 기대치를 높이고 배움의 터를 넓히고 동기를 고취한다. ⑧ 애를 먹이는 철부지에 대한 수용력이 높다. ⑨ 단호하게 꾸짖으면서도 연민의 눈으로 바라보며 너그럽게 용서한다. ⑩ 때로는 스스로 깨달을 수 있도록 기다려 준다. ⑪ 흔들려도 이내 회복해 한결같은 마음을 유지하려고 노력한다. ⑫ 속이 타는 일도 참고 견디며 뜻한 바를 끈질기게 이룬다. ⑬ 스스로 모범을 보이면서 학생을 인격체로 존중한다. ⑭ 두루 좋은 관계를 맺고자 노력한다. ⑮ 교실에 온기를 불어넣고 웃음꽃이 피게 한다(정일화, 제작 중).

> **Q**
> 내가 부모라면, '자녀가 만났으면 하는 교사'는 어떤 모습일지 생각해 보자.

2) 언행과 태도

심리학자인 밴듀라(Bandura, 1969)의 사회학습이론처럼, 학생은 선생님이 하는 말로만 배우는 게 아니라 선생님의 모습과 행동을 보고 배운다(Smoot, 2011). 교사는 자신이 무심코 한 행동을 의식하지 못하고 한 말을 까마득히 잊을지라도, 학생들은 오랜 시간이 지나도 보고 들은 선생님의 언행을 생생히 기억한다. 이 같이 선생님의 언행이 미치는 영향력 때문에 같은 학년이라도 교실마다 담임교사가 누구인지에 따라서 분위기가 달라진다(주삼환 외, 2023). [그림 6-1]의 벽 하나를 사이에 둔 옆 반 교실의 모습과 같이 큰 차이를 보일 수 있다.

[그림 6-1] **바로 옆 두 교실**

교사의 언행은 마음가짐에서 비롯된다. 그저 벽돌을 쌓는다는 마음과 성전을 세운다는 마음은 아예 차원이 다르다. 이렇듯, 교직을 생계의 수단으로만 생각하는 것과 학생이 세상의 선익을 위한 존재로 올바르게 성장하도록 도우려는 뜻을 품는 것은 하늘과 땅의 차이가 날 것이다.

학생들을 아끼고 사랑하는 마음, 좋은 영향을 미칠 가르침을 주고 싶어 하는 마음, 아직은 미성숙한 행동을 안타까워하는 연민의 속마음이 알게 모르게 드러나야 한다. 학생들은 교사의 언행과 태도를 통해서 자신들이 존중받고 배려받는지를 인지한다. 교사는 부드러운 언행으로 학생의 마음을 열게 하고, 학생과 적당한 긴장을 유지하면서 친밀한 관계로 지내야 한다. 의사소통의 어려움으로 인해 의도와 다르게 학생의 마음에 상처를 줄 수 있기에 교사의 한마디 한마디는 신중해야 한다(정일화, 2020).

교육학자인 페인(Payne, 2008)은 학생의 이름을 불러 주고, 질문에 답을 잘해 주고, 다정하게 말을 하고, 반갑게 맞아 주고, 필요할 때 도와주는 것이 학생을 존중하는 교사의 태도라고 말한다. 그러나 안타깝게도 "오늘날 교사가 휘두르는 가장 잔인한 무기는 언어와 비웃음이다(Banner & Cannon, 2003)."라는 얘기를 듣는다. 영국의 서머힐학교를 세운 닐(Neill, 1944)은 "가장 좋은 교사란 아이들과 함께 웃는 교사이고, 가장 좋지 않은 교사는 아이들을 우습게 보는 교사이다."라고 말했다. 다음은 학생을 대하는 교사의 바람직한 태도이다(정일화, 2020).

- 신뢰를 줄 수 있도록 자신감 있게 대한다.
- 너그럽고 다정다감하게 대하더라도 사제 간에 지켜야 할 선을 지킨다.
- 허용적으로 대하더라도 필요할 때는 호불호를 단호하게 전달한다.
- 경청하고, 개방적인 분위기를 유지한다.
- 신뢰감을 보인다.
- 일관성을 유지한다.
- 학생들의 목소리에 귀를 기울인다.
- 실수를 솔직하게 인정한다.
- 따뜻하고 긍정적으로 말한다.
- 밝게 인사를 나눈다.
- 의견을 수렴하고 수용한다.
- 곤란에 처한 학생의 마음을 다독인다.
- 실수를 관용하고 품으려는 진심이 전해지게 대한다.
- 지금 보고 아는 것이 전부가 아니라는 겸손한 마음으로 대하고 가르친다.
- 학생이 배워야 할 존중하는 태도를 먼저 보여 준다.
- 부모의 마음으로 돌보고 가르친다.
- 내 자녀를 가르치는 교사에게 바라는 교사가 되려는 마음을 가진다.
- 학생을 위한 최선의 유익을 추구한다.
- 독단적인 태도를 삼간다.
- 내가 모두 옳다는 태도를 삼간다.
- 무시하거나 매몰차거나 감정의 기복이 심하거나 짜증이나 화를 내지 않는다.
- 편애하지 않고, 학생의 관점에서 이를 확인한다.
- 사무적으로 다루지 않는다.
- 학생의 인사에 신통치 않게 반응하거나 지나치지 않는다.

Q

교사가 '학생들과 친구처럼 지낸다.'라는 말은 어떤 의미일지 생각해 보자.

3) 용모

첫 출근은 물론이고 근무하는 어떤 순간에 누구와 만나게 될지 모를 일이기에 전문가다운 인상을 줄 수 있는 차림이 늘 필요하다. 학생은 자신의 외모에 관심을 가질

뿐 아니라 가르치는 교사의 옷차림도 눈여겨본다. 학생들은 교사에게 먼저 눈을 연 다음에 귀를 열고, 마음을 연다. 갈수록 서로의 용모를 언급하는 일은 아주 조심스러워 조언하지 않고 그냥 지나친다. 그러기에 전문가의 용모에 관한 사회적 기대에 어긋나지 않는 옷차림이 되도록 스스로 더욱 신경을 써야 한다(정일화, 2020).

다음의 글은 복장의 중요성을 강조한다. "교직은 30년 전에 비해 전문직 복장을 덜 강조하는 경향이 있지만, 사람을 대하거나 일을 하는 방식뿐만 아니라 옷을 입는 방식에 있어서도 전문적인 환경을 조성하는 것이 합리적인 접근 방식이 될 수 있습니다. 수업 관리에 어려움을 겪는 교사가 있다면 처음부터 전문 복장을 입으라고 권고하는 것이 좋습니다"(Gruenert & Whitaker, 2019).

Q
교사나 교육실습생에게 기대되는 옷차림은 어떤 것일지 생각해 보자.

4) 이름 외우기

이름을 부르는 것은 친밀한 관계의 시작이다. "중요한 관계 없이는 의미 있는 학습이 이루어지지 않는다"(Comer, 1995). 가르치고 배우려면 심리적 관계 맺기가 필요하다. 좋은 수업의 비밀은 관계이고, 좋은 관계의 첫걸음은 서로의 얼굴과 이름을 익히는 일에서 시작한다. 이름을 기억하고 부르면 관계에 생명의 숨을 불어넣는 것과 같다. 수업뿐만 아니라 복도를 지나칠 때 학생의 이름을 반갑게 부르면, 학생은 "선생님께서 내 이름을 알고 계시네!"라고 깜짝 놀라고, 그다음 수업 때는 더 좋은 태도로 선생님을 맞이할 것이다. 영화 〈여선생 vs 여제자〉에 나오는 선생님은 신규교사로서 첫발을 떼기 전에 학생들의 이름을 미리 외우고 빈 교실에서 인사 연습을 한다.

Q
학생의 이름과 얼굴을 잘 기억하는 방법을 생각해 보자.

5) 청결과 정리 정돈

신뢰가 무너지면 인간관계를 회복하기가 어렵듯이 교실이 어질러지면 질서가 어수선해진다. 청결한 교실의 유지는 단정한 용모처럼 생활의 기본이 된다. 반듯한 학급관리에 신경을 쓰는 교사는 교실 바닥에 떨어진 휴지 하나에도 눈길을 늦춰서는 안 된다. 교실을 깔끔하게 유지하고자 하는 학생들의 마음은 솔선수범하며 적극적인 모습을 보이는 교사의 관심 정도에 따라 달라진다. 이러한 관심은 연중 지속되어야 하지만, 특히 학기 초에는 더욱 신경을 써야 한다. 다음은 교실에 들어가면 청결과 관련해서 챙길 사항과 일과가 끝난 후에 점검할 사항의 예시이다.

- 교실과 복도 바닥의 휴지
- 청소도구함과 분리수거함 주변
- 책걸상 줄 맞추기
- 커튼 또는 블라인드
- 멀티미디어 연결선 정리
- 보조 교탁 위 정리
- 냉·난방 가동 때 창문 개폐 상태
- 책걸상 등 교실의 정리 정돈 확인
- 소등 등 전기 기구 전원 끄기
- 창문 닫기와 문단속

Q

교실 환경을 청결하게 유지하기 위해 해야 할 일을 생각해 보자.

Q

교내를 지날 때 바닥에 휴지가 눈에 띄면 어떻게 해야 할지를 생각해 보자.

6) 칭찬과 격려

"아이는 격려를 받으며 자라면 자신감을, 관용 속에서 자라면 인내심을, 칭찬을 받으며 자라면 남을 인정하는 것을, 포용 속에서 자라면 사랑을, 허용적 분위기에서 자라면 자신을 사랑하는 법을, 공정한 분위기 속에서 자라면 정의를, 친절과 배려 속에서 자라면 남을 존중하는 법을, 안정감을 느끼며 자라면 자기 자신과 주변에 대한 믿음을, 친밀한 분위기에서 자라면 이 세상이 살기 좋은 곳이라는 것을 배운다"(Nolte & Harris, 2016: 20). 다음은 칭찬의 다섯 가지 원칙이다(Bissell, 1992: 80).

- 진심으로 칭찬한다(Make sure the praise is authentic).
- 구체적으로 칭찬한다(Make sure the praise is specific).
- 바로바로 칭찬한다(Make sure the praise is immediate).
- 순수하게 칭찬한다(Make sure the praise is untainted).
- 개인적으로 칭찬한다(Make sure the praise is private).

이 원칙에 더해서 다른 학생과 비교하는 칭찬은 삼가고, 합당한 이유를 들어 칭찬하며, 일관되게 칭찬한다. 언어적 보상인 '칭찬'을 대체할 수 있는 교사의 격려반응은 ① 경청하기, ② 권장하기, ③ 지지하기, ④ 감정 수용하기, ⑤ 적절한 행동에 대해 언급하기를 들 수 있다(강해련, 오익수, 2008: 131). 또한, 비언어적 표현으로써 호의적 관심을 보이며 지켜보는 것과 학생이 행한 행위나 떠올린 생각에 호기심을 나타내며 질문하는 언어적 표현도 격려의 방식이다.

Q
결과와 성공보다 과정과 도전(노력)에 대한 칭찬과 격려의 긍정적인 면을 생각해 보자.

〈표 6-1〉 **교사의 격려반응 개념화**

종류	내용	예시
경청하기	학생에게 말할 기회를 주고, 들은 것에 대해 송환 효과를 보내면서 듣는다.	음…… 그래. 음…… 그렇구나.
권장하기	학생이 도움이 필요한 상황에서, 교사와 함께 어떤 일을 하도록 권함으로써 용기를 돋운다.	함께 ~해 볼까?
지지하기	학생의 의견을 받아들이고 그를 위해 함께 힘쓸 것을 알린다.	그렇지! 그래, 좋은 생각이구나!
감정 수용하기	학생의 말이나 감정을 다시 한번 반복함으로써 감정을 이해하고 있음을 알린다.	~해서 기분이 나빴었구나. ~해서 기분이 나빴겠구나.
적절한 행동에 대해 언급하기	학생의 적절한 행동에 대한 평가가 아닌, 행동 자체에 대해 열심히 하고 있음을 언급한다.	~가 큰 목소리로 자기의 의견을 발표하는구나.

자료: 강해련, 오익수(2008), p. 135 요약 보완.

2. 학생의 성장과 발달 단계

청소년기는 부모에게서 또래 집단으로 정서적 유대관계의 이동이 나타난다. 10대 초반까지 완만하게 발달하던 전두엽의 급격한 변화를 겪기 시작하는 이 시기는 아직 올바른 판단을 하거나 우선순위를 정하거나 계획을 세우는 것 등이 서툴지만, 새롭고 다양한 경험을 통해 자아정체성을 형성하고 추상적 · 과학적 개념의 사고력을 시행착오를 통해 쌓아 간다(천세영 외, 2014: 71). 타당하고 효율적으로 지도하기 위해서는, 학생의 성장과 발달 단계에 대한 이해가 필요하다.

1) 등교 시간과 학업성취도

청소년의 성장에 따른 적합한 등교 시간은 학업성취도, 건강, 삶의 질을 높여준다. 연구에 따르면, 생리학적으로 청소년기에는 늦게 자고 늦게 일어나게 된다. 수면과 관련된 호르몬인 뇌의 멜라토닌 변화는 13세 정도에 강해지기 시작하고, 15세와 16세에 더 강해지면서 17~19세에는 정점에 이른다. 9,000명 이상의 고등학생을 대상으로 연구한 미네소타대학의 연구팀은, 오전 8시 35분 이후에 등교한 학생들의 수학, 영어, 과학, 사회 과목의 성적이 일반적으로 1/4 단계, 예를 들면 B에서 B^{+}로 상승했다고 발표했다. 다른 나라의 연구에서도 등교 시간을 늦춘 경우에 같은 경향을 보인다. 이 연구의 핵심은 청소년들은 최소 8시간, 가능한 9시간 이상의 수면이 필요하다는 것이다(Center for Disease Control & Prevention, 2022; Scientific American, 2014. 9. 1.). 미국은 학생들의 수면 등을 고려해서 숙제의 양을 조절한다. 중등의 경우는 주별 학년 및 교과협의회를 통해 요일별로 숙제의 분량을 협의하여 부과하기도 한다.

Q

과학적 연구에 비추어, 합리적인 등교 지도 방안에 대해 생각해 보자.

〈표 6-2〉 **일일 권장 숙제 시간** (단위: 분)

학년	펜실베니아 교육부. 1973	Leone & Richard, 1989	Bond & Smith, 1966	Strang, 1975	Keith, 1982	Tymms & Fitz-Gibbs, 1992
초등 기초	30		20~29	10		
초등 상급	45~90		30~40	40*		
중학교 고교 1	90~120	50	50	60*		
고교 2~3	120~180			120	60*	60

* 연구자의 의견을 바탕으로 추론하여 계산함.
자료: Marzano, Pickering, & Pollock (2010), p. 78.

2) 매슬로의 욕구위계이론

매슬로(Maslow, 1954)는 인간의 욕구를 다섯 단계로 구분하고, 각 단계가 결핍되면 해당 단계에서 성장을 멈춘다고 주장한다. 즉, ① 물 · 음식 · 방한 같은 생리적 욕구, ② 건강 · 재정 상태 등과 같은 불안 · 위협 · 위험으로부터의 안전 · 안정의 욕구, ③ 우정 · 친밀감 · 연대감 · 가족 관계 등 애정과 소속감의 욕구, ④ 사회적 지위 · 명성 · 성취를 원하는 존경의 욕구, ⑤ 잠재력의 발현 및 창조적 활동을 추구하는 자아실현의 욕구이다(김정래, 2014). 이에 따르면, 가정의 불화와 불안정은 학생의 학교생활에 부정적 영향을 미치게 된다. 안정된 가정환경의 학생이 교실을 안전하고 편한 곳으로 인식하고 애정과 소속감을 느끼면, 학업 등 성취를 지향하기 시작한다고 해석할 수 있다.

Q
매슬로의 욕구위계이론이 학급관리에 시사하는 바를 생각해 보자.

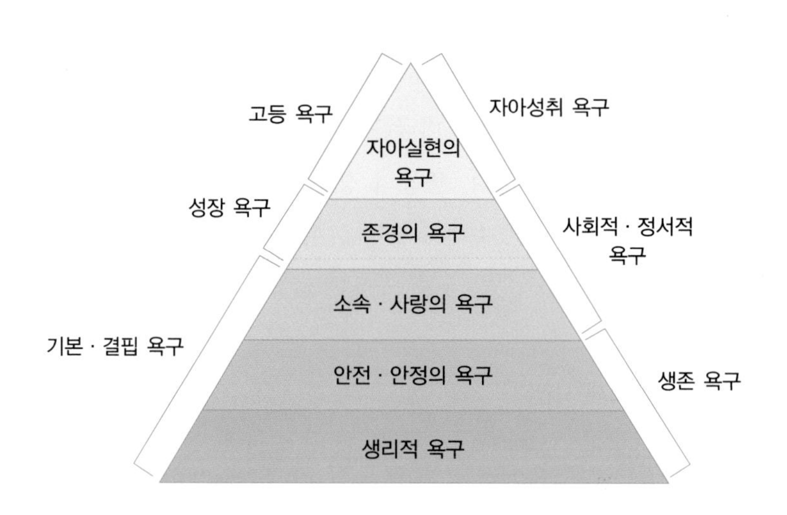

[그림 6-2] **매슬로의 욕구위계**

* 욕구위계이론에 해석을 덧붙임.

3) 인지적 도덕성 발달 단계

콜버그(Kohlberg, 1981)는 하나의 진정한 도덕이 있다면 그것은 정의의 도덕(morality of justice) 원리이고, 자율성을 갖춘 사람을 길러 내는 것이 이상적인 교육의 모습이라고 주장한다(현상익, 2021). 길리건(Gilligan, 1982)은 배려와 반응의 윤리(ethic of care and response)도 함께 지향되어야 한다고 주장하는데, 콜버그의 후인습 수준에서는 정의와 배려의 관심이 하나로 통합된다(김진, 2011). 자료나 현상을 해석하고 결정하는 인지구조는 도덕성 발달에 결정적으로 작용한다. 피아제(Piaget, 1966)는 단절된 단계들이 비약을 통해 진행되는 것이 아니라 연속적으로 진행된다고 한다(이은주, 2009: 354).

〈표 6-3〉 **인지적 도덕성 발달 단계**

콜버그			길리건		피아제	
수준	단계	특징	단계	특징	단계	특징
후인습적	6	보편적 도덕 원리의 판단	3	자타(自他)에 대한 배려	형식적 조작기	임의적 합의 규칙 변경 가능 행동의 의도 판단
	5	도덕적인 추론의 사회 계약 정신	2.5	선에 관심 → 진실에 관심		
인습적	4	법과 질서 준수, 사회적 의무감	2	책임감과 자기희생	구체적 조작기	일방 규칙 고정 결과로 정오 판단
	3	착한 아이, 좋게 보이려는 욕구	1.5	이기심 → 책임감		
전인습적	2	욕구 충족의 수단적 목적 교환	1	자기중심적	전조작기	규칙의 무관심 규칙의 미지각
	1	처벌과 타율적 복종				감각운동기

4) 심리사회적 발달

에릭슨(Erikson, 1968)의 사회성 발달 이론에 따르면, 3~6세의 아동 때는 주로 부모의 행동 모방 통해 형성된다. 6~12세 때는 자신이 해낼 수 있는 일에 대한 관심이 높아지고, 12~20세 때는 자신의 정체성을 찾아가는 시기이다(김미영, 2015). 놀이가 중심인 아동기 때는 부모의 솔선수범과 경직되지 않은 안정되고 편한 분위기가 제공되어야 한다. 지나친 엄격한 훈육과 윤리적 태도를 주입하지 않도록 유의해야 한다. 초등학생 때는 작더라도 성취감을 느낄 수 있는 기회를 자주 제공할 필요가 있다. 중·고등학생 때는 사회적 관계 속에 존재감을 찾고 진로 탐색과 설계를 돕는 것이 중요하다.

Q
학생의 발달 단계와 연결해서 살필 학급관리의 측면에 대해 생각해 보자.

〈표 6-4〉 **에릭슨의 생애 주기 발달과정**

연령	심리사회적 발달 단계		덕목	주된 관계 대상 범위
	적응	부적응		
3~6세	〈솔선〉 현실 도전의 경험, 상상, 양친 행동의 모방을 통한 형성	〈죄책감〉 너무 엄격한 훈육, 윤리적 태도의 강요에서 형성	목적	가족
6~12세	〈근면〉 공상과 놀이에서 벗어나 현실적 과업을 수행하고 무엇이든 시도함.	〈열등감〉 지나친 경쟁, 개인적 결함, 실패의 경험에서 형성	능력	이웃, 학교
12~20세	〈정체성〉 어른과의 동일시감, 자기가치감, 자기 역할의 인식에서 형성	〈정체성 혼미〉 자신의 역할, 사회적 규준 제시의 불분명에서 형성	충성	교우 집단 지도자의 모범

자료: Capps (1983); 김미영(2015), p. 34 발췌 수정.

5) 진로 · 진학 상담

영화 〈죽은 시인의 사회〉에서 한 학생은 이렇게 외친다. "난생처음 내가 뭘 하고 싶은지 알아냈어! 카르페 디엠!" 〈고독한 스승〉 〈위험한 아이들〉 〈그레이트 디베이터스〉의 교육자는 "하고 싶은 일을 하기 위해서는 해야 할 일을 먼저 해야 한다."라고 학생들에게 새겨 준다(정일화, 제작 중). 학습, 교우관계, 일상생활의 고충뿐 아니라 진학과 진로에 관한 상담을 하게 되는 교사는 학생의 앞날에 지대한 영향을 미칠 수 있다. 따라서 철저하게 상담 준비를 하고 신중하게 접근해야 한다. 관련한 상담을 할 때 신뢰하는 마음을 얻으려면, 먼저 학생의 말에 귀를 기울여야 한다는 말을 마음에 새겨야 한다. 즉, 해결책을 찾기에 앞서 진지하게 공감하고 긍정적으로 지지하는 등 일반적으로 상담자가 내담자를 대할 때의 접근이 필요하다(정일화, 2020: 179).

초 · 중등학교의 진로교육은 학생의 느낌과 이해를 존중하고 개인의 진로 발달을 촉진하는 방향으로 전개되어야 한다(이지연, 최동선, 2005: 376). 초등학교 때는 학생이 삶의 다양성과 일의 중요성에 대한 인식을 형성하고, 중학교 때는 자신의 소질과 적성 등을 객관적으로 바라보면서 진로를 탐색하도록 해야 한다. 또한 고등학교 때는 미래의 직업세계 변화에 대한 이해를 통해 방향을 잡아 목표와 계획을 세우고 실행에 옮기도록 조력해야 한다(한상근, 정윤경, 정지은, 안중석, 2021: 121). 다음은 진로 탐색의 질문과 학생에게 권장할 진로 행동에 관한 예이다(대전광역시교육청, 2007: 72).

〈진로 탐색 질문〉

- 자신에 대해 어떻게 생각하는가?
- 자신의 흥미는 무엇인가?
- 자신이 잘 할 수 있는 활동은 무엇인가?
- 그동안의 경험을 통해 얻었던 능력과 기술은 무엇인가?
- 자신이 직업이나 진로를 결정하는 데 소중하게 여기는 가치는 무엇인가?
- 직업을 선택하는 데 장애물은 무엇인가?

Q

다음에서 진로 · 진학 지도와 관련한 정보를 알아보자[예: 진로정보망 커리어넷(www.career.go.kr), 한국잡월드(www.koreajobworld.or.kr), 꿈길(www.ggoomgil.go.kr), e청소년(www.youth.go.kr), 대입정보포털(www.adiga.kr), 고입정보포털(www.hischool.go.kr), 각 시 · 도교육청의 진로진학정보센터 또는 진로진학지원센터의 누리집].

〈권장할 진로 행동〉

- 자신의 강점과 약점을 생각하고, 조력자와 의견을 교환한다.
- 자신이 하고자 하는 것, 성취하고 싶은 것, 동기 · 자극을 받는 것들을 생각한다.
- 심리 · 성격 · 적성검사를 통해 흥미, 가치, 적성을 이해한다.
- 흥미 · 진로와 관련한 분야의 사람들과 어울리거나 체험활동을 한다.

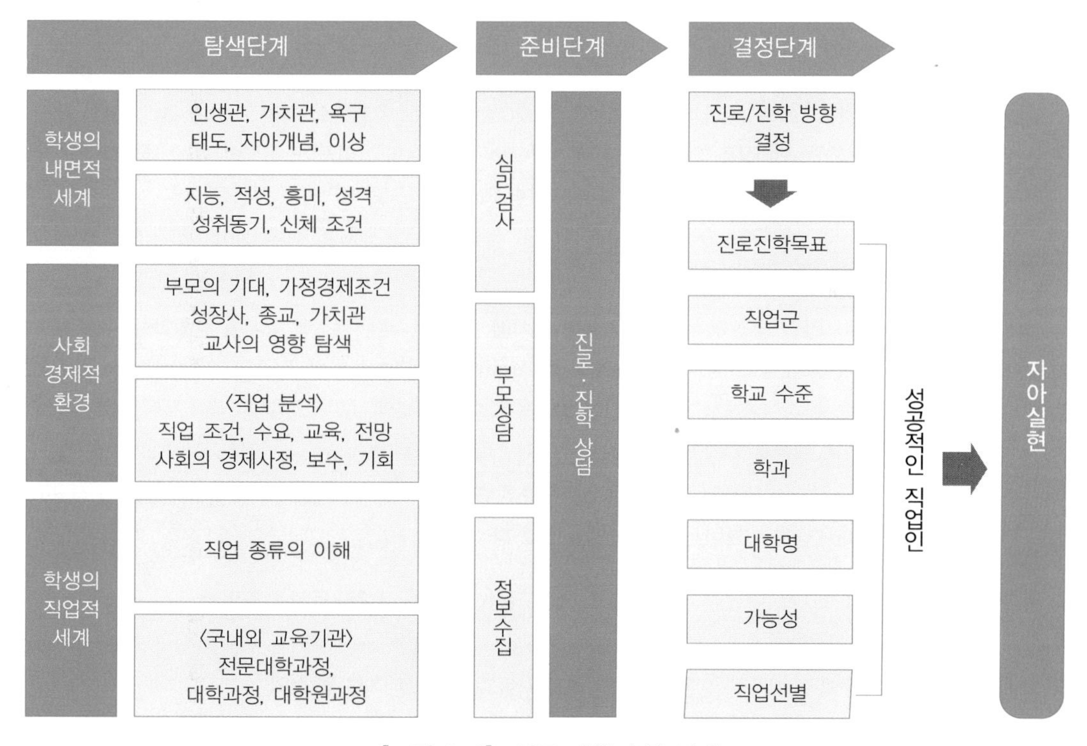

[그림 6-3] **진로 계획 수립 단계**

자료: 대전광역시교육청(2007), p. 75 수정.

6) 학교생활기록부의 기록

학급담임은 학기 말과 학년 말 무렵에 학생의 진로활동과 행동특성 및 종합의견을 학교생활기록부에 기록해야 한다. '진로활동'은 학생의 자기이해 · 진로탐색 · 진로설계에 대한 활동과 관련해서 적성과 전공에 대한 학생의 탐색 의지 등을 담는다. 폭넓은 분야의 관심을 통해서 진로를 명확하게 설정하는 모습이 반영되면 바람직하다. '행동특성 및 종합의견'은 학생의 학교생활을 지속적으로 관찰하면서 특이사항을 누가 기록한 바를 토대로 태도 및 성향에 대해 총제적으로 기술한다. 이는 상급 학교 진학 때 추천서의 역할을 하기도 한다.

〈표 6-5〉 **고등학교 학교생활기록부의 기록 예시**

구분		내용
진로 활동	관심 분야	교육계와 인문 · 사회계로 진로를 탐색함.
	진로 탐색 의지	신문의 교육 기사를 스크랩하고, 독서 감상을 학급 게시판에 게시함. 교육 쟁점을 소개하는 활동을 꾸준히 하며 변화하는 교육과 세계의 교육 동향에 관심을 나타냄.
	수행 과정 결과	『프랑스 교육처럼(이지현 저, 지우출판, 2022)』을 읽고 프랑스의 학교 모습과 대입제도를 학급에 소개하고, 이를 '위인지학'과 '위기지학'의 토론 주제로 이끌어, 공부하는 올바른 의미와 우리나라 교육제도의 개선에 필요한 다양한 의견을 이끌고 정리하는 역량을 보임.
	사회 공헌	행복한 개별 맞춤형 교육을 진전시키는 교육과 제도 개선을 위해 기여하고 싶다는 포부를 밝힘.
행동 특성 및 종합 의견	학생 특성	외유내강의 성격으로 조용하면서도 매사에 최선을 다함. 평소에 독서를 생활화하는 등 문학적 소양이 깊고, 탐구하는 자세로 늘 적극적으로 학업에 임함. 제주도 수학여행에서 체험한 바를 글로 작성해서 학교 게시판에 공유함. 일정 도중에 지나친 국제학교에 대해 자율적으로 알아본 내용을 함께 게시함.
	진로 역량	교육 및 문화행사와 관련된 정보를 꾸준히 모으고, 이를 친구들에게 소개하고 공유함. 친구들과 동아리를 만들어서 학급 문집을 만듦.
	학업 역량	교과 과제와 관련한 독후감 및 보고서 작성법에 관해서 친구들에게 조언함.
	공동체 역량	자신의 글쓰기 등 인문학적 재능을 친구들과 나누려는 태도를 보임.

3. 학급관리

영화 〈교실 안의 야크〉에는 "선생님은 미래를 어루만진다."라는 대사가 나온다(정일화, 제작 중). 교사이자 최초의 여성 민간인 우주 비행사인 크리스타 매콜리프(Christa McAuliffe)는 "당신은 미래에 영향을 미치며, 우리는 당신을 교사라고 부른다."라고 한 바 있다(Kronowitz, 2009). 학생들의 삶에 좋은 영향을 미치고 행복한 시간을 보낸 학급으로 기억되는 교실은 담임의 눈길과 손길로 다듬어진다. 학급을 의도한 방향으로 잘 꾸려 가기 위해서는 학급 운영에 대한 구상과 구체적 계획이 있어야 하고, 첫날부터 마지막 날까지 하루하루를 성찰하며 생활해야 한다.

1) 학급운영계획서

여기에는 담임교사의 교육관이 반영된 ① 학급 운영의 방향과 목표, ② 학생실태에 관한 자료, ③ 급훈과 규칙, ④ 부서 조직, ⑤ 교실 환경 조성, ⑥ 게시판 구성 및 운영, ⑦ 좌석 배치, ⑧ 청소 분장, ⑨ 용모 등 생활 및 인성 지도, ⑩ 학습 지도, ⑪ 진로 · 진학지도, ⑫ 필요한 개별화 교육, ⑬ 학생 상담, ⑭ 학부모 상담 및 협력, ⑮ 학급의 특색 사업, 조회 및 종례, 주별, 월별 및 연중 학급 활동에 관한 계획 등이 담긴다. 이 계획서의 핵심을 추려 요약하고 교사의 포부와 학부모에게 바라는 당부의 글을 덧붙이면, 학년 초에 열리는 학급의 학부모 대상 설명회의 자료 또는 가정통신문으로 활용할 수 있다.

Q
학급운영계획서를 작성해 보자.

2) 첫날 맞이

첫걸음이 중요하다. 첫발을 어디로 어떻게 떼느냐에 따라 도착지가 달라진다. 일찍이 플라톤(Platon)은 '일의 처음이 중요하다.'라고 했다(정일화, 2020). 〈표 6-6〉은 새내기 교사로서 또는 새롭게 옮겨 가는 학교에서 첫날을 맞기 전에 확인할 사항에 관한 예시이다. 갓 입학한 학생은 모르는 것이 많더라도, 학생들 앞에 서는 새내기 교사는 초보의

Q
학기 또는 학년의 마지막 날에 할 계획과 인사말을 생각해 보자.

모습을 보이지 않아야 한다. 이를 위해서는 개학 전에 학교에 가서 필요한 준비를 하는 것이 바람직하다.

〈표 6-6〉 **출근 첫날 준비를 위한 확인 사항**

구분	확인 사항	V	비고
1	학교의 누리집을 방문해서 학교 소개와 교육활동을 살폈는가?		
2	교직원 및 학생들에게 할 인사말을 준비했는가?		
3	출근 교통편과 소요 시간을 확인했는가?		
4	출근 때의 복장과 실내화를 준비했는가?		
5	첫날 일과 운영 계획에 대해 알고 있는가?		
6	개인 수업 시간표와 첫날에 할 일에 대해 알고, 계획을 세웠는가?		
7	배정된 신발장과 교무실 좌석의 위치를 확인했는가?		
8	맡을 학급 교실 및 교과 교실의 위치와 상태를 확인했는가?		
9	교과서와 교사용 지도서가 있는가?		
10	가르칠 자료와 준비는 되었는가?		
11	학생들의 학업 및 생활과 관련한 안내 및 자료를 인계받았는가?		
12	학급 명렬표를 가지고 있는가?		
13	맡은 학급 학생들의 이름을 외웠는가?		
14	교실 규칙과 그에 따른 결과를 생각하거나 정했는가?		
15	좌석 배치나 규칙을 정할 때 고려할 학생이 있는지 확인했는가?		
16	수업에서 시간의 여유가 날 때를 대비한 활동은 준비되었는가?		
17	첫날, 학부모의 전화를 받는다면 어떻게 할지를 생각해 보았는가?		
18	교실에서 돌발 상황이 발생할 때 대처 방법을 알고 있는가?		
19	보건실 등 특별실의 위치와 사용 절차를 알고 있는가?		
20	심폐소생술 및 기도가 막힐 때 등의 응급처치 방법을 알고 있는가?		
21	맡을 교실에서 화재·지진의 대피 경로와 소화기의 위치를 알고 있는가?		

3) 학급 조직과 급훈

학급의 부서 조직을 어떻게 하느냐에 따라 반의 운영에 차이가 난다. 학급의 부서 조직은 짧게는 한 학기, 길게는 1년 동안 학급 운영의 성패에 영향을 미친다. 소외되는 학생 없이 모두에게 역할이 부여되는 부서를 조직할 때 고려할 점은 다음과 같다.

- 학생들의 의견을 존중한다.
- 학생들의 개성을 살린다.
- 학생들의 협동을 격려한다.
- 학생들의 봉사하는 마음을 함양한다.
- 학생들의 자율성을 추동한다.
- 학생들의 창의적 활동을 촉진한다.
- 학생들이 자발성과 책임감을 강화한다.
- 학생들의 민주시민으로서의 의식과 실천을 장려한다.

급훈은 성인과 현인이 남긴 명훈과 금언을 그대로 따르거나, 여기에다 학생들의 아이디어를 더해도 좋다. 하나를 정해 일 년 동안 새겨가도 되지만, 돌아가며 저마다의 좌우명을 발표하고 한 주 동안의 학급 공동 지침으로 삼을 수도 있다. 영화 〈원더〉의 담임교사는 삶의 격을 고양하는 격언을 한 달에 한 번 하나씩 소개하고 생활 속에서 기억하게 한다(정일화, 제작 중). 〈표 6-7〉은 교실 출입문 옆에 액자로 게시한 학급 소개의 예시이다.

Q

학급명(學級名) 붙이기에 대한 다른 나라의 사례를 알아보고, 맡을 학급의 별칭을 생각해 보자.

〈표 6-7〉 **인성 급훈의 실제 예시**

급훈	착한 마음, 고운 얼굴, 건강한 OO반	지금 할 수 있는 것, 지금 다하는 OO반	우리가 모여 함께 만들어 나가는 OO반
학급 사진	학급 단체 사진	학급 단체 사진	학급 단체 사진
학급 특색	자신의 꿈과 결을 살리며 행복한 미래를 만들어 가요!	매일 세 가지로 자신을 성찰하기	서로 존중하고 배려하며 하나가 되는 반을 만들어요!
실천 과제	• 하루 세 끼 잘 챙겨 먹기 • 아침엔 꼭 체조하기 • 긍정적인 생각과 행동하기	• 정직: 나 자신과 타인을 진실하게 대하는가? • 감사: 감사의 마음을 표현하는가? • 성실: 나와 우리를 위해 최선을 다하는가?	• 서로 응원하고 다 같이 성장하기 • 고운 말과 행동으로 배려하기 • 항상 감사한 마음으로 선한 영향력을 발휘하기

4) 출결 관리

조회와 종례 시간, 수업 시간에 출결 확인을 반드시 해야 한다. 출결 확인을 소홀히 하면 난처한 지경에 빠지는 일이 종종 있다. 출결은 누구든 똑같이 적용되어야 하나, 지나치게 경직되거나 느슨하지 않고 적합하게 이루어져야 한다. 예를 들면, 출근 대란을 불러오는 일기 불순 같은 돌발 상황 때는 평소와는 다른 적용이 고려될 수 있을 것이다. 애매할 때는 다른 학생과의 형평성과 일관성을 살피고, 동료 교사의 의견을 구하거나 학교의 공식 절차를 밟아 결정한다(정일화, 2020: 238).

Q
시간을 절약하는 출결 확인 방법을 생각해 보자.

5) 일과 세우기와 성찰

그날 할 일에 대한 계획을 세우고 실천하면 시간과 에너지를 효율적으로 사용할 뿐만 아니라 학생들에게 기대하는 행동의 본보기를 보여 줄 수 있다. 계획은 교사 자신을 위한 것과 학생들과 공유해서 실천하는 것으로 구분할 수 있다. 다음은 일과 계획 수립에 있어서 고려할 점과 성찰을 위한 질문이다(Kronowitz, 2009).

- 오늘 일과의 목표는 무엇인가?
- 학생들은 오늘의 일과를 잘 숙지하고 있는가? 그 점을 어떻게 알 수 있는가?
- 동료(예비) 교사는 세워진 오늘의 일과를 어떻게 강화하고 있는가?
- 동료(예비) 교사는 새로운 오늘의 일과를 어떻게 소개 및 실행하는가?
- 하루의 일과를 통해 학생들은 어떤 것을 배우는가?
- 하루의 일과 덕분에 가르칠 수 있는 시간을 절약하는가?

계획을 세우고 성찰하며 잘하려는 노력은 해야겠지만, 완벽하기 위해 자신을 들볶는 것은 삼가야 한다. 흠결의 흔적조차 남기지 않으려고 신경을 쓰느라 심신이 지쳐서는 안 된다. 사람은 누구나 다 부족한 존재임을 기억하자. 교사가 건강해야 교단이 채워질 수 있고, 교사가 행복해야 학생도 행복하다. 우리는 삶의 행복을 위해 가르치고 배운다는 것을 기억하자.

〈표 6-8〉 **일일 · 주간 계획 세우기 예시**

구분		과제	오늘 우선순위	금주 우선순위	마감 기한	완료 여부	비고
월	일과 전						
	조회						
	오전						
	점심						
	오후						
	종례						
	방과 후						
화	일과 전						
	조회						
	오전						
	점심						
	오후						
	종례						
	방과 후						
수	일과 전						
	조회						
	오전						
	점심						
	오후						
	종례						
	방과 후						
목	일과 전						
	조회						
	오전						
	점심						
	오후						
	종례						
	방과 후						
금	일과 전						
	조회						
	오전						
	점심						
	오후						
	종례						
	방과 후						

생각 나누기

1. 상담한 학급의 학생과 관련해서 전문상담교사의 도움이 필요하다면, 어떤 점에 유의해서 협조를 구하거나 의뢰해야 할지를 생각해 보자.

2. 다음의 사례를 읽고, '보호 · 감독의무의 위반' 책임을 담임교사에게 물을 수 있는지 생각해 보자.

> • 고등학교 2학년 학생이 점심시간에 장난으로 급우가 앉아 있던 의자를 걷어차 급우로 하여금 뒷머리 부분을 교실 벽에 부딪쳐 상해를 입게 한 사고가 났다.
>
> • 두 학생이 점심시간에 물건을 돌려 달라고 다투다가 한 학생이 상대의 몸을 밀쳐 뒤로 넘어지게 하는 바람에 두개골 골절과 뇌진탕 등의 상해를 입혔다.
>
> ---
>
> 학교의 학생에 대한 보호 · 감독의무는 학교 내에서의 학생의 전 생활관계에 미치는 것이 아니고 학교에서의 교육활동 및 이와 밀접불가분의 관계에 있는 생활관계에 한하며, 그 의무범위 내의 생활관계라고 하더라도 사고가 학교생활에서 통상 발생할 수 있다고 하는 것이 예측되거나 또는 예측가능성(사고발생의 구체적 위험성)이 있는 경우에 한하여 보호 · 감독의무 위반에 대한 책임을 진다고 할 것인바, 위의 예측가능성에 대하여서는 교육활동의 때, 장소, 가해자의 분별능력, 가해자의 성행, 가해자와 피해자와의 관계 기타 여러 사정을 고려하여 판단할 필요가 있다.
>
> –대법원 1993. 2. 12., 선고, 92다13646. 판결 요약–

3. 담임교사의 '업무상과실치사죄'를 두고 법정에서 다툰 다음의 사례를 읽고, 현장체험학습 때 인솔 교사가 해야 할 안전교육과 주의할 점에 대해 생각해 보자.

> 학급 학생 38명을 인솔하여 A수영장에서 물놀이 현장체험학습을 하게 되었는데, 이 수영장 유수풀의 경우 피해자와 같은 7세 이하의 어린이는 안전보조장비를 구비하지 않거나 보호자 동반 없이는 입장이 불가능함에도 이를 통제하는 등의 조치를 취하지 아니하였고, 점심식사를 마친 학생들이 개별적으로 물놀이를 하도록 방치하였으며, 더욱이 피해자는 평소 다른 학생보다 느린 행동을 보이는 등 특별히 신경을 써야 할 학생임에도 그 동태를 지속적으로 관찰하지 아니하여 피해자가 유수풀에서 의식을 잃은 상태로 발견될 때까지 아무런 조치를 취하지 아니한 업무상과실로 A수영장의 수상안전과장과 공동하여 피해자를 익사에 이르게 하

였다"라는 요지로 업무상 주의의무나 과실범의 공동정범기소된 사건이다.

피해자가 특별한 관리를 요하는 학생이었다고 볼 만한 근거도 부족하여 피고인에게 피해자를 지속적으로 주의 깊게 관찰할 의무가 있었다고 보기도 어려울 뿐 아니라, 피고인이 사고 직전에 피해자가 노는 모습을 촬영하는 등 현장을 이탈하지 않고 자신이 인솔한 학생들을 관찰하고 있었던 것으로 보이는 점 등에 비추어, 피고인의 업무상 주의의무 위반을 인정하기 어렵다.

-대법원 2012. 1. 12., 선고, 2010도327. 판결 요약-

4. 다음은 어떤 한 초등학교 교사가 '브런치 스토리'에 쓴 글을 인용해 요약한 것이다. 이를 읽고, 새 학년, 새 학기 첫날 준비를 위한 마음가짐과 해야 할 일을 생각해 보자.

4년간 육아휴직의 마침표를 찍고 학교로 복귀했다. 아이들과의 첫 만남을 잘하기 위해 2월 중순부터 출근했다. 3학년 선생님들과 연구실에 모여 떨리는 마음으로 아이들 명단이 담긴 봉투를 뽑았다. 내 품에 쏙 안아 키울 아이들의 이름이 명단에 적혀 있었다. 우리 아이들이 쾌적하게 지낼 수 있도록 교실 구석구석을 깨끗하게 청소했다. 학교와 학년 교육과정을 바탕으로 학급 교육과정 초안을 짰고, 학습 준비물을 신청했다. 마지막 날에는 '담임 소개서'를 썼다. 내가 이 학교 근무는 처음이라 학부모들이 내가 어떤 사람이고 어떤 교육관을 가지고 있는지 궁금해하고 관심이 많을 것이다. 1년간 아이들과 어떻게 살지 내 교육철학을 고민하고 또 고민했다. 나에 대한 소개, 학급의 목표와 핵심 가치, 학부모님들께 부탁하고 싶은 말을 편지에 담았다.

-brunch.co.kr/@sursong77/45-

5. 학급의 생활지도 또는 교과 지도와 관련해서 고민되고 고통받는 일을 겪게 된다면, 혼자 속으로 삼킬지, 아니면 주변의 그 누구에게 속 시원히 털어놓고 함께 해결책을 찾을지를 생각해 보자.

참고문헌

강해련, 오익수(2008). 교사의 격려반응이 아동의 학교생활적응에 미치는 영향. 초등상담연구, 7(2), 131-140.

교육부(2023). 학교생활기록부 기재요령 [고등학교].

김동훈(2018). 교사, 전문가로 살아야 행복합니다. 교육과학사.

김명교(2020. 3. 9.). 개학 후 일주일, 일 년을 좌우한다. 한국교육신문. https://www.hangyo.com/mobile/article.html?no=90952

김미영(2015). 에릭슨의 심리사회 발달적 인간 고찰. 사회복지경영연구, 2(2), 27-42.

김정래(2014). 교육목적으로서 '자기실현'의 재음미-매슬로우의 이론을 단초로 한 논의-. 교육철학연구, 36(2), 49-70.

김진(2011). 콜버그 대 길리건: '정의'와 '배려'는 도덕원리로서 양립 가능한가?. 대동철학, 57, 185-211.

대법원(1993. 2. 12.). 손해배상(기). 선고 92다13646.

대법원(2012. 1. 12.). 업무상 과실치사. 선고 2010도327.

대전광역시교육청(2007). 신규교사 및 교생실습 교육자료. 2007 EduCore 학력신장 추진계획 교실수업개선 분야 지원 자료-1.

이귀옥(2022). 유아의 성과 연령에 따른 도덕성 발달 차이. 아동부모학회지, 8(2), 89-110.

이은주(2009). 어린이를 위한 철학 교육의 가능 근거-피아제의 인지 발달 이론 비판을 중심으로-. 동서철학연구, 51, 347-371.

이지연, 최동선(2005). 초 · 중등 진로교육의 실태 및 과제. 직업교육연구, 24(3), 343-380.

정일화(2020). 새내기 교사론. 한국학술정보.

정일화(제작 중). (가제)영화로 읽는 교사론.

주삼환, 신붕섭, 이석열, 정일화, 김용남(2023). 교육행정 및 교육경영 6판. 학지사.

천세영, 정일화, 남미정, 김수아, 조성만, 김미정, 유지영, 방인자(2014). 학교폭력의 예방 및 대책. 학지사.

한상근, 정윤경, 정지은, 안중석(2021). 학교 진로교육 목표 및 성취기준 연구. 한국직업능력연구원.

현상익(2021). 콜버그 도덕발달이론에 대한 피터즈의 비판: 도덕교육에서 내용과 형식의 관계. 도덕교육연구, 33(1), 79-97.

Bandura, A. (1969). Social-learning theory of identificatory processes. *Handbook of Socialization Theory and Research*.

Banner, J. M., & Cannon, H. C. (2003). 훌륭한 교사는 이렇게 가르친다 (*The Elements of Teaching*). (이창신 역). 풀빛. (원저는 1997년에 출판).

Bissell, B. (1992). *The Paradoxical leader.* Paper presented at the Missouri Leadership Academy, Columbia, MO.

Capps, D. (1983). *Life cycle theory and pastoral care.* Philadelphia: Fortress.

Center for Disease Control & Prevention. (2022. 10. 5). schools-start-too-early. www.cdc.gov/sleep/features/schools-start-too-early.html

Comer, J. (1995). *Lecture given at Education Service Center, Region* IV. Houston, Tx.

Erikson, E. H. (1968). *Identity youth and crisis* (No. 7). WW Norton & company.

Gilligan, C. (1982). *In a Different Voice. Psychological Theory and Women's Development.* Cambridge, Harvard University Press.

Gruenert, S., & Whitaker, T. (2019). 학교문화 리더십 (*School culture recharged: Strategies to energize your staff and culture*). (주삼환, 이석열, 신봉섭, 김규태 공역). 학지사. (원저는 2017년에 출판).

Kohlberg, L. (1981). *The Philosophy of Moral Development: Moral Stages and the Idea of Justice.* San Francisco: Harper&Row.

Kronowitz, E. L. (2009). 성공하는 교사의 첫걸음 (*The Teacher's Guide to Success: Teaching Effectively in Today's Classrooms*). (고재천, 권동택, 김은주, 박상완, 박영만, 이정선, 정혜영 공역). 시그마프레스. (원저는 2008년에 출판).

Marzano, R. J., Pickering, D., & Pollock, J. E. (2010). 학업성취 향상 수업전략 (*Classroom instruction that works: Research-based strategies for increasing student achievement*). (주삼환, 정일화 공역). 시그마프레스. (원저는 2001년에 출판).

Maslow, A. H. (1954). *Motivation and personality Harper and Row.* New York, NY.

Neill, A. S. (1944). *The problem teacher.* International University Press.

Nolte, D. L., & Harris, R. (2016). 긍정육아: 아이가 성장하는 마법의 말 (*Children learn what they live: Parenting to inspire values*). (김선아 역). 중앙생활사. (원저는 1998년에 출판).

Payne, R. K. (2008). Nine Powerful Practices. *Educational Leadership, 65*(7), pp. 48-52.

Piaget, J. (1966). *The Child's Conception of Physical Causality.*

Scientific American. (2014. 9. 1). Schools start too early. www.scientificamerican.com/article/school-starts-too-early

Smoot, B. (2011). 가르친다는 것은 (*Conversations with great teachers*). (노상미 역). 이매진. (원저는 2010년에 출판).

Whitaker, T. (2020). *What great teachers do differently: Nineteen things that matter most.* CRC Press.

brunch.co.kr/@sursong77/45
케이스노트. www.casenote.kr

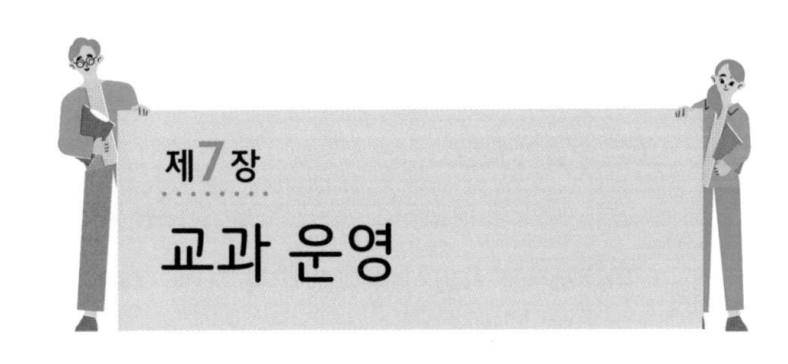

제7장 교과 운영

영화 〈론 클락 스토리〉에서 “첫날 준비는 되었나요?”라는 교장의 물음에 신임교사는 “네.”라고 자신 있게 대답하고는 긴장감을 살짝 비친다(정일화, 제작 중). 교사의 성공은 교단에 선 첫날에 무엇을 어떻게 하는가에 달려 있다는 말이 있다. 첫발을 떼는 교사라도 학급담임이든 교과담임이든 학생들 앞에 초보 교사로 비치면 안 된다. 크로노위츠(Kronowitz, 2009)는 다음과 같이 전한다.

> “교직 첫해 첫 수업 준비로 1주일 내내 잠 못 들었던 기억이 떠오른다. 첫날 교실 문을 열고 들어갈 때까지 매우 긴장했고 울렁거렸다. 새로운 도전을 할 때마다 앞을 향해 한 발짝 내디디라는 말대로 그날도 그렇게 교실로 들어갔다. 그리고 첫해 나의 학급 학생들 하나하나를 잊은 적이 없다.”

1. 좋은 수업

프랑스는 교육의 의미를 ‘교육은 원하는 수준의 문화를 달성하는 데 필수적인 것으로 간주되는 일련의 지식뿐만 아니라 도덕적 · 신체적 · 지적 · 과학적 가치를 계발하는 행위이다.’라고 정의한다(이지현, 2022: 253). 수업은 이런 교육을 위한 한 땀 한 땀의 바느질에 비유할 수 있다. 다음은 좋은 수업의 특징과 좋은 수업을 위해 고려할 사항이다(주삼환 외, 2015: 435-436).

〈좋은 수업의 특징〉

- 수업 목표가 명확하고 목표 도달 정도를 지속적으로 확인한다.
- 학습동기를 유발하여 학생들의 지적 · 정서적 만족을 가져온다.
- 교사와 학생 간의 활발한 상호작용을 통해 학습자 주도적인 참여가 이루어진다.
- 학생 개개인의 능력, 적성, 경험을 바탕으로 수준에 맞춘다.
- 문제해결을 위한 탐구심을 충족시켜 창의성을 기른다.
- 지식뿐 아니라 감성, 사회성, 신체적 발달도 이끈다.

〈좋은 수업을 위해 고려할 사항〉

- 수업이 기다려지는가?
- 즐거운 마음으로 가르치는가?
- 학습 목표 달성을 지속적으로 확인하는가?
- 전인교육의 차원에서 진행되는가?
- 정신기능을 고양하는가?
- 역동적으로 교수 · 학습 활동이 전개되는가?
- 자발적인 학습 역량을 기르는가?
- 다양한 매체를 활용하여 학습자의 이해를 높이는가?

Q

좋은 수업을 위한 준비에는 무엇이 있을지 생각해 보자.

2. 수업과 학습 전략

연구에 따르면, 학생의 성취를 높이는 수업전략은 '① 유사점과 차이점 확인, ② 요약과 노트, ③ 노력 강화와 인정, ④ 숙제와 연습, ⑤ 비언어적 표현, ⑥ 협동학습, ⑦ 목표 설정과 피드백 제공, ⑧ 가설 설정과 검증, ⑨ 단서, 질문 및 선행조직자'의 아홉 가지이다(Marzano, Pickering, & Pollock, 2010). 이와 더불어서 수업의 효과를 높이기 위해서는 학습 방법을 배우는 것이 필요하다. 로즈와 니콜(Rose & Nicholl, 2000)은 무엇을 학습하는가보다 학습하는 법을 배우는 것이 우선해야 한다고 지적한다. 그리고 마음을 자극해 잠재력을 살리는 학습을 촉진하는 다음의 'MASTER(Motivate → Acquire → Search → Trigger → Exhibit → Review)-Mind'의 여섯 단계 전략을 제시하고, 모든 교사는 학생이 이를 습득하게 가르쳐야 한다고 주장한다.

- 마음을 동기화하기: 학습에 대한 옳은 태도는 절대적인 필요조건이다. 학습이 삶에 유의미한 영향을 미칠 것이라는 내적 자신감을 지녀라.
- 정보를 습득하기: 학습자 자신에게 적합한 감각의 강점을 이용해서 흡수하라.
- 의미 찾기: 무엇을 아는 것과 정말로 이해하는 것은 크게 다르다. 단순한 사실을 개인적인 의미로 바꾸라.
- 기억을 일으키기: 장기 기억의 저장을 확인하라. 연상 등 다양한 기억 기법을 활용하라.
- 아는 것을 보여 주기: 자기 설명 등 자신이 이해한 바를 드러내라.
- 어떻게 학습했는지를 돌아보기: 효과적 기법과 아이디어를 이후에 이용하기 위해 '학습 과제가 어떻게 진행되었는가? 어떻게 그것이 더 나을 수 있었는가? 이것이 내게 주는 의미는 무엇인가?'처럼, 무엇을 배웠는지와 함께 어떻게 학습했는지를 떠올리고 자신에게 미친 의미를 생각하라.

Q

학업성취를 높이는 아홉 가지 수업전략(Marzano, Pickering, & Pollock, 2010)에 대해 알아보자.

Q

학습의 효과를 높일 수 있는 '학습 방법'의 지도에 대해 생각해 보자.

연구로 입증된, 어느 교과든 공통으로 학습의 효과를 높이는 방법으로는 안정적인 주의집중 기술, 일목요연하게 필기·정리하는 방법, 시험을 준비하는 방식, 속독 및 정독법, 연상 기억법 등이 있다(DePorter, Reardon, & Singer-Nourie, 2012: 218). 가장 흔한 학습 방법 가운데, 다른 학습 전략과 함께 사용했을 때 학업 향상에 도움이 되는 것은, 밑줄 긋기/강조 표시, 요약, 핵심어 연상, 반복 읽기, 텍스트의 형상화이다. 단독으로도 효과적인 학습 방법은 정교한 질문, 자기 설명, 교차 연습이고, 가장 효과가 높은 것은 테스트 연습과 분산 연습으로 밝혀졌다(Dunlosky, Rawson, Marsh, Nathan, & Willingham, 2013). **정교화**(elaboration)는 생소한 내용을 자신의 언어로 표현하며 기존의 지식과 연결하는 과정이다(Brown, Roediger, & McDaniel, 2014: 13).

〈표 7-1〉 **학습 방법**

학습 방법	내용
1. 정교한 질문	명시적으로 언급된 사실과 개념이 왜 참인지에 대한 설명을 생성하기
2. 자기 설명	새로운 정보가 알려진 정보와 어떻게 관련되는지 설명하거나 문제해결 중에 수행한 단계를 설명하기
3. 요약	학습할 텍스트를 다양한 길이로 요약하기
4. 강조 밑줄 긋기	학습할 자료를 읽는 동안 잠재적으로 중요한 부분을 표시하기
5. 핵심어 연상	구두 자료(verbal materials)로 연관 짓기 위해 핵심어와 심상 이미지를 사용하기
6. 텍스트 형상화	읽거나 들으면서 텍스트에 대한 심상 이미지를 형성하고자 시도하기
7. 반복 읽기	처음 읽은 후 텍스트 자료를 다시 공부하기
8. 테스트 연습	학습할 내용에 대한 모의시험 또는 연습문제 풀이하기
9. 분산 연습	학습 활동을 시간 간격을 두고 분산해서 연습하기
10. 교차 연습	단일 학습 세션 내에서 여러 종류의 문제를 혼합한 연습 또는 여러 종류의 자료를 혼합한 학습 일정을 실행하기

자료: Dunlosky et al. (2013), p. 6.

학습의 효과를 높이기 위해서 교사는 단순히 "왜?"라는 물음 대신에, 첫째, 학생의 흥미와 호기심을 유지 및 유발할 수 있고, 현상과 결과에 대한 사고를 자극하는 질문을 던져 기존 지식과 새로운 지식을 연결하게 해야 한다. 둘째, 비교되는 사례의 제시를 통해 상호 인과관계를 살피도록 해야 한다. 셋째, 가르친 내용을 주기적으로 반복한다. 넷째, 수행한 과제의 설명과 궁금증을 학생이 자문자답해 보게 한다. 다섯째, 학습한 것을 다양하게 변형한 문제로 연습하게 한다. 여섯째, 문제 유형에서 규칙을 찾게 한다. 마지막으로, 이를 테스트 형식 등으로 확인하는 것이 필요하다.

Q

학생들이 가장 많이 하는 열 가지 학습 방법의 구체적인 예를 생각해 보자.

3. 동기유발과 질문

학생들이 수업에 흥미를 갖고 참여하도록 동기를 자극하는 것이 중요하다. 그리고 토론의 사회자가 얼마나 적절히 질문하고 관여하는지에 따라 논쟁의 활기가 더해지고 수준이 높아지듯이, 교사가 어떤 질문을 어떻게 하는지에 따라 수업에 대한 학생의 흥미와 성취가 달라진다. 올바른 질문을 하는 것은 교수-학습을 잇는 역할을 한다는 점에서 가르침의 본질이라고 불린다. 학습을 촉진하는 질문을 통해 교사는 학생들에 대해 다음과 같은 일을 할 수 있다(Fisher, 2005).

- 주의를 집중시킨다.
- 흥미를 높인다.
- 사고를 자극한다.
- 학생이 아는 것을 밝힐 수 있다.
- 학습 내용을 복습, 조정 또는 상기할 수 있다.
- 모두가 토의에 동참하게 할 수 있다.
- 수준 차에 상관없이 소외되지 않게 참여시킬 수 있다.
- 이해도를 파악할 수 있다.
- 어려움과 오해를 진단할 수 있다.
- 호기심과 질문을 불러일으킬 수 있다.
- 설명, 예측, 이유를 제시하게 유도할 수 있다.
- 생각하고, 믿고, 알고 있는 것을 표현하게 도울 수 있다.
- 학생들이 학습한 바를 명확히 할 수 있게 도울 수 있다.
- 학습한 내용을 적용하는 데 도움을 줄 수 있다.

Q

수업의 도입 단계에서, 적절한 동기유발을 어떻게 할지를 생각해 보자.

Q

'질문'과 '발문'의 차이는 무엇인지 생각해 보자.

동기유발과 발산적 사고를 촉진하는 질문을 위해 고려해야 할 사항은 〈표 7-2〉와 같다.

〈표 7-2〉 **적절한 동기유발과 발문**

동기유발	발문
• 학습 목표에 대한 호기심을 자극한다.	• 전달이 분명하다.
• 목표 달성에 대한 기대감을 자극한다.	• 열린 사고를 자극한다.
• 경험 및 지식과 결부시킨다.	• 점진적으로 난이도를 높여 간다.
• 자발성과 협동심을 활성화한다.	• 전체의 참여를 촉진한다.
• 수업의 단계별로 성취감을 부여한다.	• 학생들의 다양한 반응을 수용한다.
• 다양한 교수 · 학습 방법을 적용한다.	• 즉문즉답이 아닌 여유를 가진다.
• 긍정적인 피드백으로 의욕을 고취한다.	• 자유롭게 말할 분위기를 조성한다.

4. 교수 · 학습과정안

교수 · 학습과정안은 다음의 사항을 고려해서 작성해야 한다. 교육과정의 성취 기준, 핵심 학습 목표 추출, 선수학습의 요소, 수준과 요구, 선수-본시-후속학습의 연계, 적합한 교수 · 학습 모형 및 교수 · 학습 활동의 흐름과 학생 활동, 전자기기 등 필요한 자료의 활용, 평가 요소와 기준, 피드백 준비, 판서 계획 등이다. 짜임새 있는 효과적인 수업을 하기 위해서는 다음의 사항을 생각하고 교수 · 학습과정안에 반영해야 한다(Kronowitz, 2009: 부록 47).

- 이 수업을 '왜' 하는가?
- 무엇을 성취하고자 하는가?
- 수업 계획을 위해 알아야 할 것은 무엇인가?
- 학생의 수준과 문화적 다양성은 어떠한가?
- 시간 계획은 어떠한가?
- 주의집중을 끄는 시작을 어떻게 할까?
- 어떤 자원 및 자료가 필요한가?
- 학생들은 어떤 활동을 어떻게 할 것인가?
- 평가와 피드백은 어떻게 할 것인가?
- 마무리를 어떻게 할 것인가?
- 숙제나 심화활동을 제시해야 하는가?
- 수업이 성공적인지 어떻게 확인할 수 있는가?
- 다음 수업과 어떻게 연결될 것인가?

Q

교수 · 학습과정안을 보완할 강의 노트 작성과 활용에 대해 생각해 보자.

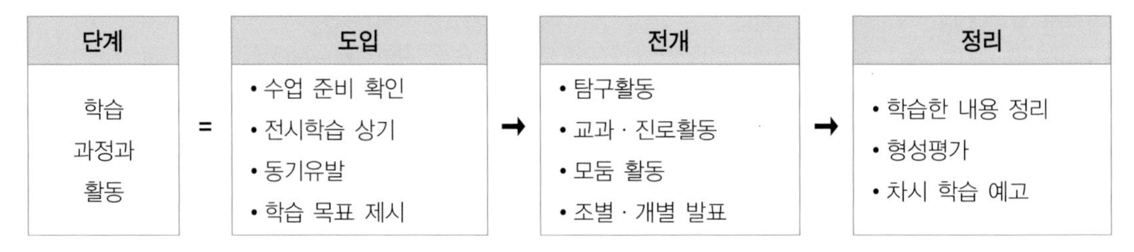

[그림 7-1] **교수 · 학습 과정의 흐름**

학습 목표는 학습 후 도달할 지식·이해, 과정·기능, 가치·태도를 인지적, 정의적, 신체적 측면에서 규정한다. 일반적 학습 목표는 진술 내용과 표현이 추상적이고 포괄적인 경우이다. 예를 들면, "~을 이해할 수 있다. ~을 감상할 수 있다. ~을 함양할 수 있다." 등이다. 명세적 학습 목표는 학습 후에 학생이 발현하는 행동을 기술한다. 예를 들면, "~을 설명할 수 있다. ~을 구별할 수 있다. ~을 조립할 수 있다." 등이다. 블록 타임으로 구성된 90분 이상의 수업이나 여러 차시로 구성된 프로젝트 수업에서는 교수·학습 활동의 단계에 따른 학습 목표를 설정할 수도 있다. 학습 목표를 제시할 때는 이미지, 모형 등 다양한 매체와 기법을 활용하면 주의집중을 높이고 학습에 대한 흥미를 높일 수 있다. 행동적 학습 목표를 설정하고 제시할 때는 다음과 같은 점에 유의한다.

- 구체적·행동적 용어로 진술한다.
  예) 발표할 수 있다. 비교할 수 있다. 조작할 수 있다.

- 교수 행위가 아니라 학생이 도달할 행동·결과를 진술한다.
  예) 학생들에게 현미경을 통해 식물 세포를 관찰시킨다. (×)
  예) 관찰한 식물 세포의 특징을 말할 수 있다. (○)

- 하나의 학습 목표에 하나의 학습요소를 진술한다.
  예) 민주주의의 특징과 다수결의 효과를 발표할 수 있다. (×)
  예) 다수결의 역기능을 말할 수 있다. (○)

- 학습의 내용과 도착점의 행동·결과를 진술한다.
  예) 경우의 수를(학습 내용) 구할 수 있다.(학습 결과)

- 조건·상황, 수락 기준, 성취 행동을 진술한다.
  예) 온라인 플랫폼에서(조건·상황) 이미지 5개를 활용하여(수락 기준) 나의 미래를 표현할 수 있다.(성취 행동)

초등학교에서는 놀이를 통해서도 학습과 행동 발달 목표를 달성한다(박남기, 2010: 114). 이처럼, 학습 목표는 학생의 친숙한 일상과도 연결된다. 아이즈너(Eisner, 1983, 1998)는 목표의 달성 여부보다는 교육적 상황에서 보이는 다양한 요소의 미묘한 차이점을 구별하거나 가치를 판단하는 능력인 '교육적 감식안'의 다양한 기준을 통해 수업의 장면을 해석하는 것이 필요하다고 주장한다(권채리, 조호제, 2023: 2-4). 교수 · 학습의 상황이 수시로 변하는 역동성을 고려하면, 이는 명세적으로 학습 목표를 설정해서 가르칠 때 지니는 한계에 대한 지적이다. 어느 측면이든 '모든 것을 아는 사람은 없고, 아무것도 모르는 사람도 없다(Roberts, 2000).'라는 말처럼, 학생에게 모르는 것을 알려 준다는 접근에서 진일보해서 학생의 내재한 경험과 눈높이에 맞추면서 잠재된 세계를 자극하려는 고민을 담은 목표 설정이 고려될 필요가 있다(정일화, 2020a: 226-227).

Q

중학교 2학년 교육과정의 교과서 단원을 골라 교수 · 학습과정안을 작성해 보자.

5. 수업

1) 수업의 시작

새내기 교사는 새 학년 첫 시간을 위한 준비를 누구보다 꼼꼼하게 해야 한다(정일화, 2020a). 첫 시간뿐 아니라 모든 수업마다 만반의 준비를 마치고 교실에 들어가고, 학생들이 공부할 준비가 된 상태를 살피고 나서 수업을 시작해야 한다. 교실에 들어가면, '청결 상태'의 확인에 더하여 다음과 같은 사항을 챙겨야 한다.

- 인사
- 교실 공기의 환기 필요성 여부
- 출석 확인
- 수업 준비물과 지난 시간의 과제
- 수업의 핵심 목표 제시
- 학습 내용과 구조의 개괄 제시

Q

첫 시간에 할 교사 소개 및 교과 안내에 대해 생각해 보자.

Q

수업 시작 때 살피고 챙겨야 할 일에는 이 밖에 무엇이 있을지 생각해 보자.

2) 좋은 수업의 구성

국제적인 교수 · 학습 분석 연구에 적용된 네덜란드 흐로닝언대학교의 연구팀이 개발한 ICALT 수업관찰도구는 학업성취를 높이는 성공적인 수업이 이루어지는 구성 영역과 요소를 제시한다. 이 도구의 여섯 가지 영역과 하위의 지표 및 좋은 실천사례를 살피면 수업의 구성과 진행에 도움이 될 것이다(천세영 외, 2020).

- 안전하고 고무적인 수업 분위기
- 효율적인 수업 운영
- 명료하고 구조화된 수업 내용
- 집중적이고 활발한 수업
- 수업 목표 달성을 위한 교수학습 전략의 적용
- 개별화 학습지도

ICALT 수업관찰도구의 지표 및 실천사례를 알아보자.

3) 수업 성찰

평생 수업지도안을 쓴다고 하여도 훌륭한 스승이 되기는 어렵지만 3년 동안 수업 성찰을 한다면 훌륭한 스승이 될 수 있다(양홍, 2014: 23). 수업과 관계된 성찰은 자연스럽게 발현되는 것이 아니고 지속적인 반복 경험을 통해 길러질 수 있는 관점과 역량이다(Ferguson, 1989; Rose & Nicholl, 2002). 쇤(Schön, 1983)은 진정한 전문가의 행위는 '행위 중의 반성'과 더 밀접한 관련이 있으며, 이는 행위자로 하여금 자신이 무엇을 하고 있는가를 생각하도록 하고, 변화의 가능성을 내포하고 있는 행위 방식에 대해 사고함으로써 보다 개선되고 발전된 방향으로 나아가게 하기 때문에 진정한 전문성 발달이 가능하다고 말한다(김광민, 2018: 27). 교직 첫날부터 교육일기를 쓴 전인교육자 수호믈린스키(Sukhomlynska)는 관찰하고 기록한 정황을 깊이 생각하는 것은 교사의 활동에 큰 도움이 된다고 말하며, 경륜이 있는 동료의 경험에서 배우고 관찰하기를 권고한다(Сухомлинский, 2010: 23). ICALT 도구는 수업관찰도구와 더불어 교사 자신의 수업성찰과 학생의 수업 소감을 묻는 도구도 제공한다. 문항이 서로 연결된 이 둘을 비교하면, 드러나지 않은 학생의 생각을 알 수 있다.

4) 수업관찰과 협의회

동료와 함께 수업을 성찰할 수 있는 수업 공개와 수업 나눔 등의 시간은 수업전문가로서 지속해서 성장할 수 있는 안전장치라고 할 수 있다(정일화, 2020a: 213). 조이스와 쇼우어스는 코치는 관찰자가 아닌 교사이며, 관찰자는 수업하는 교사에게서 배운다며 교사의 전문성 개발을 위한 동료 코칭의 중요성을 강조한다(Joyce & Showers, 2002). 예비교사들은 동료 수업에 대한 피드백을 체계적이고 효과적으로 제공할 수 있도록 연습하는 것이 필요하다(강정진, 2022; 정영숙, 2015). 단지 보는 것만으로도 배울 수 있지만 제대로 보는 방법을 익히면 더 많은 것을 알 수 있다. 주관적인 경험과 관점보다는 좋은 수업에 관한 객관적 기준을 가지고 제대로 관찰한다면 수업 개선을 위한 타당한 피드백이 가능할 것이다. 세계 주요국은 좋은 수업 활동이 학업성취를 높인다는 연구 결과에 근거해서 좋은 수업의 기준에 대한 양적 관찰도구를 개발하고, 훈련 과정을 통해 도구 사용에 적합한 관찰 전문성을 갖추게 한다(정일화, 2020b). 다음은 연구로 타당성이 증명된 양적 관찰도구의 예이다.

- ICALT(International Comparative Analysis of Learning and Teaching)
- CLASS(Classroom Assessment Scoring System)
- FfT(Framework for Teaching)
- ISTOF(International System for Teacher Observation and Feedback)
- MQI(Mathematical Quality of Instruction)
- PLATO(Protocol for Language Arts Teaching Observation)
- GDTQ(Generic Dimensions Teaching Quality)
- UTOP(UTechObservation Protocol)

수업협의는 동료의 관점을 이해하고 배려하며 서로 존중하고 공감하는 분위기를 만드는 것이 중요하다(강정진, 2022: 71). 수평적 관계에서 이루어지는 동료 교사의 코칭은 경청하고 질문 및 피드백을 통해 스스로 길을 찾아가게 돕는 과정이다. 효과적인 피드백을 위해서는 진심으로 긍정적 반응을 보이고, 교수 · 학습과 관련한 일반적인 지식과 활동 방식을 언급하고, 지시적이지 않은 방식으로 궁금증과 공감을 표현하고, 미처 생각하지 못한 정보를 떠올리고, 수업에서 무엇을 어떻게 성취할 수 있을지에 대한 가설을 세우도록 자극하는 질문과 상호 존중의 자세가 필요하다. 다음은 협의회 때 사용할 수 있는 효과적인 피드백 유형이다(Neubert, 1988; 김광민, 2018: 44 재인용).

- 칭찬하기(Praise comments)
- 일반화/명명하기(Generalization/labels)
- 명료화를 위한 질문하기(Clarifying Questions)
- 새로운 생각을 도출하는 질문하기(Eliciting Questions)
- 도전 과제를 탐색하고 실행으로 이끄는 질문하기(Leading Questions)

〈표 7-3〉 **교과협의회의 수업 성찰지 예시**

영역	번호	내용
수업 설계	1	학습 목표가 명시적이고 구체적인가?
	2	학습 목표를 달성하기에 적절한가?
	3	수업주제에 적합한 교수학습모형인가?
교사 활동	4	학습 동기를 적절하게 자극하는가?
	5	교수 언어, 음성, 발문이 적절한가?
	6	학생과의 상호작용이 활발한가?
	7	효율적인 수업인가?
	8	명료화되고 구조화된 수업인가?
학생 활동	9	안정된 분위기에서 능동적으로 참여하는가?
	10	학생들 간 상호작용과 협력이 활발한가?
	11	개인차를 고려한 학습 조직과 활동이 이루어지는가?
	12	학습 목표에 도달하는가?
수업 전반	13	수업의 인상적인 장면은 무엇이고, 어떤 부분을 어떻게 다르게 적용하고 싶은가?

〈표 7-4〉 **교과협의회의 수업 나눔 및 수업 성찰지 예시**

	수업 나눔	수업 성찰
1	수업에 참관한 소감은?	
2	수업 의도와 수업 고민은?	
3	교사와 학생과의 관계 혹은 의사소통은?	
4	가르침과 배움이 눈에 띄거나 의미 있게 일어난 상황 및 지점은?	
5	교사의 수업 성장과 성찰을 돕는 질문을 한다면?	

5) '과목 세부능력 및 특기사항' 기록

학교생활기록부에 수업과 수행 등에서 관찰한 내용을 입력하는 이 영역은 대개 ① 교사 총평, ② 성취 수준, ③ 수행과정 및 결과, ④ 역량에 관해 작성한다. 교사 총평의 첫 문장은 읽는 이의 눈길을 끌 수 있도록 장점과 강점을 압축적으로 표현한다. 성취 수준은 해당 교과의 깊이 있는 학습과 해당 교과를 배움으로써 무엇을 할 수 있는지에 초점을 맞춘다. 수행과정 및 결과는 독서, 토론, 발표, 보고서, 모둠 활동, 수행평가 등의 수업 활동에서 어떠한 태도로 무엇을 했고, 그 결과는 무엇인지에 대한 특이점을 구체적 사례를 들어서 기술한다. 역량은, 첫째, 학업 역량의 관점에서 교과 활동의 과정을 통해 드러난 학업의 자기주도성 및 자기관리, 탐구의 호기심과 창의성, 문제해결과 정보처리 능력, 참여도, 변화와 성장에 대해 기술한다. 둘째, 적성과 전공 탐색의 적합성과 관련한 진로 역량의 관점에서 해당 분야의 활동과 특징을 찾아 기술한다. 셋째, 공동체 역량의 관점에서 협력, 의사소통, 인성 및 사회성, 심미성과 감성 등을 기술한다.

〈표 7-5〉 **고등학교 학교생활기록부 '과목별 세부능력 및 특기사항'의 기록 예시**

구분	내용
총평	개념을 명확히 이해하고, 논리적 판단력이 뛰어나며, 단서를 활용한 추론과 법칙 및 규칙을 찾아내는 능력이 뛰어남.
수행 과정 및 결과	융합적 사고력 신장 수업에서 '컴퓨터로 생각하는 법'이라는 주제로 논리연산자에 대한 자료를 조사하고, 0과 1의 합과 곱으로 이해가 쉽도록 설명하는 발표 능력을 보임. 모둠별 탐구 보고서를 작성하는 수행평가에서 인공지능의 딥러닝 기술에 사용되는 비선형함수로 이차함수, 선형함수로 일차함수를 선정하여 자료값의 분포에 대한 비교와 원리를 서술함. 이 과정에서, 과제 해결의 전략을 찾고자 모둠원들과 적극적으로 교류하는 모습을 보임.

〈계속〉

성취수준	이론적인 결과와 파이썬 코딩으로 나온 논리연산자의 결과를 비교하는 등 코딩에 대한 높은 소양을 보여 주고, 보고서를 학술적 형식으로 작성하여 제출함.
역량	문제해결 능력이 탁월하고, 경청하고, 이해하고 소통하는 능력이 돋보임.

〈표 7-6〉 **중학교 학교생활기록부 '과목별 세부능력 및 특기사항'의 기록* 예시**

자신이 소중히 여기는 가치를 담아 삶의 목적을 생애 주기별로 서술했으며 이것을 달성하기 위해 구체적인 도전 과제도 제시함. 『행복한 청소부(모니카 페트)』를 읽고 직업생활에서 배움의 의미를 명료하게 찾았으며 책의 내용을 이해하기 위한 질문과 의견을 나누는 질문을 만들어 짝과 함께 문답 활동을 적극적으로 함. 도덕 수업에서 서술한 자신이 설계한 미래에 대해 미술 수업에서 콜라주 형식으로 표현했으며 다양한 매체가 가지는 특성을 주제에 맞게 살려서 창의적 작품을 완성하고 학교 축제 전시회에도 출품함.

* 도덕 · 미술의 주제 중심 교과 연계 융합 수업.

생각 나누기

1. 다음을 읽고, 교수 · 학습과정안 작성과 학습 목표 제시의 필요성 유무를 생각해 보자.

> 일부에서는, 교사가 머릿속으로 구상한 수업의 밑그림이 교수 · 학습과정안을 대신할 수 있고, 한 차시에 두세 가지를 제시하는 학습 목표가 오히려 학습내용을 제한하고, 학생 개인의 경험 같은 사전 지식에 따라 받아들이는 게 달라서 학습 상황의 직접적 장면이 학습 목표를 결정한다고 주장한다(정일화, 2020: 226 발췌).

2. 선택한 관찰도구의 기준에 따라 자신의 수업동영상을 살피고, 개선이 필요한 부분을 찾아보자.

3. 동료와 함께 수업동영상을 보고 나서 교과협의회처럼 대화해 보자.

4. 다음의 초등학교와 고등학교의 사진을 보고, 판서의 구조와 판서할 때 유의할 점을 생각해 보자.

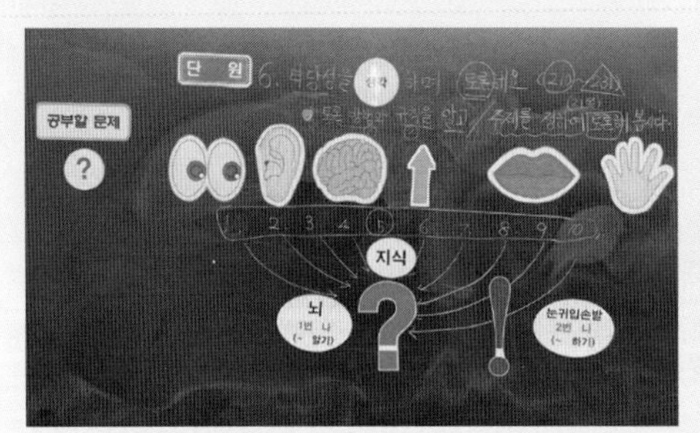

자료: 오른쪽 사진은 〈프리덤 라이터스〉, 2007년 출시. Richard LaGravenese 감독, Hilary Swank & Scott Glenn 출연.

5. 수업 성찰에 대한 장 · 단기 계획에 대해 생각해 보자.

6. 한 학기 또는 일 년 동안의 성찰과 성취를 마지막 시간에 어떻게 공유할지 생각해 보자.

참고문헌

강정진(2022). 영어 수업협의를 통해 살펴본 예비교사의 수업 전문성 인식 및사회적 상호작용 탐색. 교원교육, 38(4), 54-76.

교육부(2023). 학교생활기록부 기재요령 [고등학교].

권채리, 조호제(2023). 아이즈너의 교육적 감식안에 따른 수업 평가 준거 탐색. 한국교육학연구, 29(3), 1-25.

김광민(2018). 동료의 수업코칭이 영어교사 교수 역량 강화에 미치는 영향. 박사학위 논문. 한국교원대학교 대학원.

박남기(2010). 최고의 교수법. 생각의 나무.

양홍(2014). 중국 중학교 교사의 효과적인 수업행동 실태. 2014 국제수업행동분석 세미나 자료집. 충남대학교.

이지현(2022). 프랑스 교육처럼. 지우출판.

정영숙(2015). 교수피드백과 동료피드백에 대한 예비초등영어교사의 인식 조사. 초등영어교육, 21(4), 199-222.

정일화(2020a). 새내기 교사론. 한국학술정보.

정일화(2020b). 수업관찰 연수에 관한 사례 연구. 한국교원교육연구, 37(1), 61-83.

정일화(제작 중). (가제)영화로 읽는 교사론.

주삼환, 천세영, 김택균, 신붕섭, 이석열, 김용남, 이미라, 이선호, 정일화, 김미정, 조성만(2015). 교육행정 및 교육경영 5판. 학지사.

천세영, 이옥화, 정일화, 김득준, 장순선, 방인자, 이재홍, 권현범, 김종수, 이경민, 김지은, 전미애(2020). 수업분석과 수업코칭. 학지사.

DePorter, B., Reardon, M., & Singer-Nourie, S. (2012). 퀀텀 교수법 (*Quantum teaching: mempraktikkan quantum learning di ruang-ruang kelas*). (김창완 역). 멘토르. (원저는 2010년에 출판).

Dunlosky, J., Rawson, K. A., Marsh, E. J., Nathan, M. J., & Willingham, D. T. (2013). Improving students' learning with effective learning techniques: Promising directions from cognitive and educational psychology. *Psychological Science in the Public Interest*, *14*(1), pp. 4-58.

Eisner, E. W. (1983). 교육적 상상력: 교육과정의 구성과 평가 (*The educational imagination: On the design and education of school program*). (이해명 역). 단국대학교출판부. (원저는 1979년에 출판).

Eisner, W. E. (1998). *The enlightened eye: Qualitative inquiry and the enhancement of educational practice.*

Ferguson, P. (1989). A reflective approach to the methods practicum. *Journal of Teacher Education, 11*(2), 36-41.

Fisher, R. (2005). *Teaching children to learn*. Nelson Thornes.

Joyce, B. R., & Showers, B. (2002). *Student achievement through staff development*. Alexandria, VA: Association for Supervision and Curriculum Development.

Kronowitz, E. L. (2009). 성공하는 교사의 첫걸음 (*The Teacher's Guide to Success: Teaching Effectively in Today's Classrooms*). (고재천, 권동택, 김은주, 박상완, 박영만, 이정선, 정혜영 공역). 시그마프레스. (원저는 2008년에 출판).

Marzano, R. J., Pickering, D., & Pollock, J. E. (2010). 학업성취 향상 수업전략 (*Classroom instruction that works: Research-based strategies for increasing student achievement*). (주삼환, 정일화 공역). 시그마프레스. (원저는 2001년에 출판).

Neubert, G. A. (1988). *Improving Teaching through Coaching*. Fastback 277. Phi Delta Kappa, Eighth and Union, Box 789, Bloomington, IN 47402.

Richards, J. C., & Farrell, T. S. C. (2005). *Professional development for language teachers: Strategies for teacher learning*. Cambridge: Cambridge University Press.

Roberts, P. (2000) 프레이리 교사론 (*Teachers as Cultural Workers: Letters to Those Who Dare Teach*). (교육문화연구회 역). 아침이슬. (원저는 1998년에 출판).

Rose, C. P., & Nicholl, M. J. (2002). 21세기를 위한 가속학습 (*Accelerated learning for the 21st century: The six-step plan to unlock your master-mind*). (안서원 역). 고려대학교 출판부. (원저는 1997년에 출판).

Schön, D. A. (1983). *The reflective practitioner*. NY: Basic Books.

Сухомлинский, В. А. (2010). 선생님들에게 드리는 100가지 제안 (Как воспитать настоящего человека). (수호믈린스키 교육사상연구회 역). 고인돌. (원저는 1980년에 출판).

Horry County Schools. www.horrycountyschools.net/Page/5659

대법원. www.scourt.go.kr

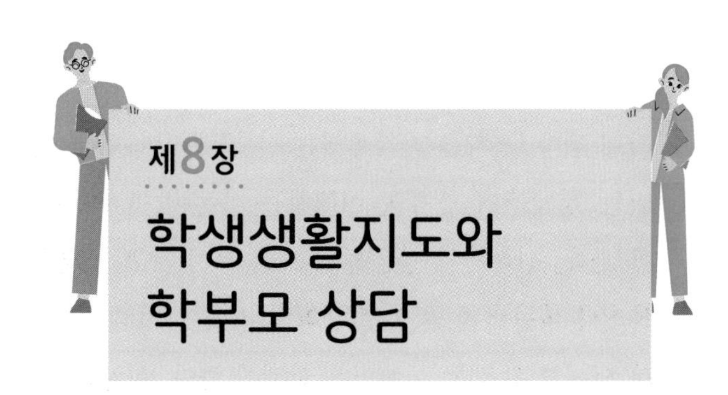

제8장 학생생활지도와 학부모 상담

교사의 학생생활지도에 대한 무분별한 민원 및 고소가 늘어나면서, 교사의 정당한 교육활동이 위축되고 있다. 이 장에서는 교실 안팎의 학생생활지도에서 유의할 점과 법적인 규정을 살피고, 학부모 상담과 관련해서 참고할 사항을 알아본다. 법령 및 고시 등은 필요에 따라 수시로 개정되니, 실제에서는 그때그때 확인해야 한다.

1. 학생생활지도

교육은 관계 속에서 이루어지는 상호작용이다. 생활지도를 할 때는 학생과의 관계와 학생의 수용 태도 등을 살펴 가르치는 방법을 달리해야 한다. 즉, 학생과의 관계의 정도와 학생의 심적 개방 상태, 학년 및 개인별 성숙 등 여러모로 고려할 필요가 있다(정일화, 2020: 171). 그리고 교사는 어떤 상황이든 교육적으로 다루어야 하고, 처한 상황에서 교육할 수 있어야 하며, 그로 인해 학생이 뭔가를 배울 수 있게 해야 한다(van Manen, 2012: 6).

1) 생활지도의 방향

학생의 그릇된 행동을 곧바로 잡아 주려는 급한 마음이 앞서면 보이는 대로 지적하게 된다. 생각지도 못한 사정이 있을 수 있으니 속단보다는 상황을 헤아리는 여유를 가져야 한다. 또한 결과에 맞추어 해결하려는 마음이 앞서면 시시비비에만 매달리게 된다. 결과를 간과해서는 안 되겠지만, 해결책을 찾기에 앞서서 학생들이 겪고 있는 '청개구리 시기'를 이해하는 마음이 필요하다. 생활지도도 전략적으로 접근해야 한다. 신속하게 결론을 내리려 하지 않고, 대화를 독점하지 않고, 탓하거나 판정하거나 비난하지 말고, 학생의 감정을 인정하고, 교사는 혼내고 벌주는 존재가 아니라 의지할 수 있는 존재임을 전해야 한다. 학생의 평소 생활에서 잘한 행동이나 장점을 먼저 꺼내고 평소답지 않은 행동에 대한 안타까운 마음을 밝혀서 학생의 흥분을 가라앉히고 경계감을 누그러뜨려야 한다. 그리고 무엇이 문제인지를 알아듣게 알리고, 차분하게 대화하면서 행위의 원인에 대한 학생의 생각을 듣고 바른 행동을 위한 해결 방안을 상호 모색하며, 훈계와 더불어 긍정적 기대와 믿음으로 마무리하는 것이 바람직하다. 어떤 지도의 방식이든, 교사는 학생을 아끼고 사랑하고 학생이 맞닥뜨린 문제의 해결에 도움을 주는 고마운 존재라는 것을 학생이 느낄 수 있어야 한다(정일화, 2020).

2) 학급 규칙

학급 규칙은 교칙의 범위 내에서 교사가 제시하거나 학생들이 만들 수 있다. 어느 경우든 의견을 수렴하고 공감대를 형성하는 것이 중요하다. 규칙을 너무 내세우면 관계가 경직되고, 너무 세세하면 서로를 옥죄는 불편함에 빠지기 쉽다. 밝고 긍정적인 상호작용을 조장하려면 규칙을 위한 규칙이 아닌 교실의 화기애애함을 꽃피우는 양분이 되어야 한다. 규칙 적용은 일관성이 있어야 하지만, 기계적으로 흐르는 일률적인 측면을 경계하고 예기치 못한 상황에 따라 적절한 유연함도 발휘될 필요가 있다. 규칙을 위반하면 단지 벌칙을 적용하는 것이 아닌, 해결책을 찾아 행동을 바로잡을 기회를 주는 것이 바람직하다. 이를 위해서는, 학생이 상황에 대한 인식을 올바르게 할 수 있어야 자신의 행위를 돌아보게 되고, 벌칙을 수긍하든 개선하든 진전이 따를 것이다. 다음은 규칙 위반과 관련한 면담을 할 때 참고할 질문과(DePorter, Reardon, & Singer-Nourie, 2012: 79 수정), 학생의 성찰과 다짐을 돕는 생활지도 자료이다(Kronowitz, 2009).

- 왜 이 벌을 받는지, 왜 이 면담을 하는지 아는가?
- 이 상황에 대해 어떻게 생각하는가?
- 이 상황을 해결하기 위해 어떻게 도와주면 될까?
- 이 상황을 해결하기 위해 도움을 받고 싶은 사람은 누구인가?
- 신속히 이 상황을 해결하기 위해 할 수 있는 것은 무엇일까?
- 이 문제를 해결하지 못하면 어떤 일이 벌어지게 될까?
- 이 문제를 해결할 방안은 무엇이 있을까?
- 구체적으로 앞으로 어떻게 행동하겠는가?

〈표 8-1〉 **학급 규칙의 성찰과 다짐**

책임 있는 사람이 되려면

이름 ____________________ 날짜 ____________________

• 동의한 규칙
1. 다른 사람에게 정중하게 말하기
2. 서로 친절하게 대하기
3. 선생님의 요구에 따르기
4. 수업 준비하기
5. 열심히 노력하고 도움이 필요할 때 도움을 요청하기
6. 학급 규칙 준수하기

• 다음 질문에 답해 주세요.
1. 어떤 규칙을 위반했나요?
2. 어떤 행동으로 규칙을 위반했나요?
3. 그것 때문에 당신과 선생님, 반 친구들에게 어떤 문제를 가져왔나요?
4. 당신이 책임 있게 행동하고 학급 규칙을 잘 지키기 위해 어떤 계획을 세울 수 있나요?
5. 선생님이나 친구들이 어떻게 도와줄 수 있나요?

나 ______________은(는) 위의 계획을 잘 따르고 우리 학급이 좋은 학습 환경을 유지할 수 있도록 규칙을 잘 지키도록 최선을 다하겠습니다.

자료: Kronowitz (2009), 부록 p. 11.

〈표 8-2〉는 열악한 교실을 성공적으로 변화시킨 미국의 초등학교에서 사용한 55가지 학급 규칙이다(Clark, 2004). 1년 동안 생활하면서 하나하나 더해지고 다듬어

진 학급 규칙의 모범적 사례이다. 생활 규칙을 만들 때 참고하거나 선택해서 사용할 수 있을 것이다.

〈표 8-2〉 **론 클락(Ron Clark)의 학급 규칙**

1. 어른이 말씀할 때 바르게 응대한다.	28. 숙제하다가 질문이 있으면 바로 연락한다.
2. 눈을 보고 말한다.	29. 기본적인 예절을 익혀 실천한다.
3. 친구를 축하한다.	30. 식사 후에는 각자의 쓰레기를 책임진다.
4. 친구의 의견, 주장, 아이디어를 존중한다.	31. 청소하는 직원에게 감사를 표시한다.
5. 이기면 뽐내지 않고, 지면 화내지 않는다.	32. 버스를 타면 항상 앞을 향한다.
6. 대화 중에 질문을 받으면, 답변한 다음에 관심을 더하여 되묻는다.	33. 새로운 사람을 만날 때 악수하고 이름을 되뇐다.
7. 재채기나 기침을 할 때 입을 가리고 실례를 구한다.	34. 음식이 제공될 때 자신의 몫만 가져간다.
8. 무례한 몸짓을 하지 않는다.	35. 누군가 떨어뜨린 물건과 가까이 있으면 집어 준다.
9. 뭔가를 받을 때 늘 감사의 인사를 한다.	36. 다른 사람을 위해 문을 열고 기다린다.
10. 선물을 하찮게 여기거나 선물한 사람에게 무례하게 굴지 않는다.	37. 누군가와 우연히 부딪히면, 내 잘못이 아니어도 실례했다고 말한다.
11. 뜻밖의 친절한 행동으로 다른 이를 놀라게 한다.	38. 현장 체험 때 공공장소에 조용히 들어간다.
12. 또래평가를 할 때 정확하게 한다.	39. 현장 체험 때 방문하는 곳에 호의를 표시한다.
13. 교실에서 함께 읽을 때 같이 한다.	40. 회의할 때 친구에게 말을 걸지 않는다.
14. 서술형 질문에는 완전한 문장으로 답한다.	41. 예의 바르게 전화를 받는다.
15. 보상을 요구하지 않는다.	42. 여행에서 돌아오면, 따라다니며 보호해 준 모든 분에게 손을 흔든다.
16. 숙제는 그날그날 한다.	43. 복도의 오른쪽으로 걷는다.
17. 수업 준비와 이동은 조용히, 빠르고, 질서 있게 한다.	44. 줄 서서 걸을 때 팔을 옆으로 하고 조용히 움직인다.
18. 순서를 지키고 정리정돈을 잘한다.	45. 새치기하지 않는다.
19. 과제를 받을 때 불평하지 않는다.	46. 영화를 보거나 원격교육 때 떠들지 않는다.
20. 대체 선생님이 지도할 때도 모든 학급 규칙은 똑같다.	47. 학교에 과자를 가져오지 않는다.
21. 특별한 학급 약속을 따른다.	48. 괴롭힘을 당하면 선생님이나 보호자에게 알린다.
22. 수업 중에 물 마시러 나가지 않는다.	49. 자신이 믿는 것을 지킨다.
23. 다른 선생님의 이름을 알고, 복도에서 만날 때 인사한다.	50. 긍정적으로 생활한다.
	51. 후회하지 않게 생활한다.
24. 화장실과 욕실을 깨끗하게 유지한다.	52. 실수에서 배우고 앞으로 나아간다.
25. 방문자가 환영받는 기분이 들게 맞이한다.	53. 상황이 어떻든 늘 정직하게 행동한다.
26. 점심 식사 때 자리를 맡아놓지 않는다.	54. 오늘 할 일은 오늘 한다.
27. 꾸지람을 받는 친구를 쳐다보지 않는다.	55. 자신이 될 수 있는 최고의 사람이 된다.

자료: Horry County Schools(www.horrycountyschools.net/Page/5659).

Q

조회나 종례 때 챙겨야 할 것에는 무엇이 있을지 생각해 보자.

3) 나-전달법(I-message)

학생의 자존심을 상하게 하지 않으면서 대화하는 게 필요하다. 학생의 잘못과 관련되어 대화할 때는 '너'보다는 '나'를 주어로 사용해서 교사의 생각과 감정을 부드럽게 전달하는 'I-message' 화법이 필요하다. 또한, "어떻게 처벌할 것인가?"가 아닌 "어떻게 도울 것인가?"라는 관점이 바람직하다. '아 다르고, 어 다르다'라는 말처럼 같은 내용이라도 표현에 따라 듣는 사람의 기분이 달라진다. 상대를 직접 겨누어 화살을 쏘는 게 아니라 완충 지대를 거치도록 하면 거부감이 누그러진다. 단정하거나 비난조로 들릴 수 있는 "너는 왜 늘 이런 식이냐?" 또는 "너는 행동이 왜 그러니?" 같은 'You-message'보다는, "나는 이렇게 생각하는데" "나는 이렇게 보는데" 또는 "나는 너의 행동을 이렇게 보았는데, 너는 어떻게 생각하니?"라는 식으로 한 번은 돌려서 말하는 것이 낫다. 학생의 인격과 행동을 분리해서, 본래의 너는 그렇지 않은데 이번 행동만은 이렇게 보인다는 식으로, 문제의 원인은 '너'가 아닌 '네 행동'에 초점을 맞추면 대화가 좀 더 부드러워진다(정일화, 2020: 181).

> **Q**
> 복도를 지나면서 학생 둘이 심한 욕을 하는 경우, 어떻게 지도할지를 생각해 보자.

4) 학업 및 진로 관련 생활지도의 범위

'교원의 학생생활지도에 관한 고시 해설서(교육부, 이화여자대학교 학교폭력예방연구소, 2023. 10. 1.)'에 따른 학업 및 진로 관련 생활지도 범위에 속하는 학생의 행위 예시는 다음과 같다.

- 교육내용 및 방법에 대한 정당하지 않은 요구
- 정당한 과제 지시에 따르지 않는 행위
- 수업에 늦게 들어오거나 무단으로 이동하는 행위
- 수업 중 엎드리거나 잠을 자는 행위
- 해당 수업과 관련 없는 타 교과 공부 또는 개인과제를 하는 행위
- 수업 중 교사에 대한 폭언 및 위협적 행위
- 교원에 대한 모욕 행위

- 수업 중 부적절한 행동으로 주의를 분산시켜 원활한 수업에 지장을 주는 행위
- 학습을 위한 모둠 활동에 참여하지 않거나 다른 학생의 학습을 방해하는 행위

(1) 생활지도와 법령

조언과 상담 등을 할 때, 사생활과 개인정보의 보호에 각별하게 유의해야 한다. 밀폐된 곳은 피하되, 비밀 보장 및 신뢰와 안정감을 줄 수 있는 장소에서 한다. 법령에 따른 학생생활지도의 영역은 ① 학업 및 진로, ② 보건 및 안전, ③ 인성 및 대인관계, ④ 그 밖에 학생생활과 관련되는 분야이다. 생활지도의 방법으로는 다음과 같이 ① 조언, ② 상담, ③ 주의, ④ 훈육 · 훈계, ⑤ 보상 등의 방법이고, 도구 또는 신체 등을 이용하여 학생의 신체에 고통을 가하는 방법을 사용해서는 안 된다. 「교원의 학생생활지도에 관한 고시(교육부, 2023. 9. 1.)」와 '교원의 학생생활지도에 관한 고시 해설서(교육부, 이화여자대학교 학교폭력예방연구소, 2023. 10. 1.: 48-69)'에 따른 생활지도의 방법과 관련한 용어의 설명은 다음과 같다.

- 조언은 학교의 장과 교원이 학생 또는 보호자에게 말과 글로(정보통신망을 이용한 경우를 포함한다.) 정보를 제공하거나 권고하는 지도 행위를 말한다. 다음은 조언의 절차이다.

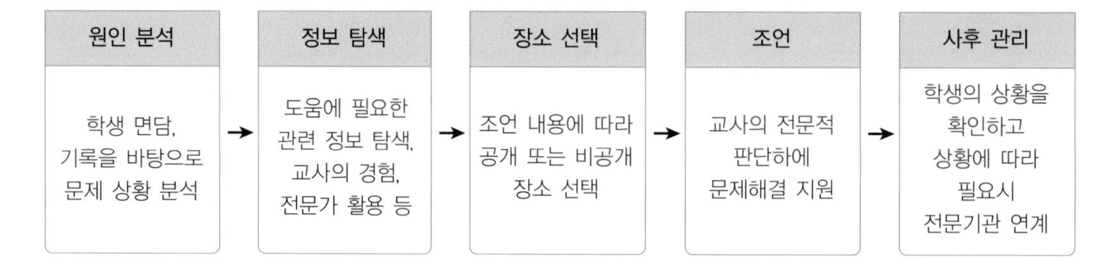

- 상담은 학교의 장과 교원이 학생 또는 보호자와 학생의 문제를 해결해 나가는

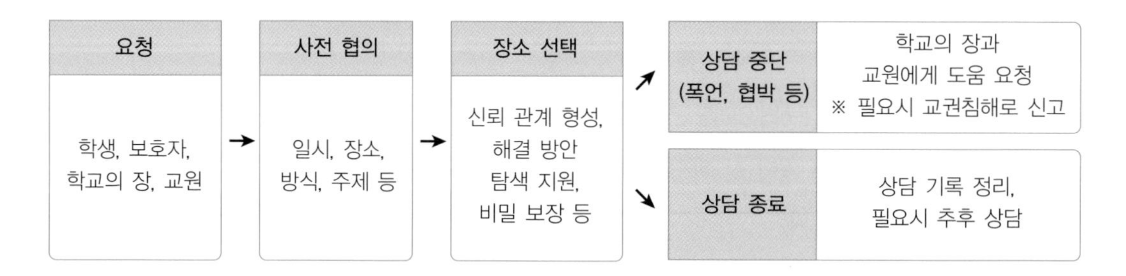

일체의 소통 활동을 말한다. 다음은 상담의 절차이다.

- 주의는 학교의 장과 교원이 학생 행동의 위험성 및 위해성, 법령 및 학칙의 위반 가능성 등을 지적하여 경고하는 지도 행위를 말한다.
- 훈육은 학교의 장과 교원이 지시, 제지, 분리, 소지 물품 조사, 물품 분리보관 등을 통해 학생의 행동을 중재하는 지도 행위를 말한다.
- 훈계는 학교의 장과 교원이 학생을 대상으로 바람직한 행동을 하도록 문제행동을 지적하여 잘잘못을 깨닫게 하는 지도 행위를 말한다.
- 보상은 학교의 장과 교원이 학생의 바람직한 행동을 장려할 목적으로 유형 · 무형의 방법으로 동기를 부여하는 지도 행위를 말한다.

〈표 8-3〉 **생활지도의 방식**

방법	고시의 조문 요약 및 해설
조언	필요한 정보 제공 및 전문가의 상담 · 치료 등의 권고
상담	상담 요청 · 예약 및 사전 협의. 규정 위반 및 폭언 등 사유로 중단 및 거부 가능
주의	안전 및 질서유지의 저해 및 수업에 부적합한 물건 사용 시 지적 · 경고 등. 주의를 줘도 변화가 없으면 훈계 가능
훈육	주의만으로 행동 중재가 어려운 경우, 행동 변화를 위한 과업 부여, 지시, (물리적) 제지 및 분리, 물품의 조사 및 분리보관
훈계	훈육에도 불구하고 잘못의 불인정 또는 언행의 개선이 없는 경우, 그 사유를 제시하고, 시정을 위한 대안 행동 · 성찰 쓰기 · 훼손된 곳의 청소 · 시설과 물품에 대한 원상복구 등 조치
보상	교육적 목적 달성을 위한 적절한 칭찬과 상 등

* 상기 방법은 학생의 인격이 존중되는 교육적 방식 및 사생활 · 상담 내용의 비공개 원칙.

「교원의 학생생활지도에 관한 고시(교육부, 2023. 9. 1.)」와 '교원의 학생생활지도에 관한 고시 해설서(교육부, 이화여자대학교 학교폭력예방연구소, 2023. 10. 1.)'에서 교원이 취할 수 있는 생활지도의 방법에서 발췌한 사항은 다음과 같다. 이 고시는 특수교육대상자의 생활지도에 관한 사항은 별도로 제시한다.

- 상담은 수업 시간 외의 시간을 활용함을 원칙으로 한다. 다만, 진로전담교사 또는 전문상담교사에 의한 상담, 학교의 장과 보호자 간의 상담 등은 예외로 한다.

〈표 8-4〉 법령에서의 '교육활동'의 정의

「학교안전사고 예방 및 보상에 관한 법률」 제2조제4호(정의)	"교육활동"이라 함은 다음 각 목의 어느 하나에 해당하는 활동을 말한다. 가. 학교의 교육과정 또는 학교의 장(이하 "학교장"이라 한다)이 정하는 교육계획 및 교육방침에 따라 학교의 안팎에서 학교장의 관리 · 감독하에 행하여지는 수업 · 특별활동 · 재량활동 · 과외활동 · 수련활동 · 수학여행 등 현장체험활동 또는 체육대회 등의 활동; 나. 등 · 하교 및 학교장이 인정하는 각종 행사 또는 대회 등에 참가하여 행하는 활동; 다. 그 밖에 대통령령으로 정하는 시간 중의 활동으로서 가목 및 나목과 관련된 활동
「학교안전사고 예방 및 보상에 관한 법률」 제2조(교육활동과 관련된 시간)	「학교안전사고 예방 및 보상에 관한 법률」(이하 "법"이라 한다) 제2조제4호다목에서 "대통령령이 정하는 시간"이란 다음 각 호의 어느 하나에 해당하는 시간을 말한다. 통상적인 경로 및 방법에 의한 등 · 하교 시간, 휴식시간 및 교육활동 전후의 통상적인 학교체류시간, 학교장의 지시에 의하여 학교에 있는 시간, 학교장이 인정하는 직업체험, 직장견학 및 현장실습 등의 시간, 기숙사에서 생활하는 시간, 학교 외의 장소에서 교육활동이 실시될 경우 집합 및 해산 장소와 집 또는 기숙사 간의 합리적 경로와 방법에 의한 왕복 시간

- 학생 또는 보호자의 폭언, 협박, 폭행 등의 사유로 상담을 지속하는 것이 불가능하다고 판단하는 경우 상담을 즉시 중단할 수 있다. 이 경우 학교의 장과 교원은 교직원에게 도움을 요청하거나 주변 학생에게 신고를 요청할 수 있다.
- 주의를 주었음에도 학생의 행동에 변화가 없거나, 학생의 행동으로 '교육활동'에 지장을 받으면 훈육 또는 훈계를 할 수 있고, 주의를 주었음에도 학생이 이를 무시하여 인적 · 물적 피해가 발생한 경우, 사전에 주의를 준 학교의 장과 교원은 생활지도에 대한 책무를 다한 것으로 본다.
- 법령과 학칙에 따른 금지된 행동을 하는 학생을 발견한 경우, 이를 즉시 중지하도록 말로 제지할 수 있다.
- 자신 또는 타인의 생명 · 신체에 위해를 끼치거나 재산에 중대한 손해를 끼칠 우려가 있는 긴급한 경우 학생의 행위를 물리적으로 제지할 수 있다. 이 경우 학교의 장과 교원은 교직원에게 도움을 요청하거나 주변 학생에게 신고를 요청할 수 있다.
- 앞의 물리적 제지가 있는 경우, 해당 교원은 이를 학교의 장에게 지체 없이 보고해야 하며, 학교의 장은 그 사실을 보호자에게 신속히 알려야 한다.
- 학생이 수업 중 잡담, 장난, 고성, 수업 거부, 기타 돌발행위 및 교사의 적당한 생활지도를 거부하거나 타인의 안전에 위해를 끼치는 경우 등 교육활동을 방해하여 다른 학생들의 학습권 보호가 필요하다고 판단하면, ① 수업 시간 중 교실 내 다른 좌석으로의 이동, ② 수업 시간 중 교실 내 지정된 위치로의 분리(실외

교육활동 시 학습집단으로부터의 분리를 포함한다), ③ 수업 시간 중 교실 밖 지정된 장소로의 분리, ④ 정규수업 외의 시간에 특정 장소로 분리할 수 있다. 교원은 ③ 및 ④에 따라 생활지도를 한 경우 지도의 일시 및 경위 등을 학교의 장에게 보고해야 하며, 학교의 장은 그 사실을 보호자에게 알려야 한다.

- 학교의 장은 앞의 ③ 및 ④의 분리를 거부하거나 1일 2회 이상 분리를 실시하였음에도 학생이 지속적으로 교육활동을 방해하여 다른 학생들의 학습권 보호가 필요하다고 판단하는 경우, 보호자에게 학생인계를 요청하여 가정학습을 하게 할 수 있다.

〈표 8-5〉 **분리 조치 학칙 규정의 예시**

생활지도	요건		분리장소(시간)	절차 및 유의점	학습지원
3호 지도 수업 시간 중 교실 밖 지정된 장소로의 분리	가	1호 또는 2호 지도에도 불구하고 교육활동을 지속 방해할 경우	학생을 지도·감독할 수 있는 개방된 교실 앞문 밖 복도(수업 시간 내 일부)	주의를 준 후 실시, 학생에게 자기 책상과 의자를 준비하게 할 수 있음	교과서 요약 등 과제 부여
	〈참고〉 • **1호 지도**: 수업 시간 중 교실 내 다른 좌석으로의 이동 • **2호 지도**: 수업 시간 중 교실 내 지정된 위치로의 분리(실외 교육활동 시 학습집단으로부터의 분리를 포함한다)				
	나	① 수업 중 학생 간 물리적 다툼으로 수업을 방해하는 경우 ② '가'에 따른 지도에도 행동 개선이 없는 경우	교무실 등 교감 지정 장소(수업 종료 시까지)	교사가 교무실에 학생 인계 요청 후, 교직원이 인계하여 학생을 교무실 등 지정 장소로 이동	행동성찰문, 교과서 요약 등 과제 부여
4호 지도 정규수업 이외의 시간에 특정 장소로의 분리	가	수업 시간에 지각*하여 교육활동을 방해하는 경우	교실 등(점심시간 내 20분 내외)	식사에 필요한 최소 시간(20분) 보장	교과서 요약 등 과제 부여
	나	① 3호 '나'의 지도를 성실히 따르지 않는 경우 ② 학교폭력 사안 처리 및 지도가 필요한 경우	교무실 등 교감 지정 장소(60분 이내)	학부모에게 지도 시간과 사유를 사전에 통지함	행동성찰문 등 과제 부여
기타	* 지각의 기준을 학교에 따라 명확히 설정 가능 ※ 분리된 학생에 대한 지도는 학교 여건에 따라 시간대별로 교직원이 분담하는 방식 등을 정하여 실시할 수 있음				

자료: 교육부, 이화여자대학교 학교폭력예방연구소(2023. 10. 1.), p. 65 자료에 〈참고〉를 덧붙임.

- 학생이 자신 또는 타인의 생명·신체에 위해를 끼치거나 재산에 중대한 손해를 끼칠 우려가 있는 물품을 소지하고 있다고 의심할 만한 합리적 이유가 있는 경우 필요한 범위 내에서 학생의 소지 물품을 조사할 수 있다.
- 〈표 8-6〉과 같이 학칙으로 정하는 바에 따라, 다음 각 호의 물품을 학생으로부터 분리하여 보관할 수 있다.

〈표 8-6〉 **물품 분리 품목, 기간, 장소 및 분리 방법**

요건	분리물품	분리기간	분리 장소	분리방법
제31조제2항에 따라 2회 이상 주의를 주었음에도 학생이 계속 사용하는 물품	휴대전화, 이어폰, 화장품, 해당 교과와 관련 없는 서적, 학습과 관련 없는 장난감 등	수업 시간	교실 지정 장소	• 1회차: 주의 실시 • 2회차: 주의와 함께 분리보관을 할 수 있음을 알림 • 3회차: 주의를 2회 이상 주었음을 알리고 물품 분리보관 • 수업 종료 후: 즉시 되돌려 줌
학생 및 교직원의 안전과 건강에 위해를 줄 우려가 있는 물품	흉기, 라이터, 레이저빔 기기, 본드, 부탄가스, 화약, 인화성 물질, 유독성 물질 등	3일	교무실 등 학교장이 지정하는 장소	• 분리보관 사유를 알림 • 학생으로부터 물품을 받아 학교의 장에게 신고 ※ 학교의 장은 물품 분리보관 일지를 작성 관리 • 학부모에게 알리고, 요청하는 경우 보관기간 경과 후 학부모에게 되돌려 줌 ※ 학부모가 반환받을 의사가 없는 경우 또는 보관 기일 경과 후 3일이 지나도 반환받지 않는 경우 폐기 조치
관련 법령에 따라 학생에게 판매될 수 없는 물품	술, 담배 등			
기타 학칙으로 금지한 물품	도색잡지, 선정적 사진이나 영상물, 도청기, 소형 카메라 등			

자료: 교육부, 이화여자대학교 학교폭력예방연구소(2023. 10. 1.), p. 77; 대전광역시교육청(2023a), p. 12; 대전광역시교육청(2023b).

조언, 상담, 주의, 훈육 등에도 불구하고 자신의 잘못을 인정하지 않거나 잘못된 언행의 개선이 없는 경우 학생에 대해 훈계할 수 있다. 학생을 훈계할 때에는 그 사유와 바람직한 행동 개선방안을 함께 제시해야 한다. 훈계할 때에는 훈계 사유와 관련된 다음 각 호의 과제를 함께 부여할 수 있다. ① 문제행동을 시정하기 위한 대안행동, ② 성찰하는 글쓰기, ③ 훼손된 시설·물품에 대한 원상복구(청소를 포함한다)이다.

생활지도는 학생이 잘못에 대한 대가를 치르도록 하는 것이 아니라 바람직한 행동으로 이끄는 것이 핵심이다. 생활지도 과정에서, 학생의 인격을 존중하는 것이 중요하고, 학생의 수치심을 자극하거나 자존감을 해치지 않고 다른 학생과의 비교, 행동에 대한 섣부른 평가, 행위에 대한 비난, 처벌 수위를 언급하는 압박, 예측이 앞선 판단 등을 하지 않도록 유의해야 한다.

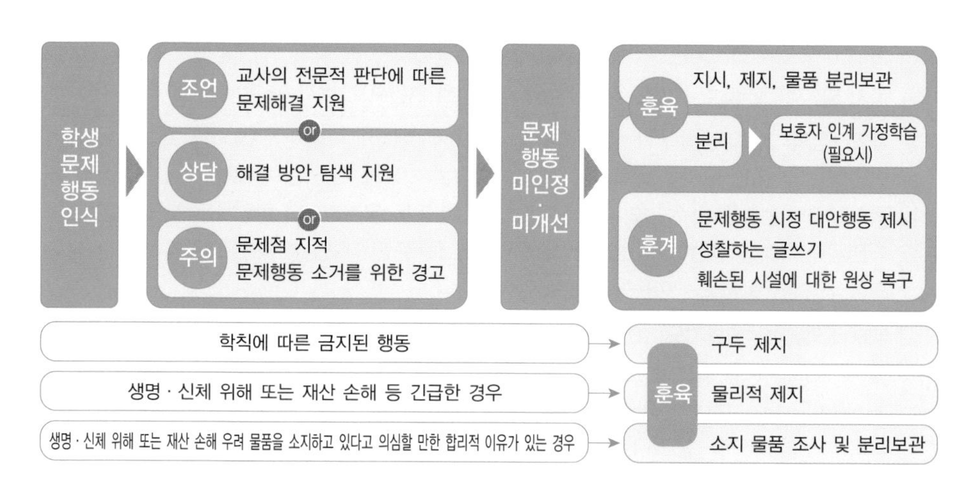

[그림 8-1] **문제행동에 대한 생활지도 절차**

자료: 교육부, 이화여자대학교 학교폭력예방연구소(2023. 10. 1.), p. 14.

〈표 8-7〉 **생활지도 관련 대법원 판결**

대법원 98도2389 대법원 2001도5380	「형법」 제20조 소정의 '사회상규에 위배되지 아니하는 행위'라 함은 법질서 전체의 정신이나 그 배후에 놓여 있는 사회윤리 내지 사회 통념에 비추어 용인될 수 있는 행위를 말하고, 어떠한 행위가 사회상규에 위배되지 아니하는 정당한 행위로서 위법성이 조각되는 것인지는 구체적인 사정 아래서 합목적적, 합리적으로 고찰하여 개별적으로 판단되어야 할 것인바, 이와 같은 정당행위를 인정하려면 첫째, 그 행위의 동기나 목적의 정당성, 둘째, 행위의 수단이나 방법의 상당성, 셋째, 보호이익과 침해이익과의 법익 균형성, 넷째, 긴급성, 다섯째, 그 행위 외에 다른 수단이나 방법이 없다는 보충성 등의 요건을 갖추어야 한다.
대법원 2022두39185	학교교육을 위하여 필요한 경우에는 법령과 학칙으로 정하는 바에 따라 학생을 징계할 수 있되, 그 징계는 학생의 인격이 존중되는 교육적인 방법으로 하여야 한다. 그렇다면 의무교육대상자인 초등학교 · 중학교 학생의 신분적 특성과 학교교육의 목적에 비추어 교육의 담당자인 교원의 학교교육에 관한 폭넓은 재량권을 존중하더라도, 법령상 명문의 규정이 없는 징계처분의 효력을 긍정함에 있어서는 그 처분 내용의 자발적 수용성, 교육적 · 인격적 측면의 유익성, 헌법적 가치와의 정합성 등을 종합하여 엄격히 해석하여야 할 필요가 있다.

〈표 8-8〉 **생활지도 관련 법령**

「초 · 중등교육법」	**제20조(교직원의 임무)** 교사는 법령에서 정하는 바에 따라 학생을 교육한다. **제20조의2(학교의 장 및 교원의 학생생활지도)** ① 학교의 장과 교원은 학생의 인권을 보호하고 교원의 교육활동을 위하여 필요한 경우에는 법령과 학칙으로 정하는 바에 따라 학생을 지도할 수 있다. ② 제1항에 따른 교원의 정당한 학생생활지도에 대해서는 「아동복지법」 제17조제3호, 제5호 및 제6호의 금지행위 위반으로 보지 아니한다.
「유아교육법」	**제21조의3(원장 등 교원의 유아생활지도)** ① 원장 등 교원은 유아의 인권을 보호하고 교원의 교육활동과 돌봄활동을 위하여 필요한 경우에는 법령과 유치원규칙으로 정하는 바에 따라 유아를 지도할 수 있다. ② 제1항에 따른 교원의 정당한 유아생활지도에 대해서는 「아동복지 법」 제17조제3호, 제5호 및 제6호의 금지행위 위반으로 보지 아니한다.
「아동학대처벌법」	**제2조(정의)** 3. "아동학대"란 「아동복지법」 제3조제7호("아동학대"란 보호자를 포함한 성인이 아동의 건강 또는 복지를 해치거나 정상적 발달을 저해할 수 있는 신체적 · 정신적 · 성적 폭력이나 가혹행위를 하는 것과 아동의 보호자가 아동을 유기하거나 방임하는 것을 말한다.)에 따른 아동학대를 말한다. 다만, 「유아교육법」과 「초 · 중등교육법」에 따른 교원의 정당한 교육활동과 학생생활지도는 아동학대로 보지 아니한다.
「초 · 중등교육법 시행령」	**제40조의3(학생생활지도)** ① 학교의 장과 교원은 법 제20조의2에 따라 다음 각 호(제1호 학업 및 진로, 제2호 보건 및 안전, 제3호 인성 및 대인관계, 제4호 그 밖에 학생생활과 관련되는 분야)의 어느 하나에 해당하는 분야와 관련하여 조언, 상담, 주의, 훈육 · 훈계 등의 방법으로 학생을 지도할 수 있다. 이 경우 도구, 신체 등을 이용하여 학생의 신체에 고통을 가하는 방법을 사용해서는 안 된다.
「교원지위법」	**제6조(교원의 신분보장 등)** ① 교원은 형(刑)의 선고, 징계처분 또는 법률로 정하는 사유에 의하지 아니하고는 그 의사에 반하여 휴직 · 강임(降任) 또는 면직을 당하지 아니한다. ② 교원은 해당 학교의 운영과 관련하여 발생한 부패행위나 이에 준하는 행위 및 비리 사실 등을 관계 행정기관 또는 수사기관 등에 신고하거나 고발하는 행위로 인하여 정당한 사유 없이 징계 조치 등 어떠한 신분상의 불이익이나 근무조건상의 차별을 받지 아니한다. ③ 교원이 「아동학대처벌법」 제2조제4호에 따른 아동학대범죄로 신고된 경우 임용권자는 정당한 사유 없이 직위해제 처분을 하여서는 아니 된다. **제19조(교육활동 침해행위)** 2. 교원의 교육활동을 부당하게 간섭하거나 제한하는 행위로서 다음 각 목의 어느 하나에 해당하는 행위. 가. 목적이 정당하지 아니한 민원을 반복적으로 제기하는 행위, 나. 교원의 법적 의무가 아닌 일을 지속적으로 강요하는 행위, 다. 그 밖에 교육부장관이 정하여 고시하는 행위
「교원지위법 시행령」	**제7조(교원에 대한 민원 등의 조사)** ① 국가 및 지방자치단체는 교원에 대한 민원 · 진정 등을 조사하는 경우에는 관계법령이 정하는 바에 따라 당해 교원에게 소명할 기회를 주어야 하고, 정당한 사유가 없는 한 그 결과가 나오기 전에 인사상의 불이익한 조치를 하여서는 아니 된다. ② 국가 및 지방자치단체는 제1항의 규정에 의한 민원 · 진정 등을 조사하는 경우 그 내용이 학생 등에게 알려지지 아니하도록 노력하여야 하고, 당해 교원의 수업활동을 존중하여야 한다. ③ 국가 및 지방자치단체는 교원의 정당한 교육활동이 부당하게 침해되거나 교육활동과 관련하여 교원에 대한 폭행 · 협박 또는 명예훼손 등이 있는 경우에는 이를 관계 법령에 따라 엄정하게 조사 · 처리하여야 한다.

〈계속〉

「교육활동 침해 행위 및 조치 기준에 관한 고시」	**제2조(교원의 교육활동 침해행위)** 교원의 교육활동(원격수업을 포함한다)을 부당하게 간섭하거나 제한하는 행위는 다음 각 호와 같다. 1. 「형법」 제8장(공무방해에 관한 죄) 또는 제34장 제314조(업무방해)에 해당하는 범죄 행위로 교원의 정당한 교육활동을 방해하는 행위, 2. 교육활동 중인 교원에게 성적 언동 등으로 성적 굴욕감 또는 혐오감을 느끼게 하는 행위, 3. 교원의 정당한 교육활동에 대해 반복적으로 부당하게 간섭하는 행위, 4. 교원의 정당한 생활지도에 불응하여 의도적으로 교육활동을 방해하는 행위, 5. 교육활동 중인 교원의 영상·화상·음성 등을 촬영·녹화·녹음·합성하여 무단으로 배포하는 행위, 6. 그 밖에 학교장이 「교육공무원법」 제43조 제1항(교권(敎權)은 존중되어야 하며, 교원은 그 전문적 지위나 신분에 영향을 미치는 부당한 간섭을 받지 아니한다)에 위반한다고 판단하는 행위
「형법」	**제20조(정당행위)** 법령에 의한 행위 또는 업무로 인한 행위 기타 사회상규에 위배되지 아니하는 행위는 벌하지 아니한다.

Q

훈계의 방법으로 반성문을 쓰게 할 수 있을지, 교실에 낙서한 학생에게 화장실 청소를 시킬 수 있을지를 생각해 보자.

5) 회복적 생활교육

'회복적 정의'는 잘못에 상응하는 처벌을 뜻하는 '응보적 정의'에 대응한다. 회복적 정의는 어떤 처벌을 할 것인지에 집중된 방식의 한계를 극복하기 위한 대안으로 대두하였고, '갈등 상황으로 인한 피해, 자발적인 책임, 인간적인 관계와 공동체성을 회복함으로써 모두의 정의'를 이루고자 하는 패러다임이다(안지영, 2021b: 247; Zehr, 2002). 회복적 정의의 주요 원칙은 다음과 같다. 첫째, 피해자의 삶의 정황과 맥락에 근거한 종합적이고 구체적인 회복을 추구한다. 둘째, 사건의 당사자뿐 아니라 영향을 받는 구성원이 함께 해결 과정에 참여하고, 영향과 결과에 대해 성찰하고 논의한다. 셋째, 자발적 참여를 통해 당사자가 책임 있는 결정을 내리고 수행하는 과정을 거친다(서정기, 2012: 34).

회복적 생활교육은 잘못된 행위에 관련된 사람들이 해당 행동에 대한 피해, 욕구, 의무 등에 관해 대화를 나누고 관계를 형성하면서 이루어지는 치유와 회복을 의미한다. 연구에 따르면, 교사의 회복적 생활교육 실천을 통해 상호 존중과 배려의 공동체가 조성되는 것으로 밝혀졌다(김영숙, 김윤희, 2022: 25). 기존의 응보 방식에서 회복적 생활교육으로의 변화를 지향하는 교사는, ① 기존의 가치에 따라 옳고 그름을 판

〈표 8-9〉 **회복적 학교생활교육의 목표와 실천 원칙**

목표	실천 원칙
• 피해를 바로 인식하고 모두가 공감하게 하기 • 피해 쪽과 가해 쪽의 필요를 알고 충족하기 • 당사자의 참여로 책임과 의무감을 가지게 하기 • 당사자들이 공동체에 재결합할 수 있게 돕기 • 갈등을 공동체성을 키우는 기회로 만들기	• 관계가 공동체 형성의 중심인 점을 인식하기 • 관계 강화의 방향으로 해결 방안을 고안하기 • 규범 위배가 아닌, 피해에 초점을 맞추기 • 피해자가 목소리를 낼 수 있게 하기 • 공동으로 참여해서 해결하는 방식을 활용하기 • 미래에 초점을 맞춰 변화와 성장하게 하기

자료: Zehr (2002); 서정기(2012), p. 36 요약.

단하는 역할을 하는 자신을 인식하는 '혼용 단계', ② 배운 방식 그대로 열심히 적용하는 '형식적 단계', ③ 상황에 맞는 방안을 모색하는 '새로운 모색 단계', ④ 중재 모델과 기술을 내면화하여 적합하게 조율하고 적용하는 '통합 단계'를 거친다(이연미, 2022: ii).

회복적 생활교육에서의 '비폭력대화법'은 서로에 대한 차이를 인정하고 갈등을 평화롭게 해결하는 의사소통 방식으로, 분노를 불러일으키는 언어적 소통이나 자존감을 떨어뜨리는 언어들은 피하고, 모든 사람이 공감하는 가치와 욕구에 초점을 두고 상호 관계를 형성하는 언어를 사용하도록 장려한다(이미나, 나옥희, 2018: 858-856). 이 연구에 따르면, 이 대화에 참여한 청소년의 공감 능력이 높아지는 유의미한 결과가 도출되었다.

〈표 8-10〉 **비폭력대화(NonViolent Communication: NVC)의 중재 모델과 기술**

5단계 모델		아홉 가지 기술	
이해 연결 국면	① 당사자 A를 공감하고 욕구 찾기 ② 당사자 B가 A의 욕구 반영 ③ B를 공감하고 욕구 찾기 ④ A가 B의 욕구 반영	중재자	① 자기 공감 ② 끼어들기 ③ 자기 표현
		갈등 당사자에게	④ 공감 ⑤ 연결 부탁 ⑥ 귀 잡아당기기* ⑦ 응급 공감 ⑧ 추적하기
해결 국면	⑤ A와 B의 욕구를 모두 충족시킬 방법 찾기		⑨ 해결 부탁

* 상대방의 얘기나 의견에 관심을 가지고 경청하게 한다는 의미임.
자료: 안지영(2021a), p. 208; Lasater & Kinyon (2020).

2. 학부모 상담

학부모는 자녀의 첫 번째 교육자이다. 학교의 교육활동에서 학부모의 참여는 학생의 발달에 긍정적 영향을 미친다. 가정과 학교의 강한 유대감은 교육에 필수적이다. 따라서 학부모와의 올바른 관계 형성과 상담하는 방법에 대한 이해가 필요하다.

1) 관계 설정

학부모를 대하는 일은 교사가 맞닥뜨리는 가장 어려운 것 가운데 하나이다. 교육학자인 하그리브스(Hargreaves)는 "학부모와 교사 모두는 아동에게 최선의 일이 일어나길 원한다는 점에서 공통점이 있다. 그러나 양쪽이 아이에게 좋은 것을 하지만, 너무 다른 것을 원하기에 갈등이 발생할 수밖에 없다(Hargreaves, 2017: 274)."라고 한다. 또한 "자녀에 대한 그릇된 판단만큼 부모의 전투 정신을 불러일으키는 것은 없다(Brosche & Waldmann, 2012: 56)."라는 말도 있다.

교사는 부모가 자녀에 대해 모르는 것을 아는 것도 있지만, 부모보다 학생에 대해 더 많이 알기는 쉽지 않다. 학생의 잘못을 단정하여 학부모에게 일방 통보하는 식이 아닌 학생의 평소 생활에서의 긍정적인 면을 앞세워 언급하면서 자녀를 가장 잘 아는 학부모에게 협조와 해결책을 구하는 자세가 필요하고, 교사와 학부모는 학생을 매개로 서로를 지지하는 관계가 되어야 한다. SNS에서의 소통은 학교의 공식 계정을 통해서만 하게 하는 미국의 사례처럼, 친밀감을 유지하더라도 공적 관계라는 점을 깊이 새기고, 상호 존중의 품격 있는 자세를 견지해야 한다(정일화, 2020).

Q
학년 초, 학부모와의 관계를 긍정적으로 형성하는 방법을 생각해 보자.

2) 학부모 면담

학부모 면담이나 간담회를 앞두고 학부모의 요구 등을 알 수 있는 자료를 미리 챙기면, 대화가 핵심에서 벗어나지 않고 충실하게 진행될 수 있다. 다음은 학부모의 궁금증과 기대 및 요구를 파악하기 위한 사전 질문의 예시이다(Kronowitz, 2009: 부록 58).

- 자녀가 좋아하는 학습 활동은 무엇입니까?
- 자녀가 학급 활동에 대해 걱정이 있습니까? 만일 그렇다면, 그것이 무엇입니까?
- 올해 학부모의 자녀교육 우선순위는 무엇입니까?
- 올해 이 학급의 자녀교육에 대해 궁금한 점은 무엇입니까?
- 올해를 성공적으로 보내기 위해 학교가 자녀에게 어떻게 도와주면 좋겠습니까?
- 제가 미리 준비해야 할 것이 있습니까? 만약에 있다면 저에게 알려 주세요.
- 어떤 특별한 학교 정보를 알았으면 하나요? 그렇다면 저에게 알려 주세요.
- 이밖에 다른 질문은 없나요? 있다면, 오전 ___________, 오후 __________에____________으로 연락 주세요. 이메일이 편하다면 ____________________로 보내 주세요.

Q

면담을 앞두고 학부모의 요구를 파악할 질문지를 작성해 보자.

다음은 American Teachers(김승운, 2009: 227-229), KidsHealth.org 및 Turnitin.com 등에 언급된 학부모를 만날 때 유의할 점에 대한 조언을 우리의 상황에 반영하여 정리한 것이다(정일화, 2020: 132-135).

유의할 점

- 면담은 지정된 공간에서 한다.
- 긍정적으로 대화를 시작하고 학생의 학교생활에 관한 자료를 준비해 공유한다.
- 학교와 교사가 학생에게 거는 기대를 공유한다.
- 학부모와 유대감을 쌓는 기회로 삼아 진지하면서도 유쾌하게 대화한다.
- 교사는 학생을 잘 알지만, 학부모는 자녀의 출생부터 전체 삶을 알고 있기에 학부모의 지원이 필요하다는 점을 기억한다.
- 교사와 학부모는 합심해야 한다는 점을 잊지 않는다.
- 준비되지 않은 상태로 임하지 않는다.
- 학부모가 다른 학생을 대화에 끌어들인다 해도 다른 학생에 관한 얘기를 꺼내지 말고 개인의 정보를 보호한다.
- 내 업무가 아닌 질문에는 답변을 피하고 담당자를 알려 준다.
- 면담 중 일일이 받아 적지 않는다.

- 면담에 오지 않은 학부모가 학교에 무관심하다고 섣불리 판단하지 않는다.

학부모와 면담하기 전

- 면담 참여의 유익함, 목적, 시간과 장소, 참석 대상에 관해 분명하게 안내한다.
- 시간은 학교의 일과와 학부모의 가능 시간 등을 고려하고 상의해서 정한다.
- 장소를 찾기 쉽게 안내하고 학교 출입 때 유의할 사항을 함께 안내한다.
- 상담에 필요한 정보를 숙지한다.
- 규정, 성적, 각종 검사 결과 등 관련 정보를 확인한다.
- 학부모와 공유할 데이터와 학생의 활동 자료 등 상담에 필요한 자료를 준비하고, 가정의 학습 지원과 관련한 질문을 정리한다.
- 편한 의자와 탁자 등 면담 장소의 상태를 살피고, 간단하게 다과 등의 준비도 고려한다.
- 혹시 학생 문제로 인해 불편한 감정이 있다면 진정시키고 만난다.
- 분위기를 좋게 할 간단한 인사말을 면담자별로 준비한다.

학부모를 면담하는 동안

- 긴장을 풀고 환영하는 분위기를 조성한다.
- 마주 보거나 비스듬히 나란히 앉아 자연스럽게 대화한다.
- 대화의 목적이 학생의 성취와 성장을 위한 것이고, 학부모는 사랑하는 자녀의 당면한 과제뿐 아니라 장점도 듣고 싶어 한다는 것을 기억하고, 긍정적으로 대화의 문을 연다.
- 교사와 부모의 교육관이 다를 수 있음을 인정한다.
- 학생의 활동물을 보여 줄 때는 해당 학생의 것인지를 반드시 먼저 확인한다.
- 면담 중에는 핵심어만을 드문드문 기록하고, 필요한 부가 기록은 다음 면담을 위한 준비 시간을 이용해서 정리한다.
- 학부모가 다른 또래와 비교해서 자녀의 성취를 알고 싶어 해도 해당 학생의 성적과 학업 수준에 초점을 맞추어 진보와 성장 등의 기대에 관해 대화한다.
- 나타난 학습의 결과보다 학생의 성장을 도울 방법에 집중한다.

- 교사들 간 사용하는 전문 용어를 삼가고 학부모가 이해하기 쉽게 얘기한다.
- 교사 혼자 대화를 독점하지 않고 학부모의 말을 경청한다.
- 교사가 학생에 대한 의견을 말하고 부모의 의견도 청취한다.
- 부정적인 말은 긍정적인 말 사이에 양념으로 끼워 넣는다.
- 학부모의 관심사를 헤아리며 학생 교육에 도움이 될 정보를 얻는다.
- 학생의 꿈과 희망뿐 아니라 재능과 강점, 욕구, 학습유형, 문제점 등을 질문한다.
- 가정에서 자녀의 학습을 지원할 활동과 전략에 관한 계획을 협의하거나 제안한다.
- 해결할 문제가 있다면 학부모의 의견을 먼저 구하고 학교와 가정의 지원책을 제시한다.
- 해결책은 현실적인 내용으로 제시한다. 때때로 학부모가 불편하게 여길 수 있는 정확한 평가 정보를 솔직하게 전달할 책임과 면담을 관장하는 책임이 교사에게 있다는 것을 기억한다.
- 학부모가 자녀에 대한 교사의 평가에 대해 방어적 태도로 비판하여도 건설적으로 받아들인다.
- 학부모에게 충언할 수 있지만, 권위적 언행을 하지 않는다.
- 상담에서 공유한 문제와 해결책 등을 요약해서 공유하고, 방문에 대한 감사의 인사로 마무리한다.
- 추가로 문의할 수 있는 연락처를 전달한다.
- 여러 학부모를 연이어서 상담해야 한다면 한 학부모에게 시간이 편중되지 않게 한다.
- 한 학부모의 면담을 마친 직후에는 꼭 기억해야 할 부분을 간단히 기록하고 준비를 위해 휴식할 간격을 갖는다.

학부모와 면담한 후

- 학교 방문과 대화의 유익함에 대해 편지, 문자, 통화 등으로 인사를 한다.
- 시간이 지나 잊기 전에 학생별로 학부모 면담 기록을 정리한다.
- 알게 된 정보를 학생의 성장과 성취에 도움이 되는 교육적 결정과 학습지도에 활용한다.
- 문제해결의 진행을 학교와 가정이 수시 또는 정기적으로 소통하여 공유한다.
- 학생에게 부모를 만나 공유한 결과를 설명하고 참여를 이끈다.
- 학생이 거둔 진보에 대한 칭찬을 지체하지 않고 가정에 전달한다.
- 학생의 학교생활을 학부모에게 알리고 가정에서의 생활을 듣는다.
- 전체 공개 면담에 참석하지 못한 학부모에 대한 안내 등 대체 방안을 마련한다.

Q

면담에 참여하지 못한 학부모를 위한 대체 방안에 대해 생각해 보자.

생각 나누기

1. 다음은 우리나라에서 벌어진 아동학대 다툼과 관련한 학부모 측의 주장과 프랑스의 고등학교 사례이다. 이 두 사례에 비추어서 학생을 지도할 때 유의할 점을 생각해 보자.

- A씨는 "… 선생님께서는 제 아이와 뺨을 맞은 친구를 반 아이들 앞에 서게 하여 사과를 하라고 했지만 아이는 이미 겁을 먹어 입을 열지 못했다."라고 했다. 이어 "이후 반 전체 학생들 앞에 아이를 홀로 세워두고 어떤 벌을 받으면 좋을지 한 사람씩 의견을 물었다. 이에 아이들은 '교장 선생님께 보내요' '손바닥 때려요' '반성문 쓰게 해요' 등의 의견을 냈고, 아이는 훈육의 담당자이신 선생님이 정한 벌이 아닌 아이들이 정한 벌을 받아야 했다."라면서 억울하다 말했다.

  –김학진, 2023. 9. 12.–

- 철학 수업 시간이었다. 한창 토론 중에 한 친구가 철학 선생님과 논쟁이 붙었다. 논쟁은 점점 가열되었다. 본인의 생각이 철학 선생님에게 관철되지 않자 친구는 그만 선생님을 향해 욕설을 뱉었다. 일순간 수업 분위기는 냉랭해졌다. 친구들이 서로 눈치를 보고 있는데 철학 선생님이 침착하면서도 결연하게 한마디를 하였다. "××군, 나는 당신을 징계위원회에 회부할 수밖에 없겠군요. 유감입니다." 그러고는 철학 선생님은 수업을 이어 갔다.

  –이지현, 2022: 173–

2. 다음은 학부모가 자녀의 출석을 거부하면서 지속적으로 담임 교체를 요구한 것이 교육활동 침해행위인 '반복적 부당한 간섭'에 해당하는지에 대한 판시이다(대법원, 2023. 9. 14.). 교육활동 침해 시의 대처 절차와 방안에 대해 생각해 보자.

사례

초등학교 2학년의 3교시 수업 중 A학생이 생수 페트병을 가지고 놀면서 소리를 내어 B교사가 주의를 주었으나 같은 행동을 반복하였다. 교사는 생수 페트병을 뺏은 후 학생의 이름표를 칠판의 레드카드 부분에 붙였고, 방과 후 당일 레드카드를 받은 A 외 1명의 학생에게 빗자루로 교실 바닥을 약 14분간 쓸게 했다. A의 하교 직후 학부모는 교무실로 가서 교감을 면담하여 A에게 쓰레기를 줍게 한 것이 아동학대이고, 교사와 대화가 통하지 않는다는 이유 등으로 담임 교체를 요구했다. 이후 학부모는 교실로 가 B교사에게 당일 있었던 일에 대해 항의했다.

적법한 자격을 갖춘 교사가 전문적이고 광범위한 재량이 존재하는 영역인 학생에 대한 교육과정에서 한 판단과 교육활동은 특별한 사정이 없는 한 존중되어야 하고, 부모 등 보호자의 교육에 관한 의견 제시도 교원의 전문성과 교권을 존중하는 방식으로 이루어져야 하며, 학부모의 담임 교체 요구는 비상적인 상황에서 보충적으로만 허용된다고 보는 것이 타당하므로, 원고가 반복적으로 담임 교체를 요구한 행위는 교육활동 침해행위인 '반복적 부당한 간섭'에 해당한다고 판단하고, 이와 달리 원고의 행위가 '반복적 부당한 간섭'에 해당한다고 인정되지 않아 이 사건 조치에 처분사유가 존재하지 않는다고 본 원심판결을 파기 · 환송하였다.

–대법원 2023. 9. 14. 선고 2023두37858 판결–

판결의 의의

교원의 전문성과 교권은 헌법과 법률에 따라 보장되는 것으로서, 정당한 자격을 갖춘 교사의 전문적이고 광범위한 재량에 따른 판단과 교육활동에 대하여는 이를 침해하거나 부당하게 간섭하여서는 안 된다. 부모 등 보호자는 교육에 관하여 의견을 제시할 수 있고 이러한 의견은 존중받아야 하나, 이러한 의견 제시는 교원의 전문성과 교권을 존중하는 방식으로 이루어져야 하고, 의견 제시가 정당한 교육활동에 대한 반복적이고 부당한 간섭 행위에 해당하는 경우에는 허용되지 않는다는 한계가 있다.

3. 「아동학대처벌법」에 따라, 교직원은 직무를 수행하면서 친권자나 후견인 등에 의한 아동학대를 알거나 의심이 들면 즉시 신고할 의무를 지닌다. 다음은 유치원 교육의 문제를 다룬 프랑스 영화 〈오늘부터 시작이야〉와 아동학대 등의 가정폭력 문제를 다룬 일본 영화 〈너는 착한 아이〉의 장면을 옮긴 글이다(정일화, 제작 중). 이에 비추어, 학교나 유치원에서 아동학대의 징후를 확인할 때 주의할 점을 생각해 보자.

오늘부터 시작이야

어느 날, 아이의 머리에 난 상처를 발견한 교사의 보고를 들은 교장은 아이를 달래며 묻는다. "여기가 빨갛네. 부딪혔니? 누가 그랬니?"

너는 착한 아이

일본의 초등학교 보건실에서, 교장과 보건교사는 초임 담임교사가 가정폭력에 대해 함구하는 4학년 아이의 윗옷을 올려 확인하려고 하자 문제가 커질 수 있다면서 황급히 제지한다.

4. 다음은 미국의 학교에서 학년 초 가정과의 소통 모습에 대한 글이다. 이에 비추어서, 학급담임으로서 학년 초 학부모와의 소통에 대해 생각해 보자.

> 미국의 담임은 새 학년을 시작하기 일주일 전에 학급을 맡은 소감, 성별 · 과목 · 연락처 등의 소개와 교실 위치, 등교 시간, 학용품 등 준비 목록을 안내하는 통신문, 때로는 자기소개를 담은 엽서와 편지 등을 보내기도 합니다. 교장은 개학에 관한 안내문을 보내고, 학부모회는 학부모총회 안내문과 자원봉사자 모집과 학급 · 학년의 학부모 대표 신청서를 보냅니다.
>
> –양성숙, 2007. 9. 13.; 정일화, 2020: 129 재인용–

참고문헌

교육부(2023. 9. 1.). 교원의 학생생활지도에 관한 고시. 교육부 고시 제202-28호.

교육부, 이화여자대학교 학교폭력예방연구소(2023. 10. 1.). 교원의 학생생활지도에 관한 고시 해설서.

김숭운(2009). 미국교사를 보면 미국교육이 보인다. 상상나무.

김영숙, 김윤희(2022). 교사의 회복적 생활교육 실천 경험에 관한 현상학적 연구. 홀리스틱교육연구, 26(2), 25-56.

김학진(2023. 9. 12.). "내 아들 손이 친구 뺨에 맞았다"_대전교사 가해 학부모 입장문 '뭇매'. 뉴스1. https://www.news1.kr/articles/?5168429

대법원(2023. 9. 14.). 교권보호위원회 조치 처분 취소 사건(2023두37858) 보도자료.

대전광역시교육청(2023a). 학생생활규정 예시안(중등용).

대전광역시교육청(2023b). 학생생활규정 예시안(초등용).

조성신(2023. 9. 12.). 딸한테 청소시켰다고... '민원 폭탄' 넣은 사학재단 이사장 아내. 매일경제. https://www.mk.co.kr/news/society/10827565

서정기(2012). 학교폭력의 교육적 대안. 배움학연구, 4(1), 25-40.

안지영(2021a). 회복적 생활교육 구현방안 - 비폭력대화 '내면중재'를 중심으로 -. 초등도덕교육, 72, 189-222.

안지영(2021b). 회복적 생활교육 구현방안 II, 비폭력대화에 기초한 공감적 갈등 조정을 중심으로. 열린교육연구, 29(3), 247-275.

양성숙(2007. 9. 13.). 학교-가정 소통에 중점 둬. 한국교육신문. https://www.hangyo.com/news/article.html?no=23067

이미나, 나옥희(2018). 청소년을 위한 비폭력대화 프로그램 효과 연구. 예술인문사회융합멀티미디어 논문지, 8(5), 857-865.

이연미(2022). 교사의 학교폭력 갈등중재 경험 연구. 박사학위 논문. 단국대학교 대학원.

이지현(2022). 프랑스 교육처럼. 지우출판.

정일화(2020). 새내기 교사론. 한국학술정보.

정일화(제작 중). (가제)영화로 읽는 교사론.

Brosche, H., & Waldmann, B. (2012). 교사가 알아야 할 학부모 마음 학부모가 알아야 할 교사 마음 (*Warum Lehrer gar nicht so blöd sind*). (이수영 역). 시대의창. (원저는 2010년에 출판).

Clark, R. (2004). *Excellent 11: Qualities Teachers, and Parents Use to Motivate, Inspire, and Educate Children*. Hachette Books.

DePorter, B., Reardon, M., & Singer-Nourie, S. (2012). 퀀텀 교수법 (*Quantum teaching:*

mempraktikkan quantum learning di ruang-ruang kelas). (김창완 역). 멘토르. (원저는 2010년에 출판).

Hargreaves, A. (2017). 학교개혁은 왜 실패하는가 (*Professionals and Parents: Personal adversaries or public allies?*). (이찬승, 은수진 공역). 21세기교육연구소. (원저는 2000년에 출판).

Kronowitz, E. L. (2009). 성공하는 교사의 첫걸음 (*The Teacher's Guide to Success: Teaching Effectively in Today's Classrooms*). (고재천, 권동택, 김은주, 박상완, 박영만, 이정선, 정혜영 공역). 시그마프레스. (원저는 2008년에 출판).

Lasater, I., & Kinyon, J. (2020). 삶을 중재하기: 비폭력대화 갈등 중재 교육 매뉴얼 (*Mediate Your Life Training Manual, Mediate Your Life*). (한국NVC센터 역). (원저는 2014년에 출판).

van Manen, M. (2012). '가르친다는 것'의 의미 (*The Tone of Teaching: The Language of Pedagogy*). (정광순, 김선영 공역). 학지사. (원저는 2002년에 출판).

Zehr, H. (2002). *The little book of restorative justice*. The little books of justice & peacebuilding series. PA: Good Books.

Horry County Schools. www.horrycountyschools.net/Page/5659

www.KidsHealth.org

www.Turinitinturnitin.com

대법원. www.scourt.go.kr

로앤비. www.lawnb.com

법제처 국가법령정보센터. www.law.go.kr

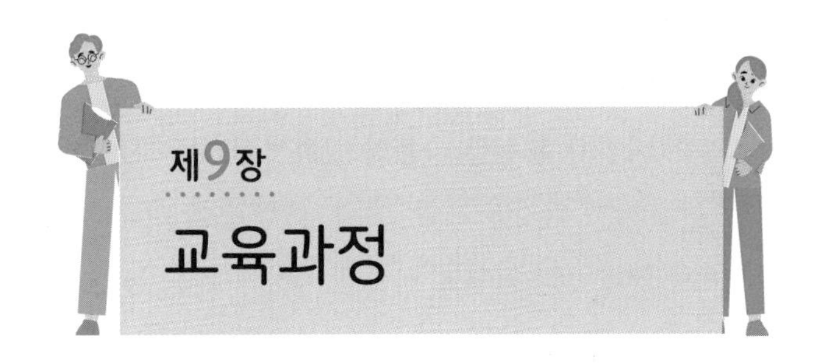

교육과정의 일반적인 정의는 교육 활동에서 어떤 목표로 무엇을 선정해서 어떻게 조직하여 가르칠 것인가에 대한 종합적인 교육계획이다. 이 장에서는 교육과정에 대한 기본적 질문, 2022 개정 교육과정의 이해, 학교 교육과정 편성 및 운영의 실제를 살핀다.

1. 교육과정의 의미

교사는 '왜 가르치는가?' '무엇을 가르칠 것인가?' '어떻게 가르칠 것인가?' 그리고 '어떻게 평가할 것인가?'의 질문에 대해 부단히 고심해야 한다(정일화, 2020). 학교의 교육과정 운영에서 가장 핵심적인 것은 무엇을 가르칠 것이며 그것을 왜 가르칠 것인가 등을 포함하는 교육과정에 대한 근본적 질문과 관련된다(이미숙, 2014: 197). 이런 질문은, 교육과정의 구조와 목적은 삶의 발달적 과정과 결합하는 데서 찾을 수 있다는 차원에서(박종국, 2015: 41), 가르친 내용이 학생의 삶에 어떤 영향을 미치는지, 학생이 자신의 길을 찾아가는 데 어떤 도움이 될 수 있는지, 사회지배 질서를 정당화하고자 목적과 수단이 뒤바뀐 채 가르치려는 것은 아닌지에 대한 성찰과 맥이 닿는다. 구체적으로는, 현재 가르치고 있는 것들 가운데 가르치지 않아도 될 만한 것은 없는지, 그로 인해 마땅히 가르칠 만한 것을 빠뜨리고 있지는 않은지 등을 살피게 한다.

이러한 질문에 대한 대답은 실생활에 필요한 지식을 학교에서 배울 수 없다는 학생의 비판과 관련한 다음의 일화처럼 교수자와 학습자의 입장에 따라 다를 수 있다. "곧 18세가 되지만 세금, 집세, 보험 등에 대해 아는 바가 없다. 그러나 독일어, 영어, 프랑스어, 스페인어로 시를 분석하는 데는 능하다." 교육과정에 대한 이러한 질문이 중요한 이유는 현재 가르치고 배우는 교육내용과 활동에 대한 반성적 사고를 촉구할 뿐 아니라, 이를 통해 현행 교육과정에 대한 비판적 이해와 바람직한 교육과정에 대한 창의적 개선 또는 개발이 가능해지기 때문이다.

스펜서(Spencer)는 교육의 목적은 인격의 형성이고, 간디(Gandhi)는 인격 없는 지식과 인간미 없는 학문은 사회적 죄악이라고 한다. 아리스토텔레스(Aristoteles)는 감성을 기르지 않으면서 이성을 교육하는 교육은 전혀 교육이 아니라고 한다. 생명을 경외하는 인간 본성을 고양하고, 삶을 풍요롭게 하는 교양, 세상을 이롭게 하는 지식을 갖춘 생활인을 위한 교육의 여정이야말로 교사가 추구할 교육과정이라 할 것이다(정일화, 2020: 17-28).

[그림 9-1] **교육과정을 기초로 한 질문**

자료: 홍후조(2017), p. 21 수정.

2. 교육과정의 유형

공식적 제도와 비공식적 문화 속에서 진행되는 교육과정의 유형은 기준에 따라 다양하게 분류할 수 있다. 여기에서는 개념적인 차원의 유형인 '공식적, 잠재적, 영(null)' 교육과정, 개발 주체의 수준에 따른 유형인 '국가, 지역, 학교'의 교육과정, 그리고 이를 실천하는 교사 교육과정, 또한 최근의 실용적 운영 형태인 공동 교육과정과 주문형 교육과정에 대해 살펴본다.

1) 공식적 교육과정

표면적 교육과정이라고 부르기도 한다. 국가 수준의 기준을 담은 문서, 교육청의 지침, 교과서, 학교교육계획, 평가 기준, 교수·학습계획, 창의적 체험활동 등으로 나타나고, 이들은 일정한 원칙에 따라 문서로 이루어진다. 이는 의도된 계획에 따라 실천으로 옮겨져 학습자들이 뚜렷이 경험하는 교육과정이다. 전형적인 예로는 교사들이 교수·학습계획을 수립해서 수업을 통해 가르친 것과 교과서에 제시된 내용을 들 수 있다.

Q
의도된 교육과정, 전개된 교육과정, 실현된 교육과정의 의미를 알아보자.

2) 잠재적 교육과정

공식적 교육과정에서 의도하지 않은 학습의 결과를 초래하는 교육과정이다. 일반적으로, 교육적 상황을 통하여 학생들이 은연중에 영향을 입는 가치, 태도, 행동, 양식 등 경험의 총체를 뜻한다.

3) 영 교육과정

아이즈너(Eisner, 1983)의 관점에 따르면, 학교의 공식적 교육과정에서 실제로 필요하고 가치가 있는 교과와 내용이 무시되거나, 제시는 되지만 다루지 않는 것을 뜻한다. 이는 교과의 유용성에 대한 검토 차원보다는 전통적으로 가르쳐 왔기 때문에 관습적으로 계속 가르치는 것이라고 지적한다(김진영, 이진욱, 2015: 350-351).

Q
영 교육과정의 예를 생각해보자.

4) 국가 교육과정

국가 수준에서 공통적인 기준을 제시한 것으로 지역, 학교, 개인 수준의 다양성을 함께 추구하면서 학교교육을 질적으로 개선하고 관리하기 위한 성격을 지닌다. 국가교육과정정보센터(NCIC)는 우리나라 교육과정뿐 아니라 해외의 교육과정 등 다양한 자료를 제공한다. 국가 교육과정은 학교 교육의 일반성, 공통성, 동질성을 유지하는 역할을 한다(정광순, 2023).

[그림 9-2] **국가교육과정정보센터 누리집 화면**

자료: 국가교육과정정보센터(www.ncic.re.kr).

5) 지역 교육과정

'지역화-학교화-교실화'를 통해서 교육과정의 다양화와 개별화를 위한 역할을 한다(정광순, 2023). 국가 교육과정을 기반으로, 교육감이 지역 교육의 비전, 정책 방향, 사회 · 경제 · 문화 · 지리적 특수성, 학생 · 학부모 · 교원 · 지역 주민의 요구 사항을 고려하여 고시한다. 지역 교육과정은 국가교육과정정보센터와 교육청 누리집에서 확인할 수 있다.

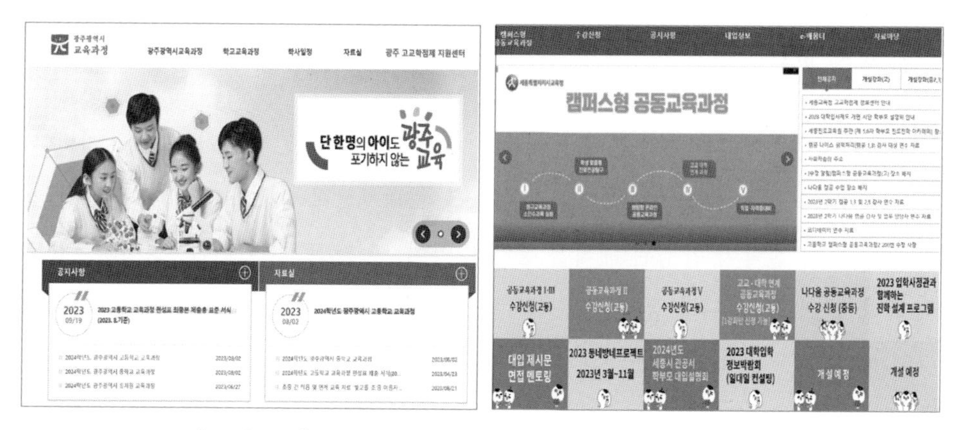

[그림 9-3] **지역 수준 교육과정 자료 제공 사이트 예시**

자료: 광주광역시 교육과정(http://7th.gen.go.kr); 세종특별자치시교육청 캠퍼스형 공동교육과정 온라인 신청 시스템(http://sjecampus.com).

6) 학교 교육과정

국가 교육과정 및 지역 교육과정을 바탕으로, 학교별 여건과 실태를 반영하고 학부모와 학생의 요구를 고려하여 작성되며, 학교의 교육목표, 내용, 방법, 평가, 운영 방식 등을 중심으로 구체성을 띤다. 교육내용의 재구성, 교과목의 탄력적 편성, 수업 시간의 탄력적 운영 등이 가능하다.

> **Q**
> 학교 수준의 교육과정을 개발할 때, 고려할 점과 유의할 점에 대해 생각해 보자.

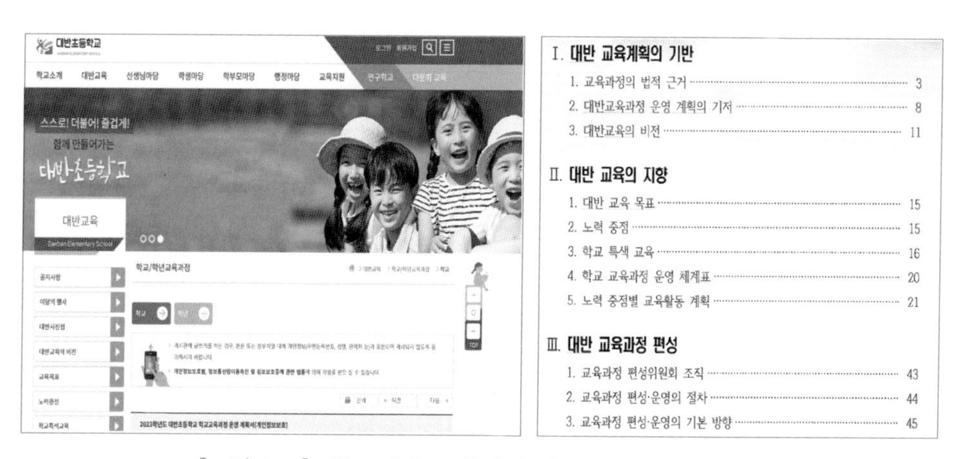

[그림 9-4] **학교 수준 교육과정 자료 제공 사이트 예시**

자료: 대반초등학교 교육과정(http://daeban.gen.es.kr).

7) 교사 교육과정

국가 · 지역 · 학교의 교육과정과 위계적 개념이 아닌 상호 유기적 관계를 지닌다. 학교의 교육과정을 학급 · 학년별로 편성 · 운영하는 실제적이고 실천적인 교육과정으로, 교사의 철학이 반영된 해석을 통해 다양한 모습으로 구현된다. 명시적 · 표면적 교육과정뿐만 아니라 잠재적 교육과정을 포괄하면서 학생의 삶과 성장을 지원한다(경상북도교육청, 2023: 48).

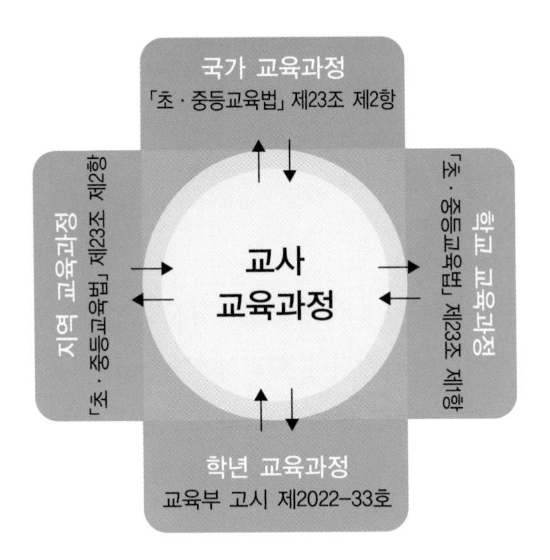

[그림 9-5] **교사 교육과정의 개념**

자료: 경상북도교육청(2023), p. 48 수정.

8) 공동 교육과정

지역 수준과 학교 수준 교육과정 운영을 보완 · 연결하는 역할이다. 학생의 흥미와 적성에 따른 진로 선택 교과의 학습 기회를 제공한다. 학교별로 희망 학생이 소수이거나 학교마다 해당 교과의 교사를 배치하기 어려운 과목이 주 대상이다. 교육청 수준에서 원격 방식, 거점 센터 운영, 그리고 학교 간 협력하에, 정규 일과 내, 방과 후, 주말에 수업이 진행된다.

9) 주문형 교육과정

제4차 산업혁명의 거대한 흐름은 수시로 융합하고 창조하는 주문형 생활양식을 요구한다(조상식, 2016: 158; Schwab, 2016). 학습 수요가 발생하면 허용된 자율적 범위에서 필요한 과정을 운영하는 방식은 제4차 산업혁명의 시기에 적합한 방식일 수 있다. 학생의 수요를 최대한 반영하여 개별 맞춤형 교육과정을 지향하는 자유학기제는 주문형 교육과정이라고 할 수 있다(조난심, 2017: 344-345).

3. '2022 개정 교육과정'의 이해

'2022 개정 교육과정'은 미래가 요구하는 역량의 함양과 학습자의 삶과 성장을 지원하는 교육과정이다. 포용성과 창의성을 갖춘 주도적인 사람으로 성장할 수 있게 지원하고, 학습자 주도성 및 창의력 등 미래의 변화에 대응할 역량의 제고에 초점을 맞춘다. 이를 위해서, ① 지역과 학교의 자율적이고 유연한 교육과정 운영, ② 교과 간 및 진로와 연계한 교육, ③ 진로와 적성에 따른 맞춤형 교육, ④ 디지털과 인공지능 기반의 교실 수업과 평가의 개선 등이 주요 추진 방향이다.

〈표 9-1〉 **'2022 개정 교육과정'의 비전**

구분	내용
인간상	① 자기주도적인 사람, ② 창의적인 사람, ③ 교양 있는 사람, ④ 더불어 사는 사람
핵심 역량	① 자기관리 역량, ② 지식정보처리 역량, ③ 창의적 사고 역량, ④ 심미적 감성 역량, ⑤ 협력적 소통 역량, ⑥ 공동체 역량
미래 대응 역량 함양	① 자신의 학습과 삶을 주도할 수 있는 능력, ② 언어, 수리, 디지털, 기초 소양, ③ 협력과 공동체 의식
역량 요소	① 배려, ② 소통, ③ 협력, ④ 공감, ⑤ 공동체 의식, ⑥ 주도성, ⑦ 책임감, ⑧ 적극적 태도, ⑨ 문제해결력, ⑩ 융합적 사고력, ⑪ 도전 의식

자료: 교육부(2022a, 2022b, 2022c) 발췌해서 표로 구성.

1) 교육과정의 중점

미래 사회가 요구하는 핵심 역량 함양과 배움의 즐거움을 일깨우는 미래 교육으로의 전환을 위한 '2022 개정 교육과정' 구성의 중점은 다음과 같다. ① 미래 변화를 능동적으로 준비할 수 있도록 역량 및 기초소양 함양 교육, ② 학생의 자기주도성, 창의력과 인성을 키워 주는 개별 맞춤형 교육, ③ 학교 현장의 자율적인 혁신 지원 및 유연한 교육과정, ④ 학생의 삶과 연계한 깊이 있는 학습을 위한 교과 교육과정이다.

〈표 9-2〉 **'2022 개정 교육과정'의 학교급별 교육목표 및 주요 개정 사항**

학교급	내용	
초등학교	목표	• 학생의 일상생활과 학습에 필요한 기본 습관 및 기초 능력을 기르고 바른 인성을 함양한다.
	방향	• 자신의 소중함을 알고 건강한 생활 습관을 기르며 풍부한 학습 경험을 통해 꿈을 키운다. • 학습과 생활에서 문제를 발견하고 해결하는 기초 능력을 기르고 이를 새롭게 경험할 수 있는 상상력을 키운다. • 다양한 문화 활동을 즐기고 자연과 생활 속에서 아름다움과 행복을 느낄 수 있는 심성을 기른다. • 규칙과 질서를 지키고 협동정신을 바탕으로 서로 돕고 배려하는 태도를 기른다.
	주요 개정	• 입학 초기 적응을 위해 통합교과와 창의적 체험활동으로 내용 체계화 • 체험 · 실습형 안전교육 '즐거운 생활' 교과에 실내외 놀이 및 신체활동 강화 • 학교의 여건 및 학생의 필요에 따라 과목과 활동의 개설 운영
	진로 연계	• 입학 초, 한글 해득 등 기초 문해력 강화 • 학교급 간 연계 및 진로교육 강화
	정보 교육	• 기존 17시간 → 변경 34시간
중학교	목표	• 초등학교 교육의 성과를 바탕으로, 학생의 일상생활과 학습에 필요한 기본 능력을 기르고 인성 및 민주 시민의 자질을 함양한다.
	방향	• 심신의 조화로운 발달을 바탕으로 자아존중감을 기르고 다양한 지식과 경험을 통해 적극적으로 삶의 방향과 진로를 탐색한다. • 학습과 생활에 필요한 기본 능력 및 문제해결력을 바탕으로, 도전정신과 창의적 사고력을 기른다. • 자신을 둘러싼 세계에서 경험한 내용을 토대로 우리나라와 세계의 다양한 문화를 이해하고 공감하는 태도를 기른다. • 공동체 의식을 바탕으로 타인을 존중하고 서로 소통하는 민주 시민의 자질과 태도를 기른다.

〈계속〉

	주요 개정	• 진로교육과 연계한 자유학기* 운영 내실화 • 학교스포츠클럽 활동 내실화 • 학습결손 방지를 위한 온라인 활용 • 학교의 여건 및 학생의 필요에 따라 과목의 개설 운영
	진로 연계	• 중학교 3학년 2학기를 중심으로, 고등학교에서 교과별로 배울 학습 내용과 진로 탐색
	정보 교육	• 기존 34시간 → 변경 68시간
고등 학교	목표	• 중학교 교육의 성과를 바탕으로 학생의 적성과 소질에 맞게 진로를 개척하며 세계와 소통하는 민주 시민으로서의 자질을 함양한다.
	방향	• 성숙한 자아의식과 바른 품성을 갖추고 자신의 진로에 맞는 지식과 기능을 익히며 평생학습의 기본 능력을 기른다. • 다양한 분야의 지식과 경험을 융합하여 창의적으로 문제를 해결하고, 새로운 상황에 능동적으로 대처하는 능력을 기른다. • 인문 사회 과학기술 소양과 다양한 문화에 대한 이해를 바탕으로 새로운 문화 창출에 기여할 수 있는 자질과 태도를 기른다. • 국가 공동체에 대한 책임감을 바탕으로 배려와 나눔을 실천하며 세계와 소통하는 민주 시민으로서의 자질과 태도를 가진다.
	주요 개정	• 학점 기반 선택 교육과정 명시 • 진로 선택과목 이수 확대 • 융합선택과목 신설, 교과 구조 개선(기존의 '① 공통과목, ② 일반선택, ③ 진로선택'을 '① 공통, ② 일반선택, ③ 진로선택, ④ 융합선택'으로 개정)
	진로 연계	• 진로와 적성 중심의 실제적 역량 기르도록 교과 재구조화
	정보 교육	• 정보 · 인공지능 관련 선택과목 확대

* 자유학기는 중학생이 꿈과 끼를 찾을 수 있도록 토론 · 실습 등 학생 참여형으로 수업을 개선하고, 진로 탐색 활동 등 다양한 체험활동이 가능하도록 교육과정을 유연하게 운영하는 제도(이승미, 2022: 140).

자료: 교육부(2022a, 2022b, 2022c) 발췌해서 표로 구성함.

학생의 삶과 연계한 학습, 교과 간 연계와 통합, 학습 과정에 대한 성찰을 위한 교과 교육과정 개정의 주요 지향은 다음과 같다. ① 교과 내 영역 간 내용 연계성 강화 및 실생활 맥락 속에서 심도 있는 학습, ② 상황을 인식하고 문제의 해결 방법을 탐구하여 실천하는 학습자 주도성, ③ 비판적 질문, 토의 · 토론, 협업 등 개별 맞춤형 학습 역량의 신장을 위한 다양한 학생 주도형 수업, ④ 학습 내용과 더불어서 준비와 태도, 상호작용, 사고 및 행동의 변화 등을 지속해서 평가하는 등 과정 중심의 평가와 개별 맞춤형 피드백이다. 시대의 변화에 따라, 기존에 강조되어 온 인성교육, 예술 · 체육과 같은 정서 · 신체 활동과 더불어서 앞으로 더욱 관심을 가져야 할 교육의 영역은 다음과 같다.

- 정보교육: '2022 개정 교육과정'에서, 초등학교는 실과의 정보영역 시수와 학교자율시간 등을 활용해서 기존 17시간에서 34시간으로, 중학교는 실생활 문제해결 중심의 프로그래밍 수업 등을 위해 기존 34시간에서 68시간으로, 고등학교는 정보, 인공지능, 데이터 과학, 소프트웨어와 생활 등 정보 및 인공지능 관련 선택과목이 확대된다. 정보교육은 특수분야의 지식이 아니라 기초 소양 교육이다. 정보 교과에서 학습한 문제해결력을 바탕으로 각 분야에 활용할 수 있어야 한다(최정원, 2023: 60).

- 융합교육: 과학과 첨단의 기술을 비롯하여 공학과 예술과 수학을 결합하는 '스팀(STEAM) 교육'과 융합적 사고를 소유한 인간을 뜻하는 '호모 컨버전스(Homo convergence)'는 교육과정의 방향을 결정하는 핵심어로 부상하고 있다(김영식, 2018: 217; 박채형, 2022: 10 재인용). 미래의 학교 교육과정은 학교에서 가르치는 교과 간, 더 나아가 학교에서 가르치는 교과와 학교 밖 세계 간의 새로운 관계를 개발할 필요성을 강하게 요구받고 있듯이(Young, 1998), 교사의 전문성도 연계적 전문성 측면에서 개발되어야 한다(소경희, 2005: 189; 이미숙, 2014: 212 재인용). 교사 전문성은 교과 간, 그리고 교사들이 직면하는 실제적 문제 간의 새로운 관계를 개발하는 측면에서 강조되어야 한다(이미숙, 2014: 212).

- 다문화교육: 사회가 다원화, 다양화되는 상황에서 다문화 교육의 중요성도 높아지고 있다(김나현, 김정원, 2022: 156). 학령기 다문화 아동과 청소년이 겪는 학업 및 진로의 어려움을 덜기 위한 취학 전후 기초학습 지원 및 이중언어 교실의 개설 등의 확대가 필요하다. 다문화 교육은 지구촌의 일원으로서 더불어 살아가는 세계시민교육 및 갈등 해소와 화합을 위한 평화교육과도 밀접하다.

- 특수교육: 특수교육 대상 학생의 특성을 고려한 실생활 연계 맞춤형 교육지원의 보편적 확대가 요구된다(송승민, 이권재, 박영근, 2023: 109). 이를 위해, 실생활과 교과를 실제적으로 접목해서 의사소통, 자립생활, 신체활동, 여가활동, 생활적응 등과 관련된 일상생활 활동 중심의 교육과정 운영이 필요하다.

- 평생교육: 과학기술의 폭발적인 발전으로 지식의 유효기간이 단축되고 있다(윤옥한, 2023: 65). 갈수록 앞으로의 사회는 학령(學齡)의 경계가 모호하게 될 것이다. 학교교육은 기존의 평생교육과 상호 협력적인 관계를 재설정하고(신미식, 2019: 155), 더 나아가 중심적 역할을 찾아야 한다. 인구와 직업 구조의 변화, 언제 어디서나 학습이 가능한 디지털 환경, 문화·예술·여가 생활과 관련한 요구의 증대는 필연적으로 평생학습 사회로 나아가게 될 것이다.

- 생태·환경교육: 기후변화에 따른 자연 생태계의 혼란과 범지구적으로 감염병이 창궐하는 상황 등으로 인류의 생존이 위협받고 있다. '2022 개정 교육과정'에서도 인간과 환경이 공존하며 발전이 지속되도록 획기적 변혁을 추구하는 생태전환교육을 중시한다(안재정 외, 2022: 88).

Q

교육부(www.moe.go.kr)의 '다문화교육 지원계획(안)'과 교육통계서비스(kess.kedi.re.kr)의 '교육통계분석자료집-유·초·중등교육통계편'에서 다문화 학생과 관련한 내용을 알아보자.

4. 학교 교육과정 편성과 운영의 실제

교육과정을 개발하는 것은 교육목표 설정, 학습 경험 선정, 학습 경험 조직, 평가에 이르는 과정이다(Tyler, 1949; 김진영, 이진욱, 2015: 350 재인용). 교육과정을 편성하고 운영하는 과정에서, 학교 구성원의 적극적인 참여와 원활한 의사소통이 중요하다. 학생을 위한 최선의 유익이라는 관점에서, 상호 협의하고 이해관계를 조정하여 편성·운영해야 한다.

1) 교과 운영

> **Q**
> 교육부 고시 제2022-33호 [별책 1] 초·중등학교 교육과정 총론의 'II. 학교 교육과정 설계와 운영'에서 '1. 설계의 원칙, 2. 교수·학습, 3. 평가'에 대해 알아보자.

학교의 교육과정이 확정되면, 같은 교과 및 같은 학년 교사들은 교육과정 재구성, 전문성 신장에 관한 연수, 학기별 또는 연간 교과 진도 계획, 평가 기준, 학교생활기록부의 과목별 세부능력 및 특기사항 기록에 필요한 자료의 확보 등에 관해 협의하여 관련 계획을 세운다.

2) 창의적 체험활동 운영

'2022 개정 교육과정'에 따른 창의적 체험활동은 학생들이 다양한 활동에 주도적으로 참여함으로써 소질과 잠재력을 계발·신장하여 창의적이고 주도적인 삶의 태도를 기르고 공동체 의식을 함양하기 위함이다. 창의적 체험활동의 교육과정 구성의 중점은 ① 학생의 자기주도성과 선택을 기반으로 역량 함양에 기여한다. ② 교과와 창의적 체험활동, 학년(군) 및 학교급, 영역과 활동 간의 연계와 통합을 추구한다. ③ 학교급의 정체성을 강화하기 위하여 학교급별 특성을 고려해서 설계·운영한다. ④ 학교의 자율적인 설계와 운영을 강조한다. 다음은 이와 관련한 학교급별 목표이다.

- 초등학교: 자신의 개성과 소질을 탐색하고 발견하여 공동체 생활에 필요한 기본 생활 습관과 시민의식을 함양한다.
- 중학교: 자아 정체성을 확립하고 다른 사람과 더불어 살아가는 태도를 증진하여 자신의 진로를 적극적으로 탐색하는 능력을 기른다.
- 고등학교: 공동체 의식의 확립을 기반으로 나눔과 배려를 실천하고, 자신의 진로를 창의적으로 준비하고 설계하는 역량을 기른다.

창의적 체험활동은 학교의 영역별 활동과 내용을 토대로, 학교급과 학년(군) 및 학생 개개인의 특성에 따른 교육적 요구를 고려하여 활동을 영역별로 제시하거나 영역 통합적인 활동, 교과와 연계한 활동 등으로 편성·운영할 수 있다. 시간 운영은 매주 평균적인 시간을 배당하거나 특정일을 선택하여 블록 타임 및 온종일 활동을 포함한

집중 운영 등 다양하고 탄력적인 방식으로 할 수 있다.

〈표 9-3〉 **창의적 체험활동의 영역, 활동 및 예시 활동**

영역	활동	예시 활동
자율·자치 활동	자율	• 주제 탐구 활동: 개인 연구, 소집단 공동 연구, 프로젝트 등 • 적응 및 개척 활동: 입학 초기 적응, 학교 이해, 정서 지원, 관계 형성 등 • 프로젝트형 봉사활동: 개인 프로젝트형 봉사활동, 공동 프로젝트형 봉사활동 등
	자치	• 기본생활습관 형성 활동: 자기관리 활동, 환경·생태의식 함양 활동, 생명존중 의식 함양 활동, 민주시민 의식 함양 활동 등 • 관계 형성 및 소통 활동: 사제동행, 토의·토론, 협력적 놀이 등 • 공동체 자치활동: 학급·학년·학교 등 공동체 중심의 자치활동, 지역 사회 연계 자치활동 등
동아리 활동	학술·문화 및 여가	• 학술 동아리: 교과목 연계 및 학술 탐구 활동 등 • 예술 동아리: 음악 관련 활동, 미술 관련 활동, 공연 및 전시 활동 등 • 스포츠 동아리: 구기 운동, 도구 운동, 계절 운동, 무술, 무용 등 • 놀이 동아리: 개인 놀이, 단체 놀이 등
	봉사	• 교내 봉사활동: 또래 상담, 지속가능한 환경 보호 등 • 지역 사회 봉사활동: 지역 사회참여, 캠페인, 재능 기부 등 • 청소년 단체 활동: 각종 청소년 단체 활동 등
진로 활동	진로 탐색	• 자아탐색 활동: 자기이해, 생애 탐색, 가치관 확립 등 • 진로 이해 활동: 직업 흥미 및 적성 탐색, 진로 검사, 진로 성숙도 탐색 등 • 직업 이해 활동: 직업관 확립, 일과 직업의 역할 이해, 직업 세계의 변화 탐구 등 • 정보 탐색 활동: 학업 및 진학 정보 탐색, 직업 정보 및 자격(면허) 제도 탐색, 진로 진학 및 취업 유관기관 탐방 등
	진로 설계 및 실천	• 진로 준비 활동: 진로 목표 설정, 진로 실천 계획 수립 등 • 진로 계획 활동: 진로 상담, 진로 의사 결정, 진로 설계 등 • 진로 체험 활동: 지역 사회·대학·산업체 연계 체험 활동 등

자료: 교육부(2022a, 2022b, 2022c), p. 7.

3) 학교 교육과정의 편성·운영의 예

학년 초에 교육과정위원회 규정을 검토하여 필요하면 개정한다. 학교 교육과정은 국가 교육과정과 교육청 지침에 어긋나는 사항이 없는지 검토한 뒤 계획을 수립한다. 편성과 운영 방향, 교과 지도, 창의적 체험활동, 자유학기, 교육과정 평가 등에 대한 구체적인 원칙, 절차 등을 안내하고 교과협의회, 학년협의회, 교직원협의회 등을 통해 공유한다. 편성을 위한 기초 조사 단계는 관련 규정을 검토한다. 계획 수립 단계는 조사 요소의 선정, 조사 방법을 결정한다. 이를 바탕으로, 실시한 조사의 결과를 분석하여 교육과정에 반영할 사항을 종합한다. 이를 학교교육과정위원회의 검토를 거쳐 사안별로 시사점을 반영하고, 학교교육의 비전, 중점 과제, 특색 교육, 중장기 발전계획 등 기본방향을 설정한다.

12월	
1. 학교교육과정위원회 조직	2. 기초 조사
1-1. 학교교육과정위원회 구성 • 학교의 특성과 여건에 따라 다양한 형태로 구성 • 교육과정 편성 · 운영에 관한 주요 사항 협의 1-2. 국가, 지역 교육과정 분석 • 국가 수준 교육과정 변경 내용 분석 • 경상북도 초등학교 교육과정 편성 · 운영 지침 변경 내용 분석	2-1. 기초 실태 조사 분석 • 학교 환경 분석 • 학교 교육 공동체 요구 분석 2-2. 전년도 학교 교육과정 성찰 • 교육과정 워크숍 실시 • 학교 실태 분석 • 전년도 학교 교육과정 평가 결과에 따른 개선사항 반영

⬇

편성(1~2월)			
3. 학교교육 기본 방향 설정	4. 학교 교육과정 시안 작성	5. 심의 확정	6. 학년 교육과정 편성
3-1. 학교 비전과 교육목표 설정 • 학교 비전 정립 • 학교 교육목표 설정 3-2. 학교 중점 교육활동 선정 • 교육목표에서 중점 교육활동 추출 • 역점 · 특색 교육활동 선정 • 중장기 발전계획 수정 · 보완	4-1. 편제 및 시간 배당 • 연간 수업 일수 및 시수 결정 4-2. 교육과정 연간 계획 설정 • 학사 일정 수립 • 학년별 주간시수 · 전담시간 배정 4-3. 교과 교육과정 편성 • 교과(군)별 시수 증배 · 감축 결정 4-4. 창의적 체험활동 편성 • 학교 특색을 반영한 시수 배정 4-5. 범교과 학습 주제 편성 • 10개 대주제별 교육과정 반영 • 학교 안전교육 7대 표준안 반영	5-1. 시안 검토 • 교육과정위원회에서 추가 · 보완해야 할 사항 검토 5-2. 시안 심의 및 확정 • 학교운영위원회에서 시안 심의 · 확정	6-1. 학교 교육과정 연수 • 학교 교육과정 공유를 위한 전 교직원 연수 6-2. 학년 교육과정 편성 및 공유 • 학교 교육과정과 연계한 학년 중점 • 교육 설정 • 학급별 기초 시간표 작성 • 교육과정 재구성 • 평가 계획 수립 • 학년(군) 간 연계를 위한 전체 공유 • 학생 생성 교육과정 운영을 위한 시수 배정

〈계속〉

⬇

운영(3월)	
7. 교사 수준 교육과정 운영	8. 교육과정-수업-평가 일체화
7-1. 교사 수준 교육과정 설계 • 교사학습공동체 교육 철학 나누기 • 교사 수준 교육과정 구상하기 7-2. 교사 수준 교육과정 실행 • 설계된 교육과정 실천하기 • 프로젝트 학습, 학생 생성 교육과정 실천하기 7-3. 교사 수준 교육과정 생성 • 교사와 학생의 성장 돌아보기	8-1. 교육과정 재구성 • 핵심 개념 중심의 교육 내용 적정화 • 수업과 평가를 연계한 교육과정 재구성 8-2. 학생 주도형 수업 운영 • 학습 내용의 적용과 실천 강조 8-3. 과정중심평가 • 실제 수행 능력을 강조하는 다양한 평가 내용과 방법 실시 • 학습의 과정을 중시하는 평가 • 학생의 성장 중심으로 누가하여 기록

평가(11월)	
9. 학교 교육과정 평가	10. 학교 교육과정 환류
9-1. 학교 평가 계획 수립 • 학교평가위원회(학교교육과정위원회)를 구성하여 평가 계획(목적, 방법, 일정 등) 수립 • 교육과정 평가와 학교 평가 일원화(공통과 자율 지표 기반 평가 내용 선정) 9-2. 학교 교육과정 평가 실행 • 학기말 정기 평가와 교육활동 후 기록하는 부서, 학년별 비정기 평가 실시 • 정량적 평가(설문, 통계)와 정성적 평가(협의회, 토론회, 면담 등) 병행 실시	10-1. 평가 결과 분석 • 학교 교육과정 평가 결과 자료 정리 • 문제점 도출 10-2. 평가 결과 환류 • 평가 결과에 따른 개선사항을 담은 학년별, 부서별 제안서 작성 • 교육과정 성찰 워크숍 실시 • 차년도 학교 교육과정 수정 · 보완사항 확정

[그림 9-6] **학교 교육과정 편성 · 운영 절차**

자료: 경상북도교육청(2023), pp. 4-5.

5. 학교 교육과정의 평가와 환류

학교 교육과정의 평가 영역, 평가 준거, 평가 지표는 교육과정의 장점과 단점을 파악하는 데 유용한 자원이 된다(박일수, 2012: ix). 학교는 교육과정을 국가 교육과정의 기준에 적합하게 편성하였는지, 지역과 학교의 특징, 학부모나 학생들의 요구 등을 종합적으로 고려하여 타당성 있는 교육과정을 편성하였는지, 이를 잘 운영하여 어느 정도의 교육적 효과가 있었는지에 대한 자체 평가를 매년 한다. 이때 교사 · 학부모 · 학생 등 다양한 참여자의 시각에서 평가하여야 한다. 평가 결과는 다음 학년도의 교육과정 편성과 운영에 반영한다. 평가 기준은 학교의 특성에 따라 다양하게 구성할 수 있다. 평가 지표는 '교과'와 '창의적 체험활동'으로 구분해서 정할 수 있다.

〈표 9-4〉 **학교 교육과정 평가 지표(안)**

평가 영역		평가 준거	평가 지표	평가 요소
교육 과정 계획		적절성	절차	전년도 계획 · 운영실태 · 성과를 분석 · 반영하는가?
				지역사회 · 학교의 특성 및 학생 · 학부모 · 교사의 요구를 반영하는가?
				계획 수립 과정에서 학교 구성원 간 논의하는가?
			내용	국가 교육과정 기준 및 교육청의 편성 · 운영 지침을 반영하는가?
				학교의 교육 중점, 중장기 발전계획, 운영 계획을 반영하는가?
				학교 특성과 학생의 요구를 고려하여 편제를 계획하는가?
				학생 특성 · 수준을 고려하여 수업 및 평가 활동을 계획하는가?
		실효성	실효성	교사가 운영하는 데 도움이 되는 실천 전략을 계획하는가?
				운영 및 성과를 지속해서 점검하고, 이를 피드백하는가?
		만족도	만족도	교사는 계획의 절차 및 내용에 만족하는가?
				학생 · 학부모는 학교의 의견 수용 노력에 만족하는가?
교육 과정 운영	실행	적절성	수업 목표	교사는 국가 교육과정 기준에 근거하여 수업 목표를 설정하는가?
				교사는 학생의 특성 · 수준을 고려하여 수업 목표를 설정하는가?
		적절성	수업 내용	교사는 국가 교육과정의 기준과 수업 목표에 근거하여 수업 내용을 선정하는가?
				교사는 학생의 특성 · 수준을 고려하여 수업 내용을 재구성하는가?
			수업 방법	교사는 수업 내용과 학생의 특성 · 수준에 적합한 수업 방법과 매체를 활용하는가?
				교사는 학생의 수업 참여도를 높이는가?
			평가	교사는 수업 목표 및 내용에 적합한 평가를 실시하는가?
				교사는 평가 목적에 적합한 평가 방법 및 도구를 활용하는가?
				교사는 평가 결과를 정확하고 타당하게 분석하고 해석하는가?
				교사는 평가 결과를 수업에 대한 교육적 의사결정에 활용하는가?
		실효성	실효성	학교는 교육과정 계획 때에 배당한 편제 및 시간을 지키는가?
				학교는 교육과정 실행 과정을 지속적으로 점검하고 계획 · 운영에 피드백하는가?
				교사는 자신의 수업을 성찰하고 수업 계획에 피드백하는가?
				학생은 교과에 자신감, 흥미, 가치의 긍정적인 태도를 보이는가?

〈계속〉

		만족도	만족도	학생 · 교사는 수업에 만족하는가?
				학생 · 학부모는 평가에 만족하는가?
	지원	적절성	적절성	학교는 교사 연수 및 장학을 실시하는가?
				학교는 교육과정 실행을 위해 학부모, 지역 인사 등과 긴밀하게 협조하는가?
				학교는 교육과정 실행에 필요한 예산 및 물리적 시설 · 설비를 지원하는가?
		실효성	실효성	학교는 교육과정 지원을 지속적으로 점검하고 계획 · 운영에 피드백하는가?
		만족도	만족도	교사 · 학생 · 학부모는 교육과정 지원 내용과 방식에 만족하는가?
교육 과정 성과		적절성	학업 · 활동	학생은 교과 · 활동 영역별 성취 기준에 도달하는가?
				학생의 교과 · 활동 영역별 성취도는 향상되는가?
			사회성	학생은 교사 및 친구와 원만한 인간 관계를 형성하는가?
				학생은 책임감, 자신감, 자아존중감을 가지는가?
		실효성	실효성	학생은 성취도 결과를 자신의 특성을 이해하고 향상하는 데 활용하는가?
				교사는 성취도 결과를 학생의 성취도 향상 및 진로지도에 활용하는가?
				교사 · 학교는 교육과정 성과를 지속적으로 점검하고 계획 · 운영에 피드백하는가?
		만족도	만족도	학생 · 학부모는 학교에서 제공하는 성취도 정보의 양과 질에 만족하는가?
				학생 · 학부모는 학생의 성취도 향상을 위한 교사 · 학교의 노력에 만족하는가?

자료: 박소영, 이수정, 최병택, 소경희, 이재기(2008), pp. 130-131 수정.

생각 나누기

1. '2022 개정 교육과정'의 주요 중점 중 하나는 학생의 자기주도성 신장과 학생의 삶과 연계한 깊이 있는 학습을 위한 교과 교육과정 개발이다. 또한 단순 암기 위주의 교육방식에서 탐구와 개념 기반의 깊이 있는 학습으로 전환, 디지털 · 인공지능을 기반으로 학생 참여형 · 주도형 수업 및 학습의 과정을 중시하는 평가로의 개선이다. 이러한 측면을 고려하여 '2022 개정 교육과정'의 비전이 반영된 교과별 교육과정 운영 계획과 창의적 체험활동 교육과정 운영 계획을 세워 보자.

2. 학생에게 긍정적 및 부정적으로 영향을 미치는 잠재적 교육과정의 예를 생각해 보자.

3. '화이부동(和而不同)'은 통일성과 개체성을 모두를 포함하는 사유 양식이다(박종국, 2015: 52). 서로의 차이를 존중하고 다양성을 인정하는 의미를 갖는 이 말의 의미를 새기면서, 학습자의 삶과 성장을 지원하는 개별 맞춤형 교육과정을 구현할 교사의 역할에 대해 생각해 보자.

4. '2022 개정 교육과정'이 지향하는 핵심 가치 가운데 하나는 '학습자 주도성'이다. 이 개념을 설명하고, 이를 구현하는 데 필요한 교사와 학생의 역할은 어떤 것인지를 '학습자 주도성' 신장을 위한 예를 들어서 생각해 보자.

5. **고교학점제**는 학생이 기초 소양과 기본 학력을 바탕으로 진로 · 적성에 따라 과목을 선택하고, 이수 기준에 도달한 과목에 대해 학점을 취득 · 누적하여 졸업하는 제도이다. 고교학점제의 안정적 정착을 위해 교육과정 편성에서 고려해야 할 것은 무엇인지를 생각해 보자.

6. **개념 기반 교육과정**은 전이가 높은 '개념' 중심의 학습망(學習網)을 형성하여 새로운 상황과 맥락에 대한 사고력과 문제해결력을 강화하는 교육 방법론이다. 개념적 사고를 형성하는 교육과정과 수업 설계의 바탕인 '지식 및 과정의 구조와 관계'에 대해 알아보자(임유나, 2022; Erickson, Lanning, & French, 2017).

참고문헌

경상북도교육청연구원(2023). 2024학년도 삶의 힘을 키우는 학교 교육과정 도움자료. 교-819-23-12.

광주광역시교육청(2014). 행복한 광주교육을 위한 교직실무.

교육부(2022a). 초・중등학교 교육과정. 교육부 고시 제2022-33호.

교육부(2022b). 초・중등학교 교육과정 총론. 교육부 고시 제2022-33호 [별책 1].

교육부(2022c). 창의적 체험활동 교육과정. 교육부 고시 제2022-33호 [별책 40].

권혜정(2015). 국가교육과정기준법 시안 개발 연구. 박사학위 논문. 고려대학교 대학원.

김나현, 김정원(2022). 개정 초등 교육과정에 나타난 다문화 교육 내용 분석. 한국초등교육, 34(3), 155-172.

김영식(2018). 4차 산업혁명 시대의 교육. 학지사.

김진영, 이진욱(2015). 영 교육과정에 대한 예비교사들의 인식 분석. 학습자중심교과교육연구, 15(11), 349-371.

박소영, 이수정, 최병택, 소경희, 이재기(2008). 국가교육과정의평가체제연구(II)-학교 교육과정 계획・운영・성과 평가를 중심으로-. 연구보고 RRC 2008-4. 한국교육과정평가원.

박일수(2012). 학교교육과정 평가모형 개발. 박사학위 논문. 한국교원대학교 대학원.

박종국(2015). 학교교육과정에 대한 과정철학적 고찰. 교육과정연구, 26(2), 29-55.

박채형(2022). 제4차 산업혁명에 대비한 교육과정의 방향과 교사의 미래: 초등교육의 정체성을 찾아서. 학습자중심교과교육연구, 22(5), 1-17.

소경희(2005). 교육과정 개발-주요 쟁점 및 새로운 접근. 교육과학사.

송승민, 이권재, 박영근(2023). 2022 개정 특수교육 기본 교육과정 실과 교과의 영역별 성취기준에 대한 내용 타당도 분석. 지체중복건강장애연구, 66(3), 109-127.

신미식(2019). 제4차 산업혁명시대의 한국 평생교육: 역할과 과제를 중심으로. 한국동북아논총, 24(1), 145-163.

안재정, 이선경, 권영락, 권혜선, 김남수, 김찬국, 남미리, 남윤희, 박은화, 육혜경, 이용철, 이은주, 전푸름, 현명주, 홍광민(2022. 12.). 2022 개정 고등학교 생태와 환경 교육과정 시안의 개발과 쟁점. 한국환경교육학회 학술대회 자료집. 88-92.

윤옥한(2023). 과학 기술 시대 평생교육 방향 탐색. 문화기술의 융합, 9(5), 65-73.

이미숙(2014). 교원의 학교교육과정 편성・운영 역량에 관한 교육 전문가의 인식 분석. 교육과정연구, 32(4), 195-215.

이승미(2022). 중학교 자유학기의 지향점과 편성・운영・평가의 개선 방향 탐색. 한국교육학연구, 28(1), 139-166.

임유나(2022). 교육과정 개발과 실행에서 개념적 접근의 교육적 의의와 과제. 교육학연구, 60(2), 31-61.

정광순(2023). 왜 지역교육과정인가. 교육정책포럼, 제364호. 한국교육개발원.
정일화(2020). 새내기 교사론. 한국학술정보.
조난심(2017). 제4차 산업혁명과 교육. 교육비평, 39, 330-347.
조상식(2016). '제4차 산업혁명'과 미래 교육의 과제. 미디어와 교육, 6(2), 152-185.
최정원(2023). 초·중등 교육에서 정보 교육의 역할. 정보과학회지, 41(7), 57-60.
홍후조(2017). 알기 쉬운 교육과정. 학지사.

Eisner, E. W. (1983). 교육적 상상력: 교육과정의 구성과 평가 (*The educational imagination: On the design and education of school program*). (이해명 역). 단국대학교출판부. (원저는 1979년에 출판).
Erickson, H., Lanning, L., & French, R. (2017). 생각하는 교실을 위한 개념 기반 교육과정 및 수업 (*Concept-based curriculum and instruction for the thinking classroom*). (온정덕, 윤지영 공역). 학지사.
Schwab, K. (2016). 클라우스 슈밥의 제4차 산업혁명 (*The fourth industrial revolution*). (송경진 역). 메가스터디북스.
Tyler, R. W. (1949). *Basic Principles of Curriculum and Instruction*. Chicago: University of Chicago Press.
Young, A. (1998). *The Curriculum. AUTHOR McLeod*, Susan H., Ed.; Miraglia, Eric, Ed.; Soven, Margot, Ed.; Thaiss, Christopher, Ed. TITLE WAC for the New Millennium: Strategies for Continuing, 65.

광주광역시 교육과정. www.7th.gen.go.kr
교육부. www.moe.go.kr
국가교육과정정보센터. www.ncic.re.kr
대반초등학교. www.daeban.gen.es.kr
로앤비. www.lawnb.com
법제처 국가법령정보센터. www.law.go.kr
세종특별자치시교육청 캠퍼스형 공동교육과정 온라인 신청 시스템. http://sjecampus.com

제10장 학생평가와 평가도구

'평가(evaluation)'의 어근은 '가치(value)'이다. 진정한 평가는 학생들이 무엇을 가치 있게 여기느냐에 대한 이해에서 시작된다(Ayers, 2017). '교육평가'에는 교육에 대한 평가를 가능하게 하는 기준이 가정되어 있고, 그러한 기준을 '교육의 목적' 또는 '교육의 목표'라고 부를 수 있다(정정철, 2019: 1). 학생평가는 이러한 교육 본연의 목적 실현을 위해, 학생의 다양한 정보를 수집하고, 그것을 제대로 해석하여 교육의 목표와 과정 및 결과에 대한 가치를 판단하고, 학생의 삶에 의미 있는 영향을 미쳐야 한다. 그러나 현실에서, 어느 학생은 "시험을 치르면서 배운 것이 있니?"라는 질문에 "그건 시험이었잖아요."라고 대답하거나(김용택, 2013: 114), 또 다른 학생은 우리 교육의 문제는 숫자로 학생을 평가하는 것이라고 꼬집는다(정일화, 2020: 49).

1. 학생평가를 위한 준비

학생평가에서 가장 중요하게 바라볼 것은 학생에게 일어나는 변화이다. 이런 변화를 관찰해서 기록하고 피드백하며 학생의 성장을 촉진하고 교수활동을 개선하기 위해, 교사는 예비교사 양성과정에서 습득한 이론적 지식을 바탕으로 경험적 지식으로 누적하고 반성적 사고를 거쳐 전문성을 높여 가야 한다.

교육부 훈령에 따라 제작되는 『학교생활기록부 기재요령』은 해마다 전국의 모든

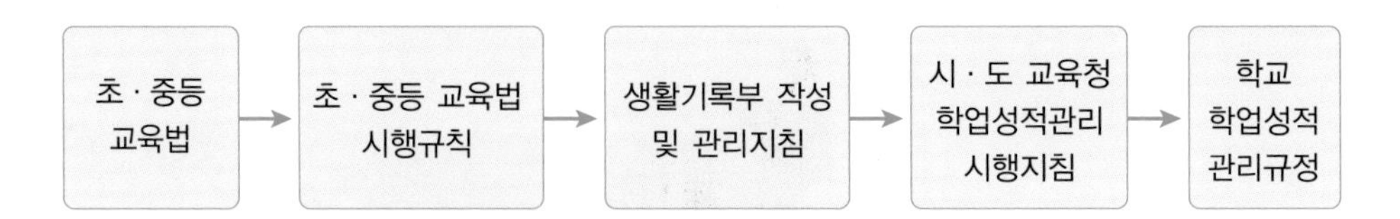

[그림 10-1] **학생평가의 법적 근거**

초 · 중 · 고등학교 교원에게 배부된다. 이는 교육청의 「학업성적관리 시행지침」의 근거가 되고, 학교의 「학업성적관리규정」은 이러한 '훈령'과 '시행지침'을 근거로 마련된다. 해당 학교의 「학업성적관리규정」을 바탕으로, 교과협의회 또는 학년협의회를 통해 과목별 평가 계획서가 생산되고, 학업성적관리위원회는 이를 심의하고 학교장이 결정하면 교수 · 학습 활동 속에서 실행되고 기록된다.

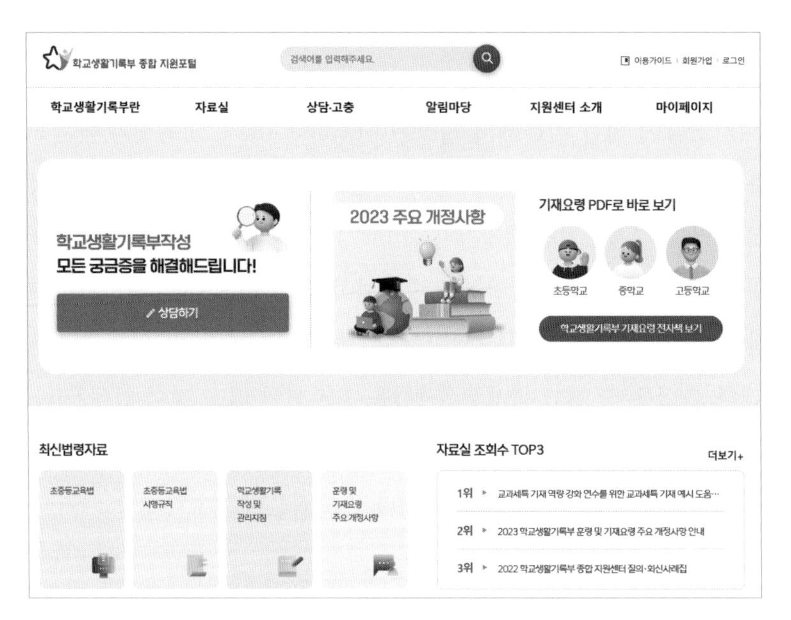

[그림 10-2] **학교생활기록부 종합 지원포털**

자료: 학교생활기록부 종합 지원포털(https://star.moe.go.kr/web/main/index.do).

법령

「초 · 중등교육법」 제25조(학교생활기록), 「초 · 중등교육법 시행령」 제49조의2(학교생활기록 작성을 위한 행정정보의 공동이용), 「초 · 중등교육법 시행규칙」 제21조(학교생활기록의 기재내용 등) · 제24조(학업성적관리위원회의 설치 · 운영), 제25조(학교생활기록 작성 · 관리 세부지침), 「교육부훈령」 제433호(학교생활기록 작성 및 관리지침)

Q

과목별 평가 계획을 세우기 전에 교사가 숙지해야 할 문서와 자료는 무엇인지 생각해 보자.

2. 성취평가제

성취평가제는 '누가 더 잘했는가?'를 상대적으로 평가하는 것이 아니라, '학생이 성취 기준에 어느 정도 도달했는가?'를 평가하는 제도이다. 성취평가는 사전에 잘 정의된 성취 기준과 성취 수준에 따라 평가하는 방식으로, 학습자가 무엇을 알고 무엇을 할 수 있는지에 대한 구체적인 정보를 제공하므로, 평가 활동이 교수 · 학습 활동의 일환이 될 수 있다(원효헌, 2014: 206).

성취평가는 교육과정에 근거하여 개발된 교과목별 성취 기준에 도달한 정도에 대해 학생의 성취 수준을 평가하여 'A-B-C-D-E' 또는 'A-B-C'의 등급으로 기록한다. 환경, 보건, 진로와 직업 등의 교양 과목은 이수 여부에 따라 'P'로 기재한다. 이처럼 등급으로 평가 결과를 기재하는 방법 외에도, 〈표 10-1〉과 같이 학교생활기록부의 '과목별 세부능력 및 특기사항'에 교사가 수시로 학생의 학습 과정과 특성을 관찰한 결과를 성취 기준과 성취 수준에 근거하여 학교생활기록부에 기재할 수 있다.

Q

성취평가제의 도입 배경은 무엇인지를 생각해 보자.

〈표 10-1〉 **학교급별 기재 요령**

구분	기재 요령
초등학교	• 1, 2학년 '바른 생활' '슬기로운 생활' '즐거운 생활' 교과는 세 교과의 성취 기준을 바탕으로 학생의 성취 수준에 따른 특성을 종합하여 기록하며, 특정 교과가 누락되지 않도록 유의 • 3학년 이후는 모든 과목에서 모든 학생에 대해 교사가 '세부능력 및 특기사항'을 구체적으로 기술하여 기재
중학교	• 특기할 사항이 있는 과목 및 학생에 대하여 입력 대상의 범위를 학업성적관리위원회 심의를 통해 정하고 입력 • 자유학기에서는 모든 학생을 대상으로 모든 교과활동과 자유학기 활동에 대한 성취 수준을 교과 담당 교사가 서술하여 기재
고등학교	• 모든 학생에 대해 수강한 모든 과목의 '세부능력 및 특기사항'을 입력하되 세부 사항은 교육부장관이 별도로 지정 • 학생들의 교과 특성은 교사가 교과학습 평가 및 수업 과정에서 수시 · 상시로 기록한 내용을 중심으로 전 영역을 고려하여 종합적으로 기술 • 기록하는 내용의 표준 가이드 라인은 교과별 성취 기준에 따른 성취 수준의 특성 및 학습활동 참여도, 자기주도적 학습에 의한 변화와 성장 정도를 중심으로 기재

자료: 교육부(2023a, 2023b, 2023c) 발췌해서 표로 구성.

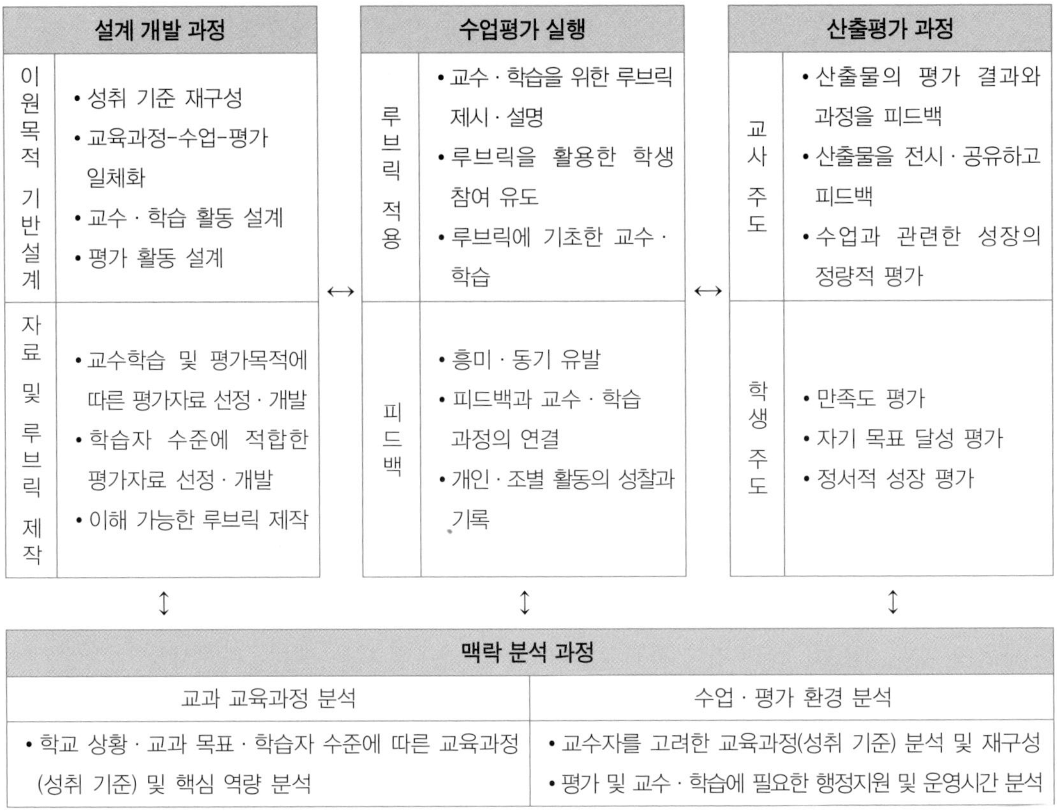

설계 개발 과정	
이원목적 기반설계	• 성취 기준 재구성 • 교육과정-수업-평가 일체화 • 교수 · 학습 활동 설계 • 평가 활동 설계
자료 및 루브릭 제작	• 교수학습 및 평가목적에 따른 평가자료 선정 · 개발 • 학습자 수준에 적합한 평가자료 선정 · 개발 • 이해 가능한 루브릭 제작

↔

수업평가 실행	
루브릭 적용	• 교수 · 학습을 위한 루브릭 제시 · 설명 • 루브릭을 활용한 학생 참여 유도 • 루브릭에 기초한 교수 · 학습
피드백	• 흥미 · 동기 유발 • 피드백과 교수 · 학습 과정의 연결 • 개인 · 조별 활동의 성찰과 기록

↔

산출평가 과정	
교사 주도	• 산출물의 평가 결과와 과정을 피드백 • 산출물을 전시 · 공유하고 피드백 • 수업과 관련한 성장의 정량적 평가
학생 주도	• 만족도 평가 • 자기 목표 달성 평가 • 정서적 성장 평가

↕ ↕ ↕

맥락 분석 과정	
교과 교육과정 분석	수업 · 평가 환경 분석
• 학교 상황 · 교과 목표 · 학습자 수준에 따른 교육과정(성취 기준) 및 핵심 역량 분석	• 교수자를 고려한 교육과정(성취 기준) 분석 및 재구성 • 평가 및 교수 · 학습에 필요한 행정지원 및 운영시간 분석

[그림 10-3] **성취평가제 기반 과정중심평가의 모형과 평가지표**

자료: 장재혁(2020), pp. 115-116 통합 및 수정.

Q

학생의 적성과 특성을 제대로 평가하여 기록하는 데 필요한 교사의 역량은 무엇인지를 생각해 보자.

국가 수준의 교육과정이 개정될 때마다 용어의 선정과 풀이에 다소 변화가 있다. 관련된 『초 · 중등학교 교육과정 총론』과 해당 학교급의 '교육과정', 그리고 『학교생활기록부 기재요령』을 확인해야 한다. 성취평가제와 관련한 용어의 의미는 다음과 같다.

- 성취 기준 코드: 과목별 교육과정 성취 기준에 명시된 기호이다. 교과목별 교육과정 내용 요소의 연계성을 확인하고 학교에서 이를 성취하기 위한 활용과 관리의 편리성을 위함이다.

〈표 10-2〉 **학교급별 과학교과 성취 기준 구성의 예시**

<table>
<tr><th colspan="3" rowspan="2">구분</th><th rowspan="2">성취 기준 코드</th><th rowspan="2">성취 기준</th><th rowspan="2">평가 준거 성취 기준</th><th colspan="3">평가 기준</th></tr>
<tr><th>상</th><th>중</th><th>하</th></tr>
<tr><td rowspan="4">초등학교</td><td>학년군</td><td>5~6학년</td><td rowspan="4">[6과01-01]</td><td rowspan="4"></td><td rowspan="4"></td><td rowspan="4"></td><td rowspan="4"></td><td rowspan="4"></td></tr>
<tr><td>교과</td><td>과학</td></tr>
<tr><td>과목</td><td>과학</td></tr>
<tr><td>영역</td><td>운동과 에너지-온도와 열</td></tr>
<tr><td rowspan="4">중학교</td><td>학년군</td><td>1~3학년</td><td rowspan="4">[9과01-01]</td><td rowspan="4"></td><td rowspan="4"></td><td rowspan="4"></td><td rowspan="4"></td><td rowspan="4"></td></tr>
<tr><td>교과</td><td>과학</td></tr>
<tr><td>과목</td><td>과학</td></tr>
<tr><td>영역</td><td>지구와 우주-지권의 변화</td></tr>
<tr><td rowspan="4">고등학교</td><td>학년군</td><td>1~3학년</td><td rowspan="4">[10통과01-01]</td><td rowspan="4"></td><td rowspan="4"></td><td rowspan="4"></td><td rowspan="4"></td><td rowspan="4"></td></tr>
<tr><td>교과</td><td>과학</td></tr>
<tr><td>과목</td><td>통합과학</td></tr>
<tr><td>영역</td><td>물질의 규칙성과 결합</td></tr>
</table>

* 성취 기준 코드는 '학년군 1자리 + 교과목명 앞 글자 1자리 + 교과 영역 2자리 + 성취 기준 2자리'로 구성함. 표의 초등학교 [6과01-01]에서, '6'은 5~6학년군의 마지막 학년, '과'는 과학교과의 첫 글자(고등학교의 교과는 두 글자로 표기), '01'은 대영역에 해당하는 교과별 내용 영역의 번호, 맨 마지막 '01'은 교과별 성취 기준마다 매겨진 번호로, 중단원에 해당함.

자료: 학생평가지원포털(https://stas.moe.go.kr)과 국가교육과정정보센터(https://ncic.kice.re.kr)의 자료에서 발췌.

- 성취 기준: 학생들이 배워야 할 내용과 수업을 마치고 할 수 있거나 할 수 있기를 기대하는 능력을 결합하여 제시한 평가의 기준이다. 학교의 교과협의회는 학생의 수준, 특성, 학교 여건, 지역사회의 조건 등의 고려에 따른 교육과정 및 교과서 내용을 분석해서 성취 기준을 재구조화할 수 있다.

- 평가준거 성취 기준: 실제 평가의 상황에 적합한 준거로 제시한 성취 기준이다. 학생은 무엇을 공부하고 성취해야 하는지, 교사는 무엇을 가르치고 평가해야 하는지에 대한 보다 명료한 안내이다.

- 평가 기준: 학생이 성취 기준에 도달한 정도를 상 · 중 · 하의 세 단계로 구분하고, 각각의 범주에서 무엇을 알고 있고 무엇을 할 수 있는지에 대한 기준이다. 학교에서 채점 기준표를 작성할 때는 문항의 특성에 따라 단계를 보다 세분화한

채점이 가능하다.

- 평가 요소: 평가의 구체적 기준으로 삼기 위해서 성취 기준과 평가 기준을 분석해서 추출한 요소이다.

〈표 10-3〉 **성취평가 계획서 구성의 예시**

대단원	중단원	성취 기준 코드	평가준거 성취 기준	평가 요소	평가기준			평가 방법	평가 시기	피드백 방법
					상	중	하			

Q

국가교육과정정보센터(ncic.go.kr), 학생평가지원포털(stas.moe.go.kr), 학교생활기록부 종합 지원포털(star.moe.go.kr)의 누리집에서 제공하는 정보를 확인해 보자.

3. 지필평가와 수행평가

과학기술의 혁명적 고도화에 따른 기하급수적인 변화의 속도는 미래 사회를 이끌어 갈 인재의 역량을 새롭게 정의한다. 이런 대변혁의 흐름 속에서 학생의 진로 개척을 위한 선택의 기회를 확대하고 평생학습 사회에서 살아갈 자기주도성의 신장을 돕기 위해 교수 · 학습뿐 아니라 평가의 방식에도 변화가 요구된다.

〈표 10-4〉 **평가 패러다임의 변화**

학습 결과에 대한 평가		학습을 위한 평가 · 학습으로서의 평가
• 학기 말 · 학년 말 평가 • 총합적 평가 • 결과 중심 평가 • 교사평가	→	• 교수 · 학습 과정의 평가 • 진단적 · 형성적 평가 • 학습 과정 및 산출물 평가 • 교사평가, 자기평가, 동료평가

자료: 교육부, 한국교육과정평가원(2017), p. 2 수정.

1) 지필평가

학교에 따라 1회, 2회 고사 등으로 표현하기도 하는 중간 또는 기말고사와 같이 정기적으로 치르는 평가를 의미한다. 과거의 '이원목적분류표'를 변경해서 현재 사용하는 '문항정보표'의 구성에 따라 '선택형'과 '서답형' 문항으로 구분하여 실시한다.

〈표 10-5〉 **문항정보표 예시**

계	부장	교감

○○○○과목 (과목 코드: ○○)

<table>
<tr><td colspan="3">○○○○년도 ○학기 ○○고사</td><td colspan="5">일반계 ○학년 7차 일반
총문항 수 ○○문항</td></tr>
<tr><td colspan="3">고사일시 ○○○○년 ○○월 ○○일 ○교시</td><td>공동출제자:</td><td colspan="4">(인) (인)</td></tr>
<tr><td colspan="3">총점 100점</td><td colspan="5">선택형 ○○점 서답형 ○○점</td></tr>
<tr><td colspan="8">선택형 문항</td></tr>
<tr><td rowspan="2">문항
번호</td><td rowspan="2">내용영역</td><td rowspan="2">성취 기준</td><td colspan="3">난이도</td><td rowspan="2">배점</td><td rowspan="2">정답</td></tr>
<tr><td>어려움</td><td>보통</td><td>쉬움</td></tr>
<tr><td>1</td><td></td><td></td><td></td><td></td><td></td><td></td><td></td></tr>
<tr><td colspan="8">서답형 문항</td></tr>
<tr><td>1</td><td></td><td></td><td></td><td></td><td></td><td></td><td>채점기준표참고</td></tr>
<tr><td colspan="3">총계</td><td></td><td></td><td></td><td></td><td></td></tr>
<tr><td colspan="3">비율(%)</td><td></td><td></td><td></td><td></td><td></td></tr>
</table>

2) 수행평가

학생이 학습한 과정과 결과로 드러낸 지식·이해, 과정·기능, 가치·태도 등을 평가한다. 산출물, 작품, 토의, 토론, 실험, 논술, 구술, 실습, 실기, 표현, 포트폴리오, 프로젝트 등을 대상으로 한다. 평가의 주체에 따라 교사평가, 학생의 자기(성찰)평가, 또래평가로 구분된다.

3) 과정중심평가

교육과정의 성취 기준에 기반한 평가 계획에 따라 학생이 교수 · 학습의 과정에서 수행한 바를 관찰하고, 변화와 성장에 관한 다각적인 자료를 수집하고, 적절한 피드백을 제공하는 평가이다(교육부, 교육과정평가원, 2017). '교수 · 학습-평가-피드백-성취 개선'이 수업에서 분리되지 않는 동시적인 것을 지향한다.

〈표 10-6〉 **과정중심평가 vs. 수행평가 vs. 형성평가**

구분	과정중심평가	수행평가	형성평가
정의	성취 기준에 기반한 학습 과정에서 성장과 변화에 관한 자료를 다각도로 수집해서 피드백을 제공	학습자의 수행 과정과 결과를 직접 관찰하고 판단	교수 · 학습 과정에서 상호 피드백을 제공하여 교수 · 학습을 개선
기능	학습자의 자기 성찰과 교수 · 학습의 질 개선	학습 내용을 실생활에서 어떻게 활용하는가를 평가하여 성취를 직접 파악	목표와 현재 수준의 차이를 줄이는 데 필요한 학습 내용과 피드백 제공
방식	지필평가 · 수행평가	수행평가	지필평가 · 수행평가
시기	학습 과정 중 학습 종료 시	학습 과정 중 학습 종료 시	학습 과정 중
성적	반영	반영	미반영

자료: 김유정, 이경건, 장원형, 홍훈기(2019), pp. 102-103; 박지현, 진경애, 김수진, 이상아(2018) 재인용해서 요약 · 수정.

Q

과정 중심의 수행평가를 위해 교사에게 요구되는 역량은 무엇일지 생각해 보자.

4) 수행평가 과제의 개발

교과협의회 또는 학년협의회는 교육과정의 내용, 성취 기준, 학생 수준과 특성, 성취 수준 등을 분석한다. 앎과 삶을 연계하는 실제적인 맥락, 통합적 사고 능력, 성찰 · 성장의 가치 있는 경험, 협력 및 문제의 해결력 같은 비구조화된 문제 등 과제 특성을 반영한다. 교수 · 학습 방법에 따른 과제 수행에 필요한 시간, 참여 방식, 산출물의 형태 등을 고려해서 과제를 선정하고 작성한다. 그런 다음에 교과 또는 학년 협의회 공동으로, 성취 기준과의 적합성, 평가 방법의 타당성, 평가 시행 가능성 등을 검토한다(교육부, 교육과정평가원, 2017: 18).

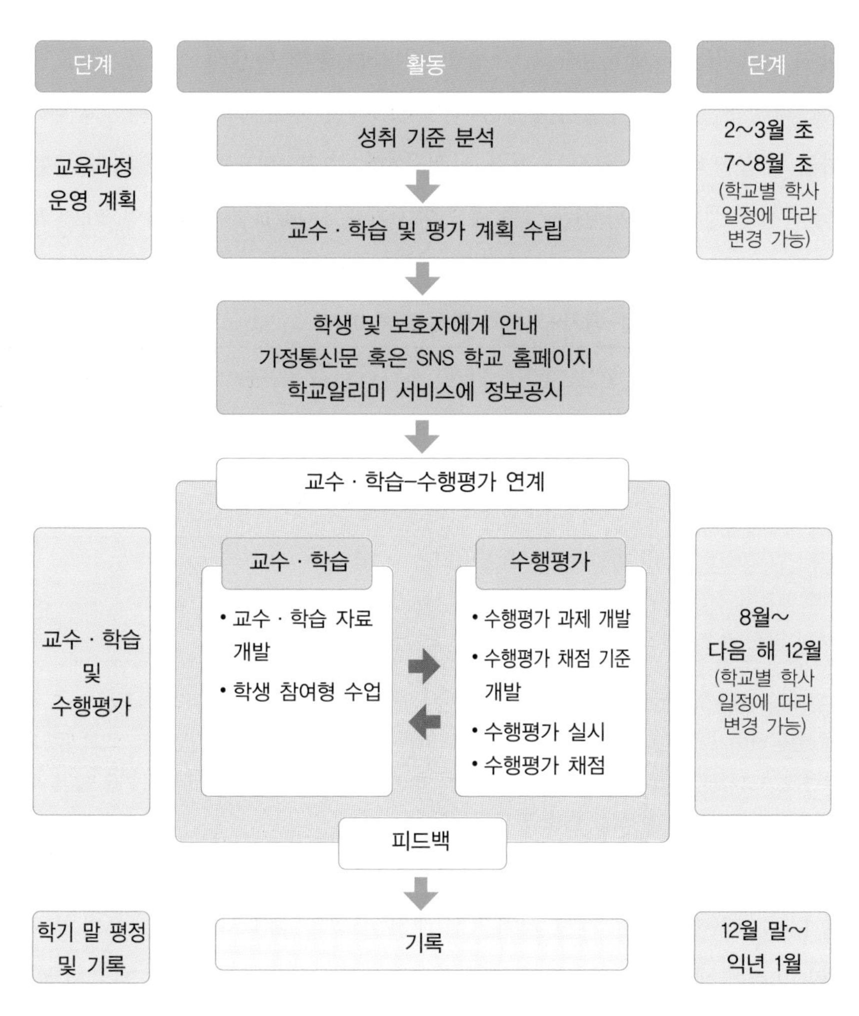

[그림 10-4] **수행평가 운영 단계별 흐름도**

자료: 교육부, 한국교육과정평가원(2017), p. 12 수정.

4. 교육과정-수업-평가-기록의 일체화

교육과정-수업-평가-기록의 일체화는 가르치는 학생들의 수준과 학교의 상황을 반영하여 교육과정을 재구성하고, 과정중심평가를 통해 학생의 성장을 기록한다. 이를 통해, 학생은 평가의 과정에서 제공되는 피드백을 통해 스스로 계획하고 탐구하며 표현하는 방법을 배우고, 교사는 '목표 설정-실행-평가-피드백-개선된 목표 설정 및 실행'의 과정을 성찰하면서 전문성을 제고한다(김형식, 2021: ⅱ, 6; 오서영, 2023: 208).

〈표 10-7〉 **교육과정-수업-평가-기록의 연계 오류 예시**

성취 기준 [9사(일사)06-02] 일상생활에서 인권이 침해되는 사례를 분석하고, 국가기관에 의한 구제 방법을 조사한다.

A교사는 위 성취 기준을 재구성하여 다음과 같은 수업 계획을 세웠다.

- 우리 학교에서 인권이 침해되는 사례 발표하기
- 학교에서 실천해야 할 권리와 의무에 대한 모둠별 카드 뉴스 제작
- 나의 인권 감수성을 성찰하는 질문으로 짝과 문답하기

이 수업에 참여한 학생들은 학교 안에서 발생하는 인권 침해 사례를 조사하여 발표하고, 모둠원과 역할을 분담하여 카드 뉴스를 만들었다. 자신의 인권 감수성을 성찰하는 질문으로 짝과 문답도 했다. 그런데 A교사는 ○월 ○일 ○교시에 인권의 의미와 특성, 국가기관에 의한 구제 방안 서술하기를 수행평가로 실시하여 학습 활동과 관계가 없는 평가를 했다.

〈표 10-7〉의 예시는 교사의 평가권에 대한 신뢰를 훼손시키고, 교육과정 재구성과 성취 기준의 재구조화, 수업 및 평가의 자율권을 제약하는 요소로 작용하게 된다. 특히, 교수 · 학습 활동이 '교과 세부능력 및 특기사항'의 기록과 큰 괴리를 보이고, 평가의 결과가 내신성적에 반영되어 진학에 영향을 미치는 경우 민원으로 이어질 수 있다. 교사의 평가권이 권위를 갖고 신뢰를 높이기 위해서는 평가에 대한 전문성을 신장하려는 노력이 수반되어야 한다. 학습공동체에 참여하고, 평가에 대한 다양한 경험을 쌓은 전문가에게 자문받을 필요가 있다.

Q

교육과정-수업-평가-기록의 일체화를 위해 교사는 어떤 노력을 해야 할지를 생각해 보자.

5. 평가 계획 세우기

과목의 특성 및 수업 시수 등을 고려해서 「학업성적관리규정」으로 기준을 정하면, 이에 따라 교과협의회를 통해 지필평가 없이 수행평가만으로 평가할 수도 있다. 중학교의 자유학기에서는 학교의 특성에 따라 해당 교과 담당 교사별로 평가 계획을 정할 수 있다. 평가 계획은 다음과 같은 내용이 포함되게 수립한다.

- 평가의 목적, 평가의 방향 · 방침 · 유의 사항
- 지필평가와 수행평가의 영역 · 요소 · 방법 · 시기 · 횟수 · 반영 비율
- 교과목별 기준 성취율과 성취도. 단, 고등학교에서는 기준 성취율에 따른 분할 점수를 과목별로 설정 가능
- 수행평가의 영역별 배점과 채점 기준 등 세부 사항
- 결시자와 학적 변동자의 처리 기준 및 인정점 부여 기준 등
- 성적의 처리 방법과 결과의 활용

수행평가의 기준을 세울 때, 세부적인 채점 기준을 모두 공개하기 어려운 경우 채점 기준에 포함된 평가 요소를 공개한다. 확정된 평가 계획서는 학기별로 학교알리미(www.schoolinfo.go.kr) 누리집에 관련 정보를 공시하고, 학교의 누리집 및 가정통

〈표 10-8〉 **평가 계획 개요표 예시**

구분	지필평가				수행평가		
반영 비율	60%				40%		
평가 영역	1회 고사		2회 고사		~에 대한 듣기 · 말하기	~에 대한 쓰기 (프로젝트)	~문학 작품에 대한 서평 (논술)
	선택형	서답형	선택형	서답형			
만점 (반영 비율)	60점 (18%)	40점 (12%)	60점 (18%)	40점 (12%)	10점(10%)	15점(15%)	15점(15%)
	100점(30%)		100점(30%)				
평가 시기	4월		7월		3~4월	수시	6월
성취 기준							

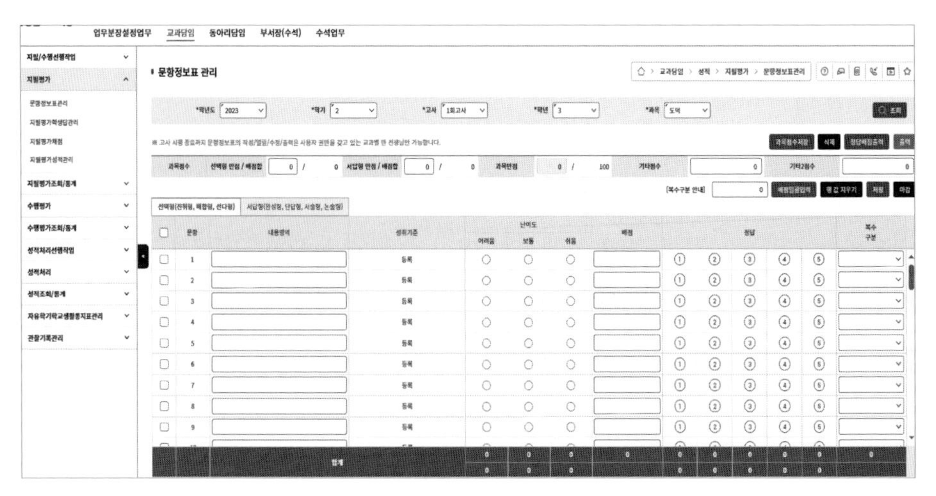

[그림 10-5] **교육행정정보시스템의 문항정보표**

자료: 대전광역시교육청 교육행정정보시스템(dje.neis.go.kr).

신문 등을 통해 학생과 보호자에게 공개한다. 변경사항이 있는 경우, 학업성적관리위원회의 심의를 거쳐 확정하고 평가 전에 재공지한다.

지필평가의 타당도와 신뢰도 제고를 위해 문항 오류가 없도록 동일 교과 내 교차검토를 강화한다. 필요에 따라 교내 및 교외의 자문위원을 위촉하여 문항 검토 및 민원에 대한 대응 때 도움을 받는다. 지필평가 문항을 출제하면, [그림 10-5]의 교육행정정보시스템의 '문항정보표'에 내용영역과 성취 기준, 난이도, 배점, 정답 등을 기재한다. 때로는 지면(紙面) 서식에 따라 작성하여 결재 과정을 먼저 거친 다음에, 교육행정정보시스템에 입력하기도 한다.

6. 좋은 평가의 조건

학교교육에서 평가는 학생을 선발하거나 분류, 배치 등의 기능과 함께 학생들의 능력을 정확히 파악하여 교수활동의 개선을 위한 정보를 제공하고 학습활동의 변화와 성장을 자극하는 기능을 한다. 평가할 것을 제대로 평가하는 좋은 평가는 문항 제작자의 전문성에서 나온다. 다음은 출제 교사가 갖추어야 할 조건과 좋은 문항의 조건이다.

● 교과목에 대한 충분한 이해가 선행되어야 한다.

① 해당 교과의 국가 수준 교육과정을 이해하고 목표와 내용에 도달하는 데 적합한 교수 방법을 어떻게 연결해야 하는지 구상한다. ② 다양한 교과서를 비판적 안목으로 비교하고 분석한다. ③ 학교급별 연계성을 살피고, 학생의 수준과 특성에 따라 학년 단위로 지도할 내용을 선정하여 재구성한다. ④ 동일한 학습 주제가 교과목 간에 어떤 유사성과 차이가 있는지를 파악한다. ⑤ 빠르게 변화하는 지식을 접하여 교과서 내용과의 차이점을 찾아내고, 새롭고 정확한 정보를 바탕으로 교수활동을 전개하고 평가를 한다.

● 학생에 대한 충분한 이해를 갖추어야 한다.

① 인지적 발달 상황, 학업성취 수준, 한글 문해력, 학습의 경험을 파악한다. ② 어휘에 대한 오개념과 난개념을 파악하여 평가와 교수 · 학습의 개선 자료로 활용한다. ③ 학기 초 진단평가를 통해 성취 수준을 파악하고 형성평가를 통해 성취 수준 및 특성을 수시로 점검한다. ④ 지역사회의 특성 및 다른 학교와 차별되는 부분이 있는지 파악한다.

● 문항 제작에 대한 기본 지식을 갖추고 문항 제작 기능에 익숙해야 한다.

① 문항 제작과 관련된 연구자료와 서적을 탐독한다. ② 문항의 제작 원리와 절차, 문항의 유형 및 유형별 장단점, 좋은 문항의 조건, 문항 제작의 유의점에 대해 이해한다. ③ 문항의 난이도와 변별도, 답지 반응 분포 및 오답의 매력 등을 분석한다. ④ 학습공동체 활동 등을 통해 평가 전문성 제고를 위해 노력한다. ⑤ 문서 작성 및 편집 기능을 능숙하게 다룬다.

● 언어 구사력과 문장력이 필요하다.

① 생각을 정확하고 논리적으로 명료하게 표현한다. ② 평소에 문항에 대한 아이디어를 메모하고 문제로 만드는 연습을 한다. ③ 동일 교과의 교사나 가능하면 국어과 교사에게 검토받는 과정을 거친다. ④ 다른 교사가 제작한 문항을 검토하고 분석하면서 개선을 위한 연습을 꾸준히 한다.

● 개방적 태도로 동료와 전문가의 제안을 수용하는 태도를 보인다.

① 훌륭한 문항을 제작하는 지름길은 없다. 실제적 경험 속에서 꾸준히 전문성을 쌓아 가는 노력이 중요하다. ② 수석교사와 선배 교사로부터 문항 제작에 대한 코칭과 검토를 받는다. ③ 공동으로 출제할 때의 조언과 의견을 개방적 태도로 수용한다. ④ 국가 수준에서 실시하는 출제 및 검토 과정에 참여해서 전문성을 심화한다.

● 문항에서 요구하는 능력이 원래 측정하려는 의도와 일치해야 한다.

평가 문항의 내용은 성취 기준에 담긴 학습 요소와 일치해야 한다. 이는 타당도가 높은 좋은 문항이 되기 위한 기본적인 필수 조건이다.

● 복합성을 지녀야 한다.

단순한 기억 재생이 아닌, 사고력을 자극하는 문항이어야 한다. 문항의 유형별 특성을 살려 제시문과 선택지에 수준 높은 내용을 반영할 때, 문제해결력을 길러 주는 문항의 조건을 갖게 된다.

● 참신해야 한다.

문제 자체가 학습 동기를 유발하고 새로운 경험을 제공하는 것이 바람직하다. 그러나 지나치게 생소하거나 사회적 논란을 일으키는 것은 곤란하다. 기출문제는 출제를 금하는 규정에 따라 중요한 평가 요소, 핵심 개념이 담긴 문항인데도 제외하는 오류를 범하면 안 되고, 형식과 내용에 변화를 주어 제작한다.

● 명료하고 구조화되어야 한다.

문두(問頭)는 답해야 할 방향을 간명하게 표현한다. 문두를 보완하는 제시 자료 등은 묻고자 하는 의도와 일관성 있게 연결한다. 특히 학생들이 직접 서술해서 답을 하는 수행평가 문항지와 지필고사에서의 서답형 문항은 구체적인 조건을 명료하게 제시한다. 창의력과 다양한 응답이 요구되는 수행평가 문항은 교과와 과제의 특성을 고려하여 개방형 문항으로의 출제도 가능한데, 이 경우 명확한 채점 기준표에 따라 누가 채점해도 편차가 없도록 한다.

- 학습과 삶에 대한 흥미와 만족감을 주어야 한다.

약간 도전적인 문항을 출제하여 지적 호기심을 자극하고, 충실하게 학습하면 해결할 수 있는 난이도로 조절해서 긍정적 자아감을 형성한다. 평가를 통해 생활과 밀접한 자료나 정보를 제공함으로써 앎과 삶이 연결되는 것은 교육적으로 매우 중요하다.

- 난이도가 적절하고 변별력이 높아야 한다.

너무 쉽거나 어려워서 학습의 유무가 구별되지 않으면 안 된다. 출제자와 학습자가 생각하는 난이도의 간극은 좁을수록 좋다. 평가의 목적에 따라서 성취 기준의 도달 또는 변별력을 고려해야 한다.

- 문항의 제작 원리와 검토 지침 및 유의 사항에 충실해야 한다.

「학업성적관리 시행지침」과 「학업성적관리규정」의 유의 사항을 숙지하고 준수한다.

7. 평가의 실제

학교의 정기고사 출제 문항은 공동출제자 및 동일 교과 내에서 교차 검토가 이루어지고, 채점 기준표도 공동출제자 간 협의를 통해 작성한다. 지필평가의 서답형 또는 서술형, 그리고 수행평가의 문항 제작과 채점 기준표는 과목별 성취 기준, 학습자의 특성, 교수 및 학습 방법에 따라 다양하게 제작될 수 있다.

1) 지필평가

일반적으로 지필평가 문항은 [그림 10-6]과 같은 요소로 구성한다. 모든 문항을 이처럼 제작하진 않더라도 지나치게 단편적인 내용만을 암기하여 재생하게 하는 문항은 지양해야 한다. [부록 10-7]은 예시로 든 지필평가 문항의 유형이다.

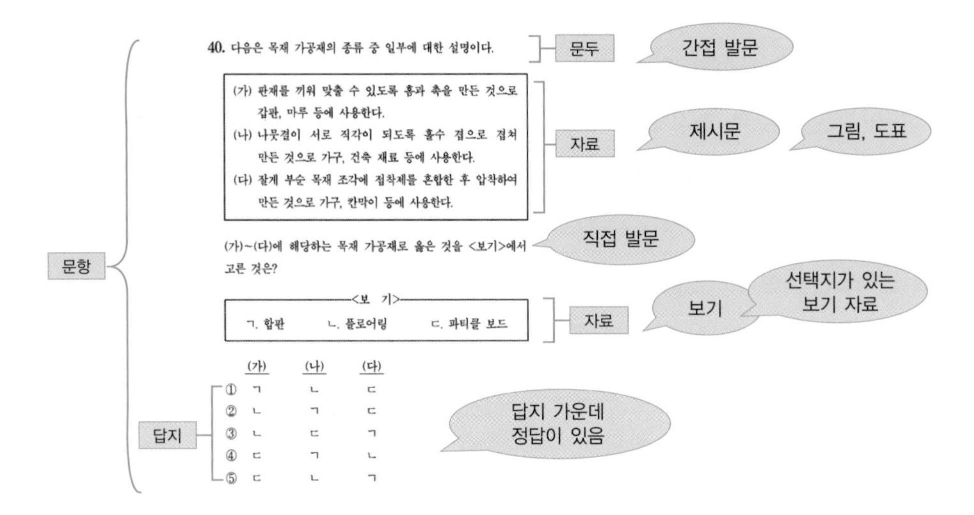

[그림 10-6] **지필평가 문항의 구성 요소 예시**

자료: 한국교육과정평가원(www.kice.re.kr)의 기출문제에 설명을 덧붙임.

지필평가 문항을 제작할 때 일반적으로 유의해야 할 사항은 다음과 같다. ① 단순한 지식을 묻는 문제의 출제를 삼가고, 다양한 사고력을 측정한다. ② 교육과정의 핵심적 학습 요소를 담는다. ③ 수업 중에 강조한 교수·학습 내용을 포함한다. ④ 출제 범위에서 고르게 출제한다. ⑤ 문두는 문제의 의도를 간결하고 명확하게 표현한다. ⑥ 정·오답 선택지의 내용을 엄선한다. ⑦ 글자의 모양과 크기, 줄 간격 등을 일정하게 한다. 글자의 장평과 자간을 가급적 일정하게 한다. ⑧ 표 안의 상하, 좌우 여백을 일정하게 한다. ⑨ 그림과 도표를 선명하게 한다. ⑩ 한글 맞춤법에 부합한다. ⑪ 지필평가 서답형 채점 기준은 예상치 못한 추가적인 답을 숙고해서 작성한다.

〈표 10-9〉 **지필평가 서답형 채점 기준표 예시**

학년평가계	부장	교감

학년		교과명		담당 교사	(인), (인), (인)

[채점 기준] ※ 전체 적용 기준: 대소문자 구분 없음.

(1) 단답형 3 [점, 각 점]

문항	채점 기준
3	어법상 올바른 어순으로 빈칸을 완성함.
	해당 기호를 반드시 명시하고 어법과 문맥에 맞게 작성함.

[모범답안] ⓐ ________________[점]

ⓑ ________________[점]

[인정답안] 없음.

〈표 10-10〉 **평가 문항 제작의 유의 사항 예시**

구분	적절 및 부적절 문항 예시
문두	1. 묻고자 하는 것을 간명하게 불완전 문장으로 한다. • 다음 글의 빈칸에 가장 적절한 말은? (○) • 윗글의 (나)에 대한 설명으로 옳은 것은? (○) • 윗글의 빈칸 (A), (B)에 들어갈 말로 가장 적절한 것을 고르시오. (×) • 윗글의 빈칸 (A), (B)에 들어갈 말로 적절한 것은? (○) • 다음 물질 중 무극성 공유결합 물질만으로 짝지어진 것은 어느 것인가? (×) • 다음 중 무극성 공유결합 물질만으로 짝지어진 것은? (○) 2. 문제에 〈보기〉가 주어졌을 경우 문두에 〈보기〉라는 표현이 들어가야 한다. 〈보기〉에서 법문화에 대한 설명으로 옳은 것만을 짝지은 것은? 〈보기〉 ㄱ. ㄴ. ㄷ. ㄹ. ㅁ. ① ㄱ, ㄴ ② ㄱ, ㄷ ③ ㄴ, ㄹ ④ ㄷ, ㅁ ⑤ ㄹ, ㅁ

〈계속〉

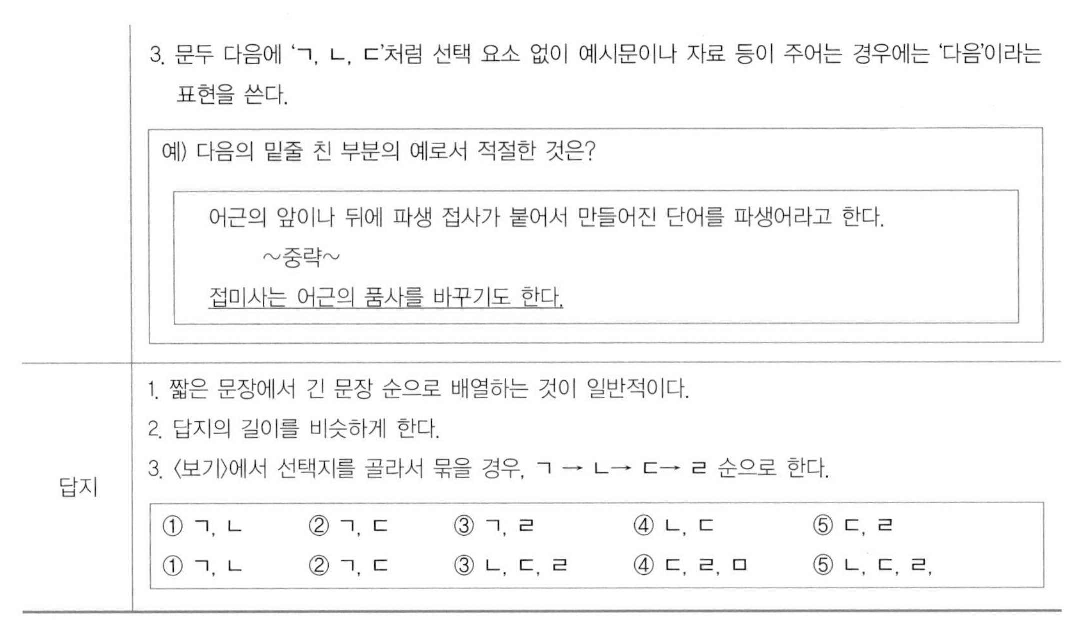

	3. 문두 다음에 'ㄱ, ㄴ, ㄷ'처럼 선택 요소 없이 예시문이나 자료 등이 주어는 경우에는 '다음'이라는 표현을 쓴다. 예) 다음의 밑줄 친 부분의 예로서 적절한 것은? 어근의 앞이나 뒤에 파생 접사가 붙어서 만들어진 단어를 파생어라고 한다. ~중략~ 접미사는 어근의 품사를 바꾸기도 한다.
답지	1. 짧은 문장에서 긴 문장 순으로 배열하는 것이 일반적이다. 2. 답지의 길이를 비슷하게 한다. 3. 〈보기〉에서 선택지를 골라서 묶을 경우, ㄱ → ㄴ→ ㄷ→ ㄹ 순으로 한다. ① ㄱ, ㄴ ② ㄱ, ㄷ ③ ㄱ, ㄹ ④ ㄴ, ㄷ ⑤ ㄷ, ㄹ ① ㄱ, ㄴ ② ㄱ, ㄷ ③ ㄴ, ㄷ, ㄹ ④ ㄷ, ㄹ, ㅁ ⑤ ㄴ, ㄷ, ㄹ,

자료: 대전광역시교육청(2007), pp. 19-21 발췌 수정.

[그림 10-7]은 한국교육과정평가원 사이트에 탑재된 국가 수준의 기출문제 자료이다. 이를 보면, 과목별 특성을 반영한 다양한 유형과 형식으로 제작된 좋은 지필평가 문항은 어떤 것인지를 알 수 있다.

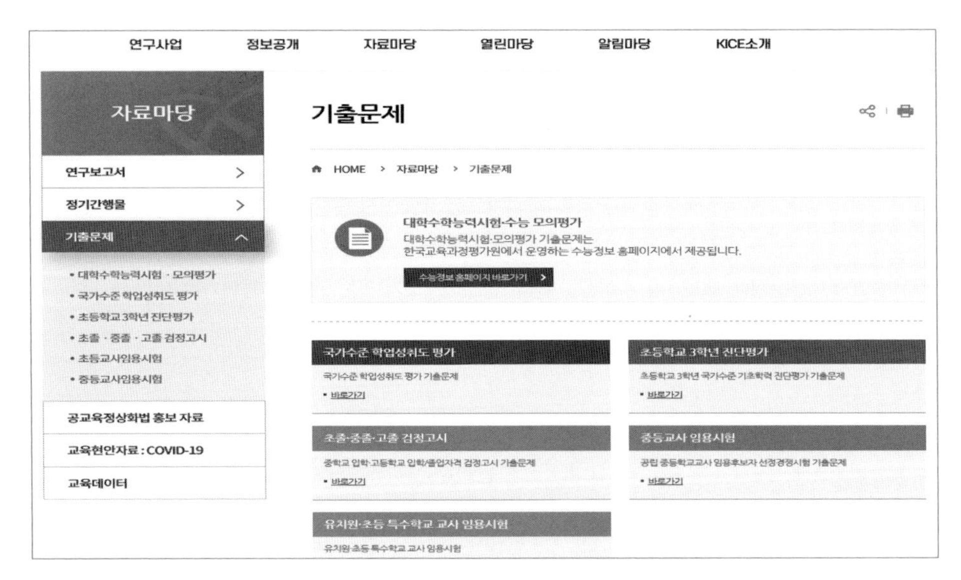

[그림 10-7] 한국교육과정평가원의 기출문제 자료 화면

자료: 한국교육과정평가원(www.kice.re.kr).

2) 수행평가

수행평가의 서술형 문항은 과목별 교수 · 학습 활동과 연계하여 제작한다. 수행평가에서의 서술형 평가의 내용, 형식, 채점 기준 등을 제대로 작성하는 데 교과연구회나 학습공동체에서 공유하는 실행 자료가 도움이 된다. 최근에는 수행평가의 종이 학습지를 디지털 매체와 도구와 연계해서 사용하고, 온라인 학습공간을 활용해서 활동과 결과를 실시간으로 공유, 피드백, 평가하는 사례가 늘고 있다. 예를 들

〈표 10-11〉 **수행평가 채점표 예시**

<table>
<tr><th>평가 영역</th><td colspan="5">삶의 목적 서술하기</td></tr>
<tr><th>평가 준거 성취 기준</th><td colspan="2">[9도01-04-01]</td><th colspan="2">반영 비율</th><td>10%</td></tr>
<tr><th rowspan="3">평가 기준</th><td>상</td><td colspan="4">자신의 삶의 목적에 본래적 가치가 포함되어 추구하는 가치와 삶의 목적을 연결할 수 있다.</td></tr>
<tr><td>중</td><td colspan="4">자신의 삶의 목적에 자신이 추구하는 가치들을 연결할 수 있다.</td></tr>
<tr><td>하</td><td colspan="4">자신의 삶의 목적과 추구하는 가치 간의 관련성이 다소 부족하다.</td></tr>
<tr><th>평가 요소</th><td colspan="5">• 다양한 가치의 탐색
• 본래적 가치에 기반하여 자신이 추구하는 가치를 삶의 목적과 연결하기</td></tr>
<tr><th>평가 방법</th><td colspan="5">☑ 서술 ☑ 구술(짝 대화) ☑ 교사관찰평가 ☑ 동료평가</td></tr>
<tr><th>유의 사항</th><td colspan="5">- 학교 자율 특색 교육과정으로 도덕과와 미술과가 연계하여 가치의 명료화와 본래적 가치에 기반하여 삶의 목적과 연결하는 글쓰기는 도덕과에서 수업과 평가를 하며 미술과는 다양한 표현기법으로 자신의 미래를 콜라주로 표현하고 평가함
- 동료평가는 짝 대화 활동에서 상호 강점을 이야기하며 피드백의 자료로만 참고함</td></tr>
<tr><th>문항</th><th colspan="2">채점 요소</th><th colspan="2">배점</th><th>채점 기준</th></tr>
<tr><td rowspan="4">가치와 삶의 목적 (학습장 pp. 20-21)</td><td colspan="2" rowspan="4">㉠ 본래적(정신적) 가치의 이해(p. 20)
㉡ 자신이 추구하는 가치 명료화(p. 21)
㉢ 본래적 가치에 기반을 두고 자신이 추구하는 가치와 삶의 목적 연결(p. 21)</td><td rowspan="4">60</td><td>60</td><td>㉠, ㉡, ㉢을 모두 충족함</td></tr>
<tr><td>50</td><td>㉠ 또는 ㉡이 충족되지 않으나 ㉢을 충족함</td></tr>
<tr><td>40</td><td>㉠, ㉡는 충족하나 ㉢이 충족되지 않음</td></tr>
<tr><td>30</td><td>㉠, ㉡, ㉢ 모두 충족되지 않음</td></tr>
<tr><td rowspan="4">직업과 삶의 목적 (학습장 p. 24)</td><td colspan="2" rowspan="4">㉠ 『행복한 청소부』의 내용을 이해함
㉡ 행복과 직업의 관계를 파악하는 질문을 3개 작성함
㉢ 책의 내용과 자신의 삶의 목적을 연결함</td><td rowspan="4">40</td><td>40</td><td>㉠, ㉡, ㉢을 모두 충족함</td></tr>
<tr><td>30</td><td>㉠, ㉡, ㉢에서 두 가지를 충족함</td></tr>
<tr><td>20</td><td>㉠, ㉡, ㉢에서 하나를 충족함</td></tr>
<tr><td>10</td><td>㉠, ㉡, ㉢ 모두 충족되지 않음</td></tr>
<tr><th colspan="3">영역 만점</th><td>100</td><td colspan="2"></td></tr>
</table>

면, 교사는 수업 중 학생의 수행 결과물에 대한 자동 채점이 가능하게 사전에 설정한 온라인 공간에 과제를 제시하고, 학생은 개인 전자기기를 이용해서 활동한 산출물을 탑재할 수 있어서, 과정 중심의 채점과 피드백을 즉각적으로 받을 수 있게 운영한다.

학생평가지원포털(https://stas.moe.go.kr)은 교사의 평가 전문성 지원을 위해 학생평가와 관련한 다양한 자료를 제공한다. 학교급별, 교과별, 과목별, 성취 기준별 자료를 참고하여 해당 과목의 평가 계획을 꾸준히 수정하고 보완해서 실행하면, 평가 전문성을 향상하는 데 큰 도움이 된다.

[그림 10-8] **학생평가지원포털 화면**

자료: 학생평가지원포털(http://stas.moe.go.kr).

생각 나누기

1. 다음의 학생평가와 관련한 자료와 대화에 비추어서, 이 사안과 관련한 교원은 각각 어떤 역할과 책무성이 있는지 생각해 보자.

자료 1

「초 · 중등교육법」 제20조(교직원의 임무) ① 교장은 교무를 총괄하고, 민원처리를 책임지며, 소속 교직원을 지도 · 감독하고, 학생을 교육한다. ② 교감은 교장을 보좌하여 교무를 관리하고 학생을 교육하며, 교장이 부득이한 사유로 직무를 수행할 수 없을 때에는 교장의 직무를 대행한다. ③ 수석교사는 교사의 교수 · 연구 활동을 지원하며, 학생을 교육한다. ④ 교사는 법령에서 정하는 바에 따라 학생을 교육한다.

자료 2 ○○학교 지필고사 원안 출제 및 결재선

2023학년도 1학기 1회고사 2023년 7월 6일 (3) 교시				출제 교사	인쇄매수: ○○매 × ○개반			
				○○○(인)	계	부장	교감	교장
과목명	○○	대상	3학년 전체	○○○(인)				

교감: 수석 선생님, 제가 2학기 지필고사 원안지 검토 기간에 장기간 연수에 참여하게 되었습니다. 수석 선생님께서 지필고사 평가지를 세심히 검토해 주시길 부탁드립니다.

수석: 지난번과 같은 일이 발생할까 우려됩니다. 1학기 지필고사 원안지를 검토할 때, 동일 교과군의 과목에서 타당도에 문제가 있는 문항을 발견했습니다. 시대 변화에 적절하지 않은 내용인데 교과서 내용과 이미지 그대로를 문항으로 제작했고 성취 기준에도 적합하지 않았습니다. 해당 문항을 수정하도록 자문했는데 출제 교사가 수용하지 않았습니다.

교장: 저는 문항에 대한 오류 책임은 출제한 교사가 전적으로 책임져야 한다고 생각합니다. 누구도 다른 교사의 문항을 검토해서는 안 된다고 생각합니다. 민원이 발생하면 해당 교사가 책임지면 됩니다.

평가 부장: 저는 잘 모르겠습니다.

평가 업무 담당 교사: 그래도 학생평가중앙지원단인 수석 선생님께서 자문 의견을 주셨으면, 성취 기준에 부합하는지, 상식적인 수준에서 문항이 적합한지, 시대 변화에 맞는 내용인지를 교과 선생님들과 다시 검토해야 한다고 생각합니다.

출제 교사: 저는 교과서가 틀렸다고 생각하지 않습니다. 교과서에 나온 내용을 그대로 출제한 것입니다. 수정할 생각이 없습니다.

2. 답이 없거나, 복수답의 발생 등 출제 문항 오류에 대한 민원이 발생했을 때, 어떤 절차를 거쳐 사안을 해결할지 생각해 보자.

3. 감사에서 경고나 주의 등의 지적을 받은 다음의 사례를 읽고, 지필평가와 수행평가에서 유의할 점을 생각해 보자.

- □□학교의 ◇◇교과는 문항 오류로 인해 정답을 복수 정답으로 처리하는 과정에서 교과협의회와 학업성적관리위원회의 절차를 거치지 않고 NEIS 문항정보표를 부적절하게 수정하였다.
- ○○학교의 ◇◇교과는 수행평가 계획서에, 배점을 10(만점), 9, 8, 7, 6, 5(기본점수)의 5단계로 부여하기로 하였으나, 학년 전체 학급에 대하여 만점 또는 기본점수만을 부여하였다.
- △△학교의 ◇◇교과는 수행평가 계획서에, 세부 평가 기준을 제시하지 않고 명시되지 않은 배점을 부여하였다.

자료: 대전광역시교육청(2023), pp. 2-14 발췌.

4. 성취 기준을 재구성하여 학생의 특성을 반영한 수업 및 평가를 위해 필요한 교직 풍토는 어떠해야 할지를 생각해 보자.

5. 다음은 '일체화'는 경직된 인상을 준다면서 관련한 문제점을 지적한 글이다. '교육과정-수업-평가-기록의 일체화'에 집중할 때 담당 교과의 '실현된 교육과정'에서 간과될 수 있는 측면에 대해 생각해 보자.

교-수-평 일체화는 모든 교과에서 이상적인 교육의 구도인 것으로 보이지만, 문학교육이 추구해야 할 이상적인 구도는 아닌 것으로 판단된다. 그 이유는 다음과 같다. 첫째, 여러 가지 요소의 총체적 구조물인 문학작품의 본질과 어울리지 않는다. 둘째, 구조성, 체계성, 맥락성을 본질로 지닌 지식의 성격과도 어울리지 않는다. 분절적인 성취 기준으로 인해 문학의 특정한 자질을 핵심적인 학습 요소로 거느리고 있는 단원에서도 이에 벗어난 다른 학습 요소가 부가되는 것이 오히려 바람직하다. 이들 잉여적인 학습 활동의 내용들이 오히려 문학교육의 자장을 넓히고, 역할을 확대하는 효과를 거둘 것으로 짐작된다. 이것이 문학교육에서 교-수-평 일체화의 경직된 적용을 경계해야 하는 이유이다.

자료: 류수열(2020), p. 225.

참고문헌

교육부(2023a). 2023학년도 학교생활기록부 기재요령 [고등학교].

교육부(2023b). 2023학년도 학교생활기록부 기재요령 [중학교].

교육부(2023c). 2023학년도 학교생활기록부 기재요령 [초등학교].

교육부, 한국교육과정평가원(2017). 과정을 중시하는 수행평가 어떻게 할까요? [중등]. 연구자료 ORM 2017-19-2.

김용택(2013). 김용택의 교단일기. 문학동네.

김유정, 이경건, 장원형, 홍훈기(2019). 교사의 과정 중심 평가 역량(T-PEC) 진단도구 개발 및 타당화. 한국교원교육연구, 36(3), 99-121.

김형식(2021). 교육과정-수업-평가-기록의 일체화에 대한 교사 인식 조사 연구. 박사학위 논문. 아주대학교 대학원.

대전광역시교육청(2007). 2007 EduCore 학력신장 추진계획 교실수업개선 분야 지원 자료-1.

대전광역시교육청(2023). 2023년 상반기 자체감사 사례집.

류수열(2020). 교육과정-수업-평가 일체화에 대한 문학교육론적 회의. 문학교육학, 66, 225-246.

박지현, 진경애, 김수진, 이상아(2018). 과정 중심 평가 내실화를 위한 교사의 평가 전문성 신장 방안 연구. 연구보고 RRE 2018-5. 한국교육과정평가원.

오서영(2023). 고등학교 〈수학〉 과목 지필평가 문항의 선행교육 실태 분석. 한국학교수학회논문집, 26(3), 205-220.

원효헌(2014). 성취평가 시행에 따른 수행평가 내실화 방안. 수산해양교육연구, 26(1), 203-213.

장재혁(2020). 성취평가제 기반 과정중심 평가모형 개발. 박사학위 논문. 부산대학교 대학원.

정일화(2020). 새내기 교사론. 한국학술정보.

정정철(2019). '목적 기반' 교육평가에 대한 철학적 탐구: 존 화이트 이론을 중심으로. 박사학위 논문. 전남대학교 대학원.

Ayers, W. (2017). 가르친다는 것 (*To Teach: The Journey of A Teacher*). (홍한별 역). 양철북. (원저는 2009년에 출판).

교육부. www.moe.go.kr

대전광역시교육청 교육행정정보시스템. dje.neis.go.kr

국가교육과정정보센터. https://ncic.kice.re.kr

대전광역시교육청. www.dje.go.kr

로앤비. www.lawnb.com

법제처 국가법령정보센터. www.law.go.kr

학교생활기록부 종합 지원 포털. https://star.moe.go.kr/web/contents/m10302.do

학생평가지원포털. https://stas.moe.go.kr
한국교육과정평가원. www.kice.re.kr

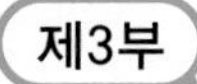

제3부

학교 행정의 이해

제11장 학교 조직과 학사 운영

제12장 학교안전사고와 학교폭력의 예방과 대처

제13장 업무관리와 학교회계

제14장 교육활동 침해 민원의 대응

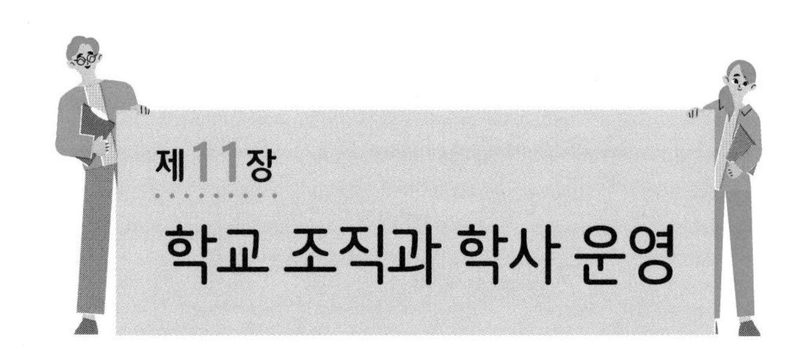

밖에서 바라보면, 학교는 교수 · 학습에 한정된 단순한 조직체로 생각될 수 있다. 하지만 학교 내의 조직은 꼬이지 않는 실타래처럼 매우 섬세하고 복잡한 구조이다. 이 장은 학교의 조직은 어떻게 구성되고, 각각의 기능과 협업의 과정은 어떠한지를 살핀다.

1. 학교 조직

학교 조직은 교사마다 교실이라는 독립된 장소에서 자율적으로 교수 · 학습 활동을 한다는 특징이 있다. 웨이크(Weick)는 이를 '이완결합체제(loosely coupled systems)'라고 비유한다. 즉, 서로 연결은 되어 있으나 각자가 독자성을 유지하면서 어느 정도 분리된 모습을 표현한 것이다(주삼환, 신붕섭, 이석열, 정일화, 김용남, 2023: 73; Weick, 1976, 1982). 학교 조직은 교직원의 임무가 법으로 명시되는 등 위계 구조를 갖춘 관료적 조직의 특성도 띤다.

1) 교직원의 구분

유치원과 초 · 중등학교의 경우, 교사 · 수석교사 및 교장(원장) · 교감(원감)은 교원에 속하고, 사무를 담당하는 행정실장처럼 가르치는 일 외의 업무를 담당하면 직원에 속한다. 직원은 행정을 담당하는 일반행정직과 교무업무 등을 지원하는 역할을 하는 교육공무직 등이 있다.

〈표 11-1〉 **교직원의 구분**

분류	역할	직위
교원	아동 및 학생의 교육	수석교사, 교사(교과 · 비교과), 교장(원장), 교감(원감)
교육행정직	회계 및 행정업무	행정실장, 주무관
교육공무직	교육기관에서 발생하는 전반적인 업무의 지원	교무행정사, 특수교육실무사, 교육복지사, 조리사, 돌봄전담사, 스포츠 강사 등
기타	지방자치단체의 예산 지원으로 일정 기간 학교 업무를 지원	사회복무요원, 환경미화요원 등

법령

「유아교육법」 제20조 · 제21조,「초 · 중등교육법」 제19조 · 제20조

2) 담임 및 교무 조직

교육청은 학교의 정원을 매년 조정한다. 배정된 교원 수에 따라, 학교는 보직교사, 학년 담임, 교과 담당 교사를 조직한다. 학교의 인사자문위원회는 교사들의 희망을 고려해서 학교의 장에게 배치안을 제시한다. 이를 바탕으로, 교장은 개인적 고충, 해당 업무의 강도, 학교 사정 등을 고려해서 조직한다. 교장은 먼저 정한 학년별 및 부서별 보직교사와 담임 배정 및 부원 구성에 대해 의견을 교환한다. 그런 다음에, 보직교사는 부원의 희망을 고려해서 학급 및 업무를 정하는 것이 일반적이다. 초등학교는 학급담임과 음악 또는 체육 등 특정 과목을 담당할 전담 교사를 지정하여 조직하고, 중등의 학급담임은 복수담임제 또는 부담임제로 운영하기도 한다.

부서의 명칭은 학교마다 특성과 방향을 고려해서 자율적으로 정할 수 있고, 부서에 분장하는 업무도 차이를 보인다. 보직교사의 인원도 학교의 교원 수에 따라 다르다. 교무 조직 외에 학교 회계와 행정업무를 맡아 관리하고 지원하는 행정실이 있다.

[그림 11-1] **초등학교 담임 및 교사 배정의 예시**

〈표 11-2〉 **학교의 업무분장 예시**

부	주요 업무 내용
교무기획부	학사 운영, 전출입 및 학적관리, 출석관리, 학교생활기록부 등
교육연구부	연구학교, 수업공개, 교원능력개발평가, 교육실습 등
교육과정부	학교교육계획, 교육과정운영, 진로교육 등
생활안전부	학생생활지도, 청소년 단체, 학교폭력예방 등
교육평가부	평가기준, 정기고사, 수행평가 등
방과후복지부	방과후 학교, 교육복지, 돌봄교실 등
교육정보부	교육행정정보시스템, 교무업무시스템, 정보화 기기, 컴퓨터 보안 관리 등
인성교육부	학부모 단체, 교내 환경, 학생봉사활동 등
행정실	학교 시설 · 물품 · 회계 관리, 관리, 연말정산, 학교 급식 등

3) 연구 조직

교수 · 학습 전문성의 성장 등을 위한 교과연구회, 학습공동체, 학습동아리 등 연구 조직이 있다. 이런 조직의 특징은 교수 · 학습 방법의 개선과 학급관리의 질을 높이기 위해 특정한 교과나 교수 · 학습 방법 등 구체적 분야에 관한 연구를 교사들이 공동으로 진행한다는 점이다. 학교 내에서 또는 학교 안팎의 교사들과 자율적으로 조직을 결성하고 교육청 또는 학교의 지원을 받거나 자비로도 운영한다.

4) 학교 운영 지원 조직

투명하고 민주적인 의사결정 과정을 통해 학교가 운영되도록 지원하는 여러 위원회가 있다. 2023년 3월 기준으로, 각종 법규에 따라서 운영해야 하는 위원회는 14가지가 되지만, 업무를 줄이는 차원에서 요건이 유사한 경우 위원회를 통합하여 안건을 처리할 수 있다.

법정 위원회*	자체 · 자율 위원회	학년 · 교무	지원실 · 특별실
학교운영위원회	교직원회	학년부	교무실
인사자문위원회	교과협의회	교무기획부	행정실
교육과정위원회	학교평가위원회	교육연구부	보건실
학업성적관리위원회	학교급식소위원회	교육과정부	도서실
학교교권보호위원회**	보직교사회	교육평가부	과학실
다면평가관리위원회	친목회	창의탐구부	학습도움실
교원능력개발평가 관리위원회		인성교육부	치료교육실
학교도서관운영위원회		문화체육예술부	컴퓨터실
개별화교육지원팀		진로진학상담부	교과교실
학습지원대상학생 지원협의회		생활안전부	다교과실
생활교육위원회		방과후복지부	진로활동실
학교폭력전담기구		교육정보부	Wee Class
의무교육관리위원회			급식실
조기진급 · 졸업 · 진학 평가위원회			인쇄실

[그림 11-2] **학교의 운영 및 업무 조직의 예시**

* 서울특별시교육청(2023) 발췌.

** 학교교권보호위원회의 경우, 유치원은 원장이 필요하다고 인정하는 경우에만 설치함.

Q

학교의 다양한 의사결정 과정에 적극적으로 참여해야 하는 이유는 무엇이며, 내가 참여하고 싶은 위원회는 어떤 것이 있을지를 생각해 보자.

2. 학사 운영

학사(學事) 운영이란 학교에서 행해지는 모든 교육활동을 총칭하고, 주로 학기의 시작과 끝, 수업 일수, 행사, 방학 등의 일정으로 통용된다. 이러한 일정은 법규로 정한 기준에 따라 학교 구성원의 협의를 거쳐 조정된다. 이와 비슷한 개념으로 학교 교육과정 운영이 있다. 이는 학사 일정을 바탕으로 교과 교육 및 창의적 체험활동을 비롯한 행사들이 교육과정과 어떤 관련성이 있는지에 관한 연결점을 찾아 절차에 따라 운영하는 것을 뜻한다.

〈표 11-3〉 **학사 운영 관련 법령**

「초·중등 교육법」	**제23조(교육과정 등)** ① 학교는 교육과정을 운영하여야 한다. **제24조(수업 등)** ① 학교의 학년도는 3월 1일부터 시작하여 다음 해 2월 말일까지로 한다. ④ 학교의 학기·수업 일수·학급편성·휴업일과 반의 편성·운영, 그 밖에 수업에 필요한 사항은 대통령령으로 정한다.
「초·중등 교육법 시행령」	**제44조(학기)** ① 법 제24조제3항의 규정에 의한 학교의 학기는 매 학년도를 두 학기로 나누되, 제1학기는 3월 1일부터 학교의 수업 일수·휴업일 및 교육과정 운영을 고려하여 학교의 장이 정한 날까지, 제2학기는 제1학기 종료일 다음 날부터 다음 해 2월 말일까지로 한다. **제45조(수업 일수)** ① 법 제24조제3항에 따른 학교의 수업 일수는 다음 각 호의 기준에 따라 학교의 장이 정한다. 다만, 학교의 장은 천재지변, 연구학교의 운영 또는 제105조에 따른 자율학교의 운영 등 교육과정의 운영상 필요한 경우에는 다음 각 호의 기준의 10분의 1의 범위에서 수업 일수를 줄일 수 있으며, 이 경우 다음 학년도 개시 30일 전까지 관할청에 보고하여야 한다. 1. 초등학교·중학교·고등학교·고등기술학교 및 특수학교(유치부는 제외한다): 매 학년 190일 이상. 2. 공민학교 및 고등공민학교: 매 학년 170일 이상. ② 초등학교·중학교·고등학교 및 특수학교의 장은 제1항 제1호의 기준에 따라 수업 일수를 정하려면 법 제31조제1항에 따른 학교운영위원회의 심의를 거쳐야 한다.

학사 일정을 계획할 때는, 먼저 교사·학생·학부모를 대상으로 교육과정 운영에 대한 의견을 수렴한다. 이를 바탕으로, 교육과정위원회는 교장의 의사결정을 위한 자문을 한다. 교장은 이를 종합하여 학사 일정을 정하고 학교운영위원회의 심의를 거쳐 확정하게 된다.

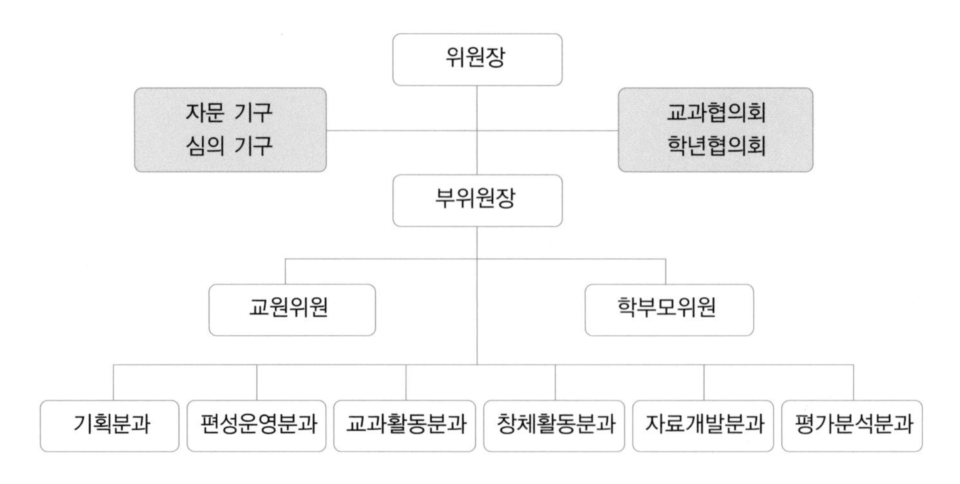

[그림 11-3] **학교교육과정위원회의 조직 예시**

〈표 11-4〉 **학교의 교육과정 운영에 관한 교사 만족도 조사의 일부 예시**

구분	문항	평가 척도*
1	학교의 교육과정위원회는 구성원의 의견 수렴을 한다.	① ② ③ ④
2	나는 교육과정 개발과 개선을 위해 노력한다.	① ② ③ ④
3	나는 교내 연수 활동에 참여힌다.	① ② ③ ④
4	나는 교내 자율장학에 참여한다.	① ② ③ ④
5	나는 교내 수업 공개와 참관 · 협의회에 참여한다.	① ② ③ ④

* ① 아주 약하다, ② 약간 약하다, ③ 강하다, ④ 아주 강하다

1) 수업 시수

학사 일정을 계획할 때 가장 중요한 것은 교육과정에서 제시한 교과별 기준 수업 시수를 이수하도록 해야 한다는 것이다. 교육과정 운영 편제를 살펴보면 교과(군)와 창의적 체험활동으로 편성되고, 수업 시수는 연간 34주를 기준으로 한다. 따라서 법정 수업 일수 이내에서 교육과정이 제시한 교과별 기준 수업 시수를 운영할 수 있도록 연간 일정을 계획하고, 반별 · 교과별 시간표를 작성한다.

2) 범교과 학습

학교는 법령 · 고시 · 지침에 따라 자율적으로 여건을 고려해서 교과 시수 외에 관련 교과와 창의적 체험활동의 통합 혹은 지역의 사회 기관 및 가정과 연계한 지도가 가능하도록 편성 · 재구성하고, 교사별 교과 진도 운영 계획에 반영한다. 범교과 학습의 주제는 ① 안전 · 건강, ② 인성, ③ 진로, ④ 민주 시민, ⑤ 인권, ⑥ 다문화, ⑦ 통일, ⑧ 독도, ⑨ 경제 · 금융, ⑩ 환경 · 지속가능발전이다. 이 밖에도 지역별 특성에 따라 교육하도록 권장하는 주제도 있다. 〈표 11-5〉처럼 주제별 시간 및 횟수는 법규로 정해진다. 이와 관련해 교육정보 통합지원 포털인 '에듀넷 · 티-클리어(www.edunet.net)'에 탑재된『범교과 학습 주제와 교과 교육과정 연결 맵』및 별책의 범교과 학습 주제별 교수 · 학습 자료를 참고할 수 있다(교육부, 2019).

〈표 11-5〉 **학년별 학생 안전교육의 시간 및 횟수**

교육 구분		생활 안전	교통 안전	폭력 예방 및 신변 보호	약물 및 사이버 중독 예방		재난 안전	직업 안전	응급 처치	합계
					약물 중독 예방	사이버 중독 예방				
시간	유치원	13	10	8	5	5	6	2	2	51
	초등학교	12	11	8	5	5	6	2	2	51
	중학교	10	10	10	6	4	6	3	2	51
	고등학교	10	10	10	7	3	6	3	2	51
횟수		학기당 2회 이상	학기당 3회 이상	학기당 2회 이상	학기당 2회 이상		학기당 2회 이상	학기당 1회 이상	학기당 1회 이상	

* 교육부고시 제2023-33호「초중등학교 교육과정 총론 및 각론 고시」및「학교안전교육 실시 기준 등에 관한 고시」제3조.
자료: 대전광역시교육청(2023), p. 1.

생각 나누기

1. 교육실습을 계획하는 학교의 누리집을 방문해서 교육실습 동안의 학사 일정을 확인해 보자.

2. 교수 · 학습 전문성 신장 및 학생동아리 지도 등을 위한 교내외 연구회의 참여에 대해 생각해 보자.

3. 대학교는 신임 교수가 임용되면 적응을 위해 수업과 업무를 감해 주기도 한다. 이와 대비되게, 유 · 초등학교와 중등학교는 신규 및 저경력 교사에서 기피 업무나 학년을 배정하는 사례가 있다. 초임 교사가 안정적으로 학교생활에 적응할 수 있는 지원책과, 이를 요구하고 실현할 제도의 개선 방안에 대해 생각해 보자.

참고문헌

교육부(2019. 2.). 범교과 학습 주제와 교과 교육과정 연결 맵. 교육부, 경상북도교육청 외 16개 시도교육청. 발간등록번호 11-1342000-000364-01.

교육부(2022). 「초중등학교 교육과정 총론 및 각론 고시」. 교육부 고시 제2022-33호.

교육부(2023). 「학교안전교육 실시 기준 등에 관한 고시」 일부개정. 교육부 고시 제2023-33호.

대전광역시교육청(2022). 2023학년도 범교과 학습주제 편성 · 운영안 안내.

대전광역시교육청(2023). 2024학년도 학교교육과정 편성 · 운영 주요 교육활동(범교과 학습주제 등) 안내.

서울특별시교육청(2023). 2023 학교업무 경감 및 효율화 추진 계획.

주삼환, 신붕섭, 이석열, 정일화, 김용남(2023). 교육행정 및 교육경영 6판. 학지사.

Weick, K. E. (1976). Educational organizations as loosely coupled systems. *Administrative science quarterly, 1*-19.

Weick, K. E. (1982). Administering education in loosely coupled schools. *The Phi Delta Kappan*, *63*(10), 673-676.

교육부. www.moe.go.kr

대한민국 법원 종합법률정보. glaw.scourt.go.kr

방과후학교포털시스템. www.afterschool.go.kr

법제처 국가법령정보센터. www.law.go.kr

수업나누리. nanuri.gyo6.net

에듀넷 · 티-클리어. www.edunet.net

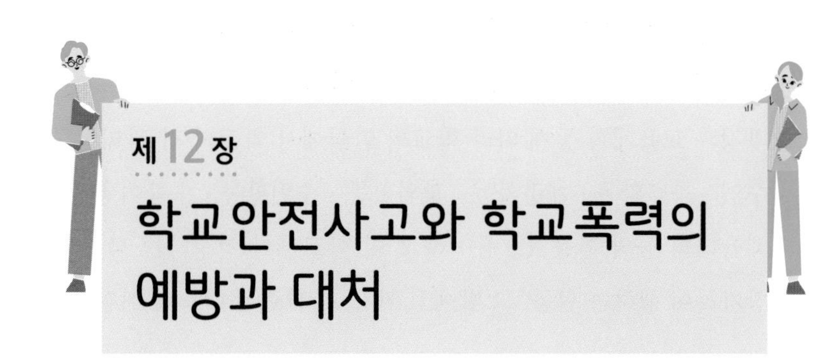

제12장 학교안전사고와 학교폭력의 예방과 대처

교육활동 중에 발생할 수 있는 학교안전사고 예방에 대한 관심이 높아지고 있다. 또한, 학교폭력은 날이 갈수록 폭력의 정도가 심각한 양상을 보인다. 이 장에서는 학교안전사고에 대한 법률적인 이해, 발생 시 대처, 예방 그리고 학교폭력의 사안 처리와 예방에 대해 알아본다.

1. 학교안전사고

학생 등 교육활동 참여자의 안전한 생활을 위해 교육청은 매년 세부 집행계획, 학교계획 및 평가 결과에 대한 조치 계획을 세워 시행한다. 이를 근거로 학교의 장은 학교운영위원회의 심의를 거쳐 학교안전에 대한 계획을 매년 수립 · 시행하고, 해당 연도 학교계획 및 과년도 추진 실적을 교육청에 제출한다.

1) 정의

학교안전사고는 교육활동 중에 발생한 사고 및 학교 급식 등 교장(원장)의 관리 · 감독에 속하는 업무가 직접 원인이 되어 교육활동 참여자에게 발생하는 질병이다. 예를 들면, 일사병, 이물질의 섭취 등에 의한 질병, 이물질과의 접촉에 의한 피부염,

외부 충격 및 부상이 직접적인 원인이 되어 발생한 질병을 들 수 있다(주삼환, 신붕섭, 이석열, 정일화, 김용남, 2023). 법령에 따른 구체적인 교육활동은 ① 학교의 교육과정과 교육계획 등에 따라 학교의 안팎에서 학교의 장 관리 · 감독하에 행하여지는 수업 · 특별활동 · 재량활동 · 과외활동 · 수련활동 · 수학여행 등 현장체험활동 또는 체육대회 등의 활동, ② 등 · 하교 및 학교장이 인정하는 각종 행사 또는 대회 등에 참가하여 행하는 활동, 그 밖에 ①과 ②와 관련된 다음의 시간이다.

- 통상적인 경로 및 방법에 의한 등 · 하교 시간
- 휴식시간 및 교육활동 전후의 통상적인 학교 체류 시간
- 학교장의 지시에 의하여 학교에 있는 시간
- 학교장이 인정하는 직업체험, 직장견학 및 현장실습 등의 시간
- 기숙사에서 생활하는 시간
- 학교 외의 장소에서 교육활동이 실시될 경우, 집합 및 해산 장소와 집 또는 기숙사 간의 합리적 경로와 방법에 의한 왕복 시간

법령

「학교안전사고 예방 및 보상에 관한 법률(이하 학교안전법)」 제2조(정의), 「학교안전법 시행령」 제2조(교육활동과 관련된 시간)

2) 발생 현황

학교안전사고 예방 기본계획 수립을 위해 교육부가 분석한 바에 따르면, 2020년도 보상 건수는 초등학교가 가장 많았으며, 보상 금액은 고등학교가 가장 높게 나타났다(교육부, 2021). 안전을 실천하는 문화가 확산하면서 안전시설 등의 개선은 이루어지고 있지만, 교육활동 중 안전사고 발생은 지속해서 증가세를 보인다. 2022년 2/4분기의 학교안전사고 발생별 세부 사항은 다음과 같다(학교안전공제중앙회, 시 · 도 학교안전공제회, 2022).

Q

교육부의 '학교안전사고 예방 기본계획'을 찾아보자.

- 유치원: 시간은 일반 수업(26.8%), 방과후교실 수업(14.6%), 체육시간(10.5%), 점

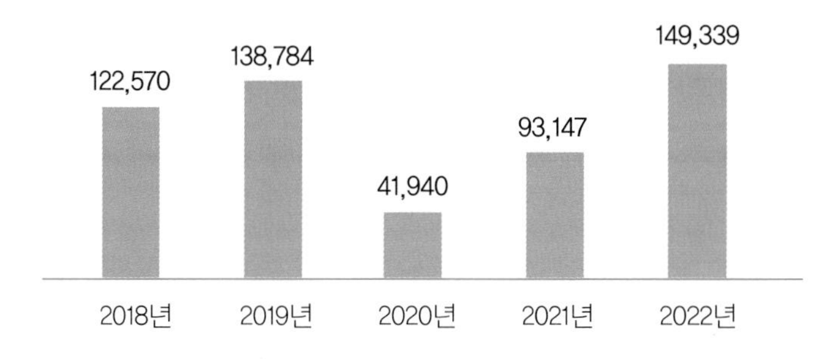

[그림 12-1] **2018년~2022년 학교안전사고 발생 건**

심시간(7.9%) 순이고, 활동은 장난/놀이(39.6%), 보행/주행(15.2%) 순으로 발생하였다. 형태는 물체와 충돌/부딪힘/받힘(30.1%), 넘어짐(7.5%), 찔림/베임(6.0%) 순으로, 다른 학교급과 대비해서 찔림/베임 사고의 비율이 높다. 부위는 눈 11.0%, 손가락 10.6%, 이마 9.2%, 두피 5.5% 순으로, 다른 학교급 대비 얼굴 부위의 비중이 높다.

- 초등학교: 시간은 체육시간(33.8%), 점심시간(21.4%), 휴식시간(14.6%) 순이고, 활동은 보행(21.8%), 장난/놀이(17.9%), 피구/족구(9.0%), 식사/수면/휴식(5.6%) 등 일상 활동 중 주로 발생하였다. 형태는 물체와의 충돌/부딪힘/받힘(30.3%), 넘어짐/미끄러짐(25%), 찔림/베임(4.8%) 순이고, 부위는 손가락(20.5%), 발목(15.9%), 손목(5.4%), 무릎과 눈은 각각 4.4%로 발생하였다.

- 중·고등학교: 다른 학교급 대비 체육시간(44.0%) 중 비율이 높고, 점심시간(17.4%), 휴식시간(10.2%), 체육대회(5.8%), 동아리활동(4.0%) 순이며, 활동은 축구(19.4%), 농구(15.2%), 보행/주행(12.1%), 피구/족구(9.0%), 장난/놀이(7.3%) 순으로 발생하였다. 형태는 물체와의 충돌/부딪힘/받힘(36.0%), 미끄러짐/넘어짐이 나머지로 나타났다. 부위는 손가락(23.3%), 발목(21.5%), 무릎(6.4%), 손목(5.4%), 눈(3.9%) 순으로 발생하였다.

이처럼 학교급에 따른 차이는 있지만, 대체로 학교안전사고는 체육시간과 점심시간 때 운동장, 강당, 체육관에서 구기 등 운동, 장난과 놀이를 하다가 부딪치거나 넘어져 발과 다리, 손과 팔을 많이 다친다. 또 한 가지 주의를 기울여야 할 것은 실험 또는 실습 중의 안전사고이다. 따라서 해당 활동에 요구되는 안전사고 예방 수칙을 철저히 따라야 한다. 〈표 12-1〉은 2022년 1~4분기에 발생한 학교안전사고를 교육활동 시간별로 분석한 것이다.

〈표 12-1〉 **2022년 학교안전사고의 교육활동별 발생 분율** (단위: %)

구분	체육 수업	점심 시간	수업 시간	휴식/ 청소	학교 행사	등하교	특별 활동	기타	석식 시간	기숙사 생활	합계
유	10.5	7.2	48.5	5.8	3.6	5.5	0.0	18.9	0.1	0.0	100.0
초	32.4	22.3	14.4	15.7	3.1	7.7	1.8	2.6	0.0	0.0	100.0
중	46.6	17.5	7.2	12.9	5.3	2.9	5.5	2.1	0.0	0.0	100.0
고	40.7	16.7	8.5	8.4	11.3	3.9	4.5	2.6	1.7	1.6	100.0
특수	16.3	14.5	35.5	12.0	3.6	7.9	2.5	6.3	0.2	1.1	100.0
기타	29.7	12.8	13.8	16.7	10.9	6.0	5.8	0.6	0.8	2.9	100.0
소계	**38.1**	**18.4**	**12.6**	**12.6**	**5.6**	**5.0**	**3.7**	**3.4**	**0.4**	**0.3**	**100.0**

자료: 학교안전중앙공제회(www.ssif.or.kr)의 '학교안전공제회(2022년 사고 및 보상통계)' 표에서 발췌.

Q

학교안전공제중앙회의 '통계로 알아보는 학교안전사고'를 찾아보자.

3) 발생 시 조처

신속한 구호 활동이 최우선이다. 긴급 정도에 따라 응급처치, 보건교사에게 연락 및 교사 간 협력, 119 신고 및 응급상황별 전문병원 이송이 유기적으로 이루어져야 한다. 보건교사의 부재로 인해 구급차 도착 전까지 조처가 필요한 경우에, '응급의료정보센터 1339'에 도움을 요청하면 상담원의 도움을 받을 수 있다. 병원으로 이동할 때는 교사가 동행하고, 필요한 구호 조치를 먼저하고 보호자에게 연락한다. 안전한 장소로 옮길 필요가 있으면 이동하되, 척추 등 2차 손상 예방을 위해 무리한 움직임은 피한다. 교실에 남은 학생들의 질서 및 생활지도도 챙긴다. 담임교사 등은 사고에 긴급 대처한 뒤에 관리자에게 사고 경위 보고, 치료 후 보상에 관한 안내, 관련 서류의 구비, 학교안전사고보상지원시스템을 통한 공제급여 청구의 절차를 밟고, 필요한 재발 방지 조처를 한다.

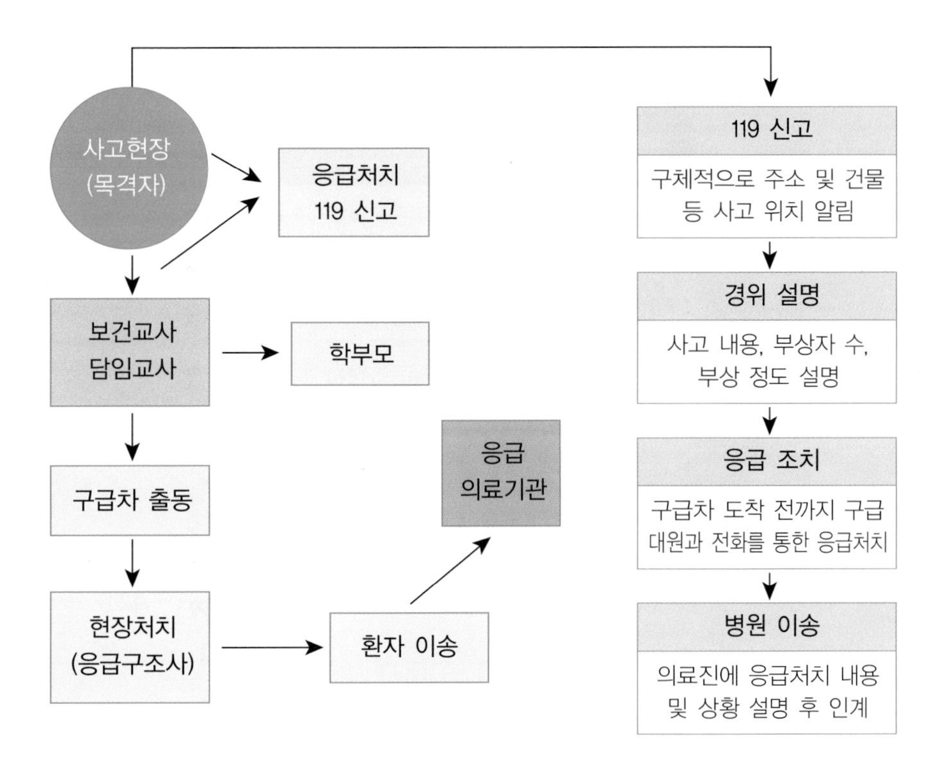

[그림 12-2] **사고 발생 시 대처 흐름도**

4) 학교안전공제회 청구 방법

공제급여 청구는 온라인과 오프라인을 선택해서 할 수 있다. 온라인은 학교안전공제회 학교안전사고보상지원시스템에 접속하여 학교 아이디와 패스워드를 이용해서 로그인하고, 사고관련자, 사고내용 등을 정확하고 상세하게 입력하면 된다. 궁금한 점은 시스템 화면의 '청구 간소화 매뉴얼'을 클릭하거나, 행정실의 도움을 받으면 된다. 유의할 점은 사고발생일 기준으로 7일 이내에 신청해야 한다는 것이다. 기한이 지나면 지연된 사유를 '그 밖의 사항'에 자세히 입력해야 하는 번거로움이 따른다.

[그림 12-3] **학교안전공제회 학교안전사고보상지원시스템 화면**

법령

「학교폭력예방 및 대책에 관한 법률(이하 학교폭력예방법)」 제16조(피해학생의 보호) ⑥ 피해학생이 전문단체나 전문가로부터 제1항제1호부터 제3호까지의 규정에 따른 상담 등을 받는 데에 사용되는 비용은 가해학생의 보호자가 부담하여야 한다. 다만, 피해학생의 신속한 치료를 위하여 학교의 장 또는 피해학생의 보호자가 원하는 경우에는 「학교안전사고 예방 및 보상에 관한 법률」 제15조에 따른 학교안전공제회 또는 시·도교육청이 부담하고 이에 대한 상환청구권을 행사할 수 있다.

5) 예방

좋은 선생님은 부모가 된 심정의 책임감으로 가르치고 세심한 기대를 실천한다(정일화, 2020: 117-118). 학교안전사고는 예방이 최선이다. 교육부는 「학교안전교육 실시 기준 등에 관한 고시」로 생활안전교육, 교통안전교육, 폭력예방 및 신변보호교육, 약물 및 사이버 중독 예방 교육, 재난안전교육, 직업안전교육, 응급처치교육에 대한 학년별 학생의 안전교육 시간 및 횟수를 정해 제시한다. 학교는 교육환경 조성 및 화재, 재난사고 사전예방을 위해 매월 안전 점검을 한다. 교직원은 3년마다 15시간 이상의 안전교육을 이수해야 한다.

교육부(2021)는 다음과 같은 예방책을 제시한다. 첫째, 안전사고 예방을 위한 교사의 안전교육 역량을 강화한다. 둘째, 생활 속 다양한 안전사고의 위험요인에 대한 감수성과 자기주도적인 위기 대처 능력을 배양한다. 셋째, 안전체험시설을 활용한 체험 중심의 교육을 한다. 넷째, 학생 스스로 일상생활 속에서 위험한 요인을 찾아보게 하고, '1일 1 안전 수칙 지키기'를 통해 안전의 생활화를 이룬다.

안전사고 예방을 위한 구체적 노력으로는, 학교 방송의 기계 안내음으로 매일 규칙적으로 안전사고 예방에 관해 주의를 환기하고, '학급 안전의 날'을 정하여 교실에 안전에 관한 표어를 게시하는 등 안전사고 예방 의식을 높이는 사례가 있다. 안전교육과 관련해서 학급 담임교사가 챙길 점에는 구두(口頭)로 전달할 때 되도록이면 유인물을 병행하고, 지도 자료를 정리·보관하여 필요할 때 증빙으로 삼고, 이를 매년 개선하여 사용하는 것이 있다. 그리고 교육활동을 할 때는 요구되는 안전 수칙을 따른다.

〈표 12-2〉 **교실 안전 점검 확인표 예시**

항목	내용	상태			위치 및 특이사항
		양호	보통	이상	
바닥	균열, 훼손, 보행 장애물, 전선 관리 등				
벽	균열, 기울어짐 등				
	부착물의 고정 등				
	콘센트의 먼지, 노후, 동시 다선 사용 등				
출입문	레일, 손 끼임 방지, 잠금장치 등				
창호	유리, 추락 방지 보호시설의 고정 등				
	레일, 창틀, 방충망의 손상 등				
복도	대피 관련 설비 및 방해물 등				
천장	처짐, 파손, 누수 흔적 등				
	전등, 선풍기, 냉·난방설비 고정 등				
기타	소화기의 비치, 파손, 동작, 유효기간 등				
	책상, 걸상, 사물함의 파손, 우산함 관리 등				

법령

「학교안전교육 실시 기준 등에 관한 고시」 제3조(학생 안전교육) [별표1] 학년별 학생 안전교육의 시간 및 횟수, [별표2] 학생 안전교육 내용 및 방법

2. 학교폭력

최근에는 여러 학생이 한 학생을 대상으로 정서적 · 물리적인 폭력을 반복하고, SNS 등을 통한 왕따, 괴롭힘, 모욕, 성희롱 등이 증가하며, 관련 학생의 연령이 점차 낮아지는 특징을 보인다. 또한 피해학생이 정서적 혼란으로 인해 가해학생의 행동을 모방하는 사례도 나타난다.

1) 정의

「학교폭력예방법」에 따르면, '학교폭력'이란 학교 내외에서 학생을 대상으로 발생한 상해, 폭행, 감금, 협박, 약취 · 유인, 명예훼손 · 모욕, 공갈, 강요 · 강제적인 심부름 및 성폭력, 따돌림, 사이버 따돌림, 정보통신망을 이용한 음란 · 폭력 정보 등에 의하여 신체 · 정신 또는 재산상의 피해를 수반하는 행위를 말한다.

법원은 다음과 같이 보다 넓게 해석한다. '학교폭력은 학생의 신체 · 정신 또는 재산상 피해를 수반하는 모든 행위를 포함한다 할 것이고, 명예훼손 · 모욕 역시 형법상 명예훼손죄, 모욕죄와 동일하게 보아 그 성립요건 구비 여부에 따라 판단할 것이 아니라 학생의 보호 및 교육 측면에서 달리 해석하여야 할 필요가 있다(서울행정법원 2014. 6. 20.).'

2) 유형

학교폭력의 유형 가운데 따돌림과 언어폭력의 경우, 학생들은 장난이고 언어적 습관이라며 대수롭지 않게 여길지라도 학교폭력에 해당할 수 있다. 「학교폭력예방법」에 따르면, 괴롭힘이 동반되는 경향을 띠는 '따돌림'은 학교 내외에서 2명 이상의 학생들이 단수 또는 복수의 학생을 대상으로 지속적이거나 반복적으로 신체적 또는 심리적 공격을 가하여 상대방이 고통을 느끼도록 하는 모든 행위이다. 기분을 상하게 별명을 부르거나 놀리기, 괜한 시비 걸기, 대놓고 무시하기, 창피를 주거나 나쁘게 말하기, 훼방 놓기, 의도적으로 끼워 주지 않기 등이 해당한다. '사이버 따돌림'은 인터넷, 휴대전화 등 정보통신망을 이용하여 학생들이 특정 학생(들)을 대상으로 지속적, 반복적으로 심리적 공격을 가하거나, 관련된 개인정보 또는 허위사실을 유포하여 상대방이 고통을 느끼도록 하는 모든 행위이다. '집단 따돌림'의 상위 개념인 '집단 괴롭힘'은 특정 학생(들)을 대상으로 복수의 학생들이 의도와 적극성을 가지고 신체적 · 심리적인 공격을 지속적 · 반복적으로 가하여 고통을 주는 행동이다(엄동섭, 2012; 천세영 외, 2014: 41; 헌법재판소, 1999. 3. 25.; 대법원, 2007. 11. 15.).

〈표 12-3〉 **학교폭력의 유형**

유형	중점 파악 요소	예시 상황
신체 폭력	상해의 심각성, 감금 · 신체적 구속, 성폭력 여부	• 신체를 손, 발로 때리는 등 고통을 가하는 행위(상해, 폭행) • 일정한 장소에서 쉽게 나오지 못하도록 하는 행위(감금) • 강제(폭행, 협박)로 일정한 장소로 데리고 가는 행위(약취) • 상대방을 속이거나 유혹해서 일정한 장소로 데리고 가는 행위(유인) • 장난을 빙자한 꼬집기, 때리기, 힘껏 밀치기 등 상대방이 폭력으로 인식하는 행위
언어 폭력	욕설/비속어, 허위성, 성희롱 여부	• 여러 사람 앞에서 상대방의 명예를 훼손하는 구체적인 말(성격, 능력, 배경 등)을 하거나 그런 내용의 글을 인터넷, SNS 등으로 퍼뜨리는 행위(명예훼손) ※ 내용이 진실이라고 하더라도 범죄이고, 허위인 경우에는 형법상 가중 처벌 대상이 됨 • 여러 사람 앞에서 모욕적인 용어(생김새에 대한 놀림, '병신, 바보' 등 상대방을 비하하는 내용)를 지속적으로 말하거나 그런 내용의 글을 인터넷, SNS 등으로 퍼뜨리는 행위(모욕) • 신체 등에 해를 끼칠 듯한 언행("죽을래." 등)과 문자메시지 등으로 겁을 주는 행위(협박)
금품 갈취 (공갈)	피해의 심각성(액수, 빈도, 지속성), 반환 여부, 손괴 여부, 협박/강요의 정도	• 돌려줄 생각이 없으면서 돈을 요구하는 행위 • 옷, 문구류 등을 빌린다며 되돌려 주지 않는 행위 • 일부러 물품을 망가뜨리는 행위
강요	피해의 심각성(액수, 빈도, 지속성), 반환 여부, 손괴 여부, 협박/강요의 정도	• 속칭 '빵셔틀, 와이파이 셔틀', 과제 대행, 게임 대행, 심부름 강요 등 의사에 반하는 행동을 강요하는 행위(강제적 심부름) • 폭행 또는 협박으로 상대방의 권리행사를 방해하거나 해야 할 의무가 없는 일을 하게 하는 행위(강요) • 돈을 걷어 오라고 하는 행위 강요

〈계속〉

따돌림	지속성 여부, 욕설/비속어, 허위성	• 집단적으로 상대방을 의도적이고 반복적으로 피하는 행위 • 싫어하는 말로 바보 취급 등 놀리기, 빈정거림, 면박 주기, 겁주는 행동, 골탕 먹이기, 비웃기 • 다른 학생들과 어울리지 못하도록 막는 행위
성폭력	성희롱/성폭력 여부	• 폭행 · 협박을 하여 성행위를 강제하거나 유사 성행위, 성기에 이물질을 삽입하는 등의 행위 • 상대방에게 폭행과 협박을 하면서 성적 모멸감을 느끼도록 신체적 접촉을 하는 행위 • 성적인 말과 행동을 함으로써 상대방이 성적 굴욕감, 수치감을 느끼도록 하는 행위
사이버 폭력	명의도용, 폭력성/음란성, 유포의 정도, 사이버 성폭력 여부	• 사이버 언어폭력, 사이버 명예훼손, 사이버 갈취, 사이버 스토킹, 사이버 따돌림, 사이버 영상 유포 등 정보통신망을 이용하여 괴롭히는 행위 • 특정인에 대해 모욕적 언사나 욕설 등을 인터넷 게시판, 채팅, 카페 등에 올리는 행위, 특정인에 대한 저격글이 그 한 형태임 • 특정인에 대한 허위 글이나 개인의 사생활에 관한 사실을 인터넷, SNS 등을 통해 불특정 다수에 공개 하는 행위 • 성적 수치심을 주거나, 위협하는 내용, 조롱하는 글, 그림, 동영상 등을 정보통신망을 통해 유포하는 행위 • 공포심이나 불안감을 유발하는 문자, 음향, 영상 등을 휴대폰 등 정보통신망을 통해 반복적으로 보내는 행위

자료: 교육부(2023), pp. 7, 35.

3) 사안의 처리

돌발적 발생 등 상황에 따라 순서가 달라질 수 있지만, 학교폭력 사안의 인지 또는 신고를 받으면 ① 신고 접수 대장의 기록, ② 학교장 보고, ③ 관련 학생들의 분리 및 긴급한 현장 조처, ④ 해당 학생의 신변 안전과 심리안정, ⑤ 필요한 경우, 보건교사 구급 조처 또는 119 요청 및 병원 이송, ⑥ 보호자 및 관련 학교 통보, ⑦ 교육청 보고 및 '학교폭력 전담 조사관' 요청 등이 필요하다. '학교 내외'에서 발생한 모든 학교폭력 사안의 조사는 학교폭력 전담 조사관의 영역이다. 사안 조사와 별개로 학생과의 면담이 필요하다면, 학교 내 전문상담교사 · 전문상담사, 교육지원청 소속 위(Wee: We+education · We+emotion) 센터의 상담사, 특수교육 전문가 및 전문상담 순회교사의 지원을 받아서 할 수 있다. 급박하게 병원 이송이 필요한 경우, 보건교사가 동승하고 그렇지 못하면 다른 교사가 대신하고, 이송을 학부모에게 알린다. 현장 주변 학생들의 안정 및 질서유지의 조처 및 목격한 상황 등을 육하원칙에 따라 기록한다.

> **Q**
> 자녀가 학교폭력을 겪고 있다는 학부모의 신고를 접한 담임교사가 해야 할 첫 조처는 무엇일지 생각해 보자.

직무를 수행하면서 아동 · 청소년 대상의 '성폭력' 등 성범죄 발생 사실을 알게 된 때에는 즉시 117 또는 112에 신고하고 교육청에 보고해야 한다. 학교폭력 신고센터인 117로 할 때, 신고 의사를 명확히 밝힌다. 성범죄 관련 사안을 인지한 경우, 예외 없이 수사기관에 즉시 신고해야 한다. 성폭력의 사안은 피해학생 측의 의사와 관계없이 반드시 신고하여야 하므로, 신고의무의 당위성을 설명하고 피해학생 측의 의사를 수사기관에게 충분히 전달한다.

〈표 12-4〉 **학교폭력 및 성폭력 신고의무 관련 법령**

「학교폭력예방 및 대책에 관한 법률」 제20조 학교폭력의 신고의무	① 학교폭력 현장을 보거나 그 사실을 알게 된 자는 학교 등 관계 기관에 이를 즉시 신고하여야 한다. ④ 누구라도 학교폭력의 예비 · 음모 등을 알게 된 자는 이를 학교의 장 또는 심의위원회에 고발할 수 있다. 다만, 교원이 이를 알게 되었을 경우에는 학교의 장에게 보고하고 해당 학부모에게 알려야 한다.
「성폭력방지 및 피해자보호 등에 관한 법률」 제9조 신고의무	① 19세 미만의 미성년자를 보호하거나 교육 또는 치료하는 시설의 장 및 관련 종사자는 자기의 보호 · 지원을 받는 자가 「성폭력방지 및 피해자보호 등에 관한 법률」 제3조부터 제9조까지, 「형법」 제301조 및 제301조의2의 피해자인 사실을 알게 된 때에는 즉시 수사기관에 신고하여야 한다.

학교의 전담기구는 학교폭력 전담 조사관의 조사 결과를 바탕으로, 「학교폭력예방 및 대책에 관한 법률(이하 학교폭력예방법)」에서 규정한 ① 2주 이상의 신체적 · 정신적 치료가 필요한 진단서를 발급받지 않은 경우, ② 재산상 피해가 없는 경우 또는 피해가 즉각 복구되거나 복구 약속이 있는 경우, ③ 학교폭력이 지속적이지 않은 경우, ④ 학교폭력에 대한 신고, 진술, 자료제공 등에 대한 보복행위(정보통신망을 이용한 행위를 포함)가 아닌 경우 등 학교의 장 자체해결 요건을 충족하고, 피해학생 측이 동의한 경미한 사안은 학교의 장이 사안을 종결하고 관계 회복 프로그램을 운영한다.

학교폭력 전담 조사관의 조사 결과가 자체해결 요건을 미충족하거나 피해학생 측이 자체해결에 부동의하면, 교육(지원)청 '학교폭력 제로센터'의 센터장이 주재하는 '학교폭력 사례회의'에서 학교폭력 전담 조사관의 조사 결과를 검토하여 사안을 분석한 바를 학교에 통보하고, 학교폭력대책심의위원회에 심의를 요청한다. 심의위원회는 분쟁의 조정 및 조치를 심의 · 의결하고, 교육감(교육장)은 심의위원회의 결정을 학교의 장 및 피해 · 가해학생에게 서면으로 통보한다.

학교

사전예방(상시)	생활지도(상시)	학교폭력 접수 및 초기 사실 확인
• 예방교육 - 관리자 - 교직원 - 학생 - 학부모 • 예방활동 - 체험학습 - 캠페인 등 • 실태 조사 - 학교 단위 - 학급 단위 등 • 상담/순찰 - 위(Wee) 클래스 - 교내지도 - 교외지도	• 갈등 조정 - 학업 및 진로 - 보건 및 안전 - 인성 및 대인 관계 - 그 밖의 분야 • 관계 개선 - 학급활동 - 외부 전문가 초청 프로그램 • 학생지도 - 조언 - 상담 - 주의 - 훈육 - 훈계 - 보상	• 접수/초기대응 - 신고 · 접수대장 기록 - 피해 · 가해학생 상태 확인 - 최초 학생 작성 확인서 접수 - 접수보고서 작성 - 학교장 보고 - 보호자 및 해당 학교 통보 • 분리/긴급조치 (필요시) - 피해 · 가해학생 분리 - 피해학생 긴급조치 - 가해학생 긴급조치 • 교육(지원)청 보고 (사안접수보고서) - 신고 개요 - 피 · 가해학생 상태 - 분리 및 긴급조치 여부

→ 접수 보고 →

학교폭력제로센터

분석/조사관 배정	사안 조사
• 접수내용 분석 - 조사의 긴급성 - 다문화 · 장애 여부 - 관련 학교 - 학생의 연령 등 • 조사관 배정 - 학교 방문일 확인 - 배정 적합성 검토 (저학년, 성별 등) - 배정 인원 (1명 또는 2명 이상)	• 학교 방문 - 피 · 가해학생 및 학부모 면담 - 추가 학생 작성 확인서 접수 - 목격자 면담 (학생, 교사 등) - 증거 자료 인수 • 전문가 의견 청취(필요시) - 의사, 변호사, 특수교육 · 상담전문가 등 • 조사보고서 작성 - 사안개요, 경위 • 조사결과 보고 - 전담기구, 제로센터

→ 조사 결과 보고 →

학교

전담 기구 심의

학교 / 학교폭력제로센터 / 심의위원회

→ 요건 충족 및 동의 → 자체해결 사안 →

학교 – 자체해결/관계 회복
- • 자체해결 통보
  - 학생 · 보호자 통보
  - 교육(지원)청 보고
- • 관계 회복 프로그램 운영
  - 상담
  - 프로그램 참여

↑ 심의위원회 개최 요구 취소 요청 시 (피해학생 측 자체해결 동의 시)

→ 요건 미충족 또는 미동의 → 자체해결 불가 사안 → 심의 요청 →

교육지원청
- 심의위원회
  - • 접수
    - 조사 결과 보고서 확인
  - • 보완사항 확인
    - 피 · 가해 사실
    - 증거자료 등
- → 보완 요청 →
- 제로센터
  - • 사례회의 개최
    - 조사 결과 검증
  - • 보완조사 (필요시)
- → 제출 → 심의위원회
  - • 심의위 개최
    - 조치 결정
- → 통보 → 학교
  - • 조사결과 확인

학교

학교 – 사후 조치
- • 사후지도
  - 피해학생 적응 지도
  - 재발 방지 노력
  - 주변 학생 교육

↑

학교
- • 조치 이행
  - 피해학생 보호 조치
  - 가해학생 선도 · 교육 조치
- • 학생부 기재
- • 가해학생 보호자 특별 교육

조치 불복 ↓

- • 행정심판
- • 행정소송

[그림 12-4] **학교폭력 사안 처리 절차**

자료: 교육부, 이화여자대학교 학교폭력예방연구소(2024. 2. 26), p. 8 수정.

* 학교폭력의 정확한 사안 처리 절차는 적용 당시의 해당 법령 및 「학교폭력 사안처리 가이드북」을 참고 요망.

4) 유의할 점

① 사안의 처리가 진행되는 동안, 학생들의 심리적 안정 등 긴급한 보호 조치 및 교육적 지원을 한다. ② 학생들 간 관련 문제행동이 재발하지 않도록 유의한다. ③ 사안의 결정 전까지는 피해 · 가해학생을 단정 짓지 않고 '관련 학생'이라는 용어를 사용한다. ④ 공정하고 객관적인 자세를 견지한다. ⑤ 학생과 학부모의 상황과 심정에 대한 이해와 공감을 통해 신뢰를 형성한다. ⑥ 학교폭력 전담 조사관의 사안 조사 때, 학생들이 심리 · 정서적으로 안정된 분위기에서 응할 수 있게 한다. ⑦ 추가적인 분쟁에 휘말리지 않도록 규정을 준수하고 표현을 신중하게 한다. ⑧ 〈표 12-5〉처럼 관련자가 절차에 따른 의견 진술의 기회를 가질 수 있게 협조 · 조처한다.

〈표 12-5〉 **학생 · 학부모 의견 청취 및 고지 관련 법령**

<table>
<tr><td colspan="2">「초 · 중등교육법」
제18조
학생의 징계</td><td>② 학교의 장은 학생을 징계하려면 그 학생이나 보호자에게 의견을 진술할 기회를 주는 등 적정한 절차를 거쳐야 한다.</td></tr>
<tr><td colspan="2">「초 · 중등교육법」
제18조2
재심청구</td><td>① 제18조제1항에 따른 징계처분 중 퇴학 조치에 대하여 이의가 있는 학생 또는 그 보호자는 퇴학 조치를 받은 날부터 15일 이내 또는 그 조치가 있음을 알게 된 날부터 10일 이내에 제18조의3에 따른 시 · 도학생징계조정위원회에 재심을 청구할 수 있다. ② 제18조의3에 따른 시 · 도학생징계조정위원회는 제1항에 따른 재심청구를 받으면 30일 이내에 심사·결정하여 청구인에게 통보하여야 한다. ③ 제2항의 심사결정에 이의가 있는 청구인은 통보를 받은 날부터 60일 이내에 행정심판을 제기할 수 있다.</td></tr>
<tr><td rowspan="2">「행정절차법」</td><td>제22조
의견청취</td><td>제3항 행정청이 당사자에게 의무를 부과하거나 권익을 제한하는 처분을 할 때 제1항 또는 제2항의 경우 외에는 당사자등에게 의견 제출의 기회를 주어야 한다.</td></tr>
<tr><td>제24조
처분의 방식</td><td>① 행정청이 처분을 할 때에는 다른 법령등에 특별한 규정이 있는 경우를 제외하고는 문서로 하여야 하며, 다음 각 호의 어느 하나에 해당하는 경우에는 전자문서로 할 수 있다. 1. 당사자등의 동의가 있는 경우, 2. 당사자가 전자문서로 처분을 신청한 경우 ③ 처분을 하는 문서에는 그 처분 행정청과 담당자의 소속 · 성명 및 연락처(전화번호, 팩스번호, 전자우편주소 등을 말한다)를 적어야 한다.</td></tr>
</table>

특히 학교폭력의 신고와 처리 과정에서 알게 된 비밀을 유지하고 내용이 유출되지 않도록 한다. 개인정보에 관한 사항 및 발언 내용, 그 밖에 논란을 일으킬 우려가 있음이 명백한 사항에 대한 비밀을 엄수한다. 회의는 공개하지 않으나, 다만 해당 학생 또는 그 보호자가 회의록의 열람 · 복사 등을 신청하면 개인정보에 관한 사항을 제외

하고 공개한다. 이 밖에도 성폭력과 관련해서는 학생의 개인 신상 등 비밀보호에 철저한 주의를 기울여서 2차 피해를 방지한다.

〈표 12-6〉 **비밀 유지 관련 법령**

「학교폭력예방법」 제21조 (비밀누설금지 등)	① 이 법에 따라 학교폭력의 예방 및 대책과 관련된 업무를 수행하거나 수행하였던 사람은 그 직무로 인하여 알게 된 비밀 또는 가해학생 · 피해학생 및 제20조에 따른 신고자 · 고발자와 관련된 자료를 누설하여서는 아니 된다. ③ 심의위원회의 회의는 공개하지 아니한다. 다만, 피해학생 · 가해학생 또는 그 보호자가 회의록의 열람 · 복사 등 회의록 공개를 신청한 때에는 학생과 그 가족의 성명, 주민등록번호 및 주소, 위원의 성명 등 개인정보에 관한 사항을 제외하고 공개하여야 한다.
「학교폭력예방법 시행령」 제33조 (비밀의 범위)	1. 학교폭력 피해학생과 가해학생 개인 및 가족의 성명, 주민등록번호 및 주소 등 개인정보에 관한 사항, 2. 학교폭력 피해학생과 가해학생에 대한 심의 · 의결과 관련된 개인별 발언 내용, 3. 그 밖에 외부로 누설될 경우 분쟁 당사자 간에 논란을 일으킬 우려가 있음이 명백한 사항

5) 예방

학교는 학생을 대상으로 학기별로 학교폭력예방에 관한 교육을 1회 이상 실시한다. 하지만, 평소에 지속해서 지도하고, 가정과 협력하여 학교폭력의 징후에 관심을 기울이고, 수시로 상담을 통해 확인하고, 점심시간 및 쉬는 시간 등 취약 시간에 교내를 돌아보며 관찰할 필요가 있다. 다음은 피해학생의 징후에 관한 예시이다(교육부, 2023: 15-16).

가정에서

- 표정이 어둡고 평소보다 기운이 없다.
- 이름만 불러도 놀라는 등 사소한 일에도 크게 반응하고 평소보다 예민하다.
- 학교 가는 것을 싫어하거나 두려워한다.
- 이유 없이 결석을 하거나 전학시켜 달라고 말한다.
- 몸에 상처나 멍 자국이 자주 발견되고 혼자 있고 싶어 한다.
- 절망감(예: '죽고 싶다')이나 복수심(예: '죽어라')을 표현하는 낙서가 있다.

학교에서

- 친구들이 자신을 험담해도 반발하지 않는다.
- 모둠 활동이나 학급 내 다양한 활동 시 소외되거나 배제된다.
- 쉬는 시간, 점심시간에 친구들을 피해 종종 자신만의 공간(화장실 등)에 머문다.
- 옷이 망가지거나 준비물, 소지품을 잃어버리는 일이 잦다.
- 학교행사나 단체 활동에 참여하지 않으려고 한다.
- 특별한 사유 없이 지각, 조퇴, 결석하는 횟수가 많아진다.

사이버폭력 피해 징후

- 불안한 기색으로 정보통신망을 자주 확인하고 민감하게 반응한다.
- 단체 채팅방에서 반복적으로 공격을 당한다.
- 용돈을 많이 요구하거나 온라인 기기의 사용요금이 지나치게 많다.
- 부모가 자신의 정보통신기기를 만지는 등 정보통신망을 보는 것을 극도로 싫어하고 민감하게 반응한다.
- 문자메시지나 메신저를 본 후에 당황하거나 정서적으로 괴로워 보인다.
- 사이버상에서 이름보다는 비하성 별명이나 욕으로 호칭되거나 야유나 험담이 많이 올라온다.
- SNS의 상태 글귀나 사진 분위기가 갑자기 우울해지거나 부정적으로 바뀐다.
- 컴퓨터 및 휴대전화 등 정보통신망을 사용하는 시간이 지나치게 많다.
- 잘 모르는 사람들이 자녀의 이야기나 소문을 알고 있다.
- 갑자기 휴대전화 사용을 꺼리거나 SNS 계정을 탈퇴한다.

> **Q**
> 학교폭력예방교육자원센터(www.stopbullying.re.kr)의 어울림 프로그램에 대해 알아보자.

> **Q**
> 학교폭력을 예방하기 위한 담임의 역할에 대해 생각해 보자.

법령

「교육공무원 승진규정」 제41조(가산점)에 따라, 학교폭력 예방 및 해결 등에 기여한 학교별 교원 정원의 일정한 비율에 한하여 학년도 단위로 승진 가산점을 부여한다. 단, 「교육공무원 승진규정」의 미적용 교원(교장 및 수석교사와 기간제 교원, 산학겸임교사, 명예교사, 강사 등 계약제 교원) 및 교감은 부여 대상에서 제외된다.

생각 나누기

1. 다음의 두 사례를 읽고, 학교와 교사의 '학생에 대한 보호 · 감독의 의무'에 대해 생각해 보자.

- 학교폭력에 대해 가해 학생의 부모는 물론 학교도 피해 학생에게 위자료를 지급해야 한다는 판결이 나왔다. 재판부는 "원고의 피해를 교사가 충분히 예견할 수 있었음에도 적절한 조치가 이뤄지지 않았다."라며, "학교법인은 가해학생 부모들과 함께 원고에게 위자료를 지급하라."고 명령했다. A군은 사립 중학교 동급생 5명으로부터 수시로 구타와 금품 갈취 등의 괴롭힘을 당했다. 학교폭력은 대부분 학교 내에서 이뤄졌지만 A군은 누구의 도움도 받을 수 없었다. 특히 피해 사실을 교사에게 알리자 이를 알게 된 가해학생들은 A군을 교실에 가두고 집단 폭행, 전치 4주의 상처를 입히는 등 보복을 했다. 이로 인해 A군은 외상 후 스트레스 장애 진단을 받고 정신과 치료를 받아야 했다.

  –전창해, 2014. 1. 26. 요약–

- 교장이나 교사의 학생에 대한 보호 · 감독의무는 학교 내에서의 학생의 전 생활관계에 미치는 것은 아니고, 학교에서의 교육활동 및 이와 밀접 불가분의 관계에 있는 생활관계에 한하며, 사고가 학교생활에서 통상 발생할 수 있다고 하는 것이 예측되거나 또는 예측가능성(사고발생의 구체적 위험성)이 있는 경우에 한하여 보호 · 감독의무 위반에 대한 책임을 진다. 중학교 1학년생이 휴식 시간에 급우를 구타하여 상해를 입힌 사안에서, 사고가 일어난 3교시 수업 직후의 휴식 시간은 때와 장소 등을 고려할 때 사고가 담임교사가 이를 예측하였거나 예측할 수 있었다고 보기 어려운 돌발적이거나 우연한 사고로서 담임교사에게 보호 · 감독의무 위반의 책임을 물을 수 없다.

  –대법원 1997. 6. 13, 선고 96다44433 판결 요지–

2. 다음의 사례를 읽고, 인솔 교사가 취해야 할 조처에 대해 생각해 보자.

상습 정체 구간 도로에서 시내버스가 시속 15~20km로 서행하던 중 중학생이 좌석에 앉아서 졸다가 넘어져 머리에 피가 나는 사고가 발생했다. 버스 기사는 "당시 현장에 119를 불러 안전 조치를 하고 있는데, 또 다른 학생을 함께 인솔하던 교사는 어떻게 할 거냐고 따졌고, 부모 또한 연락을 해와 치료비를 내놓으라고 했다. 인솔 교사의 친척 중 변호사라는 분까지 전화가 왔는데, 다행히 학생이 거주하는 지역에서 이행하는 '시민안전보험'이라는 제도로 처리받겠다고 했고, 다만 응급실 비용은 이 보험으로 처리할 수 없어 버스 회사에서 줄 수 있냐고 요구했다"며 "운전하는 기사가 졸고 있는 승객까지 신경 써야 하냐"고 억울함을 호소했다.

–김수연, 2023. 9. 29. 요약–

3. 학급의 안전사고 예방에 대한 의식을 높이고 생활 속에서 실천하기 위한 교사의 역할에 대해 생각해 보자.

4. 다음은 2011년에 여러 신문에서 보도한, 학교폭력으로 세상을 떠난 중학교 2학년 학생의 유서의 일부이다. 교사도 부모도 모르게 학교폭력을 당하는 학생을 찾아내기 위해 교사가 기울여야 할 노력에 대해 생각해 보자.

> 엄마 아빠 죄송해요. 3월 중순에 그 아이가 같이 게임을 키우자며 협박을 하더라고요. 게임에 쓴다고 제 통장의 돈까지 가져갔고, 담배도 피우게 하고 오만 심부름과 숙제를 시켰어요. 게다가 매일 우리 집에 와서 때리고 나중에는 다른 애하고 같이 저를 괴롭혔어요. (중략) 12월 19일, 그 녀석들은 저에게 라디오를 들게 해서 무릎을 꿇리고 벌을 세웠어요. 라디오 선을 뽑아 제 목에 묶고 끌고 다니면서 떨어진 부스러기를 주워 먹으라 하였고, 피아노 의자에 엎드리게 한 뒤 손을 묶어 놓고 무차별적으로 저를 구타했어요. 저는 그냥 부모님한테나 선생님, 경찰 등에게 도움을 구하려고 했지만 걔들의 보복이 너무 두려웠어요. 매일 맞던 시절을 끝내는 대신 가족들을 볼 수가 없다는 생각에 벌써부터 눈물이 앞을 가리네요. 부디 제가 없어도 행복하시길 빌게요(천세영 외, 2014: 61).

5. 감금은 출입구를 지키며 탈출을 봉쇄하는 유형적 · 물리적 방법뿐만 아니라 무형적 · 심리적 방법에 의해서도 가능하다(대법원, 1997. 6. 13.). 개인의 자유로운 이동 및 활동을 제한하는 물리적 방법 및 실체는 사용하지 않았으나 심리와 정신에 영향을 미치는 무형의 방법도 감금에 해당한다(천세영 외, 2014: 32-33). 다음의 사례를 읽고, 감금죄가 성립할지에 대해 생각해 보자.

> 쉬는 시간에 몇 명의 학생들이 A학생을 에워싸고 웅성거린다. 수업 시작종이 울리고 선생님이 교실에 들어오자 학생들은 마지못해 자리에 앉는다. 수업이 끝나고 학생들은 A의 어깨를 붙들고 화장실로 몰려간다. 화장실에서, 친구들에게 둘러싸인 A는 말없이 고개를 숙이고 듣고만 있다. 다시 수업 시작종이 울리자 학생들은 화장실에서 우르르 나온다(천세영 외, 2014: 47).

참고문헌

경기도교육청(2024). 교육활동 보호 예방 교육(학부모용). 경기도교육청 생활인성교육과.

교육부(2021). 제3차(2022~2024년도) 학교안전사고 예방 기본계획.

교육부, 이화여자대학교 학교폭력예방연구소(2024. 2. 26.). 학교폭력 사안처리 가이드북.

교육부, 한국교육개발원(2022). 교육활동 보호 매뉴얼. 한국교육개발원, 연구자료 CRM-2022-03.

김수연(2023. 9. 29.). 버스서 졸다 혼자 넘어진 중학생... 학부모 "치료비 달라". 세계일보. https://m.segye.com/view/20230929509237

대법원(1997. 6. 13.). 손해배상(기). 선고 96다44433.

대법원(2007. 11. 5.). 손해배상(기). 선고 2005다16034.

서울행정법원(2014. 6. 20.). 봉사명령등취소. 선고 2014구합250.

신대희(2023. 10. 15.). 고2 2명과 체육관서 주먹다짐한 고1, 정당방위라 했지만. 뉴시스. https://mobile.newsis.com/view.html?ar_id=NISX20231014_0002482803

엄동섭(2012). 학교폭력에 따른 교사 등의 민사책임. 법교육연구, 7(2), 55-91.

전창해(2014. 1. 26.). 법원 "학교폭력, 학교도 배상 책임…감독 의무 소홀". 연합뉴스. https://m.yna.co.kr/view/AKR20140124217900064

정일화(2020). 새내기 교사론. 한국학술정보.

주삼환, 신붕섭, 이석열, 정일화, 김용남(2023). 교육행정 및 교육경영 6판. 학지사.

천세영, 정일화, 남미정, 김수아, 조성만, 김미정, 유지영, 방인자(2014). 학교폭력의 예방 및 대책. 학지사.

학교안전공제중앙회(2022). 학교안전공제회(2022년 사고 및 보상통계).

학교안전공제중앙회, 시 · 도 학교안전공제회(2022). 〈2022년 2/4분기〉 통계로 알아보는 학교안전사고.

헌법재판소(1999. 3. 25.). 불기소처분취소. 선고 98헌마303.

법제처 국가법령정보센터. www.law.go.kr

케이스노트. www.casenote.kr

학교안전공제중앙회. www.ssif.or.kr

학교안전정보센터. www.schoolsafe.kr

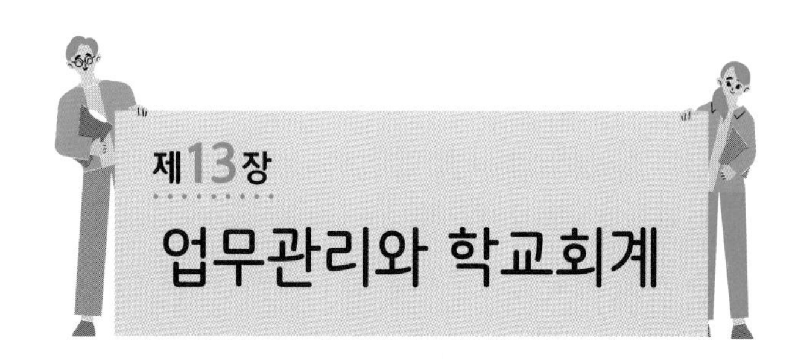

제13장

업무관리와 학교회계

교사는 교과 지도, 학급관리, 학생생활지도, 행정적 업무 등을 수행한다. 이러한 업무를 지원하기 위해서 [그림 13-1]과 같은 업무포털 시스템이 구축되어 있다. 업무포털에 접속하면, 다음 [그림 13-1]의 메인 화면 상단에 있는 '나이스' 및 'K-에듀파인'으로 각각 접속해서 교무업무, 공문서, 학교회계 등의 업무를 처리할 수 있다.

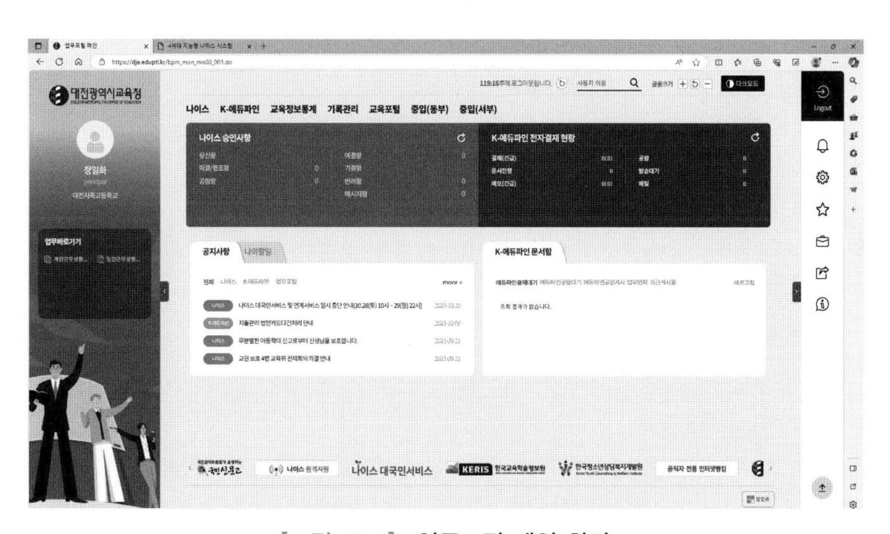

[그림 13-1] **업무포털 메인 화면**

자료: 대전광역시교육청 교육행정정보시스템(dje.neis.go.kr).

1. 나이스(NEIS)

교육행정정보시스템(National Education Information System)을 일컫는 나이스(NEIS)는 2002년 최초 개통 이후에 두 차례 개편하여 현재에 이른다. 교육행정 업무 전반을 전자적으로 처리가 가능한 나이스는 초·중등학교, 교육부, 교육청, 교육지원청 그리고 대학에서 교무, 학사, 인사, 급여 등의 업무 처리를 지원한다. 나이스로 수행할 수 있는 주요 업무는 〈표 13-1〉과 같다.

〈표 13-1〉 **나이스로 수행할 수 있는 주요 업무 예시**

구분		업무명
교무업무		학사 일정, 학교생활, 성적관리, 수업관리, 출결, 학교생활기록부, 건강기록부, 예방접종, 입학·진학, 교육과정, 학교업무 지원, 대입 전형 온라인 제공 등
	업무 분장	학교업무분장관리
	학교 정보	학교정보, 학생부수정이력
	교육과정	교과편제관리, 학급담임편성 및 교과개설, 학사 일정관리, 시간표관리, 진도표관리, 주간학습안내관리, 결보강관리, 학교일지관리
	학적	기본학적관리, 전입관리, 전출관리, 유예/면제/장기결석에 따른 정원 외 관리, 진급자반 편성관리, 출결관리, 위탁학생관리, 타교수강생관리, 명예졸업관리, 졸업처리, 졸업생자료관리, 대외기관 자료 제공 관리, 미인정 결석학생 관리
	학생생활	창의적 체험활동, 수상경력, 진로정보관리, 행동특성 및 종합의견, 학교폭력조치사항관리, 학부모승인관리
	성적	평가 계획, 학생평가, 성적조회, 관찰기록관리
	학생부	학교생활기록부, 정정대장관리, 생활통지표 및 종합일람표
	개별교육계획	인적사항관리, 개별화교육계획영역관리, 개별화교육계획관리, 개별화교육조회, 개별화교육계획전송관리
	보건	학생건강검사관리, 예방접종연계관리, 건강기록부관리, 감염병환자관리
	입학 진학	취학관리, 진학관리
학교행정		체육, 학생건강체력평가, 급식관리, 교육복지, 학교환경, 방과후학교, 초등돌봄교실, 늘봄학교, 교과용 도서, 장애학생 진로취업지원, 학생부 보존, 상담관리, 교육설문, 특수교육통계 등
일반행정		교원, 지방교육공무원, 교육공무직 인사, 복무, 급여, 퇴직 관리 연말정산, 민원, 학교법인, 감사, 학교운영위원회, 평생교육 등
대외서비스		학생서비스(본인 정보 및 방과후 학교 신청 등), 학부모서비스(성적 등 자녀 정보, 교육활동 신청 등), 교직원 채용 원서접수, 검정고시 원서접수

자료: 교육부(2023. 6. 19.), p. 8; 경기도교육정보기록원(2023), pp. 248-257 요약.

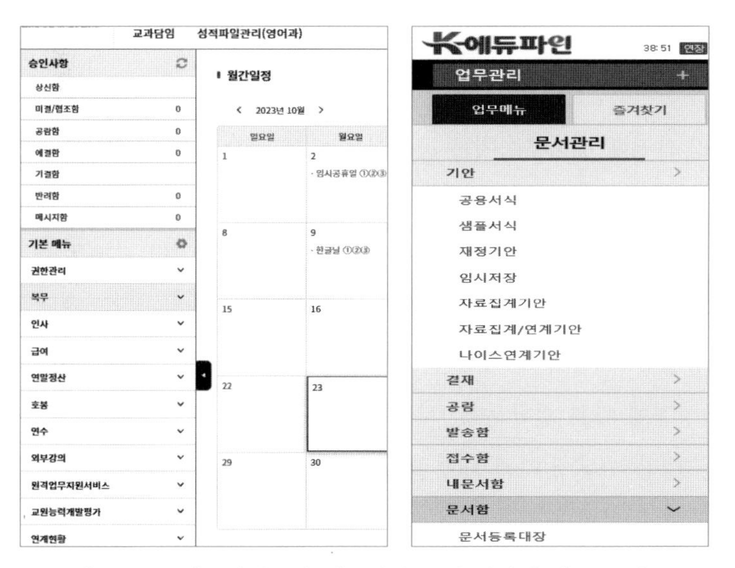

[그림 13-2] **나이스와 에듀파인 초기 화면의 메뉴 구성**

자료: 대전광역시교육청 교육행정정보시스템(dje.neis.go.kr).

[그림 13-2] 왼쪽의 나이스 메뉴에서 상단에 있는 '상신함'을 클릭하면 본인이 나이스 및 K-에듀파인에서 결재를 요청한 것의 진행 상황을 확인할 수 있다. 그리고 K-에듀파인 맨 아래쪽의 '문서등록대장'을 클릭하면 학교 내부 및 외부로부터 접수된 모든 문서를 확인할 수 있다.

법령

「교육기본법」 제23조(교육의 정보화) · 제23조의2(학교 및 교육행정기관 업무의 전자화, 「초 · 중등교육법」 제25조(학교생활기록) · 제30조의4(교육정보시스템의 구축 · 운영 등) · 제30조의5(정보시스템에 의한 업무처리), 「학교생활기록 작성 및 관리지침」

2. 공문서

의사 전달과 보존, 자료 제공의 기능을 하는 '공문서'는 공무상 작성하거나 시행하는 문서와 접수한 모든 문서이다. 공문서를 작성하는 것을 '기안'이라고 부른다. '기안'은 내용을 일목요연하게 알아볼 수 있게끔 핵심을 담아야 한다.

1) 종류

업무 처리 과정에서 이루어지는 공문서는 다음과 같은 때 필요하다. ① 내용이 복잡하여 업무 처리가 곤란할 때, ② 대화로는 소통이 불충분할 때, ③ 내용을 증거로 남겨야 할 때, ④ 형식상 및 절차상 문서가 필요한 때, ⑤ 처리 결과를 보존할 필요가 있을 때이다.

문서의 종류는 다음과 같이 구분한다. ① 작성 주체에 따른 공문서와 사문서, ② 문서의 성질에 따른 법규문서, 지시문서, 공고문서, 비치문서, 민원문서, 일반문서, ③ 유통 대상 여부에 따른 내부결재문서, 대내문서, 대외문서, 발신자와 수신자의 명의가 같은 문서이다.

〈표 13-2〉 **유통 대상에 따른 공문서의 종류**

문서 구분	내용
내부결재문서	내부적으로 결재가 이루어진 문서로, 발신하지 않음
대내문서	내부에서 보조기관 또는 보좌기관 간 협조, 보고, 통지 등 수신 · 발신
대외문서	해당 기관 이외의 소속기관 포함한 다른 행정기관 등에 수신 · 발신
발신자와 수신자의 명의 동일문서	기관의 장이 자신의 명의로 발신하고 자신의 명의로 수신

자료: 행정안전부 지방자치인재개발원, 시 · 도공무원교육원(2023), p. 43 요약.

2) 구성과 작성 방법

공문 기안의 종류는 '일반기안'과 '일괄기안'으로 구분된다. 일반기안은 하나의 안건을 정해진 서식에 작성하는 것으로 가장 일반적인 형태이다. 일괄기안은 관련성이 있는 2개 이상의 안건을 동시에 기안하는 것이다. 공문서는 ① 두문, ② 본문, ③ 결문으로 구성된다. 기안문의 단계별 작성 방법은 〈표 13-3〉과 같다.

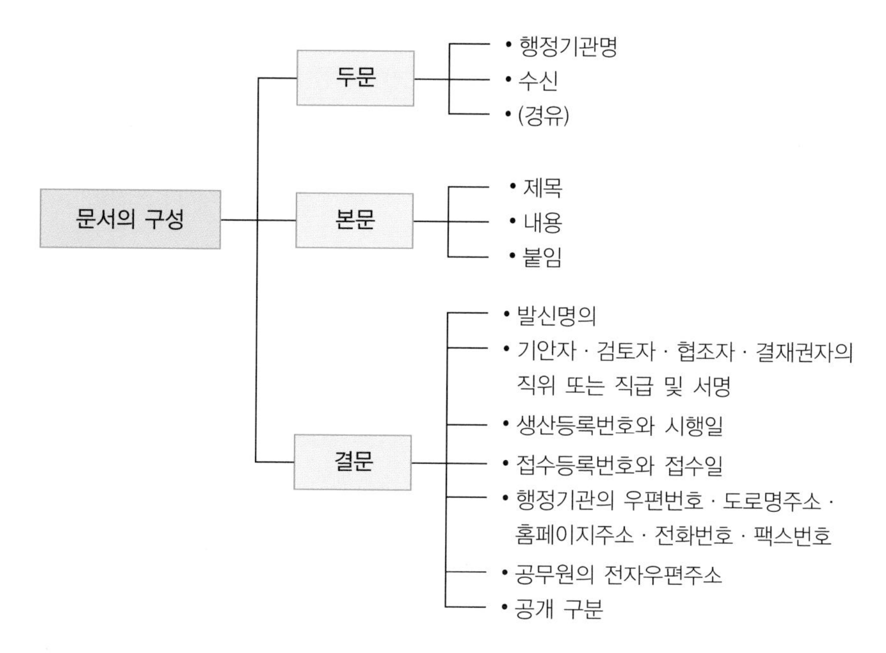

[그림 13-3] **공문서의 구성**

자료: 행정안전부 지방자치인재개발원, 시 · 도공무원교육원(2023), p. 67.

〈표 13-3〉 **공문서의 구성과 작성 방법**

구분		내용 및 방법
두문		• **행정기관명**: 기안한 부서가 속한 행정기관명을 표시하되 두문의 여백에는 행정기관의 로고, 상징, 마크, 홍보문구 또는 바코드 등을 표시할 수 있고 행정기관의 명칭은 정식 명칭을 사용한다. 예시) 제주도교육청 (×) → 제주특별자치도교육청 (○) • **수신자**가 없는 내부결재문서인 경우에는 '내부결재'로 표시하고 수신자가 있는 경우 수신자명을 표시하고, 그다음에 이어서 괄호 안에 업무를 처리할 보조기관이나 보좌기관을 표시한다. 예시) 수신 ○○○○교육감(○○○○○과장) • 수신자가 여럿인 경우, 두문의 수신란에 '수신자 참조'라고 표시하고 결문의 발신명 다음 줄에 수신자란을 따로 설치하여 수신자명을 표시할 수 있다. • **경유**, 로고 및 상징 등의 표시를 할 수 있다.
본문	내용 작성	• **글자**: 「국어기본법」 제3조제3호에 따른 어문규범에 맞게 한글로 작성하되, 뜻을 정확하게 전달하기 위하여 필요한 경우에는 괄호 안에 한자나 그 밖의 외국어를 함께 적을 수 있으며, 특별한 사유가 없으면 가로로 쓴다. • **날짜**: 예시) 2023년 3월 9일 (×) 2023.03.09. (×) → 2023. 3. 9. (○) 2023. 2. 24.(월)∨~∨2. 26.(수) (×) → 2023. 2. 24.(월)~2. 26.(수) (○) 2023. 4. 6, 2023. 4. 13. (×) → 2023. 4. 6., 2023. 4. 13. (○) 2023. 1월~2023. 3월 (×) → 2023. 1.~2023. 3. (○)

〈계속〉

본문		• **시간**: 예시) 오후 4시 14분 (×) → 16:14 (○), 오전 7시 9분 (×) → 07:09 (○) ※ 날짜, 시간은 위 방법을 따르되, 특별한 사유 때는 다른 방법으로 표시 가능 • **금액**: 예시) 5,760원(금오천칠백육십원정) (×) → 금5,760원(금오천칠백육십원) (○) 12,345천원 (×) → 1,234만 5천원 (○) • **관련**: 다른 행정기관으로부터 수신한 공문 또는 내부에서 작성된 계획이나 공문에 따라 기안문을 작성하는 경우 예시) 관련: ○○○○과-12345(2023. 10. 30.), 관련: 학교교육계획(2023. 3. 2.) • 일시, 장소, 대상 순으로 작성한다.
	항목 구분	• 내용을 둘 이상의 항목으로 구분할 필요가 있으면 그 항목을 순서(항목 구분이 숫자이면 오름차순, 한글이면 가나다순을 말한다)대로 표시하되, 상위 항목부터 하위 항목까지 1., 가., 1), 가), (1), (가), ①, ㉮의 형태로 표시한다. 다만, 필요한 경우에는 □, ○, -, · 등과 같은 특수한 기호로 표시할 수 있다. • 첫째 항목부호는 왼쪽 기본선에서 시작한다. • 둘째 항목부터는 바로 위 항목 위치에서 오른쪽으로 2타씩(한글은 1자, 영문·숫자는 2자) 옮겨 시작한다. • 항목이 두 줄 이상인 경우, 둘째 줄부터는 항목 내용의 첫 글자에 맞추어 정렬한다. (예시: Shift + Tab 키 사용) • 항목부호와 항목의 내용 사이에는 1타를 띄운다. • 항목이 하나만 있는 경우 항목부호를 부여하지 아니한다. 수신vv부산광역시교육감(중등교육과장) (경유) 제목vv○○○○○ 1.v○○○○○○○○○○○○ vv가.v○○○○○○○○○○○○ vvvv1)v○○○○○○○○○○○○ vvvvvv가)v○○○○○○○○○○○○ vvvvvvvv(1)v○○○○○○○○○○○○ 2.v○○○○○○○○○○○○○○○○○○○○○○○○○○○○○○○ vvv○○○○
	붙임	• 첨부 자료를 포함할 때, 본문이 끝난 줄 다음에 '붙임' 표시를 하고 명칭과 수량을 쓴다. 첨부물이 두 가지 이상인 경우, 항목을 구분하여 표시한다. • 붙임은 본문과 구분하여 본문이 끝난 줄 다음에 붙여 쓰거나, 띄어 쓸 수 있다. 예시) (본문)······································ 주시기 바랍니다. 붙임∨∨○○○계획서 1부.∨∨끝. 예시) (본문)······································ 주시기 바랍니다. 붙임∨∨1.∨○○○계획서 1부. 2.∨○○○명단 1부.∨∨끝.

〈계속〉

<table>
<tr><td>본문</td><td>“끝”</td><td>
• 본문 내용의 마지막 글자에서 한 글자(2타) 띄우고 “끝” 표시한다.
예시) .....주시기 바랍니다.∨∨끝.
• 첨부물이 있으면, 붙임 표시문 다음에 한 글자(2타) 띄우고 표시한다.
예시) 붙임∨∨1.∨○○○계획서 1부.
2.∨○○○명단 1부.∨∨끝.
• 본문 또는 붙임 표시문이 오른쪽 한계선에서 끝났을 경우, 그다음 줄의 왼쪽 기본선에서 한 글자(2타) 띄우고 “끝” 표시한다.
예시) (본문 내용) ....주시기 바랍니다.
∨∨끝.
• 기재사항이 서식 중간에서 끝나면, 마지막 다음 칸에 ‘아래 빈칸’ 표시한다.
<table>
<tr><th>응시번호</th><th>성명</th><th>생년월일</th><th>주소</th></tr>
<tr><td>1</td><td>이○○</td><td>2023. 3. 1.</td><td>○○시 ○○길 365(○○동)</td></tr>
<tr><td>아래 빈칸</td><td></td><td></td><td></td></tr>
<tr><td></td><td></td><td></td><td></td></tr>
</table>
• 본문이 표로 끝나면, 그다음 줄의 왼쪽 기본선에서 한 글자(2타) 띄우고 “끝” 표시한다.
<table>
<tr><th>제출번호</th><th>성명</th><th>생년월일</th><th>주소</th></tr>
<tr><td>1</td><td>이○○</td><td>2023. 3. 1.</td><td>○○시 ○○로 123</td></tr>
<tr><td>2</td><td>정○○</td><td>2023. 4. 1.</td><td>○○시 ○○로 456</td></tr>
</table>
∨∨끝.
</td></tr>
<tr><td>결문</td><td colspan="2">
• 발신명의는 행정기관의 장의 권한인 경우, 해당 행정기관의 장의 명의로 발신한다.
예시) ○○○○교육감, ○○교육장, ○○관장, ○○학교장
• 행정기관 내의 보조기관 및 보좌기관 상호 간에 발신하는 문서(대내문서)는 해당 보조기관 또는 보좌기관 명의로 발신한다.
예시) ○○○○과장, ○○담당관, ○○실장
• 발신할 필요가 없는 내부결재 문서에는 발신명의를 표시하지 않는다.
• 기안자, 검토자, 협조자, 결재권자의 직위 또는 직급과 서명 등을 표시한다.
• 생산등록번호(시행일) 및 접수등록번호(접수일)를 표시한다.
• 우편번호, 주소, 전화번호, 팩스번호, 전자우편 주소와 공개/비공개/부분공개 구분하여 표시한다.
• 수신기관을 나열할 때는 본청, 직속기관, 교육지원청, 각급학교 순으로 작성한다.
예시 1) 본청 관 및 과장, 직속기관장, 교육지원청교육장, 교육지원청소속기관장, 공립단설유치원장, 공립 · 사립 초 · 중 · 고등학교장, 특수학교장
예시 2) 국 · 공립 (×) → 국공립 (○)
국 · 공 · 사립학교 (×) → 국립 · 공립 · 사립학교 (○)
</td></tr>
</table>

자료: 「행정업무의 운영 및 혁신에 관한 규정 시행규칙」 제4조(기안문의 작성); 강원도교육청(2023), pp. 10-12 수정 · 요약 및 보완.

Q

기안문의 상신 전에 소속 부서의 보직교사 및 교감과의 구두 협의에 대해 생각해 보자.

3) 작성과 발송 절차

작성과 발송은 ① K-에듀파인 접속, ② 문서관리, ③ 기안, ④ 공용서식, ⑤ 표준서식 중 선택, ⑥ 제목 입력, ⑦ 과제카드 선택, ⑧ 업무유형 선택, ⑨ 대국민공개여부, ⑩ 직원열람제한 설정, ⑪ 결재 경로 지정, ⑫ 수신자 지정, ⑬ 공람 지정, ⑭ 본문 작성, ⑮ 파일 첨부, ⑯ 결재 상신, ⑰ 결재, ⑱ 발송의뢰, ⑲ 발송의 단계를 거친다.

[그림 13-4]는 '공용서식 → 표준서식(결재4인, 협조4인)'을 클릭하면 뜨는 '문서관리카드 기안'의 화면이다. [그림 13-4] 왼쪽의 '결재정보'에서 입력한 내용은 [그림 13-4] 오른쪽의 '본문' 화면과 자동으로 연동된다. '대국민공개여부'는 공개 · 부분공개 · 비공개를 선택할 수 있다. '공개제한근거'에서, 부분공개 또는 비공개를 선택하면 초록색(관계법령)과 1~8호의 단추가 나타난다. 1~8호 각각을 선택하면 화면에 뜨는 해당 내용을 살펴서 정하면 된다. 대국민공개를 확대한다는 측면에서 기안의 본문에 개인정보를 기록하는 대신에 첨부파일을 이용해서 해당 정보를 기록하고, 해당 공문서는 부분공개로, 첨부파일은 비공개로 설정하면 된다. 공개 또는 부분공개로 설정된 문서는 '대한민국 정보공개 포털(www.open.go.kr)'로 자동 연동된다. 이 포털에서 검색어를 입력하면 관련 문서를 볼 수 있다.

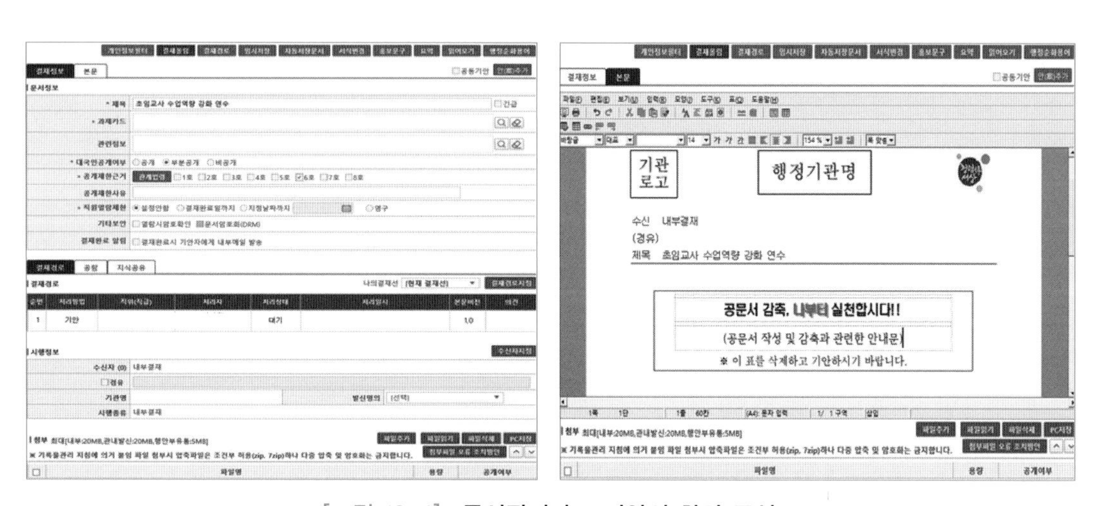

[그림 13-4] **문서관리카드 기안의 화면 구성**

자료: 대전광역시교육청 교육행정정보시스템(dje.neis.go.kr).

4) 작성의 유의점

공문서는 전달할 내용이 누락되지 않도록 꼼꼼하게 살펴 작성한다. 수신자에게 불쾌감을 주거나 위압적인 표현은 삼가고 적합한 경어를 사용한다. 다음은 정확성과 용이성 측면에서 유의할 사항이다.

- 육하원칙에 따라 작성한다.
- 오자, 탈자, 계수의 착오가 없게 한다.
- 문법 규칙의 준수 등 어문규범에 맞게 한다.
- 전달하려는 내용을 빠뜨리지 않는다.
- 사실이 왜곡되지 않게 의미 전달을 정확히 한다.
- 수신자가 이해하기 쉽게 구체적인 용어를 사용해 작성한다.
- 문장 기술은 간결하게 항목별로 표현한다.
- 복잡한 내용은 먼저 결론을 내리고, 그 이유를 설명하는 방식을 취한다.
- 어려운 전문 용어 또는 일반화되지 않은 약어의 사용을 피한다.
- 붙임 문서를 열었을 때, 첫 쪽의 상단이 제대로 보이게 저장해서 첨부한다.

5) 결재의 종류

행정기관의 장과 같이 소관 사항에 대한 결정 권한을 가진 사람이 직접 그 의사를 결정하는 행위를 하는 결재, 행정기관의 장으로부터 결재권을 위임받아 행하는 전결, 결재할 수 있는 자가 휴가, 출장, 그 밖의 사유로 결재할 수 없을 때 그 직무를 대리하는 사람이 행하는 대결이 있다. 기안문은 '기안자 → 협조자 · 검토자 → 결재권자'의 경로로 결재가 이루어진다. '병렬협조'로 설정하면, 동시에 문서가 송부되어 결재가 빠르게 진행된다. 내부결재 때, 내용을 공유해 알릴 필요가 있는 교직원은 '공람'으로 지정하면 된다. 결재 과정에서 기안자, 협조자, 검토자, 결재권자가 할 수 있는 일은 다음과 같다.

- 기안자(업무 담당자): 의견 작성 가능

- 협조자(동료 교사 또는 행정실장): 의견 제시 가능하나 문서 수정 및 반려 불가능
- 검토자(교감): 의견 작성, 문서 수정 및 반려 가능
- 결재권자(학교장): 의견 작성, 문서 수정 및 반려 가능

6) 비밀과 정보 관리

공문서 작성과 전파 때, 비공개로 보호할 개인정보의 포함 여부를 꼭 확인해야 한다. 개인정보가 담긴 문서를 출력해서 사용한 후 파쇄 등 뒤처리를 허술하게 해서 유출되는 일이 있어서는 안 된다. '이동식 저장장치(USB)'의 암호를 설정하지 않고 분실하면, 문서 정보가 도용 혹은 오용되어 회복하기 어려운 큰 피해를 초래할 수 있으니 주의해야 한다. 개인정보 보호는 꼼꼼하게 챙겨야 할 중요한 의무 사항이고, 직무상 알게 된 비밀은 퇴직한 후에도 엄수해야 한다(정일화, 2020: 137-138).

Q
'2024년 3월 11일'을 기안문의 작성법에 맞게 적어 보자.

법령 

「보안업무규정」「보안업무규정 시행규칙」「교육부 보안업무규정 시행세칙」 제3장(문서보안), 시·도교육청의「보안업무 시행규정」

3. 학교회계

학교회계제도는 학교의 자율적이고 효율적인 재정 운영을 통하여 교육활동을 효과적으로 지원하고 교육의 질적 수준을 높이기 위한 것이다. 통합된 세입재원을 학교장 책임하에 교직원의 예산 요구를 받아 우선순위에 따라 세출예산을 편성하고, 학교운영위원회의 심의를 거쳐 집행한다. 학교의 회계연도는 3월 1일에 시작하여 다음 연도 2월 말일에 종료된다.

1) 학교 예산

학교 예산은 일정 기간 학교가 교육활동을 실천하는 데 필요한 세입과 세출의 체계적인 계획이다. 예산은 기간 개념인 회계연도(1회계연도) 단위의 파악으로 세입·세출이라 하고, 회계는 기간적 개념 없이 현금을 받아들이는 과정과 지출하는 과정으로 수입·지출로 구분한다. 학교 예산의 종류는 〈표 13-4〉와 같다.

〈표 13-4〉 **학교 예산의 종류**

구분	내용
본예산	회계연도 개시 전에 심의·확정된 최초의 예산
수정예산	학교운영위원회의 예산안 심의 종료 전에 수정해서 제출한 예산
추가경정예산	본예산 성립 후 기존 예산에 추가 또는 변경을 가한 예산
성립전 예산	목적이 지정되어 교부된 경비나 학교운영위원회의 심의를 거친 수익자부담 경비 가운데, 추가경정예산 편성 때까지 기다릴 여유가 없는 경우 우선 사용하기 위해 편성하는 예산
최종예산	현시점에서 확정된 예산으로, 보통 당해연도 말까지 편성된 총예산

자료: 광주광역시교육청(2023), p. 1 수정·요약 및 보완.

교사의 학교회계 예산 편성 및 집행 과정에 대한 이해와 관심은 효율적이고 책임감 있는 교수·학습 활동으로 이어진다. 교수·학습 활동에 소요되는 금액이 크지 않더라도 예산이 없으면 활동이 위축될 수 있으니, 원활한 교육활동이 이루어지도록 필요한 예산을 편성해야 한다. 학교회계 예산 편성 과정에서 학교 구성원의 역할은 〈표 13-5〉와 같다.

〈표 13-5〉 **학교 예산의 편성 시 학교 구성원의 역할**

구분	역할
교장	• 교육목표 달성을 위해 합리적이고 효율적인 예산이 편성되도록 총괄 • 예산 편성의 제 단계에 구성원의 참여를 유도하며 집행현황을 모니터링
교감	• 사업담당자(부서)가 교육목표 달성을 위한 예산을 편성하고 집행하도록 검토와 조정
교사 (사업담당자)	• 학급과 교과의 교육활동 목표를 달성할 수 있도록 적극적으로 예산 편성 요구 • 담당 사업의 예산 및 집행현황을 수시로 모니터링
행정실	• 예산 편성의 일련 과정에 대한 안내 및 조정 • 사업담당자(부서)의 요구 사항을 검토하여 원활한 교육활동이 가능하도록 협력

자료: 세종특별자치시교육청(2020), p. 18 요약.

2) 학교 예산 관련 용어

교사들에게 학교회계와 관련된 용어들은 낯설기만 하다. 그렇다고 외면하고 살아갈 수는 없는 일이다. 행정실 직원처럼 학교회계 전문가가 될 필요는 없지만, 예산과 관련된 기본적인 용어들을 알면, 행정실과 업무를 진행할 때 도움이 될 것이다. 〈표 13-6〉은 알아 두면 좋은, 예산과 관련한 용어이다.

〈표 13-6〉 **학교 예산 관련 용어**

용어		의미
세입 예산	학교 운영비	교육청에서 학교 운영을 위하여 목적 없이 총액으로 교부되는 전입금
	목적 사업비	학교의 목적사업 수행을 위하여 지원되는 전입금
	학교발전 기금	학교운영위원회가 학교회계로 전출하는 학교발전기금 전입금 ※ 학교발전기금은 원칙적으로 학교회계와 구분하여 학교발전기금회계로 관리
	학부모 부담수입	교육과정 운영을 위하여 학교운영위원회의 심의를 거쳐 수익자가 부담하는 경비 ※ 급식비, 우유급식비, 방과후학교활동비, 돌봄활동운영비, 현장체험학습비, 청소년단체 활동비, 졸업앨범비, 기숙사비, 누리과정비, 교복구입비, 운동부운영비, 기타수익자부담 수입 등
세출 예산	학교 운영비	학교 기관 및 부서 운영에 소요되는 사업비 • 일반수용비: 학교 운영에 소요되는 일반적인 경비 ※ 사무용품 구입비, 인쇄비, 소모성 물품 구입비, 비품 수선비, 각종 사용료 등 • 운영수당, 공공요금 및 제세공과금, 여비, 피복비, 임차료 등
	교육 운영비	학교 교과활동 지원을 위해 소요되는 각종 경비로 교구 · 기자재 구입(자산성 물품은 비품 구입비 목에 편성) 및 유지보수비, 교육용 재료비, 교육활동 숙박비 · 식비 · 차량임차료 · 교통비, 학생여비, 학교행사비, 학생대회출전비, 도서관 운영비, 학급교육활동경비 등 교육과 관련된 예산
	직책급 업무 수행경비	기관의 운영을 위하여 조직을 규정한 법령 또는 직제에 의한 직위를 보유한 자에게 월정액으로 지급하는 경비
	일반 업무 추진비	기관운영업무추진비, 일반사업추진업무추진비 등 학교운영 및 사업추진에 필요한 경비로서 편성 한도의 범위 내에서 최소한으로 계상함
	시설비	학교의 시설에 필요한 설계비, 시설비, 감리비, 시설부대비 등 (자산의 변동을 가져오는 대규모 수선 등의 시설)
	비품 구입비	• 비품구입비: 자산의 변동을 가져오는 물품 구입비 • 도서구입비: 도서관, 학급문고 등 도서구입비
	보결수업 수당	교원이 부득이하게 예측하기 어려운 결강을 한 경우, 보결수업을 한 동일 교내의 교원에 대하여 학교의 예산 범위 내에서 규정에 따라 지급
	예비비	예측할 수 없는 예산 외의 지출이나 예산의 초과 지출에 충당하기 위하여 필요한 최소한의 소요경비 및 재해 · 재난을 위한 경비. 단, 업무추진비로 지출하기 위하여 예비비로는 계상 불가

자료: 경상북도교육청(2023), pp. 28-46; 대전광역시교육청(2023), pp. 23, 54-64 수정 · 요약 및 보완.

3) 예산 운용 과정

학교회계를 제대로 집행하기 위해서는 다음과 같은 사항을 살펴야 한다. 첫째, 예산 요구에 관심을 가진다. 둘째, 세입·세출예산서를 검토한다. 셋째, 계획에 따라 적기에 예산을 집행한다. 넷째, 관련 법규와 목적에 부합하게 사용하고 증빙을 갖춘다. 마지막으로, 학기 중에 교육활동상 불가피한 추가적 예산이 필요하면 추가경정 예산의 활용을 모색한다.

회계연도 개시 3개월 전(12월 1일까지)에 교육청으로부터 학교회계예산 편성 기본 지침이 시달되면 예산 편성 작업이 시작되고, 예산안 편성 절차, 예산안 심의·확정 절차, 예산 사용 후 결산 절차를 거친다. 학교회계 예산 편성 과정은 행정실에서 진행하며, 교사는 담당하는 세부사업별로 전년도 예산분석과 전전년도 결산 등을 분석 후 재정소요액을 세출예산요구서에 작성하여 제출하면 된다. 이 과정에서 예산이 어떻게 편성되어 있는지 확인할 수 있어 학교 운영을 파악하는 데 도움이 되기 때문에, 예산 편성 및 집행 과정에 적극적으로 참여하는 것이 필요하다. 예산안의 편성·심의·확정 절차는 [그림 13-5]와 같다.

과정	주체	법정기한	추진사항
학교회계예산 편성 기본지침 시달	교육감	회계연도 개시 3월 전까지	• 학교 예산 운영에 필요한 제반 내용 등
↓			
학생 · 학부모 참여 예산	학교의 장	-	• 예산요구 의견 수렴 → 의견 접수 및 부서별 안내 • 소요 예산 등 실현 가능성을 고려하여 반영 여부 검토 • 학교운영위원회 예산 심의 시 「학생 · 학부모 참여예산제」 보고 및 예산 반영결과를 학교 누리집에 공개
↓			
교직원의 예산요구서 제출	학교의 장	-	• 세입예산의 규모 추정 • 학교 구성원에 대한 사전교육 • 필요한 사업 및 재정 소요액 등 기록 • 부서별 또는 개인별 예산요구서 제출
↓			
연간 총 전입금 및 분기별 자금교부계획 통보	교육감 (교육장)	회계연도 개시 50일 전까지	• 학교회계로 전출되는 금액의 총 규모 및 자금교부계획 통보 • 목적사업의 경우 대상 학교가 지정되는 대로 확정 · 통보
↓			
예산안 조정 작업 및 예산안 확정	학교의 장	-	• 학교의 총 세입 규모 확정 • 부서별 또는 전체 조정 회의를 거쳐 예산안 확정
↓			
예산안 제출	학교의 장	회계연도 개시 30일 전까지	• 학교운영위원회에 제출 • 제출 이후에 불가피한 경우 수정안 제출 가능
↓			
예산안 통지	학교운영 위원장	회의 개최 7일 전까지	• 학교운영위원에게 예산안 통지
↓			

예 · 결산 소위원회 구성	→	학교장 제안 설명 및 관계자 의견 청취	→	예산안 심의결과 송부	→	예산 확정	→	집행	→	결산 절차
학교운영위원장		학교운영위원회		학교운영위원회		학교의 장		부서		학년 말

[그림 13-5] **예산안의 편성 · 심의 · 확정 절차**

자료: 대전광역시교육청(2023), pp. 8, 10, 15 통합 · 요약함.

생각 나누기

1. 다음 예시의 기안문을 참고해서, 주어진 조건에 맞게 공문서의 본문을 작성해 보자.

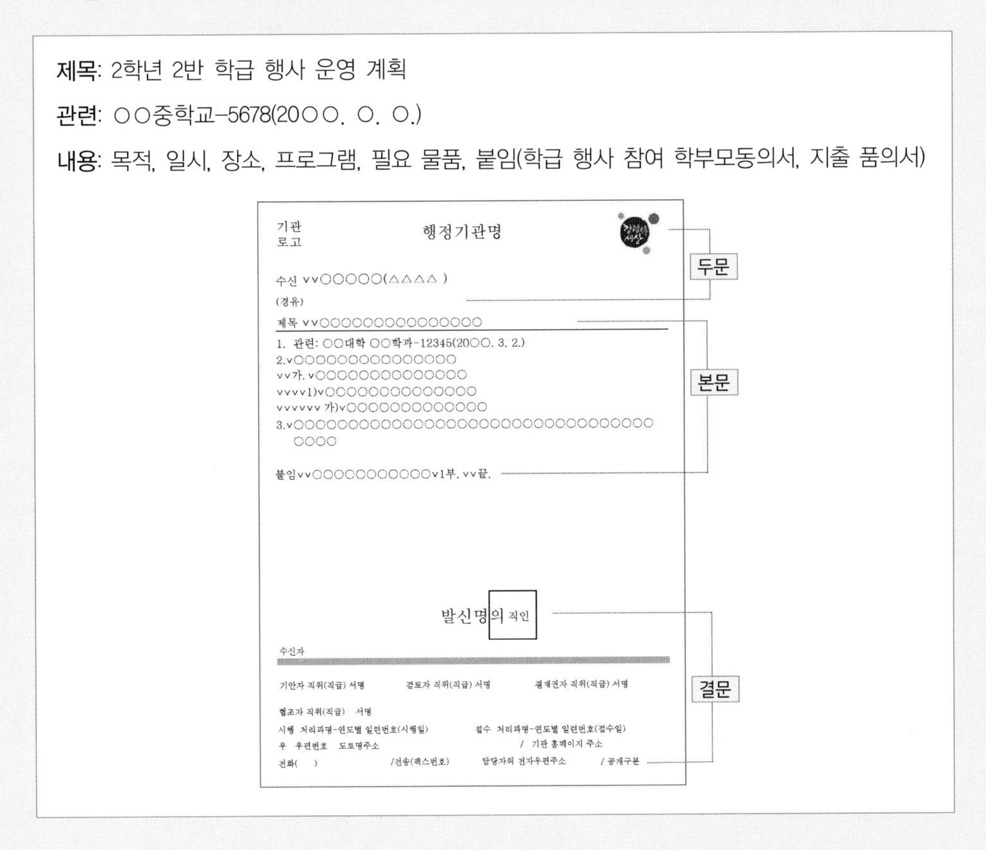

제목: 2학년 2반 학급 행사 운영 계획

관련: ○○중학교-5678(20○○. ○. ○.)

내용: 목적, 일시, 장소, 프로그램, 필요 물품, 붙임(학급 행사 참여 학부모동의서, 지출 품의서)

기관 로고 행정기관명

수신 vv○○○○○(△△△△)

(경유)

제목 vv○○○○○○○○○○○○○○○○

1. 관련: ○○대학 ○○학과-12345(20○○. 3. 2.)

2.v○○○○○○○○○○○○○○○○

vv가. v○○○○○○○○○○○○○○○

vvvv1)v○○○○○○○○○○○○○○○

vvvvvv 가)v○○○○○○○○○○○○○○

3.v○○○○○○○○○○○○○○○○○○○○○○○○○○○○○○○○○○
○○○○

붙임vv○○○○○○○○○○○○v1부. vv끝.

발신명의 직인

수신자

기안자 직위(직급) 서명 검토자 직위(직급) 서명 결재권자 직위(직급) 서명

협조자 직위(직급) 서명

시행 처리과명-연도별 일련번호(시행일) 접수 처리과명-연도별 일련번호(접수일)

우 우편번호 도로명주소 / 기관 홈페이지 주소

전화( ) /전송(팩스번호) 담당자의 전자우편주소 / 공개구분

2. 다음의 사례를 읽고 A교사의 어려움을 어떻게 해결해야 할지를 생각해 보자.

3월 초, 전입을 온 A교사는 교과활동 업무를 맡아 의욕적으로 계획하고 추진하려 하였으나 학교 예산을 살피던 중 배정된 예산이 부족하다는 것을 알게 되었다. 학교 교육계획에 따라 담당 업무를 추진하려면 추가 예산이 필요한데 어느 부서 누구에게 의논해야 할지 난감하기만 하다.

3. 저작물 1편에 대한 '교육공무원 인사기록 변경(추가) 신청' 기안문을 작성해 보자.

수신: ○○○○교육감(중등교육과장)

(경유)

제목: 교육공무원 인사기록 변경(추가) 신청

1. 관련: 「교육공무원 인사기록 및 인사사무 처리 규칙」 제8조(인사기록카드의 관리 및 변경)의 제④항 및 제②항 관련 [별표1]의 4(연구활동실적) 마(저작물 또는 학회지 연구보고서의 발표실적)
2. 다음과 같이 인사기록 변경을 신청하오니, 나이스(NEIS)에 연구실적을 등재 바랍니다.

성명	직급	소속	세부 내용
			학점: 저작물(편당 5학점) 저자: 1인 저서명: 분류: 교육학(직무 관련) 출판사: 출판일: ISBN:

붙임 저서 관련증빙서류 사본(표지 및 계약서) 1부. 끝.

4. 학교 예산의 편성 및 운영과 관련하여, 원활한 교육활동을 위해 필요한 예산의 사용과 관련한 교사의 역할을 생각해 보자.

- **예산의 이용**: 세출예산은 예산에서 정한 목적에 적합하게 집행하여야 한다. 다만, 예산 집행상의 필요에 따라 학교운영위원회의 심의를 거쳐 예산으로 정한 경우 "정책사업" 사이에 이용할 수 있다.
- **예산의 전용**: 학교장은 추가경정예산을 편성하기 어려운 사유가 발생한 경우 예산 집행의 목적을 달성하기 위해서 인건비, 시설비를 제외한 동일한 정책사업 내의 단위사업 간 목, 동일한 단위사업 내의 세부사업 간 목으로 전용을 할 수 있다. 전용한 경비의 금액은 세입·세출결산서에 이를 명시하고 사유를 기재하여야 한다.

–경상북도교육청, 2023, p. 21.–

5. 다음의 에듀파인의 화면을 참고해서, 주어진 조건에 맞게 지출 품의서를 가상으로 작성해 보자.

조건

제목: ○○○○학년도 ○학년 ○반 학급 행사를 위한 물품 구입

개요: 관련, 행사명, 구입품목, 소요예상금액, 지변과목

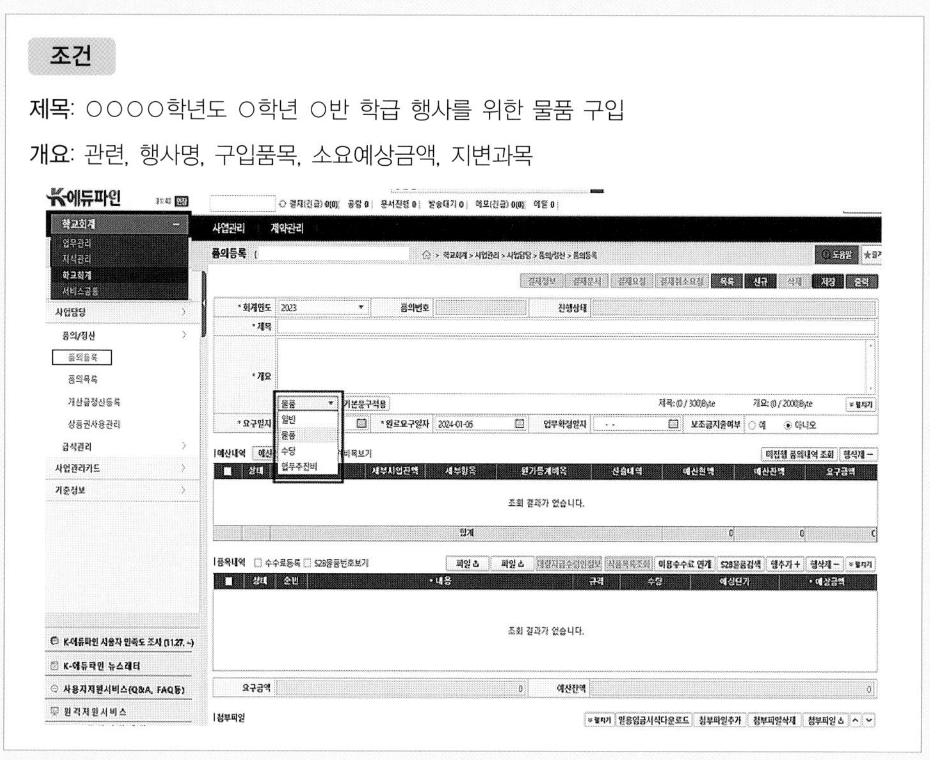

예시

지출 품의서

<table>
<tr><td colspan="3">회계연도 : ○○○○년</td><td>품의번호</td><td></td></tr>
<tr><td>제 목</td><td colspan="4">○○○○학년도 1학년 ○반 학급 행사 운영을 위한 물품 구입</td></tr>
<tr><td>품의
개요</td><td colspan="4">1. 관련: ○○고등학교-○○○(○○○○.○.○○.)
2. ○○○○학년도 1학년 ○반 학급 행사 운영을 위한 물품을 다음과 같이 구입하고자 합니다.
가. 행사명: 타임머신 트리 및 학급 케이크 제작
나. 구입품목: 행잉트리 외 3종
다. 예상금액: 금○○○,○○○원(금△△△△△△원정)
라. 지변과목: 교과활동 지원-(목적)고교역량강화사업 지원-(공동체-Day) 전교생 공동체의 날 운영비. 끝.</td></tr>
<tr><td>정책사업</td><td>기본적 교육활동</td><td>요구부서</td><td colspan="2">○○고등학교 1학년부</td></tr>
<tr><td>단위사업</td><td>교과 활동</td><td>품의일자</td><td colspan="2">○○○○년 ○○월 ○○일</td></tr>
<tr><td>세부사업</td><td>교과활동지원</td><td>품의금액</td><td colspan="2">○○○,○○○</td></tr>
</table>

〈예산내역〉

순번	세부사업	세부항목	산출내역	품의금액	예산잔액	사업잔액
1	교과활동 지원	(목적)고교역량강화 사업지원	(공동체-Day)전교생공동체의날운영비(교육운영비)			
합 계						

〈계속〉

〈품목내역〉

순번	내용	규격	수량	예상단가	예상금액
1	행잉 트리		1		
2	조명 세트		1		
3	베이킹 세트		1		
4	트리 세트		1		
합 계					

참고문헌

강원도교육청(2023). 2023 학교행정 업무편람.

경기도교육정보기록원(2023). 2023 4세대 지능형 나이스(NEIS) 교무업무 매뉴얼 초등학교용.

경상북도교육청(2023). 2023학년도 공립학교회계 예산 편성 기본지침.

광주광역시교육청(2023). 업무담당자용 학교회계 길라잡이.

교육부(2023. 6. 19.). 새롭게 개편한 4세대 나이스(NEIS) 6월 21일 개통. 보도자료.

대전광역시교육청(2023). 2023학년도 학교회계 예산 편성 및 집행지침.

세종특별자치시교육청(2020). 교원용 학교회계 길라잡이.

정일화(2020). 새내기 교사론. 한국학술정보.

행정안전부 지방자치인재개발원, 시 · 도공무원교육원(2023). 2023 공통교재 행정업무 운영실무.

행정안전부(2020). 행정업무운영 편람.

대전광역시교육청 교육행정정보시스템. dje.neis.go.kr

국가법령정보센터. www.law.go.kr

대한민국 정보공개 포털. www.open.go.kr

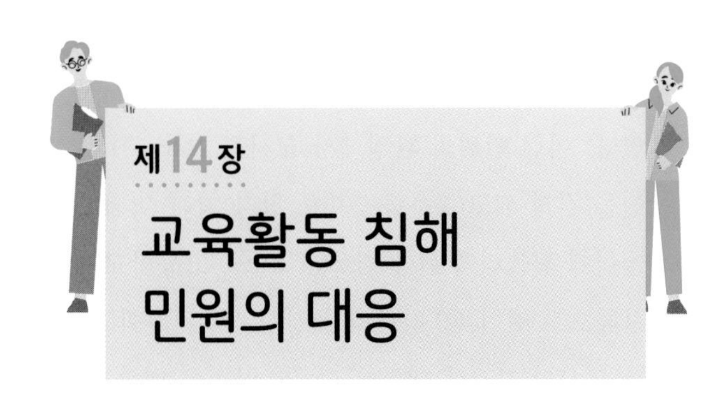

제14장 교육활동 침해 민원의 대응

교사는 법령에서 정하는 바에 따라 학생과 아동을 교육하고, 이를 침해하는 부당한 행위로부터 보호받는다. 「학교안전사고 예방 및 보상에 관한 법률(이하 학교안전법)」과 「교원의 학생생활지도에 관한 고시」에서 정한 합법적인 교육활동 및 학생생활지도의 과정과 관련되어 파생되는 민·형사상의 책임에서 면제된다. 교원이 악성 민원, 형사고발, 우울감 등 위기 상황에서, 즉시 도움을 요청하거나 신고하는 긴급 직통전화 번호는 '1395'이다.

1. 민원의 유형

민원의 유형은 학교급별, 학교폭력이나 아동학대 등과 같은 내용별 그리고 민원의 강도에 따라서 구분할 수 있다. 민원에 적절하게 대처하기 위해서는 먼저 민원에 대한 이해가 필요하다.

1) 학교별 유형

초등학교는 ① 학부모의 교육적 참여가 교사의 저항 없이 수용되어 수정 실행되는 유형, ② 학부모의 무리한 개입과 감정적 호소가 저항감을 유발하여 거부 또는 회피되는 유형, ③ 적절한 요구이지만 민원의 내용과 범위가 다양하고, 학부모의 지속적인 요구로 인해 교사가 부담을 느껴 보류되거나 수용이 지연되는 유형으로 나눌 수 있다. 이런 민원의 과정에서 교사는 분노, 거부, 방어, 회피, 지연 등으로 심리적 소진을 겪게 되고(홍우림, 2018), 참다 참다 어쩌다 실수하게 되면 견디기 어려운 소용돌이에 휩쓸리게 된다(김차명, 2018). 고등학교는 ① 교사-학생의 갈등이 학부모와의 갈등으로 전이, ② 평가의 공정성 시비, ③ 학교폭력 처분에 대한 이의, ④ 담임 및 교과 교사의 자질에 대한 불만, ⑤ 급식에 대한 불만 등으로, 일시적이 아닌 습관적 양상을 띤다(송현섭, 2018).

2) 내용별 유형

① 아동학대, ② 학교안전사고, ③ 교수 · 학습, ④ 생활지도, ⑤ 성적 및 평가, ⑥ 학교폭력 등으로 구분할 수 있다. '아동학대'는 정서적 학대, 신체적 학대, 성학대, 방임으로 유형이 구분되나, 교육기관을 대상으로 하는 민원의 대부분은 정서적 학대와 신체적 학대이다. 교사의 말투도 아동의 정서적 학대로 몰아가는 일이 잦았으나, 최근에는 교원의 정당한 교육활동과 학생생활지도, 절차와 법령에 의한 업무 행위, 기타 사회상규에 위배되지 않는 교육활동의 행위는 처벌의 대상으로 삼지 않는다. '학교안전사고'는 사고 현장에 교사의 임장(臨場) 여부, 발생한 환경 요인, 발생 시의 교직원의 대처가 적절했는지와 관련한 민원이 주를 이룬다. '교수 · 학습'은 교사의 특정 학생에 대한 편애 또는 무관심, 수업에 늦게 들어가거나 일찍 나오기, 교수 방법에 대한 불만, 교사의 자질 등과 관련한 것이다. '생활지도'는 지도하는 과정에서 교사의 언어 및 태도, 처벌에 대한 불만 제기 등과 관련이 있다. '성적 및 평가'는 수행평가의 시기, 방법, 부여 점수의 적절성, 지필평가 문항 및 정답의 오류, 시험 범위와 관련한 학급 간 진도와 고지 내용 및 학습 여부의 차이, 감독의 부실 및 부정행위의 처리 등과 관련된다. 민원의 상당 부분을 차지하는 '학교폭력'과 관련한 사안은 다음과 같다.

학교폭력의 피해자 측은 ① 처리 절차를 묻는 상담, ② 성폭력과 관련된 비밀 유지 및 처리 문의, ③ 처리 과정에 대한 불만 제기, ④ 교사의 초기 대응에 대한 시비, ⑤ 관리자 중재의 부적절 등으로 구분할 수 있다. 이런 민원은 저학년 학부모들 간의 감정싸움이 학교폭력 사안으로 옮겨 가거나, 교사의 관심 부족을 문제로 삼거나, 처리 과정에서의 일이 빌미가 되기도 한다. 가해자 측의 경우는 ① 학교폭력으로 삼는 데에 대한 불만, ② 사안 처리의 안내 부족과 과정의 문제 지적, ③ 잘못을 희석하려는 물타기로 관련 교원에 대한 징계 요구, ④ 사안 처리 과정의 발언 등에 대한 문제 제기 등이다(김혜경, 2018).

Q
민원 내용별 대응을 생각해 보자.

3) 민원 강도별 유형

민원은 그 세기에 따라 〈표 14-1〉과 같이 네 가지로 구분한다. 학생의 학습, 진로, 학교생활에 대한 일상적인 상담은 민원이 아니다. 이런 경우에는 학교 전화 또는 교원 안심번호 등으로 통화하거나 예약 후 방문해서 상담할 수 있다. 그러나 이 과정 중에 '민원'으로 성격이 바뀌면 다음의 구분에 따라 대응해야 한다.

〈표 14-1〉 **민원의 구분과 대응 주체**

구분	내용	대응 주체	
단순	• 즉시 처리 가능 • 요청 또는 제안 등의 제시	학교 민원대응팀	교직원
협조	• 교직원의 협조로 처리 가능 • 불평, 불만 제기 등		교직원
요구	• 동일(유사) 내용으로 3회 이하 지속 · 반복 • 학교 차원의 대응 범주에 있는 부당한 요구 등		관리자 (학교의 장)
악성	• 아동학대, 학교폭력, 생활지도, 학교안전사고 등과 관련된 동일 또는 유사 내용으로 4회 이상 지속 · 반복적 사안 • 고성, 폭력, 폭언, 명예 훼손, 협박 행위, 부당한 요구 등	교육(지원)청 통합민원팀	

자료: 대전광역시교육청(2023a), p. 2 수정.

Q
다음의 법령에서 일반(법정, 건의, 질의 기타) 민원과 고충 민원의 정의와 처리의 기간을 알아보자. 「민원처리에 관한 법률(이하 민원처리법)」 제2조(정의), 「민원처리법 시행령」 제14조(질의민원의 처리기간 등) · 제15조(건의민원의 처리기간 등) · 제16조(기타 민원의 처리기간 등) · 제17조(고충민원의 처리 등)

2. 민원 처리의 절차 및 유의점

민원 처리의 과정에서 절차 등을 문제 삼아 파생되는 이차적 문제는 맨 처음의 본질을 가리고 더 심한 갈등으로 번지는 경향을 보인다. 이를 예방하기 위해 민원 처리의 절차를 숙지해서 정확하고 신속하게 대응해야 한다. 학교의 장이 총괄하는 민원대응팀 구성의 예시는 [그림 14-1]과 같다.

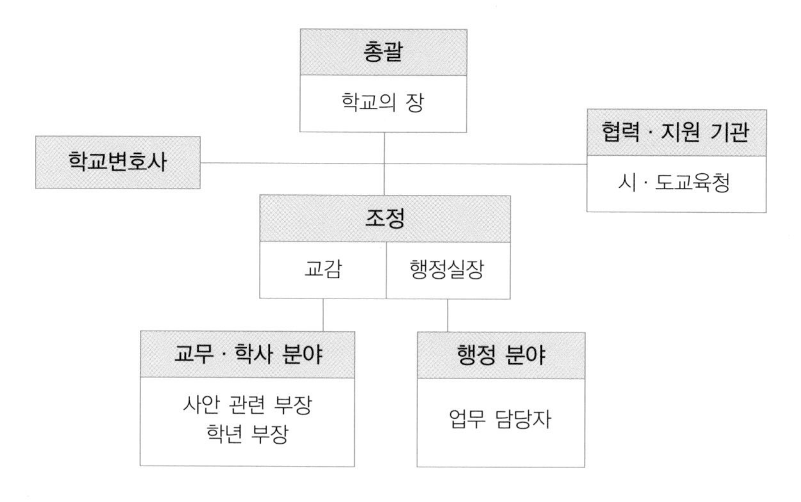

[그림 14-1] **학교 민원대응팀 구성의 예시**

1) 민원 처리의 절차

학교의 장은 교사와 민원인의 직접 접촉을 차단하고 학교의 민원 처리를 총괄 책임진다. 학교의 대표번호 등의 단일화된 민원 창구를 통해서 민원인의 실명과 학생의 이름 등 인적 사항, 내용, 요구사항을 명확하게 기재하거나 밝힌 경우에만 민원으로 접수한다. 학교 민원대응팀은 민원의 성격과 내용을 고려해서 담당 부서를 정하고, 관련 부서 간 협력하여 그 결과를 통보한다. 민원 요청은 일반 민원과 면담 민원으로 구분된다.

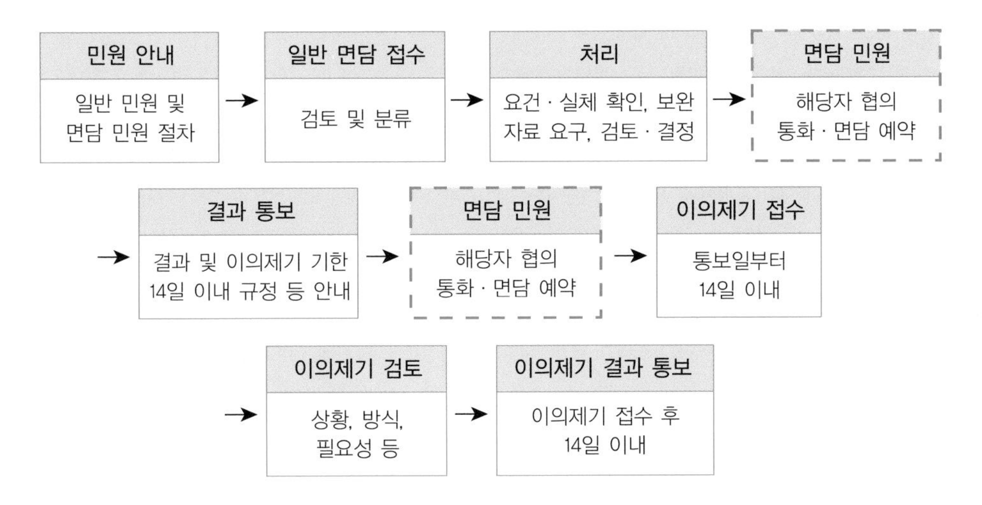

[그림 14-2] **학교 민원대응팀의 민원 처리의 세부 흐름도**

민원은 전자문서를 포함한 문서로 신청하는 것이 원칙이나, 일반 민원은 학교 대표 전화번호 또는 누리집을 통해 질의를 받고 답변하거나 방문 상담 예약을 받는다. 민원의 신청에 대해 접수증을 교부하는 것이 원칙이나 규정에 따라 생략이 가능하다. 교사와의 직접 통화 또는 직접 만남이 가능한 면담 민원은 일반 민원의 단계를 거치도록 한다. 면담 민원은 결과 통보의 전 또는 결과 통보의 일환으로 이루어질 수 있다.

[그림 14-3] **민원 처리 시스템 개요**

자료: 교육부(2023c), p. 22.

「교원의 학생생활지도에 관한 고시」에 따르면, 학생 또는 보호자는 학교의 장과 교원의 생활지도가 부당하다고 여기는 경우, 학교의 장에게 14일 이내에 이의를 제기할 수 있다. 학교의 장은 이의제기에 대해 14일 이내에 답변해야 한다. 다만 동일한 내용으로 정당한 사유없이 반복적으로 이의를 제기하면, 2회 이상 답변하고 그 이후에는 거부할 수 있다.

「민원처리법 시행령」에 따르면, 기관의 장은 부득이한 사유로 처리 기간 내에 민원을 처리하기 어렵다고 인정되는 경우에는 그 민원의 처리 기간 범위에서 그 처리 기간을 한 차례 연장할 수 있다. 다만 연장된 처리 기간 내에 처리하기 어려운 경우에는 민원인의 동의를 받아, 해당하는 민원 처리 기간의 범위에서 한 차례만 다시 연장할 수 있다. 연장 및 재연장의 경우에, 처리 기간의 연장 사유와 처리 완료 예정일을 지체하지 않고 민원인에게 문서로 알려야 한다.

2) 민원 처리의 유의점

첫째, 초기 대응이 중요하다. 민원의 의도와 요구를 파악하고 경청과 관심을 보이며 적극적인 자세로 소통하는 게 중요하다. 민원의 내용을 곧바로 부정하기보다는 어렵더라도 공감을 나타내고 수용하려는 태도를 보이면서, 실수가 있으면 사과하고 오류를 시정하고자 하면서 이해도를 높이는 것이 바람직하다.

둘째, 모든 민원은 가능한 규정된 날짜를 준수하면서 신중히 신속하게 처리해야 하지만 학교 간 기한을 맞춰야 하는, 예를 들면 진학에 영향을 미치는 성적 등 평가에 관한 민원은 교과협의회 등을 통해 협업해서 일정에 맞게 해결해야 한다.

셋째, 민원의 처리 과정에서의 학교의 대처와 절차를 문제로 삼아 파생되는 2차, 3차 민원에 유의해야 한다.

넷째, 개인정보 보호에 철저해야 한다. 민원의 내용과 특정인의 개인정보 등이 누출되지 않아야 한다. 서면 답변 때 실명 대신에 '귀하'로 표기하는 등 개인을 식별할 수 있는 정보가 포함되지 않도록 한다.

다섯째, 민원 면담실 등에 CCTV를 설치하면, 설치목적, 촬영범위, 촬영시간, 관리책임자 연락처 등이 기재된 안내판을 설치한다. 녹음기능의 사용 및 임의 조작을 금지한다. 단, 당사자 간 대화의 녹음은 가능하다.

여섯째, 결과를 통보할 때 우편 등기(속달) 발송의 서면을 원칙으로 하되 민원인이 동의하는 간단한 사항에는 유선, 면담, 이메일도 가능하다.

마지막으로, 결과에 대한 이의제기는 14일 이내에 학교의 장에게 할 수 있다는 것을 반드시 알려야 한다. 해당 기간의 말일이 토요일 또는 공휴일에 해당한 때에 해당 기간은 그 다음날로 만료한다.

Q

교육활동 침해와 관련한 민원 대응 시에 유의할 점을 생각해 보자.

3. 피해 교원의 보호 조치

「교원지위법」에 따르면, 관할청의 장과 학교의 장은 학생 또는 보호자가 생활지도에 불응하여 의도적으로 교육활동을 방해하는 경우, 기관 차원에서 신속하게 대처 및 조치를 해야 한다. 학교의 장은 형법에 따른 범죄 행위, 추행 등의 성폭력 범죄 행

[그림 14-4] **교육활동 침해 사안 처리 흐름도**

자료: 교육부, 한국교육개발원(2024), p. 27 발췌.

위, 명예를 훼손하는 불법 정보 유통 행위, 교육활동을 부당하게 간섭하거나 제한하는 행위를 알게 되는 즉시, 피해 교원에게 ① 심리상담 및 조언, ② 치료와 치유를 위한 요양, ③ 그 밖에 치유와 교권 회복에 필요한 조치를 하고, ④ 침해행위의 내용과 보호 조치 결과를 지도 · 감독기관에 보고해야 한다. 보고받은 관할청은 피해 교원이 요청하는 경우 침해 행위가 관계 법률의 형사 처벌 규정에 해당한다고 판단하면 관할 수사기관에 고발한다.

법령

「형법」 제20조(정당행위), 「초 · 중등교육법」 제20조의2(학교의 장 및 교원의 학생생활지도), 「유아교육법」 제21조의3(원장 등 교원의 유아생활지도), 「초 · 중등교육법 시행령」 제40조의3(학생생활지도), 「학교안전법」 제2조(정의), 「교원지위법」 제14조(교원의 교육활동 보호) · 제15조(교육활동 침해행위에 대한 조치) · 제19조(교육활동 침해행위) · 제20조(피해 교원에 대한 보호 조치 등) · 제25조(교육활동 침해 학생에 대한 조치 등) · 제26조(교육활동 침해 보호자 등에 대한 조치), 「민법」 제161조(공휴일 등과 기간의 만료점), 「개인정보 보호법」 제17조(개인정보의 제공) · 제18조(개인정보의 목적 외 이용 · 제한) · 제25조(고정형 영상정보처리기기의 설치 · 운영 제한), 「통신비밀보호법」 제14조(타인의 대화비밀 침해금지), 「민원처리법」 제8조(민원의 신청) · 제9조(민원의 접수), 「민원처리법 시행령」 제2절(민원의 처리기간 · 처리방법 등), 「민원처리법 시행규칙」 「교원의 학생생활지도에 관한 고시」 「유치원 교원의 교육활동 보호를 위한 고시」

4. 예방

외부적 요인으로 인해 여러 입장이 엉킨 문제의 해결은 간단하지 않아서 상당한 시간과 노력이 필요하다. 교육활동 침해 예방을 위한 외부적 기대는 차치하고, 여기에서는 이상적인 언급이지만 교사 스스로 실천할 수 있는 측면에서 살핀다. 교실 안팎에서 높은 윤리적 처신을 요구받는 교사는 언행에 특히 주의해야 한다. 과거에는 넘어갔던 말과 행동이 최근에 사회적 문제로 불거지는 것처럼, 사회는 갈수록 교사에게 더욱 세심하고 신중한 언행을 요구한다. 미국은 절제된 언어 습관을 교사의 우선적 덕목으로 삼아, 학생이 교사의 잘못된 언어 사용을 문제 삼으면 교사는 파면에 처하기까지 한다. 또한 보편적 인권과 인격 존중의 관점으로 사안에 대처하면 맞닥뜨리게 되는 문제의 소지를 줄일 수 있을 것이다. 학생은 선생님을 존경하고, 학부모는 교육활동의 동반자로 협력하며, 교육공동체는 상호 존중의 문화를 조성하고, 교사는 학생을 인격체로 존중하고 사생활을 보호하고 자존감을 상하지 않게 주의를 기울이고 돌봄의 관점에서 처벌보다는 문제의 해결에 도움을 주려는 자세로 대하고, 품격을 지켜서 사회적으로 존경과 신뢰를 받는 위상을 확고히 한다면(정일화, 2020: 57-59), 교육활동 침해 민원을 근원적으로 예방하는 이상적인 길이라고 할 것이다.

생각 나누기

1. 다음의 사례를 읽고, 필요한 영상정보 등의 제공 때 화면의 처리 등 개인정보 보호와 관련해서 유의할 점을 생각해 보자.

> ○○학교는 해당 정보 주체의 개인 영상정보를 포함된 영상을 당사자에게 제공하였으나, 여기에는 다른 학생들이 포함됨. 이는 다른 정보 주체나 해당 법정대리인의 동의를 받지 않은 경우로 「개인정보 보호법」 제17조(개인정보의 제공)를 위반하는 것임. 제3자의 개인 영상정보를 제공하려면 포함된 개별 정보 주체의 동의를 구해야 함.

2. 민원은 예방이 최선이다. 다음의 글을 읽고, 새 학년 초에 학부모와 좋은 관계를 맺는 방법들에 대해 생각해 보자.

> 새 학기가 시작되는 첫 주에 학부모에게 전화하십시오. 학부모로 하여금 당신이 그들의 자녀를 얼마나 잘 관리했는지 알게 하십시오. 이렇게 하는 것은 한 학년의 좋은 출발이 될 것입니다. 만약 문제가 생겨 부모에게 전화를 하게 된다면, 당신은 이미 부모와 좋은 관계를 맺은 이후일 것입니다(Kronowitz, 2009).

3. 다음은 민원행정 처리현황의 실태를 분석한 논문에서 민원의 반복 사례가 발생하지 않도록 민원 처리의 개선방안을 제시한 내용이다. 이를 읽고 민원 응대 또는 민원 대응의 자세에 대해 생각해 보자.

> 민원이 제기되는 이유 중 민원초기 단계에서 민원담당자의 불성실한 답변과 태도, 형식적인 민원처리에 대한 불만 등이 주된 원인임이 나타났다. 민원행정이 단순히 민원인의 요구를 제반 법규로 적용하여 처리하는 것으로 생각하지 말고 민원인의 절실한 문제를 해결해 주는 행정으로 인식하는 민원담당 공무원의 의식변화가 요구된다. 또한 민원인을 단지 까다롭게 불만을 제기하는 사람으로만 보지 말고 담당자들이 파악하지 못한 문제점을 발견하고 합리적인 방안을 모색하는 사람으로 인식하여야 한다. 또한 그들이 문제를 제기한 바를 적극 검토하여 제도 개선 계기로 마련하려는 적극적인 자세가 필요할 것이다(이윤희, 2019: 107).

4. 다음의 학업성적 관련 민원 사례를 읽고 어떻게 해야 할지를 생각해 보자.

△△고등학교는 대학입시 수시전형에 반영되는 1학기까지의 성적 마감을 보름 정도 앞두고 3학년 1학기 기말고사를 끝낸다. 그런데 학생 두 명이 담당 교과 교사를 찾아와 영어 문제의 오류를 제기한다. 해당 문제를 살핀 교사는 이상이 없다고 대답하지만, 두 학생은 굽히지 않는다. 다음날 학교에 학부모의 전화가 온다.

5. 다음의 사례를 읽고, 이런 경우에 '나'라면 그리고 학교는 어떻게 대처해야 할지를 생각해 보자.

ㅁㅁ초등학교에서 2학년 담임을 맡은 김 교사는 매일 아침 일찍 출근해서 교실을 정리하고 수업을 준비한다. 경력에 비해 능숙하다는 평을 듣는 김 교사는 교과뿐만 아니라 생활지도도 완벽하게 하는 교사가 되고 싶다. 작년 5학년 담임을 할 때만 해도 아이들을 잘 다룬다고 생각했는데 올해는 쉽지 않다. 특히 모든 아이의 활동 결과를 철저하게 확인하는 김 교사는 수업 활동 때 지시대로 하지 않고 자신만의 방식대로 하겠다고 고집을 부리거나 돌발 행동을 하는 한 아이 때문에 속상할 때가 많다. 그러던 중 상담을 요청한 이 아이의 어머니는 김 교사가 아이에게 지시했던 말을 날짜별로 빼곡하게 기록한 노트를 던지듯 펼쳐 놓고는 김 교사의 비교육적 말투를 수정해 달라고 강력하게 요구했다. 김 교사는 모든 아이에게 필요한 일상적인 지시를 비교육적이라고 규정하며 화를 내는 학부모의 주장에 동의할 수 없었다. 이후에는 순간순간 분노가 치밀어 올라와서 아이를 쳐다보기 어렵다(홍우림, 2018).

참고문헌

교육부(2023a). 교권 회복 및 보호 강화 종합방안.

교육부(2023b). 시 · 도 교권보호 실무 추진단 협의회 회의자료.

교육부(2023c). 학생 · 교원 · 학부모가 상호 존중하는 교권 회복 및 보호 강화 종합방안.

교육부, 한국교육개발원(2024). 2024 개정 교육활동보호 매뉴얼. 한국교육개발원, 수탁연구자료 CRM 2024-28.

김차명(2018). 학부모 민원의 유형과 대응방안. 한국교원교육학회 학술대회자료집, 1-10.

김혜경(2018). 학부모 민원의 유형과 대응방안-학교폭력 관련 사례를 중심으로-. 한국교원교육학회 학술대회자료집, 31-35.

대전광역시교육청(2023a). 교육활동 보호를 위한 민원 대응 기본 계획.

대전광역시교육청(2023b). 교육활동 보호를 위한 악성 민원 신고 센터 및 신속 민원 대응팀 운영 계획.

대전광역시교육청(2023c). 민원인 개인정보 및 권익 보호를 위한 2023년 민원인 개인정보 보호 조치 계획(안).

송현섭(2018). 고등학교 학부모 민원의 유형과 대응방안. 한국교원교육학회 학술대회자료집, 27-30.

이윤희(2019). 교육 민원행정의 실태 분석-인천광역시교육청을 중심으로-. 석사학위논문. 한국교원대학교 교육정책전문대학원.

정일화(2020). 새내기 교사론. 한국학술정보.

충청북도교육청(2023). 교육활동 보호를 위한 민원 대응 기본 계획 안내.

홍우림(2018). 학부모 민원의 유형과 대응방안. 한국교원교육학회 학술대회자료집, 11-19.

Kronowitz, E. L. (2009). 성공하는 교사의 첫걸음 (*The Teacher's Guide to Success: Teaching Effectively in Today's Classrooms*). (고재천, 권동택, 김은주, 박상완, 박영만, 이정선, 정혜영 공역). 시그마프레스. (원저는 2008년에 출판).

로앤비. www.lawnb.com

법제처 국가법령정보센터. www.law.go.kr

부록

[부록 5-1]

교육실습생 평가 영역 예시

영역	항목	내용	배점	평가교사
근무태도 (10%)	1. 과외 활동 및 학교 활동	• 학생활동 참여 지도 • 학급지도 태도 및 학교행사 참여도 • 지도교사와의 협조	10	교과 교사
	2. 근태 상황	• 무단결근 유무(감 3점) • 무단지각, 조퇴, 결과, 외출, 자리이탈 유무(감 1점)		교육연구
자질 (15%)	1. 기본적 자질	• 언행 및 정서적 · 성격적 측면의 건강성 • 성실성, 근면성, 열의 • 원만한 대인관계 • 각종 과제물 및 책임 완수	15	교육연구 학급담임 교과 교사
	2. 교사의 기질 및 자질	• 지도 능력 및 학생에 대한 애정 • 바람직한 교직관, 건전한 사상 • 창의성 및 연구능력 • 지도교사와의 인화, 협동 • 복장 및 언행		
학습지도 능력 (50%)	1. 수업 계획 및 지도	• 교수 · 학습과정안의 지도 계획 및 목표 설정 • 교재 연구 정도 • 학습 자료 준비 및 활용 계획 • 학생 및 학습지도의 이해, 학생의 개인차, 흥미 적성, 발달, 태도 등의 이해	50	교과 교사
	2. 수업의 실제	• 언어, 표현력, 태도 • 교수 · 학습 목표 인지 및 달성도 • 학습전개 및 구조화, 피드백 및 교정 과정 • 학생 활용 및 호응도 • 판서의 구조화 및 정리 • 수업형태 및 확인학습 내용		
	3. 수업 참관 및 협의	• 교육실습록 기록 내용 • 수업계획안 기록 및 제출 상황 • 수업참관록 및 제출 상황 • 수업 참관 내용, 태도 및 열의 • 협의회 참관 및 발표내용		
연구조사 활동 (15%)	1. 연구활동	• 참고 문헌 조사 • 교육자료 제작 및 참여도 • 교과연구 활동 상태 • 연구적 태도 및 창의성	15	교과 교사
	2. 연구협의회 참석	• 연구 수업 및 협의회 • 연구자료의 수집, 처리 및 정리 • 평가협의회 발문 및 질의 내용		
학급경영 및 사무 처리 (10%)	1. 학생 생활지도	• 학급활동, 청소활동 등을 통한 학생 생활 습관 파악 • 학급 분위기 조성 • 조회, 종회시의 전달사항, 훈화 내용 • 교실 내의 개인별 생활 파악(휴식 시간, 점심 시간 등)	10	학급담임 교육연구
	2. 학급관리 및 사무 처리	• 교실의 환경, 위생 및 미화, 정리에의 관심과 노력 • 출석부 기입 및 출결 통계, 생활기록부 기입 • 담당교과 성적 처리		
총계 (100%)	-	-	100	-

[부록 5-2]

교육실습 평가서 예시

교육실습 학교	○○○○	실습학교장	교과지도교사	학급지도교사
교육실습생 소속	대학 학과	㊞	㊞	㊞
교육실습생 성명		실습 기간		

평가 항목		평가 기준	점수	의견
1	출결 및 근태상황 (10점)	• 근태 상황(지각, 조퇴, 결근) • 실습 활동의 성실성	9, 10	
2	교직자의 일반 자질 (15점)	• 교직에 대한 열의 • 학생에 대한 관심과 이해 • 학생을 대하는 태도 • 인화 협동의 태도 • 민주적 지도 • 창의성, 근면성 • 학생과 교사와의 의사소통	13, 14, 15	
3	교수 · 학습 능력 (50점)	• 교과 내용에 대한 지식, 이해, 적용 • 수업 준비와 계획 • 민주적 학습 분위기 조성 • 학습 동기유발 능력 및 조장 • 교수 · 학습의 전개 • 교수 방법 및 기술의 적용 • 평가와 결과의 활용	48, 49, 50	
4	연구 조사 활동 (15점)	• 관찰 활동과 자료 수집 • 사례 연구 활동 • 기타 연구 조사 활동 • 연구 결과 분석과 처리	13, 14, 15	
5	학급경영 및 사무 처리 능력 (10점)	• 학급관리 • 사무 처리	8, 9, 10	
6	기타 활동과 총평 (100점)			

[부록 7-1]

중학교 도덕과 교수 · 학습 과정 약안 예시

교과	도덕	일시	○○○○. ○○. ○○.	대상	3학년 ○반	지도교사	○○○
단원	인간 존엄성과 인권			장소	진로활동실		
성취 기준	[9도03-01] 인간 존엄성과 인권, 양성평등이 보편적 가치임을 도덕적 맥락에서 이해하고, 타인에 대한 사회적 편견을 통제하여 보편적 관점에서 모든 인간을 인권을 가진 존재로서 공감하고 배려할 수 있다.						
수업 목표	학습 목표	• 인권이 보편적 가치임을 도덕적 맥락에서 이해할 수 있다 • 타인에 대한 사회적 편견을 통제하고 자신의 인권 감수성을 성찰할 수 있다.					
	창의인성요소	다양성, 감수성, 개방성, 배려, 문제해결력, 실천력					
수업모형		설명 강의, 개별학습, 짝 대화, 문답 활동					
교수학습 자료		깨달음의 도덕여행 학습장, 이미지 자료, 온라인 학습공간(패들렛)					

학습 단계	학습 내용	교수 · 학습 활동	자료 및 유의점
도입 (5분)	수업 준비 확인 전시학습 확인 동기유발 학습 목표 제시	• 통계 자료를 활용한 문답 www.newspim.com/news/view/20230308000044	
전개 (30분)	학습 활동 1: 주어진 질문에 답하기 학습 활동 2: 인권 감수성 탐구 및 성찰하기	• 이미지 자료를 보고 질문에 대한 생각과 느낌 쓰기(https://ko.padlet.com/seomira1/35-tpsikf5b3nn3p32o) ※ 배움 나누기: 인권 감수성 조금 더 키우기 • 다음의 광고 자료는 어떤 생각, 느낌, 태도가 필요함을 전달하고자 할까요? 당신도 나와 다르게 생겼어요 1. 나와 의도가 전혀 다른 사람에 대해 어떤 생각과 감정을 가지나요? '누군가에게는 이 계단이 에베레스트산입니다.' 2. 이 광고는 무슨 의미일까요? 모두 살색입니다 3. 건설 현장과 등에서 일하는 외국인 노동자를 보면 어떤 생각과 느낌이 드나요? '편견을 접으면 그들의 능력이 보입니다' 4. 이 광고는 무슨 의미일까요? 인권'을 지우고 '이권'을 챙기고 계십니까? 5. 이 광고와 사례를 써 보세요. • 내가 우리 학급 친구들에게 제안하는 인권 표어 6. 나의 인권감수성을 성찰하는 질문을 3개 만드세요. 다음과 같이 번호를 달아 완전한 문장 형식으로 서술하시오. (1) (2) (3) 평가 | 학습 태도 | 학습 결과물	자료 사진: 1 · 5 국가인권위원회, 2. 이재석 광고연구소, 3 · 4 한국방송공사 공익광고협의회
	학습 활동 3: 친구들이 올린 글을 보고 생각하고 느낀 점 이야기하기	• 자신이 서술한 내용을 짝과 함께 문답하기 - 인종, 피부색, 신체적 조건에 따른 편견 깨기 - 장애인과 비장애인이 함께 어울려 살기 위한 조건 - 외국인에 대한 편견과 선입견 성찰하기 - 인권이 보편적 가치임을 인지하기 • 나의 인권 감수성을 성찰하는 질문 주고받기 - 우리 학급에서 일어나는 인권 침해 상황 떠올리기 - 위와 같은 일이 일어나지 않기 위해 실천해야 할 행동에 대한 도덕적 상상력 발휘하기, 제안하기	말풍선 학습판
정리 (5분)	학습 내용 정리 형성평가	• 급식실에서의 우리 모습을 떠올리며 도덕 선생님이 제안한 실천 과제에 대한 자신의 생각 발표하기 - 급식 후 자신의 자리를 깨끗하게 정리하기	
	차시 예고	• 과학기술의 양면성과 인권의 관계	

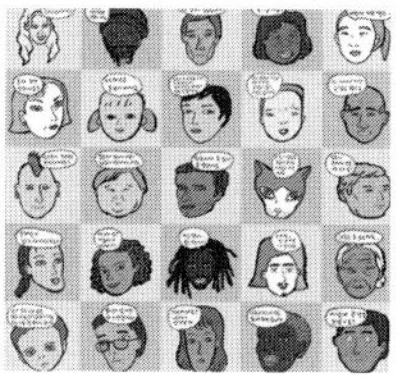

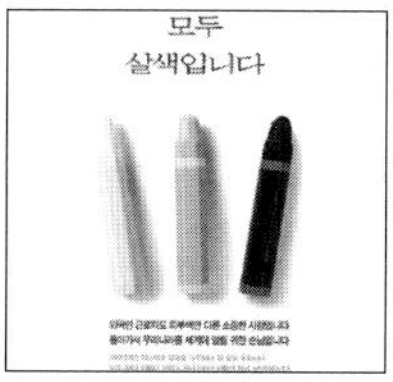

[부록 9-1]

학교 교육과정 편성 및 운영의 주요 사항에 대한 법적 근거

주요 사항	교육과정의 법적 근거
국가수준 교육과정 기준 설정	「헌법」 제31조 제1항 · 제4항 「초 · 중등교육법」 제23조 제2항
국가 교육과정 기준 지역 수준의 교육과정 학교 교육과정 편성 · 운영의 지침, 법적 기준	「교육기본법」 제3조 · 제4조 · 제5조 · 제6조 「초 · 중등교육법」 제23조 제2항
초 · 중학교의 교육 목적 규정	「초 · 중등교육법」 제38조 · 제41조
학교 교육과정 편성 · 운영의 법적 근거	「초 · 중등교육법」 제23조 제1항 · 제2항
교과	「초 · 중등교육법」 제23조 제3항 「초 · 중등교육법 시행령」 제43조
학사 일정 운영	「초 · 중등교육법」 제24조 「초 · 중등교육법 시행령」 제44조 · 제45조
학급편성	「초 · 중등교육법 시행령」 제46조
학교의 휴업일	「초 · 중등교육법 시행령」 제47조
수업 운영 방법	「초 · 중등교육법 시행령」 제48조
중학교 자유학기제 운영	「초 · 중등교육법 시행령」 제48조의2
교류학습, 체험학습의 수업 일수 인정의 법적 근거	「초 · 중등교육법 시행령」 제48조 제5항 · 제49조
진급과 졸업	「초 · 중등교육법」 제26조 「초 · 중등교육법 시행령」 제50조
수업연한 규정	「초 · 중등교육법」 제39조
조기진급 및 조기 졸업	「초 · 중등교육법」 제27조 「초 · 중등교육법 시행령」 제53조
학습부진아 등에 대한 교육	「초 · 중등교육법」 제28조 「초 · 중등교육법 시행령」 제54조
교과용 도서	「초 · 중등교육법」 제29조
학교운영위원회 구성 · 운영	「초 · 중등교육법」 제31조 · 제32조
장학 지도	「초 · 중등교육법」 제7조 「초 · 중등교육법 시행령」 제8조
학생 자치활동	「초 · 중등교육법」 제17조
학교 규칙 제정	「초 · 중등교육법」 제8조 「초 · 중등교육법 시행령」 제9조
평가 및 평가 결과 기록	「초 · 중등교육법」 제9조 · 제25조 「초 · 중등교육법 시행령」 제12조

자료: 권혜정(2015). 국가교육과정기준법 시안 개발 연구. 박사학위 논문. 고려대학교 대학원, pp. 49-56 수정 보완.

[부록 9-2]

초등학교 및 중학교의 교육과정 편제와 시간 배당 기준

(단위: 시간)

<table>
<tr><th colspan="3">구분</th><th>1~2학년</th><th>3~4학년</th><th>5~6학년</th></tr>
<tr><td rowspan="11">초등
학교</td><td rowspan="8">교
과
(군)</td><td>국어</td><td rowspan="7">국어 482
수학 256
바른 생활 144
슬기로운 생활 224
즐거운 생활 400</td><td>408</td><td>408</td></tr>
<tr><td>사회/도덕</td><td>272</td><td>272</td></tr>
<tr><td>수학</td><td>272</td><td>272</td></tr>
<tr><td>과학/실과</td><td>204</td><td>340</td></tr>
<tr><td>체육</td><td>204</td><td>204</td></tr>
<tr><td>예술(음악/미술)</td><td>272</td><td>272</td></tr>
<tr><td>영어</td><td>136</td><td>204</td></tr>
<tr><td>소계</td><td>1,506</td><td>1,768</td><td>1,972</td></tr>
<tr><td colspan="2">창의적 체험활동</td><td>238</td><td>204</td><td>204</td></tr>
<tr><td colspan="2">학년군별 총 수업 시간 수</td><td>1,744</td><td>1,972</td><td>2,176</td></tr>
<tr><td></td><td></td><td></td><td></td><td></td></tr>
<tr><td rowspan="13">중
학
교</td><td></td><td>구 분</td><td colspan="3">1~3학년</td></tr>
<tr><td rowspan="10">교
과
(군)</td><td>국어</td><td colspan="3">442</td></tr>
<tr><td>사회(역사 포함)/도덕</td><td colspan="3">510</td></tr>
<tr><td>수학</td><td colspan="3">374</td></tr>
<tr><td>과학/기술・가정/정보</td><td colspan="3">680</td></tr>
<tr><td>체육</td><td colspan="3">272</td></tr>
<tr><td>예술(음악/미술)</td><td colspan="3">272</td></tr>
<tr><td>영어</td><td colspan="3">340</td></tr>
<tr><td>선택</td><td colspan="3">170</td></tr>
<tr><td>소계</td><td colspan="3">1,506</td></tr>
<tr><td></td><td colspan="3"></td></tr>
<tr><td colspan="2">창의적 체험활동</td><td colspan="3">306</td></tr>
<tr><td colspan="2">총 수업 시간 수</td><td colspan="3">3,366</td></tr>
</table>

자료: 교육부(2022b). 초・중등학교 교육과정 총론. 교육부 고시 제2022-33호 [별책 1] 편집.

[부록 9-3]

일반 고등학교와 특수 목적 고등학교 및 특성화 고등학교와 산업수요 맞춤형 고등학교의 교육과정 편제와 시간 배당 기준

<table>
<tr><th>구분</th><th colspan="2">교과(군)</th><th>공통 과목</th><th>필수 이수 학점</th><th>자율 이수 학점</th></tr>
<tr><td rowspan="12">일반 고등학교 · 특수 목적 고등학교</td><td colspan="2">국어</td><td>공통국어1, 공통국어2</td><td>8</td><td rowspan="9">학생의 적성과 진로를 고려하여 편성</td></tr>
<tr><td colspan="2">수학</td><td>공통수학1, 공통수학2</td><td>8</td></tr>
<tr><td colspan="2">영어</td><td>공통영어1, 공통영어2</td><td>8</td></tr>
<tr><td colspan="2" rowspan="2">사회
(역사/도덕 포함)</td><td>한국사1, 한국사2</td><td>6</td></tr>
<tr><td>통합사회1, 통합사회2</td><td>8</td></tr>
<tr><td colspan="2">과학</td><td>통합과학1, 통합과학2
과학탐구실험1, 과학탐구실험2</td><td>10</td></tr>
<tr><td colspan="2">체육</td><td></td><td>10</td></tr>
<tr><td colspan="2">예술</td><td></td><td>10</td></tr>
<tr><td colspan="2">기술・가정/정보/
제2외국어/
한문/교양</td><td></td><td>16</td></tr>
<tr><td colspan="2">소계</td><td></td><td>84</td><td>90</td></tr>
<tr><td colspan="2">창의적 체험활동</td><td></td><td colspan="2">18(288시간)</td></tr>
<tr><td colspan="2">총 이수 학점</td><td></td><td colspan="2">192</td></tr>
<tr><td rowspan="13">특성화 고등학교 · 산업수요 맞춤형 고등학교</td><td rowspan="10">보통 교과</td><td>국어</td><td>공통국어1, 공통국어2</td><td rowspan="3">24</td><td rowspan="9">학생의 적성과 진로를 고려하여 편성</td></tr>
<tr><td>수학</td><td>공통수학1, 공통수학2</td></tr>
<tr><td>영어</td><td>공통영어1, 공통영어2</td></tr>
<tr><td rowspan="2">사회
(역사/도덕 포함)</td><td>한국사1, 한국사2</td><td>6</td></tr>
<tr><td>통합사회1, 통합사회2</td><td rowspan="2">12</td></tr>
<tr><td>과학</td><td>통합과학1, 통합과학2</td></tr>
<tr><td>체육</td><td></td><td>8</td></tr>
<tr><td>예술</td><td></td><td>6</td></tr>
<tr><td>기술・가정/정보/
제2외국어/
한문/교양</td><td></td><td>8</td></tr>
<tr><td>소계</td><td></td><td>64</td><td rowspan="2">30</td></tr>
<tr><td>전문 교과</td><td colspan="2">17개 교과(군)</td><td>80</td></tr>
<tr><td colspan="3">창의적 체험활동</td><td colspan="2">18(288시간)</td></tr>
<tr><td colspan="3">총 이수 학점</td><td colspan="2">192</td></tr>
</table>

자료: 교육부(2022b). 초・중등학교 교육과정 총론. 교육부 고시 제2022-33호 [별책 1], p. 305 편집.

[부록 10-1]

지필평가 문항의 유형과 예시

<table>
<tr><th>응답 유형</th><th colspan="4">문항 유형 및 예시</th></tr>
<tr><td rowspan="10">선택형
(selection type)</td><td>진위형</td><td colspan="3">다음 진술문을 읽고, 맞으면 ○표, 틀리면 ×표 하시오.
압력이 일정할 때, 기체의 부피는 온도에 정비례한다. (　)</td></tr>
<tr><td rowspan="6">배합형</td><td>단순</td><td rowspan="6">1. 다음에 동물들의 임신기간을 앞에서 찾아 (　) 안에 그 번호를 써 넣으시오. [각 1점]

임신기간 / 동물
① 270~290일 (　) 돼지
② 143~161일 (　) 개
③ 112~114일 (　) 양
④ 62~68일 (　) 소
⑤ 20~21일 (　) 쥐</td><td rowspan="6">단순배합형</td></tr>
<tr><td>복합</td></tr>
<tr><td>분류</td></tr>
<tr><td>관계분석</td></tr>
<tr><td>관계분류</td></tr>
<tr><td>공변관계</td></tr>
<tr><td rowspan="4">선다형</td><td>최선답</td><td rowspan="4">1. 그림은 판서의 내용이다. ㉠에 해당하는 사례로 가장 적절한 것은? [3점]

〈도덕 판단과 가치 판단의 관계〉
• 도덕 판단은 가치 판단의 한 부분임
• 가치 판단을 모두 도덕 판단이라고 하지는 않음
가치 판단 (㉠ 도덕 판단)

① 젓가락을 그렇게 잡으면 안 된다.
② 가을에는 포도가 최고의 과일이다.
③ 오늘 아침 해돋이 풍경은 참 아름다웠다.
④ 다른 사람의 인격을 항상 존중해야 한다.</td><td rowspan="4">최선답형</td></tr>
<tr><td>정답</td></tr>
<tr><td>다답</td></tr>
<tr><td>합답</td></tr>
<tr><td rowspan="14">서답형
(supply type)</td><td rowspan="3">완성형</td><td>불완전문장</td><td rowspan="3">1. 표에서 ㉠~㉣ 칸에 들어갈 단어를 쓰시오.

원급 / 비교급 / 최상급
strong / ㉠ / ㉡
㉢ / ㉣ / best</td><td rowspan="3">제한완성형</td></tr>
<tr><td>불완전도표</td></tr>
<tr><td>제한완성</td></tr>
<tr><td rowspan="2">단답형</td><td>단구적</td><td rowspan="2">[서답형 1] ㉠에 들어갈 검색어를 다섯 글자로 쓰시오. [5점]

통합 검색 [㉠]
삶 속에 겪게 되는 크고 작은 다양한 고통과 시련과 실패에 대한 인식을 도약의 발판으로 삼아 더 높이 뛰어 오르는 마음의 근력을 의미한다. 인생의 바닥에서 바닥을 치고 올라올 수 있는 힘으로 비인지능력 혹은 마음의 근력을 의미한다.</td><td rowspan="2">단구적단답형</td></tr>
<tr><td>서술적</td></tr>
<tr><td rowspan="7">서술형
논문형</td><td rowspan="3">응답
제한</td><td>분량제한</td><td rowspan="3">응답에 제한하는 방식에 따른 분류</td></tr>
<tr><td>내용범위제한</td></tr>
<tr><td>서술양식제한</td></tr>
<tr><td rowspan="4">응답
자유</td><td>범교과</td><td rowspan="2">내용 특성에 따른 분류</td></tr>
<tr><td>특정교과</td></tr>
<tr><td>단독과제</td><td rowspan="2">자료나 정보의 제시 방식에 따른 분류</td></tr>
<tr><td>자료제시</td></tr>
</table>

자료: 경기도교육청(2005). 평가문항 제작 분석의 실제(중학교용), p. 9; 경기도교육청(2022). 평가 문항 제작 방법 참고.

[부록 10-2]

지필평가 출제 문항 점검표 예시

영역	항목	확인
교육과정 및 교과 내용	평가 내용이 성취 기준에 근거하는가?	
	교육과정 편성 내용과 성취 수준에서 벗어나지는 않는가?	
	평가 내용이 교과별, 학년별 교육과정과 일치하는가?	
	교과 진도표와 일치하고 출제 범위에서 벗어난 문항이 있는가?	
	교육과정을 정상적으로 운영할 수 있게 출제되었는가?	
	선행학습을 유발하는 문항이 있는가?	
	학교 교육과정에 앞서는 문항이 있는가?	
출제원칙	시중에 이미 나와 있는 문항인가?	
	문항정보표에서 특정 영역에 치우치지 않는가?	
문항의 난이도 및 변별도	문제를 푸는 데 너무 많은 시간이 소요되는가?	
	지나치게 쉬운 문제는 없는가?	
	지나치게 어려운 문제는 없는가?	
	쉬운 문제와 어려운 문제가 적절히 출제되었는가?	
	지문의 길이는 적절한가?	
	지문의 난이도와 변별도에 적합하게 배점되었는가?	
	상 · 중 · 하의 난이도가 규정에 맞게 분포되어 있는가?	
문두 (발문)	한 가지 사항만 묻고 있는가?	
	묻고자 하는 내용을 간단명료하게 묻고 있는가?	
	정답에 대한 단서가 제시되어 있지 않은가?	
	부정적 표현의 어구에 밑줄이 있는가?	

[부록 10-3]

자유학기 중학교 1학년 도덕평가 계획 예시

1. 평가의 목적

가. 도덕과의 교과 역량과 기능, 도덕적 탐구 및 성찰과 실천을 함의하는 바를 진단하고 도덕성과 인성을 평가한다.
나. 학생들의 지속적인 도덕적 성장을 촉진하고, 궁극적으로 도덕적 인간과 정의로운 시민을 육성한다.
다. 학생들의 성취 수준을 파악하고, 이에 근거하여 교육목표와 내용, 방법과 교수 · 학습 계획 등 전반적인 교육활동을 개선한다.

2. 평가 방향과 방침

가. 도덕성의 인지적, 정의적, 행동적 측면에 대한 통합적 평가를 실시한다. 학습 내용에 대한 지식과 이해 정도뿐만 아니라 학습 내용에 대한 가치화, 조직화, 인격화의 정도와 도덕 교과 역량이 어느 정도 향상되었는지를 평가한다.
나. 학기 초 평가 계획(시기, 영역, 요소, 방법, 횟수, 세부기준, 반영비율 등)을 안내하여 상호 주관성을 확보하며 원격수업 및 등교수업에 따른 평가 계획을 안내한다.
다. 정기고사 기간에 지필고사 형식의 총괄평가를 실시하지 않으며, 100% 수행평가로 한다.
라. 수행평가는 수업 시간에 학습 수행 과정과 결과를 교사가 관찰하고 자기성찰평가, 동료평가를 참고로 학생의 성장과 발달에 중점을 두고 실시한다. 원격수업에서 학생의 수행이 관찰된 내용은 평가에 반영할 수 있으며 관찰이 불가한 경우의 학습활동은 등교수업과 연계하여 평가할 수 있다.
마. 학생 개개인의 성취 기준 달성 정도를 확인하기 위한 준거지향평가를 실시하여 학생들이 성취 기준에 도달하도록 지도, 지원, 조언, 충고한다.
바. 평가 결과는 평가 영역의 성취 기준에 따라 학습내용 이해에 대한 성취 수준의 특성, 학습활동 내역, 학습활동 참여 태도 등을 학교생활기록부 과목별 세부능력 및 특기사항에 기술한다.
사. 성적처리는 이수 학생의 성취도란에 'P'를 입력한다.

3. 수행평가 세부 기준

가. 도덕적 정체성과 삶의 목적 탐색

평가 영역	가. 도덕적 정체성과 삶의 목적 탐색	
평가 시기	○○○○년 3~4월	
평가 준거 성취 기준	[9도01-03-01] 자신을 도덕적 관점에서 인식할 수 있다. [9도01-04-01] 본래적 가치에 근거하여 자신이 추구하는 가치를 명료화하고 삶의 목적과 연계할 수 있다.	
평가 기준	상	구체적 상황을 적용하여 자신을 도덕적 관점에서 인식할 수 있다. 본래적 가치에 근거하여 자신이 추구하는 삶의 목적을 표현할 수 있다.
	중	자기 자신을 도덕적 관점에서 인식할 수 있다. 자신이 추구하는 가치에 근거하여 삶의 목적을 표현할 수 있다.

〈계속〉

	하	자기 자신을 도덕적 관점에서 부분적으로 인식할 수 있다. 자신이 추구하는 가치와 삶의 목적을 부분적으로 표현할 수 있다.
평가 요소	도덕적 정체성 파악하기, 자신이 추구하는 가치 명료화하기, 바람직한 가치로 삶의 목적 설정하기	
평가 방법	■ 서술 · 논술 ■ 구술 · 발표 □ 토의 · 토론 □ 프로젝트 □ 실기 · 실습 ■ 교사관찰평가 ■ 자기성찰 평가 □ 동료 평가 □ 기타( )	
유의 사항	- 원격수업 기간에 수행한 학습활동은 등교 수업과 연계하여 평가한다. - 학생 자기성찰평가는 개별적 학생에게 제공하는 피드백 자료로만 활용한다.	

평가 문항	평가 요소	척도	척도별 수행 특성
가-1. 도덕적 정체성 함양	㉠ 도덕적 경험을 바탕으로 도덕적 정체성을 탐색했는가? ㉡ 자신의 신념을 비판적 사고로 검토했는가?	상	자신의 도덕적 경험을 바탕으로 도덕적 정체성을 구체적으로 탐색하고 자신의 신념을 비판적 사고로 검토함
		중	자신의 도덕적 경험을 바탕으로 도덕적 정체성을 부분적으로 탐색하고 자신의 신념을 일부분 비판적 사고로 검토함
		하	자신의 도덕적 경험을 바탕으로 도덕적 정체성의 탐색이 미흡하고 자신의 신념에 대한 비판적 사고가 필요함
가-2. 가치 명료화를 통한 삶의 목적 탐색	㉠ 자신이 추구하는 가치를 명료화했는가? ㉡ 자신의 삶의 목적을 제시했는가?	상	자신이 추구하는 가치의 의미와 종류를 명확하게 구별하며 본래적 가치에 근거하여 삶의 목적을 제시함
		중	자신이 추구하는 가치의 의미와 종류를 부분적으로 구별하며 본래적 가치에 근거하여 삶의 목적을 제시함
		하	자신이 추구하는 가치의 의미와 종류를 구별하는 데 어려움이 있으며 삶의 목적을 제시함

나. 사회적 건강과 행복한 삶의 모습 탐구

평가 영역	나. 사회적 건강과 행복한 삶의 모습 탐구	
평가 시기	5~7월	
평가 준거 성취 기준	[9도01-05-01] 행복의 의미를 음미하며 사회적 건강을 위해 실천해야 할 덕목을 제안할 수 있다.	
평가 기준	상	자신의 삶 속에 있는 행복의 요소를 찾아 음미하며 구체적으로 표현할 수 있다. 사회적 건강을 위해 학교생활에서 실천해야 할 덕목을 구체적으로 제안할 수 있다.
	중	자신의 삶 속에 있는 행복의 요소를 찾아 제시할 수 있다. 사회적 건강을 위해 학교생활에서 실천해야 할 덕목을 제안할 수 있다.
	하	자신의 삶 속에 있는 행복의 요소를 추상적으로 제시할 수 있다. 사회적 건강을 위해 학교생활에서 실천해야 할 덕목을 단편적으로 제안할 수 있다.
평가 요소	행복의 요소 표현하기, 사회적 건강에 필요한 덕목 이해하기, 사회적 건강 가꾸기	

〈계속〉

평가 방법	■ 서술 · 논술 ■ 구술 · 발표 □ 토의 · 토론 □ 프로젝트 □ 실기 · 실습 ■ 교사관찰평가 ■ 자기성찰 평가 □ 동료 평가 □ 기타( )
원격수업 평가유형	■ 평가유형 I 수업 중 관찰 · 확인 가능형 □ 평가유형 II 수업 후 관찰 · 확인 가능형 □ 평가유형 III 수업 후 관찰 · 확인 불가형 □ 평가유형 IV 수업 중 관찰 · 확인 불가형
유의 사항	- 원격수업 기간에 수행한 학습활동은 등교 수업과 연계하여 평가한다. - 학생 자기성찰 평가는 개별적 학생에게 제공하는 피드백 자료로만 활용한다.

평가 문항	평가 요소	척도	척도별 수행 특성
나-1. 행복의 요소 표현하기	㉠ 자신의 삶 속에 있는 행복의 요소를 표현했는가? ㉡ 자신의 삶에 행복감을 주는 요소를 발표하고 경청했는가?	상	자신의 삶 속에 있는 행복의 요소를 다양한 매체로 표현하고 발표했으며 다른 사람의 발표를 경청함
		중	자신의 삶 속에 있는 행복의 요소를 일부분 표현하고 다른 사람의 발표를 경청함
		하	자신의 삶 속에 있는 행복의 요소를 일부분 표현함
나-2. 사회적 건강 가꾸기	㉠ 사회적 건강을 위해 필요한 덕목의 의미를 이해했는가? ㉡ 학교생활에서 실천해야 할 덕목을 제안했는가?	상	사회적 건강에 필요한 덕목의 의미를 이해하고 있고 학교생활에서 실천해야 할 덕목을 구체적으로 제안했으며 도덕적 민감성이 담김
		중	사회적 건강을 위해 필요한 덕목의 의미를 일부분 이해했고 학교생활에서 실천해야 할 덕목을 제안했으며 도덕적 민감성이 부분적으로 포함됨
		하	사회적 건강을 위해 필요한 덕목의 의미를 이해하는 데 어려움이 있으며 학교생활에서 실천해야 할 덕목을 피상적으로 일부분 제안함

[부록 11-1]

유치원 학사 운영 사례

월	주	월	화	수	목	금	주별 일수	행사	교육 과정 일수	방과후 과정 일수
3	1			1	2	3	2	1일(수)삼일절, 2(수)개학 및 입학식	22	22
	2	6	7	8	9	10	5			
	3	13	14	15	16	17	5			
	4	20	21	22	23	24	5	22(수)체격 검사		
	5	27	28	29	30	31	5	27(월)~31(금)1학기 학부모 상담주간, 30(목)뮤지컬 관람		
4	6	3	4	5	6	7	5	3(월)딸기 체험	20	20
	7	10	11	12	13	14	5	13(화)~14(수)요리 활동(화분컵케이크)		
	8	17	18	19	20	21	5	17(월)~21(금)수업장학		
	9	24	25	26	27	28	5	25(화)코딩수업, 26(수)~28(금)학부모 참관수업		
5	10	1	2	3	4	5	3	1(월)재량휴업일, 2(화)~3(수)요리 활동, 4(목)원예 활동, 5(금)어린이날	20	20
	11	8	9	10	11	12	5	8(월)체육대회, 9(화)~10(수)장애이해교육, 11(목)스마트폰 및 인터넷 중독 예방교육		
	12	15	16	17	18	19	5	16(화)~19(금)교육과학연구원 체험		
	13	22	23	24	25	26	5			
6	14	29	30	31	1	2	4	29(월대체휴일, 30(화)~2(금)독서주간(골든벨), 30(화)코딩수업	21	21
	15	5	6	7	8	9	4	5(월)마을 체험, 6(화)현충일, 8(목)학부모교육(독서/다문화)		
	16	12	13	14	15	16	5	15(목)레이저 쇼		
	17	19	20	21	22	23	5	19(월)~23(금)안전놀이실천주간		
	18	26	27	28	29	30	5	26(월)~30(금)특성화 활동 참관수업, 27(화)코딩수업		
7	19	3	4	5	6	7	5		15	16
	20	10	11	12	13	14	5			
	21	17	18	19	20	21	5	18(화)코딩수업, 19(수)물놀이, 21(금)여름 방학식		
	22	24	25	26	27	28	(1)			
8	23	31	1	2	3	4	(4)		0	(22)
	24	7	8	9	10	11	(5)	10(목)~11(금)요리 활동		
	25	14	15	16	17	18	(4)	15(화)광복절		
	26	21	22	23	24	25	(5)			
	27	28	29	30	31		(4)	29(화)코딩수업		
1학기 계	• 교육과정 여름방학: 2023. 7. 24.(월)~8. 31.(목) • 방과후 과정 여름방학: 2023. 7. 24.(월)~7. 28.(금) • 방과후 과정 운영: 2023. 7. 31.(월)~8. 31.(목)								98	121
9	1					1	1	1(금)2학기 개학일	19	19
	2	4	5	6	7	8	5	6(수)도서관 견학		
	3	11	12	13	14	15	5	14(목)~15(금)119시민체험센터		
	4	18	19	20	21	22	5	19(화)코딩 수업, 20(수) 학부모교육(심폐소생술), 20(수)도서관 견학, 21(목) 도서관 견학		
	5	25	26	27	28	29	3	25(월)~27(수)전통놀이 한마당, 27(수)도서관 견학, 28(목)~29(금)추석연휴		
10	6	2	3	4	5	6	3	2(월)재량휴업일, 3(화)개천절	19	19
	7	9	10	11	12	13	4	9(월)한글날, 10(화)~13(금)학부모상담주간		
	8	16	17	18	19	20	5	16(월)~20(금)자기장학, 18(수)목재 체험관		
	9	23	24	25	26	27	5	23(월)~25(수)학부모 참여수업, 23(월)~27(금)독서주간, 26(목)동물원		
11	10	30	31	1	2	3	5	31(화)코딩수업	22	22
	11	6	7	8	9	10	5	8(수)학부모 교육(그림책)		
	12	13	14	15	16	17	5	14(화) · 16(목)유아교육진흥원		
	13	20	21	22	23	24	5			
12	14	27	28	29	30	1	5	28(화)코딩수업, 30(목)버블쇼	15	20(5)
	15	4	5	6	7	8	5	4(월)뮤지컬		
	16	11	12	13	14	15	5	13(수)~14(목)솔로몬로파크		
	17	18	19	20	21	22	4	18(월)~19(화)요리 활동(크리스마스 케이크), 21(목)겨울 방학식		
	18	25	26	27	28	29	0	25(월)성탄절		
1	19	1	2	3	4	5	(4)	1(월)신정	0	(22)
	20	8	9	10	11	12	(5)	10(수)~11(목)요리활동		
	21	15	16	17	18	19	(5)			
	22	22	23	24	25	26	(5)			
2	23	29	30	31	1	2	2(5)	1(목)개학일	8	(15)
	24	5	6	7	8	9	4(4)	7(수)마술쇼, 9(금)설연휴		
	25	12	13	14	15	16	2(5)	12(월)설날대체공휴일, 14(수)졸업 및 수료식		
	26	19	20	21	22	23	(4)			
2학기 계	• 교육과정 겨울방학: 2023. 12. 22.(금)~2024. 1. 31.(수) • 교육과정 학년 말 방학: 2024. 2. 15.(목)~2. 29.(목) • 방과후 과정 학년 말 방학: 2024. 2. 26.(월)~2. 29.(목)								83	117

[부록 11-2]

초등학교 학사 운영 사례

월	주		월		화		수		목		금	수업 일수	
												주별	누계
3	1					1	삼일절	2	개학식 · 입학식	3		2	2
	2		어울림 교육주간						기초학력진단검사		학급임원선거	5	7
	3										전교임원선거	5	12
	4		상담주간				학교교육설명회					5	17
	5											5	22
4	6											5	27
	7		과학행사주간									5	32
	8		장애공감실천주간						4년 역사캠프		4년 역사캠프	5	37
	9		독도교육주간									5	42
5	10		학교장 재량휴업일		5년 메이커 교육				소체육대회		어린이날	3	45
	11		인성실천주간									5	50
	12		다문화교육주간		1~3년 현장체험				6년 현장체험			5	55
	13		통일교육주간				5년 수련교실		5년 수련교실		5년 수련교실	5	60
	14		대체휴일									4	64
6	15		재량휴업일		현충일							3	67
	16		환경교육주간				5년 수학체험센터					5	72
	17		프로젝트학습주간									5	77
	18											5	82
7	19		AI 교육주간									5	87
	20											5	92
	21											5	97
	22								여름방학식			4	101
8	1						개학식				학급 임원선거	3	3
	2		3년 수영실기(~9. 1.)								전교임원선거	5	8
9	3		양성평등주간 3년 수영실기(~9. 8.)									5	13
	4		생명사랑교육주간 4년 수영실기(~9. 15.)		6년 수학여행		5년 영어캠프 6년 수학여행		5년 영어캠프		5년 영어캠프	5	18
	5		상담주간 4년 수영실기(~9. 22.)				학교교육설명회 학부모 공개수업					5	23
	6		인성교육실천주간						추석연휴		추석연휴	3	26
10	7		재량휴업일		개천절							3	29
	8		한글날		언어문화개선, 언어폭력예방주간							4	33
	9		장애인권교육주간									5	38
	10						2년 체험학습		1년 체험학습			5	43
	11										학예회	5	48
11	12		5년 수영실기(~11. 10.)									5	53
	13		5년 수영실기(~11. 17.)									5	58
	14		프로젝트학습주간									5	63
	15											5	68
12	16		AI 교육주간									5	73
	17											5	78
	18											5	83
	19		성탄절								겨울방학식	4	87
2	20		개학식				졸업식, 종업식					3	90

[부록 11-3]

중학교 학사 운영 사례

월	주	월		화		수		목		금		수업 일수	
												주별	누계
3	1					1	삼일절	2	시업식 · 입학식	3		2	2
	2								기초학력진단검사		학급임원선거	5	7
	3										전교임원선거	5	12
	4		인성교육실천주간									5	17
	5											5	22
4	6								학교 교육과정 설명회			5	27
	7											5	32
	8		장애이해교육주간				1년 수련활동		1년 수련활동		1년 수련활동	5	37
	9		과학의 날 주간				2~3년 수학여행		2~3년 수학여행		2~3년 수학여행	5	42
5	10		개교기념일						체육대회		어린이날	3	45
	11		인성교육주간									5	50
	12		인성교육주간									5	55
	13											5	60
	14		대체휴일									4	64
6	15		재량휴업일		현충일							3	67
	16											5	72
	17		통일교육주간									5	77
	18											5	82
7	19						1학기 고사(2~3년)					5	87
	20		꿈끼 탐색주간									5	92
	21						여름방학식					3	95
	22												
8	1								개학식			2	2
	2											5	7
	3											5	12
9	4											5	17
	5		학생 상담 주간									5	22
	6								학교 교육과정 설명회			5	27
	7								추석연휴		추석연휴	3	30
10	8		학교장재량휴업일		개천절							3	33
	9		한글날				현장체험학습					4	37
	10											5	42
	11		독도교육주간									5	47
	12		학생의 날 기념주간									5	52
11	13											5	57
	14		2학기 고사(3년)		2학기 고사(3년)		2학기 고사(3년)					5	62
	15											5	67
	16											5	72
12	17		3년진로연계학기 운영주간(~12. 22.)									5	77
	18						2학기 고사(2년)		2학기 고사(2년)		2학기 고사(2년)	5	82
	19		꿈끼 탐색주간									5	87
	20		성탄절						학생 축제		학생 축제	4	91
1	21		신정								졸업식, 종업식	4	95

[부록 11-4]

고등학교 3학년 중심의 학사 운영 사례

월	주	월	화	수	목	금	수업 일수 주별	수업 일수 누계
3	1			1 삼일절	2 개학식 · 입학식	3 새 학년 상담 및 신입생 적응 기간	2	2
	2	학생 기초 상담	학생 기초 상담	학생 기초 상담	학생 기초 상담 고3담임 연수	학생 기초 상담	5	7
	3				학교설명회(3학년)		5	12
	4			대입 상담 연수	전국학력평가 (1, 2, 3학년)		5	17
	5		졸업앨범 촬영				5	22
4	6						5	27
	7			전국학력평가			5	32
	8		대입지도 심화연수	생기부 점검			5	37
	9	중간고사	중간고사	중간고사	중간고사	중간고사	5	42
5	10	학생 및 학부모 상담~			~학생 및 학부모 상담	어린이날	4	46
	11	대학별 수시 요강				체육한마당 졸업앨범 촬영	5	51
	12			비스킹 데이			5	56
	13						5	61
	14	대체휴일			대수능모의평가		5	66
6	15	재량휴업일	현충일				3	69
	16	학생 상담~				~학생 상담	5	74
	17						5	79
	18				기말고사	기말고사	5	84
7	19	기말고사	기말고사	기말고사	수시 지원 상담, 학생부 입력~		5	89
	20	수업 유연화 주간	전국학력평가				5	94
	21		~수시 지원 상담	방학식	대학 면접 준비	대학 면접 준비	3	97
8	1			3학년 개학식	~수시 서류 준비, 상담, 학생부 입력		3	3
	2	수시 지원 상담~					5	8
	3		광복절			~수시 지원 상담		
	4	중간고사	중간고사	중간고사				
	3			수능응시원서 작성	힉생부 작성 기준		5	13
9	4			대수능모의평가			5	18
	5	수시 원서 접수	수시 원서 접수	수시 원서 접수	수시 원서 접수	수시 원서 접수	5	23
	6				기말고사	기말고사	5	28
	7	기말고사	기말고사	기말고사	추석 연휴	추석	3	31
10	8		개천절	수시 면접 준비~			4	35
	9	한글날			전국학력평가		4	39
	10						5	44
	11						5	49
	12					~수시 면접 준비	5	54
11	13						5	59
	14				대학수학능력시험		4	63
	15	수시 면접 준비~					5	68
	16				정시 학생부 기준		5	73
12	17				~수시 면접 준비	수능 성적 발표	5	78
	18					수시 합격자발표	5	83
	19	정시 상담~			방학식	졸업식	5	88
	20	크리스마스		~정시 상담			4	92
1	21	방학	방학				0/0	92/92
	22	방학	방학			방학	0/2	92/94
2	23		정시 합격자발표				0/0	92/94
	24	등교일(1, 2학년)	등교일(1, 2학년)	신학년 준비	신학년 준비	신학년 준비	2/0	94/94

[부록 11-5]

교육부의 범교과 학습 주제 편성 · 운영안

학습 주제	세부 교육 주제	의무여부	기준 시수	편성 · 운영 방법 및 근거
안전 건강	안전교육: ① 생활안전, ② 교통안전, ③ 폭력예방 및 신변보호, ④ 약물 및 사이버 중독 예방, ⑤ 재난안전, ⑥ 직업안전, ⑦ 응급처치	의무	51	• 교육과정과 연계한 안전교육 편성 프로그램과 안전교육 자료 적극 활용 ※ 학교안전정보센터(www.schoolsafe.kr) 참고 •「학교안전사고 예방 및 보상에 관한 법률」및「학교안전교육 실시 기준 등에 관한 고시」
	성	의무	15	• 안전교육, 보건교육 등과 통합하거나 교과교육과 연계 운영할 경우 시수 인정 • 교육과정과 연계한 안전교육 편성 프로그램과 안전교육 자료 적극 활용
	보건	의무	(17)*	• 감염병 예방, 대처를 위한 적정시수 유지 * ( )시수는 학교급별 최소 1개 학년 대상 시수임
	소방 안전	의무	연 1회	• 안전교육 통합 운영 및 교과교육 연계
	식품 · 안전 및 영양 · 식생활	의무	연 2회	• 안전교육 통합 운영 및 교과교육 연계
	인터넷 중독	의무	의무	• 안전교육 통합 운영 및 교과교육 연계
	생명존중 및 자살예방	의무	6	• 안전교육, 인성교육 등과 통합하거나 교과교육과 연계 운영할 경우 시수 인정
	학교폭력 예방	의무	11	• 교과 및 창의적 체험활동 시간과 연계 운영하거나 안전교육, 인성교육 등과 통합 운영할 경우 시수 인정 • 어울림, 사이버 어울림 프로그램을 활용한 교육 실시
인성	인성	의무		• 도덕, 실과, 기술 · 가정, 정보 등 관련 교과를 통해 세부 주제 통합운영 권장
진로	진로	의무	의무	• 중 · 고교의 경우 '진로와 직업' 교과와 창의적체험활동 '진로활동', 자유학기 '진로탐색활동' 및 교과 수업과 연계하여 다양한 진로교육 실시
민주 시민	민주시민	권장		• 초등통합, 국어, 사회, 도덕, 통합사회 등 관련 교과를 통해 세부 주제 통합 · 운영
인권	장애인식 개선	의무	2	• 인권교육, 교과교육과 연계하거나 장애인의 날 및 장애이해 수업과 연계할 경우 시수 인정
다문화	다문화 이해	의무	2	• 교과교육 연계 및 세계인의 날(5. 20.)과 연계할 경우 시수 인정
통일	통일	의무		• 통일교육주간(5월 4주)과 연계 · 운영 • 도덕, 사회 등 관련 교과와 통합 · 운영
독도	독도	권장		• 독도의 날(10. 25.)과 연계 · 운영 • 사회, 한국사 등 관련 교과와 통합 · 운영
경제 · 금융	경제금융	권장		• 사회, 실과, 기술 · 가정, 실용경제 등 교과와 통합 · 운영
환경 · 지속가능발전	환경 · 지속가능한 발전	의무		• 환경, 사회, 실과 등 관련 교과와 통합 · 운영

1. 범교과 학습 주제 간 통합운영 및 관련 교과 교육과정을 재구성하여 연계 · 운영하는 등 탄력적으로 운영
2. '범교과 학습주제와 교과 교육과정 연결 맵' '범교과 학습주제 교수학습자료'는 에듀넷 · 티-클리어(www.edunet.net) 탑재 완료 (에듀넷 → 교육정책 → 교육과정 → 교수 · 학습 → 범교과 학습 주제 → 인성교육 116번 게시물)

* 교육부의 '2023학년도 범교과 학습주제 편성 · 운영안'과 '범교과 학습주제의 법령, 고시, 지침 등 근거 자료'를 통합해서 요약함. 관련 법령(약칭), 고시, 지침 등은 생략함.

자료: 대전광역시교육청(2022). 2023학년도 범교과 학습주제 편성 · 운영안 안내.

찾아보기

인명

A

Aristoteles 198

B

Bandura, A. 135
Banner, J. M. 134

C

Cannon, H. C. 134
Clark, R. 176

E

Eisner, E. W. 164, 199
Erikson, E. H. 143

G

Gandhi 198
Gilligan, C. 142

J

Joyce, B. R. 48

K

Kohlberg, L. 142
Kronowitz, E. L. 157

M

Maslow, A. H. 142

N

Neill, A. S. 136

Nicholl, M. J. 158

P

Payne, R. K. 136

Piaget, J. 143

Platon 147

R

Rose, C. P. 158

S

Schön, D. A. 165

Schwab, K. 11

Spencer, H. 198

Sukhomlynska, V. 165

W

Weick, K. E. 243

ㅁ

맹자 27

ㅂ

박석건 38

ㅎ

홍은숙 30

내용

2022 개정 교육과정 203

21세기의 핵심 역량 13

7대 의무 및 4대 금지 69

D

DeSeCo 핵심 역량 범주 14

I

ICALT 도구 165

ICALT 수업관찰도구 165

I-message 177

K

K-에듀파인 273

N

NEIS 72

O

OECD 14

P

Partnership for 21st Century Skills 14

ㄱ

가산점 105
감정 수용하기 140
강등 121
개념 기반 교육과정 214
개념적 지식 18
개별 맞춤형 교육과정 203
격려 139
격려반응 140
결재 279
겸직 76
겸직 허가의 실태 조사 76
경력 단계별 발달 욕구 48
경력평정 104
경조사 휴가 115
경징계 121
경청하기 140
고용 휴직 58
공가 115
공동 교육과정 202
공모 교장 95
공무로 인한 질병휴직 116
공무원 행동강령 73
공문서 273
공문서의 종류 274
공식적 교육과정 199
공제급여 청구 257
공직관 29
공직자종교차별신고센터 70
과목 세부능력 및 특기사항 168
과정중심평가 224
관료적 조직 243
교감 95
교과연구회 245
교과연구회 54
교사 교육과정 202
교사권리장전 36
교사의 발달 단계 모형 48
교수 · 학습과정안 162
교원 244
교원의 노동조합 설립 및 운영에 관한 법률 32
교원능력개발평가 99
교원능력개발평가에 따른 맞춤형 연수 50
교원단체 32
교원의 지위 · 윤리 및 교원단체 관련 법령 33
교원의 지위에 관한 권고 34, 65, 87

교원 지위 향상 및 교육활동 보호를 위한 특별법 32
교육공무직 244
교육과 윤리 27
교육과정-수업-평가-기록의 일체화 226
교육과정위원회 247
교육과정의 의미 197
교육기본법 33
교육의 윤리적 관점 30
교육적 감식안 164
교육전문직원 98
교육행정정보시스템 72
교육행정직 244
교장 95
교장 평가 108
교직관 28
교직원 244
교직윤리헌장 34
국가 교육과정 200
국가공무원 복무규정 76
국가교육과정정보센터 200
국외 연수 50
권장하기 140
근무성적평정 100, 104
근정훈장 120
급훈 148
기산 호봉 123
기안 273

ㄴ

나이스 272, 273
나-전달법 177
노동직관 29
녹조훈장 120
능동적 소비자 49

ㄷ

다면평가 100
다면평가관리위원회 101
다문화교육 206
다원적 윤리 패러다임 30
담임 244
대결 279
돌봄 윤리 31
동기유발 160, 161
디지털 대전환 4대 메가트렌드 13

ㅁ

면담 민원 294
명세적 학습 목표 163
모성보호시간 116
미국교육협회 35
미국의 교원윤리강령 35
민원 291
민원 강도별 유형 293
민원 처리의 절차 294

민원의 유형 291

ㅂ

발문 161
발산적 사고 161
범교과 학습 249
법관의 윤리강령 39
법정연수 50
법정의무교육 71
병가 114
보상 179
보수 122
보안점검 86
보이텔스바흐 합의 69
봉급 122
비판 윤리 31
비폭력대화법 186

ㅅ

사이버 따돌림 260
상담 178
생애 주기 발달과정 144
생태 · 환경교육 207
생활지도 183
생활지도의 방식 179
선택장학 52
성장 탐닉가 49
성장 회피자 49
성직관 28
성취평가계획서 222
성취평가제 219
세계경제포럼 11, 15
소극적 의무 69
수당 122, 123
수동적 소비자 49
수석교사 96
수석교사 업적평가 109
수석교사 업적평가표 110
수업 성찰 165
수업 시수 248
수업전략 158
수업협의 166
수행평가 222, 223, 224, 235
스팀 교육 206
시간 외 근무 82
시간외근무수당 83
신규임용 94
신뢰도 228
심리사회적 발달 143

ㅇ

아동학대 292
양적 관찰도구 166
연구 조직 245

연수 50
연수성적평정 104
연수휴직 57
영 교육과정 199
예산 운용 과정 283
옥조훈장 120
외부강의등 72
욕구위계이론 142
용모 137
유엔미래보고서 12
육아시간 116
윤리강령 32, 34
융합교육 206
응급의료정보센터 1339 256
응보적 정의 185
이름 외우기 138
인사 93
인사자문위원회 244
인지적 도덕성 발달 단계 142
일과 세우기 150
일괄기안 274
일반 민원 294
일반 질병휴직 116
일반기안 274
일반적 학습 목표 163

ㅈ

자격연수 50
자기 연찬 52
자유학기제 203
자율연수 50
자율연수휴직 58
자율장학 52
잠재적 교육과정 199
장학 52
장학활동 53
적극적 의무 68
적절한 행동에 대해 언급하기 140
전결 279
전문직 윤리 31, 32
전문직관 28
전보 111
전직 111
정교화 159
정리 정돈 138
정보교육 206
정의 윤리 30
정직 121
조언 178
종합관 29
좋은 수업을 위해 고려할 사항 158
좋은 수업의 특징 158
좋은 평가 228

주문형 교육과정 203
주의 179
중징계 121
지역 교육과정 200
지위 65
지지하기 140
지필평가 222, 223, 231
직군 111
직권휴직 117
직렬 111
직무연수 50
진로 · 진학 상담 144
진로활동 146
집단 괴롭힘 261
집단 따돌림 261
징계 121

ㅊ

참호 수호자 49
창의적 체험활동 208
첫날 맞이 147
청결 138
청원휴직 118
초전문직관 29
출결 관리 150
출장 81
칭찬 139

ㅌ

타당도 228
탈전문직관 29
특별휴가 115
특수교육 207

ㅍ

파견 58
파면 121
평가 99
평가 계획 227
평생교육 207
평생학습 프로그램 58
평정 99
표창 120
피해 교원의 보호 조치 297

ㅎ

학교 교육과정 201, 209
학교 민원대응팀 294
학교 예산 281
학교 운영 지원 조직 246
학교 조직 243
학교생활기록부 146
학교안전공제회 257
학교안전사고 253, 292
학교안전사고 예방 기본계획 254

학교안전사고보상지원시스템 256
학교운영위원회 247
학교의 변화 19
학교폭력 260, 292
학교폭력 사안의 조사 262
학교폭력 전담 조사관 263
학교폭력예방법 260
학교폭력예방에 관한 교육 266
학교폭력의 유형 260
학교회계 280
학급 규칙 174
학급 안전의 날 259
학급 조직 148
학급관리 147
학급운영계획서 147
학부모 면담 187
학부모 상담 187
학사 운영 247
학생생활지도 173
학생평가 217, 218
학습 목표 163
학습 방법 160
학습 전략 158
학습공동체 54, 245
학습동아리 245
학습연구년 57
학업 및 진로 관련 생활지도 범위 177
학업성적관리규정 227
학위 과정 51
한국간호사 윤리선언 39
한국교원단체총연합회 34
해임 121
행동적 학습 목표 163
행동특성 및 종합의견 146
현장 연구 55
형성평가 224
호모 컨버전스 206
호봉 123
홍조훈장 120
회복적 생활교육 185
회복적 정의 185
훈계 179
훈육 179
훌륭한 교사의 특성 134
휴가 112
휴직 112, 116
휴직자 실태 보고서 116

저자 소개

대표 저자

정일화(Jeong, Ilhwa) fiatdoctorjohn@gmail.com
교육행정학 박사. 국가교육위원회 대학의 격차해소 및 균형발전 특별위원회 위원, 교육부 교육정책자문위원회 위원. 대학원과 학부에서 교장학, 장학론, 교육경영론, 교육인사행정론, 교육행정이론, 교육행정 및 교육경영, 교육행정사례연구법, 교사론, 교직실무, 교육실습의 이론과 실제를 틈틈이 강의해 오고 있다. 출간한 책으로는 『해법 교직실무』『새내기 교사론』『수업분석과 수업코칭』『알파스쿨』『교육행정 및 교육경영』 4판 · 5판 · 6판, 『초등교직실무』『사례와 판례로 이해하는 학교폭력의 예방과 대책』『미국의 최우수 학교 블루리본 스쿨』『교육행정 사례연구』『교육행정철학』, 논문집인 『교육정책과 교육행정 탐구』, 번역서로는 『교육윤리 리더십』『수업성취 향상 수업전략』, 시집은 『첫눈』이 있다.

한국유초중등수석교사회 대표 저자

김현식(Kim, Hyunsik) yochon62@daum.net
한국중등수석교사회 회장

이수용(Lee, Sooyong) ylpekr@naver.com
전 한국유초등수석교사회 회장

서미라(Seo, Mira) seomira1@daum.net
교육학 박사

송미나(Song, Mina) india823@daum.net
한국교육정책연구소 소장

나용인(Na, Yongin) deobil@gmail.com
유튜브 크리에이터(이락)

집필 협력진

한국유초중등수석교사회

〈유초등〉

강부미 강빌리 구미전 권애숙 권원희 권향례 김동군 김미란 김미란 김인선 김춘희 김현주 김혜영 김희옥 류춘희 문경희 민현숙 박은미 박정선 박현주 방해영 선윤하 손준호 안명숙 안연숙 양혜숙 여한기 윤동학 은을향 이경순 이명희 이성규 이연희 이영미 이완석 이정민 이정숙 이종윤 이해경 이해영 이혜진 이환규 정미진 정유경 조선희 조현식 최형숙 하태민 한효의 황소라 황진영

〈중등〉

강미선 강 정 강지연 강희선 곽미숙 구본애 구양삼 김경수 김명주 김미영 김미정 김석천 김 선 김선귀 김선옥 김성교 김숙희 김옥희 김은숙 김정숙 김지원 김현옥 나미경 남순미 노 정 류란영 박계순 박영아 박은주 박정수 박정애 박지은 박행화 방준수 배경문 배철민 백지열 백한식 변규석 변현진 성연동 소은숙 손영란 손주민 송애경 송정열 송혜진 신동진 신승희 신영옥 신정애 안규완 양은숙 오영부 우혜경 유명준 윤경옥 윤길호 이기남 이미옥 이복섬 이봉진 이성하 이성혜 이세라 이영란 이정순 이창호 이필기 이혜옥 임경숙 임혜란 전란희 정동진 정명자 정회상 조문형 조미경 조옥선 조은경 조치연 조희정 최경희 최병출 최수연 최연호 최정환 최 훈 하미희 한명숙 허은혜 황영옥 황인철 황창근

수석교사가 콕 짚어 주는

핵심 교직실무

Teaching Core Practices

2024년 4월 25일 1판 1쇄 발행
2024년 7월 25일 1판 2쇄 발행

지은이 • 정일화 · 김현식 · 이수용 · 서미라 · 송미나 · 나용인 · 한국유초중등수석교사회
펴낸이 • 김진환
펴낸곳 • (주) 학지사
04031 서울특별시 마포구 양화로 15길 20 마인드월드빌딩
대표전화 • 02)330-5114 팩스 02)324-2345
등록번호 • 제313-2006-000265호

홈페이지 • http://www.hakjisa.co.kr
인스타그램 • https://www.instagram.com/hakjisabook

ISBN 978-89-997-3108-2 93370

정가 22,000원